富国论

大国复兴之路 匹夫悟道法门

杨久龙◎著

中国经济出版社
CHINA ECONOMIC PUBLISHING HOUSE
·北 京·

图书在版编目（CIP）数据

富国论／杨久龙著．--北京：中国经济出版社，2024.4（2024.7重印）

ISBN 978-7-5136-7722-6

Ⅰ.①富… Ⅱ.①杨… Ⅲ.①世界经济-经济发展-研究 Ⅳ.①F113.4

中国国家版本馆 CIP 数据核字（2024）第 070167 号

责任编辑　孙晓霞　井　铭
责任印制　马小宾
封面设计　任燕飞设计工作室

出版发行　中国经济出版社
印 刷 者　北京鑫益晖印刷有限公司
经 销 者　各地新华书店
开　　本　710mm×1000mm　1/16
印　　张　30.75
字　　数　424 千字
版　　次　2024 年 4 月第 1 版
印　　次　2024 年 7 月第 2 次
定　　价　88.00 元
广告经营许可证　京西工商广字第 8179 号

中国经济出版社　**网址** http://epc.sinopec.com/epc/　**社址** 北京市东城区安定门外大街 58 号　**邮编** 100011
本版图书如存在印装质量问题，请与本社销售中心联系调换（联系电话：010-57512564）

谨以此书献给为中华民族复兴上下求索的人

序一

我是一条咸鱼

2021 年的一个清晨，挤地铁上班，新冠疫情肆虐，但丝毫挡不住四处奔忙的人。眼前人潮汹涌，一如既往。恍惚间眼前浮现出一条条咸鱼，越太行，浴火山，穿河渭，化作一朵朵浪花，汇成五千年的大河，浩浩荡荡奔腾入海，势不可当。于是我写了下面的文字，谨以致敬浴火重生的中华民族，致敬在困苦中奋勇前行的我等匹夫，是为序。

我是一条咸鱼
穿越在沙漠里
我要游到大海
不是说桑田沧海吗
那就一条道游到底

我是一条咸鱼
穿越在火山里
我要游到大海
不是说真金不怕火炼吗
那就一条道游到底

我是一条咸鱼

穿越在石缝里

我要游到大海

不就是泰山压顶吗

那就一条道游到底

我是一条咸鱼

饮于河渭大泽①

烤过三昧真火

穿越太行王屋②

水淹不死我

火烧不焦我

山压不垮我

我在快活的无有之乡

自在地游来游去

我要游到大海

风雨雷电，日月星辰

除了一路击掌敬礼

还能咋地

杨久龙

2021年于北京地铁二号线

① 《山海经·海外北经》:“夸父与日逐走,入日;渴,欲得饮,饮于河、渭;河、渭不足,北饮大泽。未至,道渴而死。弃其杖,化为邓林。”

② 《愚公移山》:“太行、王屋二山,方七百里,高万仞,本在冀州之南,河阳之北。”

序二

一身江湖一世情

（一）

书，就该像生命，有血有肉有骨有情，贡献思想，启迪智慧，涤荡灵魂。

力图写一本有生命的书，如沐春风，醍醐灌顶。道尽人间的沧桑，说透大国的秘密。看书的人，不因味同嚼蜡而束之高阁，不因空洞无物而付之一炬。开卷就无法释怀，就想一览到底，酣畅淋漓，有营养，有滋味，有灵魂。就像读《围城》，随便翻开一页，扑面而来的都是睿智，满纸跳跃的都是有趣的灵魂；就像看周星驰的《少林足球》，每一帧画面都是一幕人生，享受轻松，回味无穷，看着看着就笑了，笑着笑着就哭了。

法乎其上，得乎其中。当然，上述想法纯属奢望，不过人们说过，人要有梦想，万一实现了呢？

写书的时间长达六年之久，与其说是写书，不如说是在与内心促膝长谈。有时理性，如静潭止水，幽谷深涧，细流无声；有时感性，如大江大河，汹涌磅礴，倾泻而出。往书桌前一坐，胸中犹有巨龙迫不及待地要挣破皮囊束缚，扶摇而去。无奈功力实在有限，根本无从驾驭，只能笨拙运笔，强行按进纸里，难免有时候恣意汪洋，有时候捉襟见肘。有时候，记下一段文字，感觉似乎不是我的手笔，只不过冥冥之中借我的手落到纸上，仅此而已。

东西方成败，五千年沧桑，两百年悲欢，四十载风云，二十年力行，六年文火，熬成一碗小粥。这本小书，是人性、制度与科学的三国演义，是现实主义的经济学。

（二）

到过很多地方，常常陷入迷惑。

走过英国宁静的田间小路，这片土地自然条件不算优越，资源不算丰富，人们也并非特别勤劳勇敢，地少人稀，为什么曾经可以征服大半个地球，建立日不落帝国？

在葡萄牙地理大发现的起航点贝伦，凝望着大发现纪念碑，不明白为什么他们能在地球仪上画下一条子午线，然后宣称这半边是自己的？

在瑞士卢塞恩的峭壁之下，奄奄一息的雄狮雕像触目惊心，虽然“雄狮”脊背被长矛深深地刺入，却拼死护着象征法国王室的鸢尾花。在“欧洲屋脊”的这片苦寒之地，曾经的瑞士人为了生存去死命一搏，现如今瑞士创新指数年年第一，成为人人向往的福地，究竟发生了何种神奇之事？

德国恢宏的国会大厦几经战火，见证了纳粹的崛起与覆灭。耐人深思的是，历史上的德国只不过是大国争霸的过境之地，为什么在短短三十年间崛起为一流强国，爆发出掀翻世界的力量？

巴西里约热内卢美丽得像天堂，为什么沦为“罪恶之都”，谋杀、绑架、抢劫司空见惯，人们连去沙滩散步都提心吊胆？

在苏丹的红海边，撒哈拉沙漠的尽头，躺在帐篷里仰望满天星辰，那是平生从未见过的美轮美奂，银河似乎真的流淌起来，可为什么绝妙的美景之下就是惨绝人寰的贫穷、屠杀和灾荒？

非洲大陆西南端的桌山，一头俯瞰着大西洋，一头连接着广袤的非洲大陆，是对南非得天独厚地理位置的最好诠释。南非堪称“生在金山上的国家”，铂金、氟石、铬储量居世界第一，黄金、钒、锰、锆储量居世界第二，钛储量居世界第四，磷、铀、铅、锑储量居世界第五，可南非刚一脚踏进发达国家的大门，就被硬生生地扔了出来，到底中了什么魔咒？

有一次，在阿尔及利亚，当地人指着建筑工地上的中国人问我，他们是犯人吗？我很诧异，问他为什么会这么想。他说，如果不是犯人，为什么要这么拼命干活？他的话让我沉默良久，世界上可能没有比我们更勤劳勇敢的民族了，可即便如此，这样一个伟大的民族还是经历了如此之多的贫穷和苦难。

在家乡肥沃的江汉平原上，祖祖辈辈辛勤劳作，从日出到日落，从出生到入土，曾经只能勉强糊口，遇到大凶之年还饿死过人。贫穷与富裕，兴旺与衰落，究竟谁在主宰？

一路走，一路看，一路疑惑。疑惑越来越多，思考也越来越多。

查尔斯·汉迪说，当你知道该走向何处时，往往已经没有机会了。个人生命有限，有心气的时候没有智慧，有智慧的时候却没了心气。但民族与个人不同，千年的苦难不能白受，不应在千般磨难之后再度走向历史的轮回，理应从自身历史的波澜壮阔中找到通向明天的道路，理应从其他民族的荣辱存亡中辨析兴衰的脉络。这正是文明传承的意义，也是本书思考的初心。

经济的本质是什么？世界气象万千，纷繁复杂，究竟什么才是驱动经济发展的根本动力？历史上大国是如何崛起的？为什么有的大国崛起了最终又衰落了？百年未有之大变局，百舸争流，不进则退，我们何以胜出？既然科学技术是第一生产力，那么我们怎样才能引领科技？既然资本是科技的落地方式，天生以逐利为目的，那么我们的产业资本格局到底如何，哪里强，哪里弱，怎样实现产业升级？人口红利消退，我们是否真的缺人，如何发掘现有人力的潜能，释放我们每个人的价值？金融体系与经济发展到底有何关系，我们需要什么样的金融？报国家、孝父母、育子女，尽我所学，遂我所愿，或立德立功，名垂青史，或著书立说，传诸文字，个人与民族如何血脉相连荣辱与共？

这些疑惑迷了我一路，我想了一路，于是动笔写这本小书。

（三）

人间

几度沧桑我老去

天真少年又归来

阅尽人间多故事

笑看花落再花开

人的一生，多么神奇。出发之时，满怀理想憧憬，却不知道如何迈出脚步，尔后浸染风尘，思虑营营，敷衍苟且，会临绝顶，但愿死之前还我一懵懂孩童，归我天真，但愿历经沧桑苦难，对世界还充满美好期待，这就是幸福的感觉吧。

人之一生，就像一条河流，一路或激越澎湃、湍流险滩，或波平浪静、云淡风轻。流过的土地，不管多么眷恋，也是不会再回；越过的山峰，不管多么秀丽，也是无法停留。万流归宗，同入大海。幸好还有笔，还有书，回不去的土地，可以在书中描绘。咽不回的眼泪，收不回的话语，装不下的激情，抑不住的莽撞，遮不住的光芒，放不下的梦想，盖不住的荣耀，盛不下的月光，通通诉诸笔端。

有的人被“天灯”照亮过，于是果敢行动，成就一番惊天伟业，或当时懵懵懂懂，尔后醒悟，于是拿起笔头，记录下被照亮的刹那神奇，希望对后来人有所启发，让顿悟的后人能够抓住最闪耀的一刻，照亮前行的路。我自己属于愚钝且没有天赋的人，没有幸运地被“天灯”照耀。我是从江汉平原的泥巴堆里走出来的，在长江边放牛耕田、捞鱼摸虾原本是我既定的人生轨迹。我历经艰辛和苦难，无数次试错，无数次摔跤，总算吃饱穿暖。我对社会、对生活仅有的些许认识，都是靠撞得头破血流、走错路弯路、反复试错得到的，是在过去十多年的懵懂迷茫中反复追问、求学、摸索、实践才艰难习得的。

人不过是宇宙间的一粒沙尘，当大风扬起，没有一粒沙尘能扛得住风暴的裹挟。一沙一世界，一花一天堂。不深入沙的世界，就永远无法知道它经历了怎样的惊心动魄，永远无法见识它的美妙绝伦。

金融大厂的工作经历非常宝贵，越洲跨海，会龙见虎，见了不少大世面。出来的这几年，一直浸染在真实的市井之中，真切感受社会与经济的脉搏，撸起袖子卷起裤管，民生经济、人间百态都身体力行用心感受。慢慢地，那些长期萦绕在脑中的迷雾逐渐显出脉络，那些云山雾绕的影像渐渐露出真容，一些很久都没明白的道理渐渐清晰。如上面所说，我是个愚钝的人，年近不惑方才悟道。不过我自己觉得挺幸运，有人说，人到六十才开始成熟。朝闻道，夕死可矣，哪怕临死之时不再那么糊涂也挺好。

正当此时，我遇到了前无古人的商业银行破产接管事件。时代的一粒微尘，落在个人头上，就是一座山。这对大多数人来说，只是一句耐人寻味的话，但如果和我一样，经历过新中国历史上第一次商业银行破产接管事件，就会真切地感受到，一座山压住人生的感觉。

这一记社会的重锤，让我彻底理解了雪崩中的雪花、风暴中的沙尘，也明白了什么叫“死生如旦暮”，什么叫“万象一毛轻”。在剧烈的变化中，一切真相都裸露出来，一切蹊跷都有缘由，一切恶果都有劣根，一切异样的美好都有卸下浓妆的一天，一切遮掩的丑陋终有暴露在阳光下的瞬间。未曾清贫难成人，不经挫折永天真。

在如山的重压之下，我苦苦挣扎，同时竭尽全力平复伤痛、冷静思考。当所有人都以为上苍已经放弃你的时候，如果还不为自己点一盏灯，上苍就真的放弃你了。我独行在漆黑的沙漠，找不到方向，看不到光亮，只能一次又一次为自己点亮熄灭的灯。再也没有比一场人生巨变更好的老师了，短短一年之内，我经历了百年人生也无法拥有的沧桑巨变，恍惚间仿佛走进了另一个人生。经济的本质到底是什么，金融的本质又是什么，兴衰成败到底谁在主宰，存亡荣辱到底路在何方？重锤的毒打带给了我难以描述的痛苦，也让我穿透层层迷雾寻到了本质。

短暂的迷惘之后，我努力厘清思路，重新握起笔。拨开真相之上的层层装饰，将所有心力专注于事实与数据。行动是最好的语言。话语可变化，可巧饰，难以捉摸；而行动一旦发生，就如同镌刻在金石上的铭文，风吹雨淋，沧海桑田，亘古不变。行虽不言，天理昭昭。

入世地面对世界，理想地面对灵魂。这是一份坚守、一份期待，也是一份执念、一份信仰。

（四）

谁在未来守候，谁在昨日徘徊，谁肩负起时代的重任，谁走进历史的坟墓？

时代的巨浪滚滚向前，左右着千百万人的荣辱沉浮。人的一生不过俯仰之间，机遇如同流星划过夜空，我们却往往懵懵懂懂，转过身去此生不再相见；极少数运气好的，或有高人指路的，或者头脑清醒的，一头闯入舞台中央，化身撑起历史天空的柱石。

有一天，路过新发地生鲜市场，在一个小路口，我偶然看到一个父亲骑着三轮车，怀里抱着熟睡的孩子。孩子躺在父亲的臂弯里，睡得十分安静；而父亲一边小心翼翼地抱着孩子，一边沉着地开着车，车上蔬菜堆得如小山一般，仿佛压在这位父亲身上一样。很长时间过去了，那个场景一直在我脑中萦绕。怀里抱着的是明天的希望，肩上扛着的却是山一般的责任。这就是父亲吧，为了明天负重前行；这就是中华吧，背负着五千年历史的沉重，奔向涅槃后的黎明。

有天晚上，我给五岁的儿子洗澡，他不小心被水龙头磕到了嘴唇，疼得大哭起来。我赶紧道歉，他却大声叫着“不原谅，不原谅”。这是他的特定语言，用在他认为最严重的时候，以示最严重的惩罚。到了睡觉时间，他一边哭着，一边教给妹妹，“去给爸爸说，我原谅他了”。我赶紧过去，搂着他。“我原谅你了。”他一边对我说，一边却还在号啕大哭。小音箱里传来熟悉的歌声，是《与父共舞》（*Dance With My Father*）。我以为他渐渐睡着了，他却突然抱住我的胳膊，“爸爸，对不起，我应该早点原谅你”。很久以后我突然一悟，这或许便是赤子之心吧，简单热烈，历久弥坚，要不然何以每在危难当头，我们总有优秀儿女挺身而出，以身为脊，以血肉做梁，使中华民族历经五千年风雨而不倒呢？

有鹦鹉飞集他山，山中禽兽辄相爱。鹦鹉自念：“虽乐不可久也。”便去。后数日，山中大火。鹦鹉遥见，便入水濡羽，飞而洒之。天神言：“汝虽有志，意何足云也？”对曰：“虽知不能救，然吾尝侨居是山，禽兽善待，皆为兄弟，不忍见耳。”天神嘉感，即为灭火。

从鸦片战争九州受辱到如今快两百年了，如果每个人都蘸蘸羽毛洒水救火，中华这座高山的苦难大火必然会被浇灭，涅槃后的黎明应该也不远了！

身上若无千斤担，谁拿热血祭春秋？

（五）

写书真的是一个体力活。既要力求观点都有数据和事实作为依据，又要力求数据和事实来源于权威渠道，工作量远远超出我最初的想象，往往为了某个数据、某段文字，需要查阅大量国内外文献，甚至读完一本书。

苦是苦，但不失为一件快意的事。书中有不少随性的东西，笔随心走，这是写书人的一点小特权，一点小喜悦。很多次在清晨，奋笔疾书一个时辰，天才蒙蒙亮，走到附近的小湖边，看到湖中央几只野鸭或是悠闲地趴在小岛上、石头上，或是追逐嬉戏，腾空而起，优美地掠过湖面，我心中就充满了阳光。

有苦，有涩，有回甘。好多人问我，你一个小人物，凭什么论述如此宏大的话题？

我生在江汉平原的农村，家就在长江北岸。有一次快过年，老妈带我去采购年货。寒冬腊月，老妈骑着自行车带着我，走在长江大堤上，旁边就是奔腾的长江水。江风一吹，冷到透骨。冷是冷，我心里却非常高兴。我们坐轮渡过长江，对岸是涴市码头，有好多水果。平时老妈带我路过水果摊，从记事起我就从来不会吵着要买，其实馋得要命，只是嘴上不说，估计更小的时候也尝试要过，一次次被打击后就认命了。可鼻子是诚实的，不知道为什么小时候鼻子这么灵，老远就能闻见水果香，橘子、苹果、香蕉，好香啊。这次专门去买年货，还可以吃到水果，心里当然高兴。

下了船到街上一看，水果真的好多，别的地方卖水果是摆摊，这里的水果堆得像山一样。老妈带着我在一堆橙子面前停了下来，我立刻闻到了又香又甜的味道。在我的认知里，橙子是最香甜的。

“多少钱一斤？”老妈一边选橙子一边问。

“这个你买不起，去看别的吧。”卖货人打量了我们一眼，漫不经心地说。

老妈没说话，拉着我的手，在涴市街道上徘徊了好久。卖货人说对了，到最后老妈真的没买橙子，而是买了一大袋泡柑。泡柑个头很大，味道却又苦又酸，极其难吃，后来我才知道，泡柑就是橘生淮北而成的枳。

我问老妈，你为什么买这么难吃的柑子？老妈说，你看它又大又便宜，还可以下火呢。

回家的路上，老妈蹬着自行车，车后架驮着一大袋泡柑，车前的横梁上驮着我。回家的路格外远，虽然奔腾的长江水哗哗地响，但我仍能听见老妈累得喘气声越来越大。突然，老妈对我说，“小娃子，你要好好读书，读出去”。

如今好多事都忘了，老妈的话却深深地刻在我的脑子里。我不明白，为什么老爹那么能干，会驯牛，会织网，会捕鱼，会砌房子，会编竹篮，会给猪打防疫针，甚至还会自己做铁犁，他和老妈那么勤劳，带着我和姐姐在地里干活，经常天都黑透了还不肯回家，可我们还是那么贫穷。后来，我用心读书，就是为了有一天让老爹老妈别那么累、那么苦。上初中后，龚洁老师引领我读了很多书，也不知道在什么时候，我突然明白了，仅一个人摆脱贫穷，还不能真正摆脱贫穷，只有大家都富了，才是真正脱贫；也不是仅仅靠天赋与努力，一个人就一定能摆脱贫穷，还有别的东西在左右我们的命运，但到底是什么，我不知道，我很困惑。这一困惑，就是几十年。

我是一粒尘埃，却梦想探寻宇宙的奥妙。路遥说，每个人都有一个觉醒期，但觉醒的早晚决定个人的命运。我是那个很小就被生活叫醒的人，但也是因为太早了，就像一叶孤舟倔强地漂浮在茫茫大海上，努力寻找岸的方向，却无力抵抗生活的巨浪。

蜉蝣也观天地，滴水亦经沧海。这本书总结了我近二十年在经济领域实践与思考的心得，既是对我多年困惑的回答，也是我自己涤荡灵魂、明理悟道的心灵之旅，让我逐渐悟到社会变迁、经济运行和人生沉浮的本质。作为来自乡野江湖的一介匹夫，平生足矣。几十年过去，我终于为彼时在黑暗中苦苦摸索的自己写了一本最渴望的书。

几十年前的高中，活在自己的小世界，曾经有过一场小型辩论——性本善还是性本恶，我是“性本善”的衷心捍卫者。

斗胆以“富国论——大国复兴之路，匹夫悟道法门”作为小书标题，既是对国家富强、民族崛起的期待，也是自己匹夫悟道、以管窥天的总结。我只是抛个砖，期待诸君的灼见。

这本书凝聚了我全部智慧，倾注了我全部情感。字字心血，浇灌了我的酸甜与苦辣，沮丧与绝望，激情与梦想。我是书的标签，书是我的代言。荣耀与耻辱，鄙陋与高贵，全都是我。笔头愚钝，词不达意，只能把一腔赤子热血陈于纸上。诸君感之信之有所觉悟，则于我荣莫大焉；若疑之、忌之、嘲之、讽之，我也万分感激，坦然接受。书中必有不少错误、粗浅、偏见，请大方之家不吝斧正。

最后，我要感谢父母、妻子、儿子和女儿，你们是我思考的动力、灵感的源泉、生活的意义。儿子是第一个读者和听众，和这本书一起长大，书写完了，儿子也从不到五岁的稚气小儿长成为十多岁的风发少年。我和儿子探讨过书中的很多内容，在我面对质疑、困苦，快要撑不下去的时候，儿子引述他老师的一句话给了我力量，他告诉我，“要做事，就不要怕丢脸”。他听了我的书，说比《西游记》好听，因为这是现实世界。

该做的做了，至于意义，由人说去。

夕死可矣。

杨久龙

2023 年 5 月于北京亮马河畔

目录

第一章

经济的本质：

主宰千秋的力量

顺乎人性，利益驱动灵魂，汇成最大的善；

违反人性，灵魂屈膝利益，汇成最大的恶。

掉队两百年，终于并驾齐驱。历经近两百年苦难与屈辱，我们终于接近恢复中华民族以往的模样。中华民族已经昂首挺胸站上历史舞台，我们还有些不情愿，但没有用，五千年的民族基因决定了我们必然长成世界巨人。百年未有之大变局将见证中国复兴，历史已经拉开帷幕，我们注定要创造伟大。

伟大的征程，到处是激流险滩，前途更是云遮雾绕。怎样才能穿透历史的迷雾，在世界经济的激烈博弈中实现大国复兴？推动大国经济长期发展的根本动力是什么？主宰千秋的力量，到底在哪里？

经济不是冰冷的数字，而是千千万万的人生，是实实在在的历史，是跌宕起伏的国运。在百年激荡的世界风云里，在千年兴替的历史轮回中，在人性、制度与科学的“三国演义”里，才能窥见经济的真相。

以国为鉴，可明荣辱；以史为鉴，可知兴替。我们要复兴，就要先站在它们的肩膀上，汲取历史的经验，采纳世界的智慧，还要条分缕析地考察驱动经济的核心力量。

溯其本，求其源，首先从经济的本质入手。

（一）经济的本质

人人不损一毫，人人不利天下，天下治矣。

——杨朱

1. 何谓经济：顺人性干活吃饭

经济是什么？

说来惭愧，这个简单问题，作为一个受过工科、经济学教育且干了近二十年经济的业者，我琢磨很久都没想通。这个困惑始于幼时，听父母唠叨“赚钱难”后，我很认真地问他们，赚钱那么难，为什么国家不多印些钱发给每个人，这样大家不就都有钱了？父母哈哈大笑，告诉我，光有钱没用，要能买到东西才行啊！我还是不明白，身为农民的父母也没法再为我解释什么。

上学后，读到美国大萧条期间农场主将牛奶倒入地沟的故事，我更是百思不得其解，这是“富到流奶”啊，为什么还是有“危机”，还会饿死人？听村里老人讲，遭遇天灾时吃不饱饭，甚至谁家爷爷被活活饿死，我难以想象，种粮人都被饿死，那城里人怎么活？后来包产到户，为什么突然就能吃饱饭？农村人、城里人都是人，种地、挖煤、跑生意、开工厂，一年到头同样的忙忙碌碌，为什么有人穷困潦倒，有人富得流油，有人破产跳楼？过剩经济下，好多厂家的衣服、鞋子卖不动，钢筋、水泥过剩，却还有人没像样的衣服、鞋子穿，住不上房，很多地方不通公路，到底是过剩，还是短缺？

这些问题一直萦绕在脑中，困扰着我。

背负着疑惑，我开始了职业生涯。跑城市、跑农村，跑央企、跑民企，跑非洲、跑欧美，目睹中国加入世界贸易组织（WTO）后出口激增、经济快速发展，2006 年股市过山车式跌宕起伏，房价火箭般暴涨，美国次贷危机，欧洲主权债务危机，2015 年“政策牛”和大崩盘，后来又有去杠杆，供给侧结构性改革，债务违约大爆发，流动性紧张，史无前例的商业银行和信托公司破产接管，房地产企业接二连三“爆雷”“躺平”……

某一天，我突然明白了，经济的本质没那么玄乎，就是顺乎自然的人性，干活吃饭，也就是人类劳动创造财富以满足自身需求，追求美好的生活。发展经济，就是创造更多财富，更好满足人类需求。理想状态下，人尽其能，物尽其用，产出最大化，且刚好匹配人类总需求。

2. 财富分配：千年铁血之争

经济的核心问题，一是分配存量财富，让社会总产出匹配总需求；二是创造增量财富，生产出更多、更好的东西。

除去纯粹的感情，人类大部分活动的本质是经济。战争、政治、文化、教育、生产、交换……莫不如此。明白了经济，也就明白了社会，明白了人生。

经济的终极目的是服务人，满足人类的物质需求与精神需求。帝国时代生产力水平有限，人类产出不足以满足所有人需求，此消彼长，到底谁吃饱、谁挨饿成为几千年的焦点，因此存量资源往往引发你死我活的争夺。血流成河之后，胜利一方成为统治者，失败一方往往被消灭，剩下的成为被统治者。

为了保护胜利的果实，帝国统治者费尽心思维持现有分配格局，政治、文化、宗教、制度应运而生。秦始皇“焚书坑儒”、基督教皇镇压“异端邪说”，历朝历代、东方西方无一例外。他们宣称一切都是上天的安排，君权神授，他们是天选之子，号令天下，生杀予夺；我们是天的子民，今生今世逆来顺受虔诚修行，只能求来世投个好胎，或是死了直奔天堂。

存量资源是帝国统治者全力看护的目标，既以宗教、文化、政治、制度为现有分配格局正名，更以万千兵马武力护之。只有被逼到生死无门、民怨沸腾，冲突才会以鱼死网破的方式突然爆发。中外帝国历史上存量资源的争夺，永远都残酷血腥，伴随着铁与火、血与命。丛林之中，猛虎死死看守猎物，如果不是饿到走投无路，谁敢舍命虎口夺食？

纵观历史，上下五千年刀光剑影，武功谋略，热闹非凡，本质都是争夺存量资源分配权，没多少气力着眼于创造增量。胸怀大的，为百姓请命，为民族争利；胸怀小的，为了一人一家就杀个血流成河。杀来杀去，变的是门庭，变的是“旧日父紫儿朱，今日青门种瓜”，不变的是主与奴、王与民，不变的是“朱门酒肉臭，路有冻死骨”。一代代枭雄踩着累累白骨，登上人极之位，从此侯门深似海，哪管千里遍哭声！

数千年来，人类就这样周而复始，重复着奴役与被奴役、统治与被统治、不是你死就是我亡的零和博弈。

3. 财富创造：主宰千秋的力量

直到工业革命前后，人类才逐步摸索出两种模式——市场与计划，才开始着眼于优化资源配置，提升增量财富创造能力。

计划经济下，每个人被分配工作，个人特长和兴趣与岗位难以匹配，职业是谋生手段、是义务，毫无激情可言，难出创新成果。搞“大锅饭”，为什么农村的庄稼汉还是吃不饱饭？因为干好干坏一个样，大家出工不出力“磨洋工”。工作被计划，收益被分配，收益与付出不匹配。干，是为天下干；得，却是“大锅饭”。寄望于人人是圣人，其实逼出了人性中的“小魔鬼”。

从产业层面看，计划经济难以做到产业发展与实际需求相匹配。苏联早期计划经济体现出强大的执行力和高效率，一跃成为欧洲第一、世界第二的经济强国，并在二战后一飞冲天，成为与美国并驾齐驱的超级大国。但苏联很快陷入产业结构失调的困境，重工业发展过度，轻工业发展不足，需要的东西生产不出来，生产出来的东西用不上，最终民怨沸腾，难逃覆灭的命运。

只要做过计划的人都知道，即使小小的家庭也很难精确计划柴米油盐，明年要花多少费用，可留得多少收入，因为总是计划赶不上变化。家庭尚且如此，更何况整个国家？精确计划不可能，就注定了计划经济的必然命运。

计划经济催生森严的等级，森严的等级催生腐败。计划之人，拨弄之间就决定人力、物力的分配，自然就享有权力，处于支配地位；被计划之人，只能依照指令，一生年华付诸别人一笔“计划”。计划之人不仅能分配资源，还能主宰千千万万人的人生，享有极高的权力，这样当然就容易被围猎，容易屈服于更高的权力，易于滋生腐败。

计划经济以人人为公为基础，社会主义市场经济为个人发展提供了更大的自由度。社会主义市场经济之所以成功，在于它契合最基本的人性，自利的人性假设与春秋时期显学杨朱颇为接近。杨朱主张“为我”“贵己”“损一毫利天下，不与也；悉天下奉一身，不取也。人人不损一毫，人人不利天下，天下治矣。”“夫善治外者，物未必治，而身交苦；善治内者，物未必乱，而性交逸。以若之治外，其法可暂行于一国，未合于人心；以我之治内，可推之于天下，君臣之道息矣。”即我不奢望天出圣人，大公无私，恩泽百姓，但也别损我一分一毫，求个平等公道。这段话看似冷酷无情，实则洞察了人性，悲悯了黎民，平息了君臣之道，了却了霸术权谋。

制度约束着人性的野性与贪婪，人与社会通过等价原则进行交换，公平合理。要从社会获取更多资源，则必须为社会贡献更多，人的自我价值与社会价值趋近于合二为一。

不是大公无私，不是仁义道德，不是中庸之道，也不是内圣外王，更不是君君臣臣父父子子的井然秩序，公正平等才是人类最大的力量源泉。公正平等的规则之下，“鹰击长空，鱼翔浅底，万类霜天竞自由”，思想、人才、资本之间自由竞争，只有最优才能大行天下，同等条件下只有品质最好、效率最高才能笑傲江湖。于是一山还比一山高，一代更比一代强。

在市场这只无形之手的调拨下，各路英雄各就其位，天下资源各得其所，亿万人的创造热情空前高涨，经济当然突飞猛进。

顺乎人性，利益驱动灵魂，汇成最大的善；

违反人性，灵魂屈膝利益，汇成最大的恶。

4. 经济危机：过剩之市场独有

市场经济往往供给过剩；计划经济往往供给短缺。

底层机理何在？天下熙熙，皆为利来；天下攘攘，皆为利往。哪里有需求，哪里就有供给；哪里有利润，哪里就有资本聚集。一旦某个产业出现短缺，产品价格就会上涨，吸引资本聚集，于是产品供给增加，价格下降。

市场经济有时会失灵，当过多资本聚集到某一领域，就会相对过剩。当社会整体产生严重过剩时，就会爆发经济危机，其本质是供给与需求错配。

诚然，市场经济自身有调节机制：过剩产业的公司破产或减产，工人下岗，供给减少，社会供需重新达到平衡。但这个代价很大、很残酷，耗时很长，千千万万家庭失去生计，海量财富毁于一旦，民生凋敝，甚至引发社会动荡。

应对经济危机的常见手段是国家干预：稳定社会信心，增发货币、增加财政投资，稳定就业和需求，提升流动性。20 世纪 30 年代，美国爆发大萧条，失业、破产和骚乱的阴霾笼罩四年之久，最终罗斯福新政挽救了美国：整顿金融、恢复信心，推动几乎完全停业的银行业复业；禁止黄金出口，美元贬值 40%，增发货币，放弃金本位；以工代赈精准救助，增加就业，先后雇用 2300 万失业青壮年，占全国劳动力的一半；修建近 1000 座飞机场、1.2 万余个运动场、800 多座校舍与医院；改良社会保障制度，建立社会保险、失业保险，设立最低工资标准，调整社会分配体系。

在自由市场经济下，政府人少、钱少、干预少、伸手少，资本强，劳力弱，分散的劳力在强大的资本面前，博弈能力不可同日而语，必然造成资本贵，劳力贱，财富不可逆地向资本家集中，于是出现“朱门酒肉臭，路有冻死骨”。

在封建帝王时代，资源分配的主宰是权力；在自由市场经济中，资源分配的主宰是资本。如果没有强大的力量制衡，两极分化不可避免，三百年王朝更迭的历史轮回极有可能再度上演。在封建帝王时代，游民四起、饿殍遍野的大萧条是陈胜、吴广逞雄的绝佳时机，是王朝更迭的前兆；在市场经济条件下，经济学以科学、公平为手段，不金戈铁马，不尸山血海，不劫谁济谁，不仅将一场潜在的兵荒马乱化于无形，更是利用原本可能揭竿而起的人的手创造出巨额增量财富。

化干戈为玉帛，这就是经济的力量。

经济危机的根源纷繁复杂，最根本的一条是分配不公；应对之策看似千头万绪，最根本的一招是福利保障。大萧条及二战后，欧美逐步建立起完善的福利保障体系，社会矛盾得到极大缓和，近百年间再也没有出现大萧条式的深度经济衰退，更没有出现风起云涌的大革命。看似富人出力救济穷人，实则扩大了社会总需求，完善了“生产 - 收入 - 消费”大循环，做大“蛋糕”，实现双赢。人类社会终于有望打破三百年王朝更迭的铁律，摆脱残酷血腥的内乱轮回。

在理想的市场经济中，强者在市场中开疆拓土，撒欢狂奔，树大不招风，猪壮不挨刀，闯破天也不怕被压到五指山下；弱者败于竞争，但仍可享有为人的基本生存条件，下有托底。

当然，福利保障只能缓解但无法根除欧美深层的劳资矛盾，两极分化依旧是欧美挥之不去的梦魇。

罗斯福新政是凯恩斯主义的实践果实，凯恩斯主张国家干预市场经济，成功帮助美国走出大萧条。从此，凯恩斯主义走进经济学最高殿堂，与亚当·斯密的自由资本主义一起，共同构成经济学的两块基石。

今日的中国，市场已在资源配置中发挥决定性作用，早已铺就千万条赛道。前方就是科技突破、产业升级之战，人类需求在此，社稷呼唤在此，谁能温酒克之？人生苦短，蜉蝣一世，当尽情挥洒，倾陆海，洒潘江，世间再无冯唐李广；当一览人世繁华，尽享世界之美，行于大道，大同天下。

（二）兴衰的主宰

权谋只是窝里斗，创造才是大智慧。

1. 千年之变：人性、制度与科学的演义

峰峦如聚，
波涛如怒，
山河表里潼关路。
望西都，
意踌躇。
伤心秦汉经行处，

宫阙万间都做了土。

兴，百姓苦；

亡，百姓苦。

——张养浩

一曲《潼关怀古》，道尽千年兴亡之苦。张养浩为官清廉，爱民如子，为了赈济饥民，应召赴任西秦，行经渭南潼关，目睹百姓苦难深重，不禁感慨万千，散尽家财尽心赈灾，终因操劳成疾不幸殉职，“关中之人，哀之如先父母”。

为什么贤人鞠躬尽瘁还是无法改变老百姓苦难的现实？究竟是谁主兴衰？为什么不论兴衰，百姓都难逃苦海？

长期视角下，科技水平左右社会制度和百姓苦乐，也影响了人与人、人与社会的关系。

奴隶社会受科技水平所限，生产力极其有限，不可能所有人都吃饱、穿暖、住上房，于是部落战争中落败一方要么被杀，甚至被作为食物，要么沦为奴隶，成为廉价劳动力，被迫供养上层社会，很自然地形成奴隶社会。土地作为最重要的资本，集中在奴隶主手中，奴隶不拥有任何资本，甚至连自己都不属于自己。

后来科技发展，生产工具有所改进，生产力有所提升，社会经济可以供养更多人，于是分化形成王公将相、士大夫、百工和农民等阶层，形成封建社会。土地仍然是最重要的资本，由统治阶级掌握，大部分人只能当农民，租地种田交租上税。封建王朝历经千年更迭，但实质没有改变，仍是少数人实施统治占有土地资本，多数人租田糊口续命。

商品经济没有发育的土壤。农业社会由于科技水平低下，物资十分匮乏，普通人劳作一生，交租上税勉强糊口，于是形成自给自足的自然经济。剩余些许物资可用于交易，路口集市即足以满足交易需求，商品经济就此萌芽，大发展却无从谈起。

平等与自由是奢望。在农业社会，土地关系主宰人身权利，没有土地哪来平等？人类历史浩浩荡荡延绵千年，王侯将相布衣黎民，文韬武略智慧权谋，千年历史充满兴衰更迭、贵贱轮回，实际上冥冥之中科技早已成为主宰。农业社会有限的科技水平决定了生产力有限，决定了创造的物质财富有限，随着社会矛盾的尖锐，必然陷入对存量资源的残酷争夺，内部起义与外部战争此起彼伏延续千年。成王败寇，王者统治占有土地，败者归于灭亡或租田上贡。武力争斗的结果必然形成统治与被统治、奴役与被奴役、剥削与被剥削的社会关系。在低下的科技水平主宰之下，一个贤臣，一方清官，一代明君，谁也改变不了弱肉强食的残酷现实。

工业革命前后，科技突飞猛进，生产力急剧提升，催生了专业化生产，于是自然而然产生等价交换需求，商品经济飞速发展，并逐步形成私有产权、知识产权、公司制度、现代银行、资本市场等一系列制度体系。

科技进步催生产业资本，工业超越土地成为最主要的资本形式。科技进步提升效率，农村人口大量闲余，而工业又需要大量产业工人，于是英国爆发了残酷的“羊吃人”和圈地运动，将劳动力驱赶进城，农民变工人，进一步促进工业发展，使资本主义制度日益完善。

随着科技进步和生产力提升，萌芽千年的平等、自由等人类理想才稍许落地，但仅仅是相对而言。多数人能吃饱饭，逐渐消除土地依附关系，人身终于也稍有自由；但资本永远都由少数人占有，多数人服务于资本、依附于资本。人类解开土地的枷锁，却走进资本的樊篱。

纵观上下五千年，人类经济活动经历了两次重大变革。一是打破武力震慑下权力配置资源的格局，建立优胜劣汰、适者生存的市场配置资源的格局。其本质是人与人相处之道的根本调整，从“人骑人”转变为平等交易，从赤裸裸的掠夺转变为互惠互利。二是科技进步的方式，从零星自发的突破转变为系统性的科技研发。其本质是人认识自然的方式调整，从被动的经验积累转变为主动的科学研究。

这两次深刻变革将人类社会进步的动力，从土地和劳动投入转化为科技进步。在此之前，从帝王到黎民，或是卧薪尝胆或是蝇营狗苟，孜孜以求的不过是摆脱被屠、被骑、被夺的命运，转而骑到别人头上去；在此之后，人与人之间更趋平等，“骑人之道”被堵截得越来越狭窄，于是人类逐渐不再追求武力掠夺，转而追求创造，并通过平等交易获取财富。至此，掠夺与反掠夺逐渐退出人类经济活动的舞台中央，平等交易逐渐成为经济活动的主旋律，发展成为硬道理。

岁月更迭，风流人物轮番登场，秦皇汉武、唐宗宋祖、陈胜吴广、天王闯王，热闹是热闹，本质却不过是恶龙与屠龙者轮番上场，历史一遍遍重演，甚至连剧本都懒得改；在此之后，谭嗣同、梁启超、孙中山、鲁迅、陈独秀、李大钊、毛泽东……前赴后继，觉醒的人们呐喊、流血、赴汤蹈火、振臂高呼，唤醒千千万万的人。

为人类带来公正平等的从来不是什么救世主，更不是神仙皇帝，而是芸芸众生的觉醒与抗争 。

人类社会千年演变，是人性、制度与科学不断互相作用的结果。三者越是互相适应，就越能促进科技发展，社会就越有生命力；三者越是内耗较劲，就越会阻碍社会进步，使社会加速走向沉沦。

2. 黄金五要素：大国兴衰的主宰

抛开日益高深玄妙的经济学理论，经济发展并没有什么玄妙之门，科技、资本（指实物资本，金融相关内容设“金融”章节阐述，下同）、人力、制度、金融是宏观经济的黄金五要素，是经济长期发展的核心动力。黄金五要素是冥冥中的主宰，定夺了大国是崛起还是衰落，民族是屈辱还是复兴。

科技是黄金五要素的核心，是繁荣与衰败的秘密，大搞研发则强，不搞研发则弱，弱而攻坚，不如十而拔之。资本最重要的形式是产业，产业成功的秘密无他，要么称王，要么灭亡。人力要发挥最大潜能，需要人口的自由流动，需要教育点亮心灵之灯。人人心中都睡着一条“神龙”，人的一生都在等待唤醒自己的那声号角。靠自己睡醒，要等到猴年马月，千年得一人；靠制度唤醒，人才就一代追一代，层出不穷。制度是野性的牢笼，要约束过度膨胀的欲望，要激荡人性中的“真善美”，也要缚住人性中的“假恶丑”。金融的本质是资源配置和收益交换，是人类聚集资源最有效的方式，是大国崛起的垫脚石。

常见的居民消费价格指数（CPI）、央行货币投放、基准利率、财政支出等短期因素，对经济一时兴衰至关重要，但长期看都是浮云，虽然它可以决定一时之阴晴，也可预测经济周期之更迭，却无法左右大国之崛起、民族之兴衰。

黄金五要素是真正驱动经济长期增长的引擎。一个国家如果没有黄金五要素的根本改进，怎样调整货币政策、财政政策都无济于事，经济都不可能长期增长。林毅夫教授在《新结构经济学》中引用 Barro 和 Martin 的话，“如果我们能够认识到政府的哪些政策选项能够对长期增长率有影响，即使再小，我们对生活水平提高的贡献也远大于对反周期政策和微调进行研究的整个宏观经济分析史所做出的贡献”。

黄金五要素之中，科技居于核心地位。科技水平是决定经济发展的“天花板”。这个“天花板”有个学名叫“帕累托最优”。在一定的科技水平下，不管是自由资本主义，还是国家干预的凯恩斯主义，抑或是完美的计划经济，穷尽各种手段使得各行各业比例恰好最优，商品与服务供需恰好平衡，人人恰好就业，完美发挥自己的最大潜力，一人不多，一人不少，一切都完美无缺，经济总量就是这个“天花板”，就是“帕累托最优”状态。工业革命前的几千年，经济增长极为缓慢，就是因为科技水平已经决定经济发展的极限，在这个极限点，经济哪怕增长一丁点儿都极为困难。

实物资本尤其是产业，是经济发展的最直接要素，无论科技多么先进，制度、金融多么完善，人力多么充沛，最终都必须通过产业转化为经济成果。科技与产业是经济发展的充分条件，这两者强则经济必然强。

在既定科技水平上，如何实现最大的经济产出呢？

经济产出最大化，本质是优化资源配置，发挥生产要素的最大功用。

在个人层面，人人发挥最大潜能，从事其具有比较优势的工作，为社会贡献最多的劳力、智力和领导力，同时获得相应报酬。

在公司层面，市场竞争优胜劣汰，每家公司在最具竞争优势的领域最大限度占领市场，贡献最多、最好的产品和服务。

在产业层面，形成最优产业结构，最大限度容纳就业人口，产出最大化，恰好匹配经济需求，经济刚好到达“天花板”附近。

在此大框架下，某些投资大、周期长、风险高、收益低，市场化主体不愿做但社会又需要的领域，比如修路架桥、水利、国防、教育、医疗、养老等，则由政府补位。

至此，经济发展最优策略逐渐清晰：不遗余力发展教育，增厚人力资本，高强度研发，持续转化科技成果，开创新兴产业，不断抬升经济“天花板”，提升金融效率，降低金融成本，优化制度框架，建立统一公平的市场，形成最优产业结构，使经济运行在“帕累托最优”状态附近，同时不断推动科技进步，提升经济“天花板”。社会运行的规则公平清晰，保障精锐力量着眼于生产力提升和增量创造，使创造者获得最大的回报。

反之，一个社会，一个区域，一个行业，一个人，如果充斥着权术与手段、阴谋与算计、人情与世故、合纵与连横、特权与暗门，那么本质也只不过是存量资源的争夺，是毫无意义的人类内耗，对历史前进毫无用处。

权谋只是窝里斗，创造才是大智慧。

大国之计，脱贫靠双手，致富靠产业，发达靠科技。我们这一代虽无温饱之虞，却有发展之忧，耳闻目睹父辈的苦难与坚强，层层浸染历史的沉重与光辉，勤勤恳恳不辞辛苦，虽然经历了翻天覆地的变化，但焦虑与生俱来，重负日夜相随。新一代自出生就温暖富足，骨子里是中华民族的坚强，血脉中流淌着民族不屈的精神，卸掉重负必能看得更远、飞得更高。

不动摇、不懈怠、不折腾，一场跨越百年的复兴接力已在进行。

第二章

人性觉醒：

以国为鉴明荣辱

任何一个民族、一个国家，都要学习别的民族、别的国家的长处，学习人家的先进科学技术。

——邓小平

几百年来，世界大国纷纷崛起。弹丸之地，能爆发移山倒海的能量；蛮荒的世界边缘，可以一跃成为舞台中央；区区之众，竟人人龙虎，合流成震颤大地的磅礴力量；失意流浪之人，却成为推动世界前行的中流砥柱。

它们崛起的背后到底有什么武功秘籍，对中华的崛起有哪些启发？

发掘它们平地崛起的秘密，是烈火灼心的苦旅，因为它们正是造成中华民族近二百年屈辱的罪魁祸首。这些秘密，是它们所向披靡的刀锋，却是嵌入中华民族躯体的致命毒箭。发掘的过程，就像自己给自己开刀刮骨，每一刀都痛彻心扉，每一刀都是自我救赎。刀刀见血，刀刀疗毒。

“真的猛士，敢于直面惨淡的人生，敢于正视淋漓的鲜血。”历经五千年沧桑的中华民族，有勇气，有胸襟，有智慧去正视强大的对手，探寻它们兴盛的根源，揭开自身的伤疤，拔除一支一支嵌入骨肉的毒箭。

只有正视，才能看透；只有看透，才能特色；只有特色，才能超越。

一杆拙笔，满腔热血；一片冰心，天地日月。

现在就出发。

（一）大航海时代：勇气与武力

从15世纪开始，哥伦布、麦哲伦的船队裹挟着勇气与血腥，开启了大航海时代。1494年，经教皇仲裁，葡萄牙和西班牙签订《托尔德西里亚斯条约》，以佛得角群岛以西100里格（1里格相当于3海里，约5.5千米）为界划定“教皇子午线”，线东划归葡萄牙，线西划归西班牙，好像地球是他们两家的。西班牙成为最早的“日不落帝国”，攫取南美洲，进入菲律宾；葡萄牙向西侵占巴西，向东经好望角深入中国澳门、印度尼西亚。1503年到1660年，西班牙处于国力鼎盛期，从美洲殖民地流入西班牙的黄金、白银分别达到200吨和18600吨，而15—18世纪末，西班牙从殖民地分别掠走黄金、白银2500吨和10万吨，约占当时全球金银总量的83%（张岚，1994）。

1441年，葡萄牙开启黑奴贸易，西班牙、英国、法国、荷兰随后加入，掀开了人类历史上最惨无人道的一页。灭绝人性的欧洲殖民者把非洲黑人当作猎奴对象，欧洲列强甚至采用官方特许经营的方式鼓励此种暴行。在延续400年的黑奴贸易中，1亿非洲黑人被奴役，由于虐待、杀戮和瘟疫，仅有1000万黑人被贩卖到美洲等地。大西洋黄金航线的海底，堆满了非洲黑人的累累白骨。

枪炮、航海和原住民的血泪，铺就了葡萄牙、西班牙的海洋大国之路。

有“海上马车夫”之称的荷兰在16世纪还只是西班牙的北方省份。1568年，荷兰爆发反抗西班牙统治的独立战争，持续80年才获独立。此时，荷兰面积只有4万平方公里，人口才200万人。要知道，早在8世纪的唐朝，仅长安人口就达到了100万～150万人。国土狭小，没有资源，人口也不多，荷兰一边向内挖潜，一边把眼光投向广阔无边的海洋。从独立到成为海上霸主，荷兰只用了短短数十年。17 世纪中叶，荷兰已经牢固占据了全球海洋第一强国的地位，荷兰东印度公司拥有 1.5 万个分支机构，遍布全球，贸易额占全球总贸易额的一半，悬挂着荷兰三色旗的万余艘商船游弋在世界五大洋。当时，全球共有 2 万艘远洋船，仅荷兰就占 1.5 万艘，比西班牙、葡萄牙、英国、法国、德国船只总数的 3 倍还多。为了争夺海洋利益，荷兰打造出强大的海军，两次打败葡萄牙舰队，军舰数更是达到英、法两国军舰总和的 2 倍以上。荷兰造船技术独步全球，仅在首都阿姆斯特丹就密密麻麻地分布着上百家规模化造船厂，高峰时期荷兰每年能制造 500 多艘远洋巨轮，相当于年产一个海洋强国。挪威的木材、丹麦的鱼类、波兰的粮食、俄国的毛皮、东南亚的香料、印度的棉纺织品、中国的丝绸和瓷器等，统统被搬上荷兰商船流向世界各地。当时，阿姆斯特丹和鹿特丹是全球贸易中心，在鹿特丹港经常聚集超过 2000 艘来去匆匆的巨轮，它们满载而来，满载而去。

荷兰成为“海上马车夫”的基石，是远超时代的制度创新、造船技术和航海贸易。荷兰最早设股份公司，建首个资本市场，办首家现代银行，是世界上第一个“赋予商人阶层充分政治权利的国家”。

荷兰神话余音袅袅。时至今日，人类有史以来最复杂的机器——高端光刻机，只有荷兰阿斯麦尔公司（ASML）能够制造。荷兰对外投资存量高达 2.6 万亿美元，仅次于美国。

西班牙、葡萄牙和荷兰率先挣脱陆地的束缚，将人类带入大航海时代。从此，大国纷纷登场，光荣与梦想、勇气与武力、智慧与谋略、科学与变革轮番上演，人类进入崭新的时代。

（二）英国：血火与牛顿

大自然和万物法则，

隐藏在黑暗之中；

上帝说：让牛顿来吧！

于是一切被照亮。

——诗人蒲柏为牛顿写的墓志铭

这是为人类撞开黑暗的那群人。

他们从万年的蛮荒中破壳而出，证明了人性觉醒的力量，也展示了愚昧的悲哀和无能；他们打开了人类通向光明未来的天窗，却将其他同类带入苦难的深渊；他们点燃了人类的智慧，瞬息之间让霸术与权谋黯淡无光，却也开启了人性通向残暴恶毒的黑暗之门。他们开天辟地，解开人性与制度的死结，打破层层踩踏的等级秩序，以制度的铁面释放人性的光辉，率先掌握理性与科学的钥匙；他们在权力金字塔的重压之下一举完成人类的自我救赎，却在辉煌之巅分崩离析，日渐式微。他们的崛起之路被多次重现，值得人类反复体味，一个个大国沿着他们的道路走向光明，也有一批批后来者简单模仿他们坠入混乱与无序的泥淖。

此等神奇，就是英国。

从猿猴进化到人一直到 17 世纪，人类生产力发展极其缓慢，就连最基本的吃饭问题也一直未能解决。改朝换代并没有改变财富创造方式，只不过改换门庭、舆图换稿。在工业革命前的数千年中，人类技术进步主要依靠普通劳动者在生产实践中的积累或灵光一现，重大技术改进像取火、冶铁、火药、造纸、指南针、印刷术、水力轮机、历法等，屈指可数，每项技术进步都耗费数十年、数百年甚至上千年时间。重大发明诞生后，其推广使用又要耗费数十年、数百年，甚至不少技艺消逝在历史长河中，后人难觅踪迹。葡萄牙、西班牙、荷兰崛起为全球性大国主要依靠殖民地掠夺和贸易，但这仅仅改变了全球财富的分配，并没有显著提升生产效率，也没有增加财富总量。

石破天惊的质变发生在17世纪的英国。如果说葡萄牙、西班牙、荷兰的崛起是海洋文明的胜利，属于“一招鲜吃遍天”，英国的崛起则是凭借人类理性的力量，以系统性创新制胜。在此之前，人类对自然的认识大多停留在现象层面，难以认知个中缘由，无法走近本质。从此之后，自然赋予人类的理性之灯被点亮，人类走向理性与光明。人类终于有了一种可能，结束你争我抢、你死我亡的零和博弈，着眼于提升生产效率，创造更多财富，走向共同繁荣。

17—18世纪，在人口仅有550万人的英伦三岛上，牛顿经典力学、蒸汽机、《国富论》相继诞生，人类终于走出数千年的黑暗，走进理性与科学时代。

几千年来，人类在宇宙奥秘的大门外徘徊，无数次仰望星空、无数次碰壁，只能埋头扎进宗教，寻求心理慰藉。1666年夏天，英国伍尔普索村普通的一天，微风轻轻吹，树叶沙沙响，苹果纷纷掉落，就像以往几千年来一样，唯一不同的是，牛顿坐在苹果树下，思考着天地运行的规律。1687年，牛顿发表《自然哲学的数学原理》，提出三大力学定律和万有引力定律，一举奠定近代科学的基础，交给人类一把理解自然的钥匙。

从此，人类建立起自信，迅速破解大自然的诸多奥秘，相对论、量子力学、DNA相继被发现，人类终于真正开启理性认识世界、改造世界的光辉旅程，照亮人类的“天灯”终于被点亮了。

约翰·洛克奠定了资本主义生产关系的思想基础。洛克是17世纪英国最伟大的思想家，有句名言家喻户晓，“我的茅草屋，风能进，雨能进，国王不能进”。洛克认为，私有财产、自由、平等是与生俱来的天赋人权，私有财产神圣不可侵犯；同时洛克主张政治必须为经济利益服务，必须保护个人私有财产；如果当权者意图夺取和破坏人民的财产或奴役人民，就是自绝于人民，与人民为敌，人民当然就无须遵纪守法，理当反抗暴政。

洛克哲学为历经数千年封建黑暗统治的英国带来一股思想清流，启蒙社会、教化人心。社会孕育思想，思想滋润社会。17 世纪，英国爆发资产阶级革命，最终确立君主立宪制，限制皇权，建立资本主义制度。

1776 年，亚当 · 斯密耗费十年心血的巨著《国富论》面世，一举奠定经济学的第一块基石。《国富论》认为，人类性本利己，追逐个人利益是人类从事经济活动的唯一动力。在社会规则的大框架下，人人为己，己为人人，市场以“看不见的手”自动调节，最终实现社会财富最大化。西方一度认为金钱邪恶，《圣经》说“贪财是万恶之源”，斯密却指出自利动机可以增加社会整体福祉，鼓励人类正大光明地创造财富，彻底去除阻碍人类追逐财富与自由的心魔。

斯密反对政府干预与管制，主张自由放任的市场经济，构建了市场经济的基本框架。

黑奴贸易和殖民地掠夺为英国工业革命奠定了物质基础。顺便说一句，有人以为，所谓有“信仰”的西方人，有底线、有慈悲、有道德，但血淋淋的历史却诉说着残酷真相。

通过与西班牙、法国持续多年的战争，18 世纪的英国成为世界头号强国，殖民北美洲、大洋洲、亚洲和非洲的大片区域，成为“日不落帝国”。付出鲜血与生命代价夺得的殖民地，当然不是为了传递文明与发展友谊。

在北美洲，英国国王颁布法令悬赏印第安人头皮，印第安人遭到种族灭绝式屠杀，他们的家园变成英国殖民者的种植园。在大洋洲的澳大利亚，土著人被归入动物种群遭到疯狂猎杀。1788 年，英国登陆澳大利亚时，土著人有 75 万人，到 1901 年只剩下 6 万人。在亚洲，英国从印度掠夺的财富超过 10 亿英镑，还丧心病狂地向中国出售鸦片。清政府洋务运动持续 30 多年，总投资不过几千万两白银，北洋海军每年投入约 400 万两白银，数十年间累计投入也不过近 1 亿两白银（张瑞泉，1990），而英国仅在 1854—1894 年通过向我国出售鸦片，就获利 15 亿两白银。在非洲，葡萄牙开启的黑奴贸易被英国发扬光大。15—19 世纪，黑奴贸易成为西方世界的力量源泉，是英国原始资本积累的主要手段之一。

不管过程如何惨无人道，英国工业革命的物质基础已经具备，牛顿、洛克和斯密又为英国奠定了科学、哲学与经济学的思想基础，金融革命为英国完成了资本准备（“金融：大国崛起的垫脚石”章节将详细阐述），工业革命如同到达地平线的太阳，马上就要喷薄而出。

18 世纪中叶，瓦特改良蒸汽机，直接引爆了工业革命，英国率先进入工业文明。蒸汽机的出现在偶然中有必然，是英国过去数百年间科学探索与财富积累的自然硕果。牛顿发现了开启工业革命的钥匙，瓦特手持钥匙打开了门。此后机器厂房大规模替代手工工场，纺织工业、钢铁工业、蒸汽轮船、煤炭行业迅猛发展，英国在全球市场建立了垄断优势。

英国资本主义制度快马加鞭向深入发展，彻底破除了封建人身依附，以法律形式保障私人财产和个人自由，市场经济框架得以建立，大规模专业化的生产方式日益占据主导地位，建立严格的专利保护制度，鼓励创新发明，构建完善的资本市场体系，伦敦成为全球金融中心。英国打造了前所未有的海军，裹挟着铁与火的威力，从英伦三岛起航，在全球划分殖民地，建立“日不落帝国”。

（三）法国：顶级玩家

人生而自由，但却无往不在枷锁之中。自以为主宰一切的人，反而比其他人更是奴隶。

——卢梭

法国是一朵奇葩。它从来没有登上全球王者宝座，却一直占据全球舞台的中央；它没有经历明显的工业革命，却拥有一流的工业；它从来没有开现代科研之先河，却一度成为全球科学中心；它几经乱世政权反复更迭，却总能扶大厦于将倾，在历史的紧要关头由乱而治。第一次工业革命的星星之火，不是在法国点燃，第二次工业革命，法国也没有引领，但在过去三百年间，法国一直站在全球强国第一梯队，靠什么？

1. 觉醒的法兰西

有人说，法国民族意识强。

14—15 世纪，法国与英国缠斗百年，在自己的国土上与英伦军队浴血厮杀，数次面临亡国亡种的绝境。1360 年，法国被迫签订极不平等的《布勒丁尼和约》，不仅割让卢瓦尔河以南至比利牛斯山脉的全部领土，还要支付 300 万金币的战争赔款；1420 年，法国被迫签订《特鲁瓦条约》，几乎亡国，英王亨利五世成为法兰西摄政王。是不是很熟悉的场景？还以为时空变换来到了晚清。没错，法国当时的处境甚至比晚清还不如。不同的是，法兰西民族宁肯割地赔款也没有投降，反而越战越勇。

官军战败割地赔款，苏格兰援军全军覆没，法军要塞奥尔良被围，法兰西民族危如累卵。命悬一线之际，年轻的乡村姑娘贞德挺身而出，成为扭转法国命运的传奇。她骑着白马，腰悬宝剑，举着大旗，率领数千人马向英军发起猛烈进攻。贞德有如神助，她说“所有的战役，胜负都在于一心”。她号召大军，“勇敢地攻入英格兰人之中，而我也会攻入他们之中”。英军被这支士气冲天的队伍吓蒙了，四散逃窜。当晚，贞德身披甲胄率领大军进城，奥尔良全城军民高举火炬欢迎她。熊熊火炬照亮了奥尔良的夜空，也点燃了法兰西民族自立自强的雄心。法国军民士气高昂，打得英军节节败退。1558 年，法军将英军彻底赶出欧洲大陆。

1430 年，圣女贞德在康边城外与英军鏖战数日，寡不敌众准备退回城内，被城内诸侯关在城外，最后竟以 4 万法郎的价格被卖给了英格兰人。巾帼英雄贞德就这样落入敌手，她受尽酷刑宁死不屈，说：“为了法兰西，我视死如归!”

审判贞德的时候，法官质问：“你是否觉得自己受到上帝的恩典?”这是个陷阱。当时，教会的教条是没有人可以肯定自己受到上帝的恩典，如果她做出肯定答复，就证明了自己是异端邪说；而如果她否认，就是承认自己有罪。贞德从容答道：“若我还未在神的荣耀下，我希望天主能赐予我；若我已身处其中，我希望天主仍给予我。”贞德的回答出乎所有人意料，法官目瞪口呆，审判不得不暂停。次年 5 月 29 日，贞德在卢昂城下被活活烧死，她的骨灰被撒入塞纳河中。那时，她还不满 20 岁。贞德纯洁的光辉照亮了天地，甚至连满手鲜血的刽子手在点火时也忍不住瑟瑟发抖，后来他形容当时“非常害怕烧死了一位圣女而被打入地狱”。

法国前无古人后无来者的巅峰——拿破仑认为，贞德是法国的救世主。被认为百年出一个、有史以来最伟大的英国人——丘吉尔认为，贞德远远在普通人之上，在一千年里无人能同她相媲美。千百年的光阴销蚀，磨不灭贞德身上无与伦比的勇气、无限丰富的情感、天真纯洁的美德和与生俱来的天赋。

一个天真纯洁的少女村姑，倏然间成为法兰西的精神图腾，把一场王侯将相间你争我夺的无聊狗斗转变成救亡图存的正义战争。贞德之死激起了法兰西民族精神的滔滔巨浪，就连原先与英格兰结盟的勃艮第诸侯也被打动，重回法兰西阵营。高卢雄鸡的民族意识彻底觉醒了，从此法兰西作为统一民族在欧洲大陆迅速崛起。反观当时的德国和意大利，它们还将在黑暗与撕裂中苦苦挣扎数百年之久。

而我们呢？五千年的璀璨星河，该有多少英雄之星熠熠闪耀！《左传》说："临患不忘国，忠也；思难不越官，信也；图国忘死，贞也。"不用说陈汤，明犯强汉者，虽远必诛，冒死矫诏出兵，一战定西域，稳固大汉边疆三百年；不用说岳飞，以身许国，壮志饥餐胡虏肉，笑谈渴饮匈奴血；不用说文天祥，看淡生死，只留丹心照汗青；也不用说史诗巾帼秋瑾，拼将十万头颅血，须把乾坤力挽回……

2. 大道废思想兴

有人说，法国靠思想立国。

毫不夸张地说，西方的立国思想根基主要源自法国。启蒙运动在法国的兴起，像一盏明灯照亮了蒙昧的西方世界。18 世纪的法国处于黑暗、堕落的社会危机中，社会等级森严。第一等级是僧侣，人数少地位高；第二等级是国王贵族，享有极高的社会地位和权力；第三等级是农民、手工业者及刚刚萌芽的资产阶级。启蒙运动，就在这黎明前的极度黑暗中悄悄萌芽。

伏尔泰："欧洲的良心"

"法兰西思想之王"伏尔泰被称为"欧洲的良心"，是启蒙运动的泰斗和灵魂。他思想深邃，才华横溢，横跨戏剧、历史、哲学、政治等多个领域，以笔为剑，凭一己之力刺破笼罩西方的黑暗，把人们从愚昧中唤醒。

伏尔泰看穿了宗教是蒙人的把戏，他说："如果……仅允许有一种宗教，政府很可能会变得专横；如果只有两种宗教，人们就会互相割断对方的喉咙。但是当有大量的宗教时，大家都能幸福地生活、和睦相处。”实际上，这是否定了天主教的特权，剥去了宗教那层神圣的外衣，既然宗教不是唯一的，那么“神授王权”，贵族特权也就毫无根据了。伏尔泰批判教会是最下流的无赖编造出来的最卑鄙的谎言，是分裂、内战和罪恶根源，他把教皇比作“两足禽兽”，把教士称作“文明恶棍”，号召人们奋起反抗宗教统治，“一些人咬住他的耳朵，另一些人踩住他的肚子，还有一些人从远处痛骂他”。

打破了宗教的幻象，伏尔泰主张理性是历史前进的动力。发扬理性，就是推动历史；蒙蔽理性，就是阻碍进步。伏尔泰批判君主专制，认为君主使人感到枷锁的桎梏，主张以法治国。他主张，人只有在人格与自由得到尊重与保障的前提下，才能发挥自己的理性，推动社会进步。专制之下，要么出奴才，要么出吴广，哪有理性立锥之地呢?

伏尔泰主张言论自由。“我不同意你的观点，但是我誓死捍卫你说话的权利。”这句话被广为传颂，但其实这句话并非伏尔泰所说，而是1906年出版的传记《伏尔泰的朋友们》中为表达伏尔泰的观点整理出来的。伏尔泰认为，人人生而平等，法律面前人人平等，同时财产的不平等不可避免。

孟德斯鸠：“三权分立”

一个伏尔泰就基本构建了西方立国的思想基础，但这还不算完，法国还出了孟德斯鸠和卢梭。

孟德斯鸠出身贵族，是法国首位公开批评封建专制和特权的思想家。孟德斯鸠反对“君权神授”，认为人民应享有宗教和政治自由。他主张法治，认为保证法治的手段是“三权分立”，即立法权、行政权和司法权分属于三个不同的国家机关，相互制约、权力均衡。“三权分立”学说打破了当时法国社会的三大基石——教会、国会和贵族，成为 1787 年的《美国宪法》、1791—1795 年的《法国宪法》和 1792 年的《普鲁士法典》的思想根基。

卢梭：天赋人权

卢梭出身卑微，入世之初当过小偷、学徒、仆役、私人秘书、情夫、乐谱抄写员，一生颠沛流离尝遍艰辛，而最终成为思想家、哲学家、教育家、文学家、民主政论家、浪漫主义文学流派的开创者、启蒙运动代表人物。德国文学大师歌德说，伏尔泰结束了一个旧时代，而他开创了一个新时代；歌德、雨果、乔治·桑、托尔斯泰都无一例外地声称是他的门徒。

卢梭探讨的第一个宏大课题，是人类的罪恶、不平等和道德败坏从何而来。卢梭认为，私有制是不平等的起源，不平等包括政治不平等和精神不平等。私有制和法律制度保障少数人利益，多数人陷入贫穷和被奴役，形成经济利益的不平等。为了保障法律制度等社会契约的执行，形成了国家机器和相应机构，于是有了职位、等级、爵位，形成了政治权力的不平等。

还有精神的不平等。卢梭认为，“人生而自由，但却无往不在枷锁之中。自以为主宰一切的人，反而比其他人更是奴隶”。人生而独立，不去依赖社会，不受舆论和偏见的束缚，没有政治的重负。但随着文明进化，分工日益精细，人们必须彼此依赖，财富、地位和权力成为人类精神的枷锁。他认为，文明社会表面高雅，背后却龌龊不堪，通世故之人总是戴着假面具，几乎从不以本来面目示人，弄得自己也不认识自己。在此等人看来，内在本质无所谓，重要的是外表看起来人模人样。文明社会导致人类异化，人类成为社会的奴役。竞争败坏了人类的同情心和怜悯心，退化到尔虞我诈、弱肉强食的丛林社会。财富和门阀亵渎了一切神圣和高贵。

卢梭心里装着悲天悯人的仁慈，怀揣着直击心灵的清醒，给人痛彻心扉的震撼。

1762年，卢梭的《社会契约论》问世，刚一出版就被禁止，卢梭也被迫流亡英国。卢梭主张天赋人权，主权在民。人类的本质是自由，强权不能成为权力的合法根据，合法的国家应建立在人民自由意志的社会契约之上；人民订立社会契约，是为了保障自由，而不是为了自己受到奴役；社会契约，就是人民把权利转让给社会共同体。《社会契约论》提倡的民主思想引发了震惊世界的法国大革命，很快风靡全世界。法国的国家格言“自由、平等、博爱”便出自《社会契约论》。1789年，法国国民代表大会颁布《人权宣言》，“社会的目的是为大众谋福利”“统治权属于人民”等思想精髓就源自《社会契约论》。卢梭的民主思想成为法国、美国、英国等西方国家的立国理论，为美国《独立宣言》和《美国宪法》、法国大革命时期的三部宪法奠定了理论基础。

曾经的我们也是盛产思想的。春秋战国时期，皇权衰落，诸侯争雄，为了壮大实力逐鹿中原，各国纷纷打破原来森严的贵族体制广揽人才，原本“庶人不议”的传统被打破，“处士横议”的风气日益盛行。不论出身，不论有没有入赘豪门，也不论有没有做过权贵的马夫随从，只要是贤能，匹夫也能纵论天下，只要方略可以解决实际问题就有可能施政天下。针对灾荒连年、战火连天、分配不公、人天关系等现实问题，各家纷纷提出应对之策，思想激荡，门派泉涌，个人荣辱、国家命运、天下兴亡错综交织，一时间腾蛟起凤，百家争鸣，文盛千古。因此，春秋战国时期成为中华五千年奴隶封建社会中文化最繁盛、思想最自由、人性最自然流淌的历史时期。

“不别亲疏，不殊贵贱，一断于法”，法家在中国历史上首次提出以法治国，数千年过去也不过时；道法自然，无为而治，天人合一，有无相生，道家提出无为而有为、辩证思考等观点，满满的大智慧；兼爱、非攻、节用、尚贤、尚同、天志，墨家源自黎民，从百姓视角提出治国方略，更发展出几何学、物理学、光学等科学理论，点燃了中华民族理性的火种；儒家主张礼治、德治和人治，礼治就是贵贱、尊卑、长幼各有其礼，以维护宗法等级为核心，德治就是以道德去感化教育人，使人心向善，知耻辱而绝奸邪之心，人治的核心是贤人政治、精英政治，“劳心者治人，劳力者治于人”。还有兵家、纵横家、医家、农家、阴阳家、名家、杂家……

显然，诸子百家之中，儒家最合统治者胃口，更何况董仲舒进一步提出“大一统”“天人感应”“君权神授”“三纲五常”等思想，正中统治者下怀。秦朝一统天下、焚书坑儒之后，大汉再度出手，汉武帝采纳董仲舒的主张，“罢黜百家，独尊儒术”。大树之下，寸草不生。于是万马齐喑，儒家独鸣，成为中华民族数千年的文化底色……

3. 家国乱英雄出

乱世出英雄，被英国狂虐百年的法国是个英雄辈出的国度。

前有“圣女”贞德、拿破仑，后有戴高乐。在巴黎大街上走一遭，就知道法国崇尚英雄到何种地步。一座座气势恢宏的建筑，一尊尊阳刚霸气的雕塑，无不彰显着法兰西民族对英雄的膜拜与渴望。

从科西嘉岛出发，拿破仑带领法兰西走上有史以来的巅峰，欧洲大陆国家无不曾向其称臣或与其结盟。但法兰西第一帝国不是拿破仑一个人建成的，他的背后是千千万万狂热的法兰西人。拿破仑征服欧洲大陆，成为欧洲霸主，比肩亚历山大、凯撒大帝，法兰西人唯其马首是瞻，浴血向前；拿破仑战败被流放，逃出厄尔巴岛，一踏上欧洲大陆，法兰西人便立即抛头颅、洒热血，生死相随。英雄与荣誉是法兰西人的战鼓，每个法兰西人心中都装着一个“小拿破仑”。

膜拜也好，渴望也罢，论起英雄人物，法兰西哪里比得过中华民族呢？且不说秦皇汉武、唐宗宋祖、成吉思汗，就说李牧、蒙恬、卫青、霍去病、陈汤、李靖、岳飞、徐达、彭德怀，哪一个不是滔滔武功、弥天大勇？

但工业革命后，中华民族日渐衰微，法国却一直傲立于世界民族之林，为什么？

民族意识强，有思想，出英雄，以上原因都有。但在我看来，法国崛起还有个关键原因就是选对了对手。法国永远以问鼎王座为目标，坐不上王座起码也是王者的陪练。几百年过去了，王者来来往往，法国却始终就在王座周围，在一次次被王者蹂躏暴虐中，强健了筋骨，明确了方向，也坚强了意志。哪怕被英国狂虐百年，被普鲁士两个月打垮，几次走到亡国灭种的边缘，法国还是打出了民族精神，甚至一度成为欧洲大陆霸主；哪怕在二战中被纳粹德国四十天亡国，从灰烬堆里走出来，法国还是安理会常任理事国之一；哪怕二战后整个欧洲都仰美国鼻息，法国还是选择退出北约，走出了一条独立自主的大国路线。

法国从不曾拥有顶级实力，却以二流的实力扮演着顶级玩家的角色，永远与顶级玩家过招，干着一流的事情。

法国的传奇还在继续演绎。

（四）德国：理性称雄

普鲁士的胜利早就在小学教师的讲台上决定了。

——普鲁士元帅毛奇

德国，崛起于苦难与分裂之中。

在统一之前的千年历史长河中，德国大部分时间处于四分五裂的状态，周围列强环伺，被称为“欧洲走廊”，每次英国、法国、西班牙、俄国等传统列强开战，就拉开架势在德国地盘上开打。那时的德国，只是列强厮杀角逐欧洲霸主的竞技场。恩格斯曾这样描述 18 世纪末的德国：“这是一堆正在腐朽和解体的讨厌的东西……国内的手工业、商业、工业和农业极端凋敝……不满情绪笼罩全国……没有出版自由，没有社会舆论，甚至连比较大宗的对外贸易也没有，除了卑鄙和自私就什么也没有；一切都烂透了，动摇了，眼看就要倒塌了，简直没有好转的希望，因为这个民族连清除已经死亡了的制度的腐败尸骸的力量都没有。”（唐永胜，2013）

就在一片绝望与荒芜中，德国强势崛起。我们仔细审视德国奋起直追的执着身影，会看到一个落后民族自强不息的精神内核。这种精神，对任何一个追赶着的民族而言，都不可或缺。

沿着一条蜿蜒的上山小路，我们披荆斩棘、历经千辛万苦终于登顶的一刹那，赫然发现原来还有一条登山捷径。我们拉长视野，回望历史的山谷，往往会发现历史山脉中有很多难以逾越的悬崖峭壁，也有很多直通山顶的幽静小道。这种回望，弥足珍贵。

德国快速崛起的“幽静小道”到底是什么呢？

1. “铁血宰相”俾斯麦

德国崛起，首先要归功于“铁血宰相”俾斯麦。危难中的民族，就像深陷泥淖的人，单凭自己的挣扎，决然难以摆脱困境，必须有一个强人挺身而出，振臂一呼，带着这个民族左冲右突，闯出黑暗，奔向光明。

和以往很多崛起的民族一样，德国雄起的乐章是战争号角。在统一之前，德国只是松散的联邦，四分五裂，诸侯称雄。1862 年，俾斯麦出任德国最大邦国普鲁士的首相，他雄心勃勃，号称“铁血宰相”，宣称“当代重大问题不是通过演说和多数派决议所能解决的，而是要用铁和血来解决!”这个论点像极了毛主席“枪杆子里出政权”的著名论断，两个伟人穿越时空，来了次灵魂的握手。

心有猛虎，细嗅蔷薇。俾斯麦既有铁血手段，又有暴风雨中走钢丝的高超平衡术。他纵横捭阖，在欧洲大陆复杂的大国缝隙中求得生存，联合奥地利打败丹麦（1864 年），再诱使法国中立，趁机击溃奥地利（1866 年），进而说服奥地利保持中立，一举打败欧洲大陆传统霸主——法国（1870—1871 年）。他异常果断打击德意志民族的同门兄弟奥地利，彻底打破了德意志民族“双雄并立”格局，一举奠定统一根基，又在兵临城下、胜利在望之际，成功制止了将领扫荡维也纳、羞辱奥地利的冲动，签订了一项宽容的和约，尊重奥地利领土完整，象征性索取少量赔款，掠取小块土地，换取奥地利在关键的普法战争中保持中立；他对欧洲大陆传统霸主——法国则毫不手软，及早准备、精心谋划，集结装备精良的 50 万雄兵，诱使法国主动发起普法战争，进而以雷霆万钧之势猛烈反扑，两个月俘虏法国皇帝拿破仑三世，半年时间助普鲁士国王在法国凡尔赛宫加冕称帝，成立统一的德意志帝国，并逼迫法国签下羞辱性的《凡尔赛和约》，获得 50 亿法郎赔款，抢夺铁矿资源丰富的阿尔萨斯和洛林地区。

就这样，在英国完成工业革命的三十一年后，1871 年破碎千年的德国实现了统一。

此时，距离奕䜣上奏《通筹夷务全局酌拟章程六条折》，开启轰轰烈烈的洋务运动，已经过去十年。此后，德国在短短三十年内从一个二流国家崛起为世界性大国，一举登上世界历史舞台的中心；而古老的中华民族，则不得不吞下甲午战争北洋海师全军覆没、八国联军攻陷北京的苦果。历史，就是这样冷血无情。

2. 教育：讲台定乾坤

普法战争胜利后，普鲁士元帅毛奇自豪地说：“普鲁士的胜利早就在小学教师的讲台上决定了。”重视教育和科学，是德意志民族的传统，展现出了一个民族的远见卓识。德国在世界上首先为公民提供免费义务教育。1717 年，普鲁士颁布《义务教育规定》，要求“所有未成年人，不分男女和贵贱，都必须接受教育”，和服兵役一样，接受教育被视为公民义务，教育费用由国家承担（韩爱红，2007）。面临经费短缺，威廉一世态度坚决：“这些钱相对于我的长远收益来说，算得了什么?”重视教育的传统薪火相传，威廉一世之子继位，于 1763 年颁布全球首部《义务教育法》。1809 年，德国创办全球第一所现代大学——柏林大学，威廉三世则捐献豪华王宫作为柏林大学校舍。1818—1846 年，普鲁士学生数量接近翻倍，适龄儿童入学率达 82%，到 19 世纪 60 年代提高到 97.5%（王昌林等，2015）。到 1871 年时，德国文盲率仅为 13%，传统欧洲强国英国、法国分别为 30%（1861 年）、24%（1866 年）（陈洪捷，2007）。同时代，我们只有殷实的家庭才负担得起昂贵的私塾学费，中华民族的莘莘学子皓首穷经，还在苦苦钻研“四书五经”。1986 年，我国颁布《义务教育法》，2008 年我国全面实现义务教育。这让我想起了我乡村小学的同班同学们，据我目前所知道的，近 70 人仅我一个上了大学。

免费义务教育这一问题上，德意志领先中华民族近 300 年，也远远领先美国（1852 年）、英国（1870 年）、法国（1882 年）、日本（1872 年）。这样的民族，怎可能不崛起呢?

德国不仅最早实现义务教育，还最早建立现代化大学。柏林大学是名副其实的“现代大学之母”。普鲁士国王威廉三世吞下向拿破仑割地赔款的屈辱，深刻认识到教育对民族振兴的核心作用。他痛定思痛，卧薪尝胆，决心从长计议，任命洪堡为文教大臣创办柏林大学。他拿出王宫作为校舍，并给予柏林大学极大自由，提出“大学是科学工作者无所不包的自由天地，科学无禁区，科学无权威，科学自由”。洪堡提出“学术自由、大学自治、教授治校”的办学理念，他认为大学教育的根本目的在于“提倡研究并非已经发现的事物，而是永远不会完全发现但要不停探索的事物”，他力主建立研究型大学，教学与研究相结合，不仅教授开展研究探索学术前沿，也激发学生的研究兴趣，培养研究能力。在具体教学模式上，柏林大学创造性拓展了讨论班（Seminar）模式，突破了传统的教师授课、学生听讲的课堂模式，更多采取听取学术报告、课堂讨论和科学研究的方式，激发思维活力，培养研究能力和兴趣。洪堡主张，“大学主要培养神学家而不是牧师，培养法学家而不是律师，培养医学家而不是医生”。

以今观之，柏林大学的治学、办学理念，仍然出类拔萃。二百多年过去了，世界各国仍旧徘徊在模仿、追赶德国的道路上，遑论超越。

回想当年，德国的大学教育远远超前于其主要竞争对手英法。在英法，思想大家游离于大学之外，英国科学革命并非发生在大学；法国则严重质疑大学功用，关闭所有大学，代之以实用技术学院。而在德国，沃尔弗、康德、李比希等思想大家、科学巨擘一直活跃在大学校园（阎凤桥，2010）。

大学成为德国崛起的思想与智慧动力，哲学、艺术、科学领域巨星闪烁，德国成为世界科技中心。仅在柏林大学，就有哲学家黑格尔、叔本华、费希特、费尔巴哈，社会活动家马克思、恩格斯，物理学家普朗克、爱因斯坦、薛定谔、海森堡、玻恩、赫兹，化学家哈恩、霍夫曼、拜耳、哈伯，政治家和军事家俾斯麦，音乐家门德尔松，文学家海涅、格林兄弟。20 世纪 20 年代，德国成为毫无争议的全球艺术与科学中心，被称为

“黄金柏林 1920 年代”。

3. 实验室：智慧“跑马场”

德国首先创立的现代科学实验室，成为人类智慧的“跑马场”，让最顶尖的大脑在这里尽情驰骋。最早的现代实验室由德国化学家李比希于 1826 年在吉森大学建立（卫才胜，2003）。值得一提的是，李比希当时年仅 23 岁，此前一年已经担任吉森大学教授。在此之前，科学实验是一种兴趣爱好，伽利略、牛顿、瓦特等人从事科学研究都是个人行为，既没有长期稳定的经费支持，也没有团队支撑，出成果缓慢。李比希的化学实验室打破了几千年来人类智慧的冰封，开启了人类主动探求智慧极限的旅程。

业余科研与科学实验室有多大差别？脑补一下我们与刘国梁打乒乓球的情景就知道了。如果说英国首先爆发工业革命尚具有一定偶然因素，就像一场野火碰巧点燃人类的智慧，那么德国创立的实验室就是一把钥匙，开启规模化创新的大门，通向人类智慧的殿堂。李比希实验室是全球科技的分水岭，从此全球科技中心逐渐从英国、法国转移到德国，直到二战后德国被美国超越。

这个神奇的李比希实验室，到底什么样呢？

李比希实验室由实验室、天平室、储藏室、洗涤室和助手室构成，拥有加热和通风设备，能够容纳 60 名学生同时操作，而导师则巡回视察指导实验。现在看起来，似乎与县城高中化学实验室差不多。但李比希实验室开了专业化、组织化开展科研实验的先河。《科学史》作者英国人丹皮尔说：“1826 年（李比希）在吉森建立了一个实验室，从那时起到 1914 年，系统性的学术研究工作在德国十分普遍，远非他国所及！”（汤大友、刘馨，2011）

开创性的科研形式，带来了前所未有的成果。李比希一生取得了丰硕的科研成就，被称为“有机化学之父”“肥料工业之父”。同时他还培养了一大批世界顶级的科学家，截至 1955 年，德国共有 40 人获得诺贝尔化学奖，他们有个共同的名字“李比希学派”！李比希的弟子中，有“合成染料之父”霍夫曼、苯环结构发现者凯库勒、人工靛蓝发明者拜耳、“现代物理化学之父”奥斯瓦尔德、“现代高分子化学之父”施陶丁格、氨的人工合成者哈伯、首次实现煤氢化的伯吉尤斯等。

美国知名科学史学家汉金斯说：“一旦认识到并应用了适当的科学方法，人类知识的稳步扩展以及条件的稳步改善就会是必然的结果。”（阎凤桥，2010）

德国如获至宝，最大限度将这种科学方法发扬光大。在李比希实验室的带动下，德国科研机构完成了从零到一的跳跃，并进一步实现专业化、组织化等深层次变革，相继成立一大批科学实验室，包括弥勒生理学实验室、马格努斯在柏林大学的物理学实验室、路德维希和冯特在莱比锡大学的生理学实验室等。这些实验室硕果累累，名闻天下，是世界学者学习和工作的梦想之地。

德国政府部门借鉴李比希实验室，于 1887 年设立第一个国家实验室——物理实验室，由著名物理学家赫尔姆霍茨担任所长。此后，一系列国家实验室相继设立，德国科学一日千里，一步步登峰造极，成为全球科学中心。

工业界也成功借鉴了实验室这种科研形式。19 世纪 60 年代，德国染料行业开始进行工业研究，19 世纪 80 年代建立工业实验室，聘请科学家开展专业化研究，如巴斯夫公司聘请著名化学家卡罗、克莱蒙兄弟从事新产品和新工艺研发。电气工业、钢铁工业、汽车、飞机等领域借鉴化学工业经验，纷纷成立自己的研究实验室。科学家与工业研究相结合，既促进科研进程，又极大加快科技成果的转化，因此德国迅速成为第二次工业革命的先驱。

专业化的科研组织威力惊人，德国科研效率领先全球。蔡司、西门子、伦琴、欧姆、李比希、爱因斯坦、普朗克、玻恩等一颗颗科学巨星闪耀，使德国成为全球科学技术中心。1851—1900 年的重大科技成果中，英国有 106 项，法国有 75 项，美国有 33 项，而德国则有 202 项，相当于英国、法国、美国三强之和（卫才胜，2003）。

4. 有为政府："理性之手"

科研成果要落地转化为产品，形成实实在在的生产力，需要以产业资本为桥梁，那么德国是怎样发展产业资本的呢？

英国、美国有发达的资本市场，可以通过市场化方式迅速募集海量资本满足产业需求。德国缺乏发达的资本市场，此时政府力量就发挥了重要作用。

首先是税收政策，德国以关税保护民族产业（杜佳杰，2014）。德国一直实行自由贸易政策，19 世纪 70 年代末期，德国工农业遭遇来自外国的激烈竞争，德国谷物国际贸易从顺差转为逆差。农场主和企业家都呼吁采取贸易保护政策。俾斯麦很快采取行动，1879 年国会通过关税法，两次提升关税，不仅增加了中央财政收入，还成为压制外国竞争力的有力武器。19 世纪下半叶，在关税庇护之下，稚嫩的德国产业蓬勃发展，工业化进程大大加快。

除税收政策外，德国国家资本直接进入重要产业，极大加快了经济资源向优势产业集中的步伐。铁路是第二次工业革命的标志性基础设施，但德国起步较晚，直到 1835 年才建成第一条铁路，比英国、法国、美国分别晚了 10 年、9 年、5 年。虽然铁路建设"赶个晚集"，但德国发展速度特别快。俾斯麦主政的普鲁士雄心勃勃，意图以武力统一德国，但他很快意识到铁路对国家统一和发展壮大的巨大作用，便不遗余力推进铁路建设。到 1850 年，德国铁路总长达到 6000 公里，约是法国的两倍（李富森，2013）。事实证明，铁路对德国统一起到了关键性作用。在德国统一的关键战争——普法战争中，德国凭借四通八达的铁路网，快速集结 50 万精兵和重型装备，几乎在每场战役中德军都拥有至少两倍于法军的兵力，最终完胜欧洲大陆传统霸主法国。到 1870 年，德国半数铁路归国家所有。1879 年，德国对铁路实行国有化，在政府主导下，铁路建设迅速进入新高潮。1870 年，德国铁路约为 18667 千米，1910 年达到 59030 千米，1914 年达到 61749 千米（李富森，2013）。

德国政府还接管发电厂、自来水厂、煤气厂、啤酒厂、瓷器厂和矿山、林场、农场等，开启大规模投资（杜佳杰，2014）。由于周边列强环伺，德国尤其注重武器装备，庞大的军费开支也催生了一大批军火商，二战期间赫赫有名的虎式坦克制造商克虏伯就是其中的杰出代表。德国就像一台庞大的经济机器，高效运转，特别是在方向和方法正确的时候，政府主动作为效率极高。德国产业经济快速崛起，短短三十年间后浪推前浪，走过了英法耗时百年的工业化历程。

全民义务教育源源不断输送人力资本，优质大学培养尖端人才，国家、大学、工业实验室高效覆盖从基础科学到应用科技的研发，强有力的国家力量推动产业资本积累，使得德国最终赢得关键的普法战争。德国由此获得 50 亿法郎战争赔款，抢占铁矿资源丰富的阿尔萨斯和洛林地区，再加上应时而生、有勇有谋的俾斯麦，形成一套完美精密、高效运行的系统，以此对抗纷繁混乱的世界，堪称降维打击。

德国崛起是理性称雄。

世界上没有无缘无故的崛起，也没有无缘无故的落后。崛起之路从来都不是平坦的，从来都不是敲锣打鼓、歌舞升平能完成的，更不是空谈与口号就能成就的，崛起需要无数人奉献智慧、汗水、生命……

（五）美国：集大成者

如果说我们不想死的话，就要向最优秀的人学习，即使人家反对我，我也要向他学习，不然我怎么能先进呢？

——任正非

1776 年，英伦三岛上，工业革命正进行得如火如荼，水力纺纱机发出巨大的轰鸣声，瓦特正在改良蒸汽机，而此时美国才刚刚赢得独立。1861 年，英国已率先完成工业革命二十年，古老的中华民族已经意识到坚船利炮的威力从而发起洋务运动，而美国却陷入一场空前绝后的惨烈内战，导致 115 万名士兵伤亡，占到了当时美国总人口的 3.7%。1860 年以前，美国是典型的殖民地经济，出口农产品，进口工业制成品。但到 1894 年，美国工业总产值已位居世界第一，成为世界头号工业强国，此时距离美国内战结束还不到三十年。

除了第一次工业革命，美国引领了此后所有的技术革命，美国对外政策也几乎与其实力完美匹配：崛起过程中闷声发大财搞“孤立主义”；一战、二战期间，瞅准时机果断参战坐收渔利；二战后，以超强的军事经济实力在全球推行霸权主义，发起“马歇尔计划”，构建盟国体系，确立以美元为中心的布雷顿森林货币体系，瓦解苏联，独坐超级大国宝座。

美国逆天改命，从世界边缘一跃成为超级大国。这一惊天巨变是如何成就的？

论国土资源，俄罗斯、澳大利亚、加拿大、巴西都有比肩美国的资源禀赋；论人口，美国建国之初也只是个人口小国，不像印度、日本、俄罗斯、印度尼西亚、巴西、尼日利亚都是人口大国；论思想，意大利文艺复兴、法国启蒙运动深邃、独到、先进，我国更是早在春秋战国时期就诞生了平等、兼爱、民本、天人合一、人定胜天等进步思想，可为什么独独是美国成为超级大国？

相比之下，我们正处在爬坡迈坎的关键时期，中华民族的复兴将是人类史无前例的壮举，其规模和影响，是任何一次大国崛起都难匹敌的，放眼全球，能略微与之媲美的只有美国。人类历史上的超级帝国，或倚武功，或靠强权，或生于征服，或源自殖民，或长于科技，或成于豪杰，但美国与它们都不同，博采众家之长成了全能选手，更为高明的是编织了一张弥天大网，覆盖金融、政治、贸易、投资、军事，貌似庇护全球，实则是自己稳坐军中帐，操控大网以确保“美国优先”。要超越如此强劲的对手，靠一两样“神功”护体是不行的，必须俯下身段尊重对手、研究对手，通其式、懂其法，知其强、晓其弱，还要天生慧根外加勤学苦练，采其长避其短，走出自己特色之路，把自己锻造成全能冠军。

正视是为了看透，看透是为了借鉴，借鉴是为了超越。

1. 崛起之路

第一次工业革命的火焰首先在英国点燃，美国没赶上，但作为后起国家，美国充分发挥移民国家优势，亦步亦趋，兼收并蓄，大搞“拿来主义”，不管是英国的蒸汽机、金融机制，还是法国的三权分立，抑或是德国的实验室和现代大学，通通为其所用，所以到 19 世纪中叶美国基本完成工业化。

美国很快摸清经济发展的门道，转身积蓄力量开始超越。美国牢牢抓住科技突破、产业更迭的历史机遇，与德国并驾齐驱，成功引领第二次工业革命，其深度和广度远远超过第一次工业革命，极大提高了生产力，深刻改变了人类的生产生活方式。

电力大规模使用是第二次工业革命的重要标志。1831 年，英国科学家法拉第发现电磁感应，不久后电机在英国和德国相继问世。首创不在美国，但首先大规模使用电能的却是美国。1879 年，美国发明家爱迪生发明了灯泡。1917 年美国发电量为 438 亿度，电力工业跃居全球第一。1927 年，美国制造业中电力占动力比重达到 78%，取代蒸汽动力占据统治地位。

火车和铁路的发明在英国，但把铁路用到极致的却是美国，其建设速度与规模至今无人超越。美国开发铁路虽然起步落后于英法，但是到 1900 年美国铁路长度已达 32 万公里，超过欧洲铁路长度总和，到 1913 年增至 48 万公里（龚淑林，1989），占当时全球铁路总长度的一半。2020 年 12 月，我国铁路营业里程 14. 6 万公里，位居全球第二。

内燃机是第二次工业革命的标志性技术之一，是汽车和飞机产业崛起的前提。内燃机和汽车均由德国于 1886 年研制成功，但汽车产业却首先兴起在美国。美国福特公司于 1908 年成功研制出 T 型汽车，1913—1914 年发明流水线，极大地提高了生产效率，将汽车售价从 1908 年的 850 美元降到 1929 年的 260 美元，不到原来的 1/3。1900—1929 年，美国汽车登记数由 8000 辆猛增到 2675 万辆，平均每 4 个人就有 1 辆汽车（徐玮，1989），美国成为名副其实的“汽车王国”。同期，德国千人汽车保有量只有 5 辆，仅是美国的 1/50。2022 年，我国汽车保有量 3. 28 亿辆，千人汽车保有量约 232 辆。由此可见，当时美国实力有多强。

飞机产业生在美国，长在美国。1903 年，美国莱特兄弟发明飞机，开启人类的飞行时代。一战结束时，美国已有 24 家飞机制造厂，年产 2. 1 万架飞机（徐玮，1989）。美国在飞机领域出道即巅峰，一直保持领先优势。飞机作为最精密、最复杂的机器，不断挑战新材料、发动机、通信等领域极限，诞生出一个个新兴产业群。

汽车、铁路、航空的蓬勃发展催生对钢铁、煤炭、石油等新材料和能源的巨大需求。美国生铁产量 1860 年不足 100 万吨，19 世纪 80 年代跃居世界首位，1915 年超过 3300 万吨。美国钢产量 1860 年微不足道，1890 年跃升至 1000 万吨，1915 年超过 3200 万吨。1914 年，美国共计有 587 家钢铁工厂，产值 12 亿美元以上（龚淑林，1989），并向全球出口机车、机床等钢铁制品，进入“钢铁时代”。

卡内基抓住钢铁风口，成为全球最大的钢铁生产商，跃居世界首富。功成名就之后，他将财富尽数捐出。到 2019 年，他创立的卡内基梅隆大学已培养出 13 个图灵奖、20 个诺贝尔奖、9 个奥斯卡金像奖、114 个艾美奖、44 个托尼奖得主。会赚钱，会花钱，此之谓也。

美国煤产量在 1860 年仅为 1450 万吨，1899 年位居全球第一，占世界煤总产量的 1/3，到 1914 年则高达 51350 万吨（龚淑林，1989）。

汽车、飞机工业拉动了对石油的巨大需求。1859 年，德雷克发明了石油钻井技术，打出全球第一口油井。1914 年，美国开采石油 26580 万桶，比 1900 年增加 3 倍（龚淑林，1989）。

洛克菲勒抓住这一风口一举垄断美国石油行业，最终富可敌国。2009 年，福布斯公布“美国史上 15 大富豪”排行榜，约翰·洛克菲勒名列榜首。他创办了美国的芝加哥大学、洛克菲勒大学和我国的协和医学院。芝加哥大学盛产诺贝尔奖得主，全球约 40% 的诺贝尔经济学奖得主均与之相关，其先后产生 100 位诺贝尔奖得主、10 位菲尔兹奖得主、4 位图灵奖得主及 25 位普利策奖得主；华人诺贝尔物理学奖得主杨振宁、李政道、崔琦均是在芝加哥大学取得物理学博士学位。洛克菲勒大学是世界顶尖的生物医学研究中心，是现代细胞生物学起源地，享有殿堂级声誉，至 2021 年拥有 38 位诺贝尔奖得主。协和医学院一直是我国最有声望、水平最高的医疗和医学教育机构。为富如此，夫复何求？

19 世纪后半期，美国对传统欧洲列强已呈快速赶超之势。1880 年，英、美占世界财富的比重分别为 45%、23%，十年之后该比重已经变成 32%、35%，美国实现超越；1920 年，美国占世界财富比重升至 62%，而英国仅占 16%（见表 2－1）。从实际工业产出来看，20 世纪初美国钢产量超出英国 2 倍多，超出德国 1 倍多；美国生铁产量相当于英、德两国产量的总和。美国采煤量是德国的 3 倍、英国的 1.7 倍。1913 年，美国工业产值占全球的比重达 36%，超过英、德、法、日总和（龚淑林，1989）。到 20 世纪 20 年代，美国已确立以电力、汽车、飞机、石油、钢铁等重工业为主的产业结构，率先完成第二次工业革命，由“蒸汽时代”“纺织时代”跨入“电气时代”“汽车时代”。

无声无息间，美国完成惊天大逆转，把老牌欧洲强国远远甩在后面，成为全球经济超级“巨无霸”。

表 2－1　英、美占世界财富的比重　（%）

国家	1880 年	1890 年	1900 年	1910 年	1913 年	1920 年
英国	45	32	23	15	14	16
美国	23	35	38	48	47	62

回望历史，彼时我们正坠入军阀林立、生灵涂炭的苦难深渊。各路强人你方唱罢我登场，既没有力雄九州的枭雄，也缺乏弥合各方的信仰。中华民族遍体鳞伤，在漫漫长夜中苦苦摸索光明的方向。

2. 崛起之因

从 1783 年独立建国到 1890 年成为全球经济第一大国，美国仅仅用了 107 年，奥秘何在？

拿来主义：应用与产业

美国应用研究与产业化的成功在追赶欧洲过程中扮演了重要角色，一举推动美国崛起。欧洲突破科学原理，美国应用研发跟上，产业化称雄，成为这个过程中屡试不爽的法宝，在电气化和汽车领域尤为明显。电磁感应由英国首先发现，内燃机和汽车都由德国人发明，但美国却率先实现电气化和汽车大规模生产。

落后国家欲凭借劳动力、资源价格便宜的优势赶超发达国家非常困难，故应该积极抓住新技术产业化孕育这个机会，在产业升级中实现赶超（贾根良，2013）。美国正是抓住第二次工业革命的机会，强化应用研发，率先将欧洲突破的电能和内燃机实现大规模产业化，一举实现弯道超车。

教育：大国崛起的基石

到底是什么支撑美国应用研发突破和产业化成功的呢？

教育永远是大国崛起的基石。人类进步是累进的，当今人类社会之所以比五千年前更先进，不是因为人类脑容量变大更聪明，而是因为人类积累的知识和技能更丰富。假如有一天，人类财富在一夜之间化为乌有，只要人还在，知识还在，我们就可以在极短时间内重建整个世界；但假如有一天，人类知识在一夜之间消失殆尽，难以想象人类还要花多长时间去重新发现万有引力和相对论。

继承，才能更好地创新；创新，才是真正的继承。

美国显然是最早意识到这一点的国家之一。1852 年美国实行义务教育，比英国、法国、日本都早，仅晚于德国。美国教育体系源于英国，并继承德国教育大臣洪堡的教育理论，模仿洪堡理念创办了本国第一所现代大学——约翰·霍普金斯大学，又按照柏林大学模式重塑哈佛大学。当今全球排名前十的高校，美国占 8 席；全球排名前一百的高校，美国占 32 席，这就是绝对实力。虽然当今美国教育全球领先，但这也是在继承以往先进经验的基础上再度创新才获得的。

发掘异域文明的先进之处，心悦诚服学习吸收，踏踏实实摸透再创新，这就是超越之道。

专利：创新的燃料

美国重视知识产权，在历史上首次将知识产权保护写入宪法。保护知识产权，是最实质的科教兴国。这反映一种国民态度，只有尊重知识产权才能创造出知识产权。林肯说："专利制度，是在天才的创造火焰中添加了利益的燃料。"

尊重科学，如果不能落实到保护知识产权上，就是一句空话。社会保护什么，什么就能繁荣昌盛；社会蔑视什么，什么就步履维艰。"万般皆下品，唯有读书高。"所以中华文化五千年延绵不绝；君子不器，致远恐泥，连火药、指南针这种震古烁今的发明，最早的发明人都难以留名青史。改变世界历史进程的火药虽起源于我国，却盛行于西方，它们以火枪、火炮征战全球，抢资源、占地盘，成就"日不落帝国"。瑞典化学家诺贝尔因火药而富可敌国，他设立的诺贝尔奖成为全球最负盛名的科学奖项。

美国保护知识产权的落脚点，是金钱。触动利益比触动灵魂还难，美国早就承认这一事实，并以利益激励科技创新，以最低成本、最大规模进行复制实现收益。立国之初，美国科学发展落后于欧洲，于是美国密切关注欧洲最新的科技进展，一旦欧洲有科学突破，美国就立刻开展应用研究，申请专利实行大规模产业化，电气、汽车，莫不如此。

美国基于市场机制激励科技创新，科学家投入智力进行创新，申请专利设立门槛，通过产业化实现大规模生产和销售，从市场获取巨额回报。爱迪生、福特都是创新致富的典范，他们的经历激励更多人投身创新，推动社会形成浓厚的创新氛围。爱迪生说："我要把电灯变得如此便宜，以至于只有富人才会去点蜡烛。"一句话说透了工业精神的精髓——廉价与普惠，大规模工业生产和技术改进将成本降到最低，惠及每个人。

历史上我们对成就的认可，落脚点是功名、是官爵。仗打得好，封侯；文章写得好，做官。士农工商，学而优则仕，地位最低的是能工巧匠与商人，这种价值导向延续千年。成就突出的科学家获得加官进爵，虽然也能模范天下，相较于“重道轻器”的传统已经进步百倍，但在科技产业化上仍然隔了一层，科技成果难以惠及大众。以官爵奖励科学家进一步强化了官本位思想，激励能人直接追求官爵之路。但加官进爵不如付之天下市场，以产业化利天下之民，取天下之利。只有商业的，才是人性的；只有人性的，才是长久的。

有了专利制度的保护，知识产权成为含金量极高的资本，回报丰厚。于是越来越多的美国人投入科技创新，并不断优化科研组织形式：德国李比希实验室模式在美国发扬光大，爱迪生实验室和贝尔实验室成为全球科技创新的旗帜。从此研发彻底告别业余灵感式创新模式，走向专业化、职业化、系统化之路，人类进步速度因此大大加快。

资本市场：大国的标配

哪里的资本市场最繁荣，哪里的经济就最发达；哪里有发达的资本市场，哪里就有繁荣的产业。发达的资本市场为产业化和研发提供充足的燃料。1609 年，荷兰首创证券交易所，一举成为“海上马车夫”，成就“荷兰世纪”；19 世纪，英国资本市场最发达，成就“日不落帝国”；如今，美国资本市场最发达，汇集了全球资本，并始终在新兴产业保持顶尖水平，竞争力经久不衰。美国引领电气化、信息化、智能化，开创计算机、互联网、通信、电动汽车等新兴产业，牢牢占据一代又一代新兴技术最高峰。

资本市场核心作用在于优化资源配置，聚集资本、推动创新落地生根。早期的美国资本匮乏，资本市场帮助美国从欧洲募集资金，摩根家族抓住风口成长为金融巨擘。资本市场是一场充满刺激性的游戏，充满前景的事业可转眼间聚集惊天资本，微软、苹果、特斯拉都受益于资本市场成长起来；那些通向歧途的奇思妙想，就像海市蜃楼，最终会因为无法服务人类实际需求而灰飞烟灭。资本市场是完美的试错场所，激励人类不断向美好的未来发起冲锋，生产更便宜、更实用、更耐用的商品，服务于我们每个人。

统一大市场：水深海阔养大鱼

美国国内市场庞大，具有欧洲强国难以比拟的优势。英、法、德受限于国土与人口，国内市场有限，面对海量的科研和产业化资本投入，市场规模很难达到合理回报水平。虽然向外侵占殖民地可扩大市场、增加资源供给，但需要强大的武器装备，消耗有限的人力、物力。美国没有这些“瓶颈”制约，国土资源足够丰富，人口基数足够庞大，国内市场足够广阔，新兴技术可以在美国找到更肥沃的应用土壤，资本投入可在最短时间内获得回报。

美国成为高新技术的试验地，既可以用高新科技广泛地服务人类，又可获得巨大的经济回报，是彼时顶级科技人才实现价值的场所。美国是科技移民最多的国家，其诺贝尔奖得主中不少是海外移民，其中华裔科学家就包括杨振宁（杨振宁教授对加入美国国籍一直难以释怀，后又恢复为中国籍）、李政道、丁肇中、李远哲、朱棣文、崔琦、钱永健、高锟等。

在巨额利益回报的激励下，美国人展开了一系列创新。流水线原本出现在英国，1769 年英国人韦奇伍德把制陶流程分解为几十道工序，构建了全球第一条流水线。但流水线大规模应用最先出现在美国，再次体现了美国兼收并蓄、“拿来主义”的文化特征。

福特召集最具才能的设计师穷极一切手段用最低成本造出最高质量的

汽车，诞生了汽车史上最伟大的杰作——T 型车。2.9 升四缸引擎、72 公里时速、风挡玻璃和悬挂系统等“高端配置”一应俱全，堪称彼时绝世之作。在此之前，汽车工业是手工作坊，装配一辆汽车要 728 个人工小时，一个熟练工人全年不休也仅能生产 4 辆汽车，效率太低，成本太高。福特公司流水线一举将效率提高至极限，装配时间由 12 小时 28 分钟缩短至 10 秒钟，效率提高了 4488 倍。高效率极大地降低了成本，T 型车只售 825 美元，相当于当时美国中产阶级一年半的个人收入，而竞品价格为 2000 ~ 3000 美元。随着规模的扩大，T 型车价格一路降到 260 美元，普通市民的半年收入就可入手一辆。创新的回报令人瞠目结舌，1914 年，福特第 1000 万辆汽车问世，占全世界汽车总产量的 9/10。T 型车使美国成为“车轮上的国家”，福特因此被称为“为世界装上轮子的人”。创新的威力，由此可见一斑。

竞争型垄断是自由市场深化发展的必然归宿，在 19 世纪的美国和德国表现尤为突出。竞争型垄断让脱颖而出的优势企业集中生产资本进行大规模生产，降低成本，提升质量，扩大利润。同时优势企业为了维持市场地位，投入财力持续研发，从而推动科技进步和产业升级。

19 世纪，最典型的垄断巨头非洛克菲勒莫属。巅峰时期，他的标准石油公司垄断美国 95% 的炼油能力、90% 的输油能力、25% 的原油产量，前无古人，后无来者。洛克菲勒的石油生意延伸到全球，为我国送出几百万盏廉价油灯，成功占领我国煤油市场。洛克菲勒通过扩大规模、改进工艺和打通上下游，在数十年间把煤油价格从 30 美分/加仑降低到 6 美分/加仑，降幅达 80%。为了避免垄断带来提升价格、技术停滞等负面效应，美国又于 1890 年通过《谢尔曼反托拉斯法》。

血腥的扩张：百年屠杀

当然，美国崛起还得益于务实灵活的扩张政策。美国原本只有 13 个州，集中在北美洲东南狭长地带，仅凭着这点地盘，美国不可能成为超级大国。怎么办？美国启动了血腥的扩张运动。

首先是屠杀印第安人，抢占地盘。美国首任总统乔治·华盛顿把印第安人看作野兽，用印第安人人皮做成长筒靴，他说："两者都是掠食的野兽，仅仅在形状上不同。"第三任总统杰斐逊扬言，"追踪并灭绝印第安人，或者将其赶往人迹罕至之地"。第四任总统麦迪逊出台臭名昭著的"头皮政策"，规定每上缴一个印第安人（不论男女老少甚至婴儿）的头盖皮，美国政府将会给予奖金 50 ~ 100 美元。美国独立民族英雄安德鲁·杰克逊后来当上美国总统，他宣布"有必要灭绝全体印第安人部落"（Stannard，1992）。南北战争英雄谢尔曼将军说，"我见过唯一的好印第安人，就是死人"。林肯在任期间，制造了美国历史上规模最大的死刑，绞杀 38 名印第安人酋长。林肯对前去剿灭印第安人的将领下达"彻底灭绝"的作战目标，并要求"他们将被像野兽一样对待"（Brown，1970）。西奥多·罗斯福总统曾经获得诺贝尔和平奖，他说："我相信 10 个好印第安人有 9 个是死了的，而且我也不愿意去仔细探寻第 10 个死亡的案情。"

对印第安人灭绝人性的屠杀，持续百余年。在哥伦布发现新大陆之前，居住在现美国境内的印第安人在 500 万人以上（另说在 3000 万 ~ 1 亿人），到 19 世纪 90 年代仅余 25 万人（邱惠林，1999）。据说，感恩节是第一批美国移民"五月花"乘客为感恩印第安人的热情帮助而设的，真是血淋淋的"感恩"。

趁拿破仑疲于应对欧洲大陆反法同盟之际，美国从法国手中买下路易斯安那，促使自身国土面积翻倍；以强占和胁迫买卖方式，占据西班牙殖民地佛罗里达；吞并独立国家得克萨斯；趁英俄忙于克里米亚战争，胁迫英国以北纬 49 度划分英美边界，攫取今日华盛顿、俄勒冈等广阔区域；发动对墨西哥战争，夺取墨西哥一半以上的领土，包括今日加利福尼亚、新墨西哥等区域；趁俄国与英国克里米亚战争后交恶，从俄国手中买下阿拉斯加和阿留申群岛；强占中途岛，颠覆夏威夷王国进而兼并；发动与西班牙的战争，强夺古巴、波多黎各、关岛和菲律宾。

美国抓住每个稍纵即逝的时机，以极小代价通过战争、胁迫、买卖、颠覆政权等方式，快速扩大地盘。在一战、二战两次决定全球格局的世界大战中，美国审时度势，做出最有利于自身前途命运的抉择，以最小代价实现最大收益，国土没有落下一发炮弹，却一举登上超级大国宝座。

在惯常的历史剧本中，美国应该躺在超大规模、丰饶肥沃的国土上男耕女织，或满足于丰衣足食，或立足于早期低成本的劳动力优势舒服地躺赢，或凭借得天独厚的资源享受“荷兰病”的烦恼。可惜，美国没有走进历史预设的死胡同，反而蹚出了超级大国的新天地。

回望人类那段波澜壮阔的工业革命史，从混沌走向理性，从蛮荒走向文明，多么激动人心，阿根廷、巴西、印度还有封建社会的中国，个个天赋异禀，却或被外族所欺，或被历史所蔽，或被天赋所误，完美错过历史机遇。

时不我待，从头再来。

3. 寻根问底

为什么偏偏是美国这个后起之秀，在科研、产业化、资本市场都实现石破天惊的创新？为什么美国屡屡在美西战争、一战、二战等历史紧要关头都做出最有利于自身命运的选择，其底层力量是什么？

察之，鉴之，超越之。

“五月花”：失意之人的集体智慧

法国历史学家托克维尔说：“考察一个民族的成长，应当追溯它的过去，应当考察它在母亲怀抱中的婴儿时期，应当观察外界投在它还不明亮的心智镜子上的初影，应当考虑它最初目击的事物，应当听一听唤醒它沉睡的思维能力的最初话语，最后还应当看一看显示它顽强性的最初奋斗。只有这样，才能理解支配它一生的偏见、习惯和激情的来源。”

1620 年 11 月，“五月花”号客轮从英国驶向北美，搭载 102 位背井离乡的移民，这些移民大多是逃避英国宗教迫害的清教徒、工匠、渔民和贫苦农民。他们不会想到，前往避难的蛮荒之地将成为一个强大的国度，更不会想到，他们将为这个国度的繁荣与强大种下第一粒种子。船上尽是失意之人，在旧大陆历尽艰辛，财富被掠夺，信仰被压迫，走投无路饱尝专制之苦，梦想建立一个平等自由的新世界。

临近北美之际，他们签署了《五月花号公约》，约定建立“民众自治团体”，起誓制定和遵守“全体人民都最适合、最方便的法律、法规、条令、宪章和公职”，一举奠定美国精神的基石：民主、法治和契约精神。

《五月花号公约》反映的精神内核是废除封建特权，主张民主和法治。大家的事，大家商量着办，谁也别一个人拍板。协商的本质，是妥协与远见。协商利益安排，各方妥协折中，谁也别独占独揽；协商应对不确定的未来，各方发挥远见卓识寻求最优方案，事关大家，谁也别头脑一热就拍板。民主协商机制下的决策过程可能耗时较长且效率较低，但一般来说决策对多错少，即使犯错也不至于太离谱；做什么比做得快更重要，民主协商虽在效率上有所损失，但在找准做什么方面更具优势。法治可以给民众稳定预期，该保障的得到保障，可追求的有章可循。

德国思想家歌德曾感叹：“美国，你一切都比我们欧洲大陆国家好。”

联邦宪法：一切向钱看

曾几何时，美国也是“散装”的。美国于 1776 年颁布《独立宣言》，1777 年 11 月签署《邦联条例》，原英属十三州形成松散联系，仅设有立法机关，没有行政和司法机构。丘吉尔说，《邦联条例》建立的是“一个虚弱的中央政府”，它“既没有力量也没有机会在革命和战争的废墟上建立起有秩序的社会”（张宇燕，1996）。

在英帝国的外部威胁消除后，北美十三州迅速滑向无政府主义的深渊，分裂与倾轧的病毒开始肆虐。各州关门保护州内产业和贸易，对他州输入商品征收重税。各派系间明争暗斗，小农阶级负债沉重，凭借独立战争期间主要兵源的特殊地位，制定废止监禁、延缓还债、救济债务者的法律，陆军上尉谢斯甚至领导陷入绝境的小农债务人掀起暴动；大地主阻止中央政府征收土地税；南方种植园主及航运、制造业、公债持有人等利益集团支持建立强大的中央政府，建立全国统一市场，建设强大海军，实施市场保护对抗外国竞争等。

各州各派激烈博弈的结果是制定了《联邦宪法》。华盛顿领导美国赢得独立战争，一时颇有威望。但他没有去当秦始皇，而是沿着“五月花”号的航向继续前进，以宪法形式永久界定美国的方向。美国集几百年来西方思想成果之大成，文艺复兴的“人文主义”，启蒙运动中卢梭、伏尔泰、孟德斯鸠的“天赋人权”“三权分立”等主张在美国宪法中熔于一炉，成为奠定美国根基的基石。百年来，美国政治经济体制历经时代风雨略有调整，但根基未变。

《联邦宪法》是全球第一部成文宪法，是一部赤裸裸的经济宪法，为经济而生，“一切向钱看”，集中了彼时有利于经济发展的生产关系，保障了市场经济核心要素：明文规定保护私有财产，护航资本逐步积累；禁止破坏契约关系和义务，保障市场机制；保障人身自由，确保劳动力供给；保护专利，促进科技研发；三权分立、保护少数等分权机制保障各方制衡，确保制度始终处于动态优化中。

美国著名历史学家比尔德曾说，“《联邦宪法》是一群财产利益直接遭受威胁的人，以十分高明的手段写下的经济文献，而且直接地、正确地诉诸全国的一般利益与共的集团”（张宇燕，1996）。一部集大成的《联邦宪法》，最终将北美各州、各派系错综复杂的利益调和起来，形成统一的美利坚合众国。

以当时的视角观之，美国崛起不是平地惊雷，而是借鉴彼时全球先进的思想、制度、教育、市场、科技、金融体系、知识产权制度结果，在极大程度上挖掘了自身的国土、人口、地缘优势。

今日观之，美国《联邦宪法》“一切向钱看”催生的恶果正在显现：贫富分化严重，种族歧视创伤难愈，政治沦为权力与金钱的游戏，民主成为金钱和财阀的特权，底层人权被践踏，社会矛盾层出不穷。很显然，华盛顿模式绝非四海皆准。

如今，“海上马车夫”遮天蔽日的远洋船队早已灰飞烟灭，“日不落帝国”跨越大洲大洋的宏大版图已经分崩瓦解，美国碾压全球的超强地位已然相对衰落；大西洋海底千千万万黑奴的累累白骨还在无声地控诉，印第安人头盖皮兑付的美金已经化作帝国大厦坚固的基石，怒涛汹涌的黄海之下勇士们仍在守护帝国的残骸，南京城外万人坑的平民遗骨正在发出振聋发聩的呐喊。

作为一个再平凡不过的中国人，浑身流淌着中华民族的血液，我为我们民族曾经遭受的深重苦难而悲泣，也为今日开天辟地的成就而高歌。西方先行一步，引领历史的潮流是史实；恃强凌弱，带给中华民族深重的苦难也是史实；我们上下五千年，创造辉煌的文明是史实；后知后觉，一度落后于时代惨遭凌辱也是史实。

伟大的中华民族有正视历史伤疤的勇气，有吸纳一切优秀文明的胸襟，更有舔舐伤口坚定前行的智慧。所以，历经五千年风雨侵蚀之后，遭受工业文明的毒打之后，受尽一衣带血的日本凌辱之后，中华民族这个天生的大个子直起了身，弹弹衣冠，敞开胸襟，开始追山逐海的狂奔。

数百年前的先辈并非愚昧，只是被五千年文明的巍巍高山羁绊了脚步、蒙蔽了慧眼。面对历史，我们不是旁观者，而是亲历者、造就者。曾经苦难并不可耻，正视先辈的屈辱、迷茫、抗争，将历史的苦难注入我们滚烫的胸膛，汲取力量化作我们前行的磅礴动力，就是对他们最好的告慰。

先辈并没有走远，他们一路浅吟低唱，余音不绝。屈原神游于天地之间，“亦余心之所善兮，虽九死其犹未悔”；岳飞深夜凭栏，仰天长啸，“壮志饥餐胡虏肉，笑谈渴饮匈奴血”；文天祥身陷死牢，“时穷节乃见，一一垂丹青”；林则徐被贬新疆伊犁，出门一笑，“苟利国家生死以，岂因祸福避趋之”；谭嗣同血祭变法，“我自横刀向天笑，去留肝胆两昆仑”；夏明翰出身豪门，志于救亡图存，一门五烈士，“杀了夏明翰，还有后来人”……

一切似乎都过去了，可一切分明还没过去。

群雄逐鹿的沙场，风云变幻，刀刀见血。大国横亘在历史的山谷之中，我们别无选择，只有研究它们、借鉴它们，然后闯出自己的路，超越它们。

时代大河滚滚向前，以博大的胸怀吸纳涓涓细流。老子说，知其雄，守其雌，为天下溪；为天下溪，常德不离。

海纳百川，有容乃大。

第三章

帝国之殇：

以史为鉴知兴替

历经夜晚之黑，方懂白日之明；

历经昨日之辱，方惜今日之福。

千年之前，大宋王朝走到农耕经济的巅峰，甚至已经超越八百年后工业革命前夜的英国，站在了工业革命的门槛上。近现代史学家、思想家钱穆先生曾说，“中国在唐代以前可称为古代社会，自宋代起至现在可说是近代社会”。

八百年“胎动”，却没有迎来工业革命的“降生”。上下五千年文明何其璀璨，为什么没有孕育出工业文明？千年之后，我们再反刍这段悲楚的历史，不能不为昔日之中华感到惋惜，不能不为今日之中华感到振奋。

前事不忘，后事之师。

回顾历史，绝非苛求前人，而是看清历史的经纬，校准前行的方向。历史是当时万般掣肘下的现实解，今人绝不比前人高明，更不比前人高尚，哪怕今天的我们穿越到昨天，也难以逃出历史的裹挟。

历史是一座灯塔，照耀我们一路前行；反刍历史，就是为了点亮未来的灯。

以史为鉴，可知兴替。今世的繁华，正是破除昔日腐朽而建立起来的。

（一）金融起初：帝制与人性之战

上下五千年，制度挑战人性，尚无胜绩。

1. 奢侈的宋人：八百年的苦等

千年之前，世界上还没有美国，那片土地还是一片蛮荒，中华民族却已达到封建社会的巅峰。

钢铁与煤炭的使用是工业革命的基本前提。北宋钢铁产量已超过英国工业革命前的产量。20 世纪 60 年代，美国学者郝若贝教授（Robert Hartwall）考察宋代兵器、铁钱和农具后，推测宋神宗元丰元年（1078 年）铁产量为 7.5 万 ~15 万吨，是 1640 年英国铁产量的 2.5 ~5 倍，与 18 世纪整个欧洲（包括俄罗斯欧洲部分）总产量相当，后者为 14 万 ~18 万吨（姜海川，2006）。宋代不仅煤产量位居世界第一，而且开采技术非常先进。据宋朝笔记《鸡肋编》记载，北宋末年“汴都（开封）数百万家，尽仰石炭，无一家燃薪者”。大宋人口在中华民族历史上首次突破 1 亿人（杜君立，2013），科技和经济实力均位居世界前列，几乎已具备 18 世纪英国工业革命的所有条件（姜海川，2006）。但之后，中华民族前进的脚步却戛然而止，原地踏步八百年。即使这样，1820 年鸦片战争前夕，我国占全球经济比重仍然高达 1/3（麦迪森等，2003）。

从大宋立国起，我们苦苦等待八百年，为什么还是没等来工业革命？

英国诺贝尔经济学奖得主约翰·希克斯（John Hicks）说，英国工业革命在苦苦等待金融革命。那么大宋也是在等待一场金融革命，来点燃工业革命的火焰吗？

宋人也想到了金融，而且一度站在金融革命的门槛上。

先回顾一下当时的背景。宋太祖凭借武力登上皇位，十分忌惮武将，于是重文轻武，先是杯酒释兵权，后又实行“更戍法”，每两三年就轮换军队将领，兵不知将，将不知兵，帝王牢牢掌握兵权。对文臣则比较宽容，科举取士规模扩大，超越世袭贵族成为文官的主要来源；“不杀大臣言事官”，放宽言路，文官可较深程度参政议政。皇帝、宰相、台谏形成封建权力的三角之势：皇帝掌握最高立法权和官员任命大权，宰相掌握最高行政权，台谏掌握监察之权，三者互相限制，又互相倚赖，形成“士大夫共治”的中央政府统治架构，使北宋政权稳固性超过前代任一王朝（张其凡，2001），民主议政氛围空前高涨。

在外部，宋朝长期面临北部辽、金、西夏的巨大压力，先后通过澶渊之盟、庆历和议，与契丹辽朝、党项西夏达成停战协议，宋朝贡献岁币、岁赐，开放边境贸易，获得较长和平期，跨国贸易繁荣。

经过唐朝安史之乱和五代十国的频繁动荡，人心思定，宋太祖、太宗、真宗尊奉黄老，提倡“无为而治”，上层“士大夫共治”，底层则休养生息，这使得当时的社会在历经战火后稍得喘息，商品经济日趋繁荣。汉唐以小农自然经济立国，宋朝经济虽仍以农业为主，但工商文明已逐渐萌芽，城市、货币、商业、信用、海洋贸易悄然兴起，雇佣劳动、包买商、商业信用、集资合伙等工商文明初现踪迹（葛金芳，2008）。工商之于经济已举足轻重，宋神宗熙宁年间赋税总收入 7070 万贯（1 贯约 1 两白银），其中工商市舶等杂税 4911 万贯，占赋税总收入的 70%（钟瑜婷，2013）。

商品经济的繁荣促进专业分工，专业化推动技术进步，劳动效率得到提升。宋朝人改善火器，发明活字印刷术，首次将指南针应用于航海，探索出大规模煤炭采掘技术，发明和推广“百炼钢”工艺、“胆铜法”冶铜、脚踏纺车、轴架整经法纺织、水密舱造船工艺、竹茎等硬纤维软化造纸技术。宋朝在科技突破上硕果累累，在我国千年封建史上成就最大、进展最快、影响后世最深远，超过汉唐盛世，也为后世明清所不及（马芳，2017）。

宋人生活水平也居我国封建社会之首。宋朝国土面积虽小于唐朝，围田、圩田、湖田等水利工程却是唐朝的 4 倍多，故而耕地面积超越唐朝。

由于改进农用工具和引进优良品种，宋朝粮食单产比唐朝高 20%（杜文玉，1998）。经济的蓬勃发展直接体现为老百姓生活水平的提高。宋明经济史学家刘光临教授估算，“10—11 世纪，江南水利工程非技术劳力的日工资标准大约是 150 文加上 3 宋升米，而 16 世纪江南同样的报酬大约是 0.03 两白银，也就是 20 文铜钱上下”。同是平民工薪阶层劳累一天，在宋朝的收入大约是在明朝的 8 倍。相对明清，宋朝普通老百姓生活明显更为富足，宋朝是“高收入 + 高消费”，而明朝则是“低收入 + 低消费”，清朝人均粮食占有量则进一步减少（吴钩，2017；刘卫华，2014）。

富裕的宋人很会享受生活，拜金主义、消费主义、享乐主义盛行于宋朝（吴钩，2017）。北宋蔡襄说，“凡人情莫不欲富，至于农人、商贾、百工之家，莫不昼夜营度，以求其利”。司马光说，“近岁风俗尤为侈靡，走卒类士服，农夫蹑丝履”。南宋王迈记载，“妇女饰簪之微，至当十万之直，不惟巨室为之，而中产亦强仿之矣。后宫朝有服饰，夕行之于民间矣”。孟元老在《东京梦华录》中宣称“奢侈则长人精神”。

英国史学家汤因比说，“如果让我选择，我愿意活在中国的宋朝”。美国汉学家费正清说，“从 7 世纪到 12 世纪，唐宋两朝蓬勃兴起的中国文明，超过欧洲是毫无疑问的”。我国文史学家陈寅恪说，“华夏民族之文化，历数千载之演进，造极于赵宋之世”。

以上就是宋朝金融发育的时代背景。以诺贝尔经济学奖得主约翰·希克斯的眼光观之，宋朝万事俱备，只差一把金融的大火来点燃工业革命了。

2. 民间智慧：权力的货币

私营交子：首创之民间智慧

由于经济增长叠加国内外贸易繁荣，宋朝货币供给严重不足，“钱荒”

频现。作为经济大国，宋钱是当时的国际货币，“一国所铸，四朝共用”，不仅周边的辽、金、西夏和朝鲜使用宋钱，随着国际贸易发展，宋钱还流入日本和东南亚，甚至远及印度、阿拉伯和非洲。到宋神宗后，宋朝每年铸铜钱达到600余万贯，耗铜1万余吨；相当于现代造币厂的铸钱监也从宋初的7监（铜钱监4监、铁钱监3监）增至神宗时的26监（铜钱监17监、铁钱监9监）。可货币仍然不够用，金、银、铜产量有限，铁钱又太重。宋朝初年，每千铁钱大钱重25斤，中钱重13斤，买一匹布需2万铁钱，重约500斤，要用牛车才能拉动（杜君立，2014）。

于是宋朝民间首先想到以纸币代替金属币。1011年，成都16家富商订立契约，联合创立世界首家发行纸币的私人金融机构——“交子铺”，开始发行信用纸币“交子”。

这是一个伟大的首创。“交子铺”开启了封建帝制下金融的新纪元，其中得失值得今人俯察品鉴。“交子铺”是银行的雏形，设立之初已经具备发行货币的功能，继续发展有可能进化出完整的中央银行、商业银行系统。现代银行“鼻祖”英格兰银行在设立之初与“交子铺”颇为类似，由私人组建，发行纸币。不过，“交子铺”诞生纯粹出于民间智慧，服务于商品贸易，而英格兰银行建立的初衷是受国王特许筹集资金，为国王提供贷款。

“交子铺”开张之后运行良好。富商设计了一套防伪办法，“铺户押字，各自隐密题号，朱墨间错，以为私记”。交子很快大行于世，“收入人户见（现）钱，便给交子，无远近行用，动及万百贯”。交子与铜铁钱平价兑换，“如将交子要取见钱，每贯割落三十文为利”。

但很快“交子铺”就遭遇挑战，由于发行量太大，“富民资稍衰，不能偿所负，争讼不息”。

一旦关乎金融，人性与制度交战就是最为惨烈的。在他处，须起早贪黑种庄稼，夜以继日纺纱织布，才能换得真金白银，而金融或许只要印几张纸就行。金融是时时刻刻诱惑人性的海妖，如果没有制度为人性建立藩篱，人性的贪婪就会随时吞噬金融，金融将瞬间粉身碎骨。宋人没有要求“交子铺”必须备好准备金，人性驱使之下，“交子铺”肆意滥发，最终无法兑付。兑付危机后不久，“交子铺”直接遭官府禁止。

如果官府不是禁止“交子铺”，而是为之制定规则，我国或将出现人类历史上第一家银行，甚至可能演绎出完整的银行系统。可惜的是，纸币发行既是一项主权，也是收取铸币税的工具，是一本万利的生意，封建帝制不可能容忍民间“交子铺”的存在。

官方交子：权力的货币

官府转而自己发行交子。天圣元年（1023 年），益州知州薛田上奏“废交子不复用，则贸易非便，请官为置（交子）务，禁民私造”。于是世界历史上第一个发行纸币的官方机构——益州交子务就此诞生。交子是官方发行的地方性货币，通行于四川、陕西和山西，于 1107 年更名为“钱引”，交子务改名“钱引务”。

交子运行很成功，国都也开始效仿。民间依旧先行一步，1160 年宋朝国都临安（杭州）出现私人发行的纸币会子，户部侍郎兼临安知府钱端礼“夺其利归于官”，由临安府统一印造会子，“与铜钱并行”，通行于全国尤其是东南地区。后来，户部设立会子务，专营纸币发行。

交子务、钱引务、会子务已具有中央银行的雏形。交子以“铁本位”发行，会子以铜和银作为储备，纸币发行额以相应金属货币储备为前提，相当于准备金制度。交子每两年发行一界，到期则发新交子，回收旧交子，每界最高发行额为 1256340 贯，备本钱 36 万贯以供提现（李博昆，2019），以此推算准备金率为 28%。

准备金制度有力地维持了币值稳定。宋孝宗年间，地方州县不能以会子缴纳税款，会子与铜钱的汇率在不同州县与国都间出现较大差异，有商人低价购入会子，到临安兑换铜钱，引发挤兑风潮。宋孝宗果断诏令“尽出内藏及南库银以易会子”，很快平息了挤兑风波。乾道五年（1169 年），会子改为三年一界，每界发行 1000 万贯，两界会子并行使用，实际流通量达到 2000 万贯。会子流通量比之前有所增加，但准备金充足，即使偶发会子贬值挤兑，官府也能立即通过金属货币回收会子，维持币值稳定（杜君立，2014）。

作为掌握生杀予夺大权的帝王，完全能以投机倒把、扰乱金融秩序或莫须有的罪名镇压挤兑的商人，但他却选择以硬通货回收会子的市场化方式平息风波。由此可见，宋代官民的经济理念领先于时代。

纸币会子本身毫无价值，其价值完全建立在信用之上。信用的基石是官府承诺兑换硬通货金属币，而官府兑现承诺的能力关键在于不滥发会子。宋孝宗曾提出“大凡行用会子，少则重（增值），多则轻（贬值）”。《宋史》记载，“楮（会子）未至于滞（难于流通）也，而已虑其滞，隆兴元年广行堆垛本钱（准备金）以给之；楮未至于轻也，而已虑其轻，淳熙二年多出金银以收之；楮未至多（发行量过多）也，而已虑其多，淳熙三年更不增见（通‘现’）在之数。故赵雄谓圣虑深远，不复增印，民间艰得，自然贵重而楮币通矣”。

宋朝货币实践效果良好，大约每百年交子贬到原值的 1/10，平均每年通货膨胀率约为 2.28%，与当今主流国家货币政策不相上下，相当于官府每年收取 2% ~3% 的铸币税。会子前半个世纪币值十分稳定，平均年化通货膨胀率约为 0.5%，处于较低水平。总体而言，会子信誉良好，“民间尤以会子为便，却重于见钱也”。

宋朝后期，开禧北伐失败（1208 年），端平入洛战败开启宋蒙战争（1234 年）。狼烟四起，官府为筹措军费饮鸩止渴，滥发会子。淳祐六年

（1246 年），各界会子共计 6. 5 亿贯，会子滥发导致币值一泻千里。

伪钞是压垮会子的最后一根“稻草”。起初，会子由专门机构印制，且采用定点特制的楮树皮纸张印刷，“初命徽州造会子纸，其后造于成都”。后来，易得的杜纸被用于印制会子，1166 年两淮总领所获准自造会子，纸币印刷和防伪技术进一步扩散，造成伪钞日渐泛滥。

会子滥发和伪钞泛滥，让宋朝纸币系统逐渐崩溃。

大宋与英国：越人性越强大

宋朝境遇与工业革命前夜的英国颇为相似。英国的对手是欧洲大陆霸主——法国，百年间先后出现路易十四、拿破仑两代雄主；宋朝的对手是崛起于草原的成吉思汗，纵横欧亚大陆，铁蹄所到之处无不摧毁征服。两国都连年战争，财政严重亏空。在金融系统的原始发育上，宋朝远比英国完善，英国在设立英格兰银行前以贵金属作为货币，而宋朝纸币已流通两百余年，拥有成熟的信用货币管理经验。

但两国金融发展的结局截然不同。英国国王想征税，但被议会掣肘，于是被迫向民间妥协，授权民间设立英格兰银行，发行国债筹集军饷，以市场化方式聚集力量，此举不仅使英国赢得战争，还使英国演变出现代化银行体系和资本市场，催生了工业革命。宋朝帝王权力更大，官府直接发行会子筹集军饷，以权力聚集力量，结果过度发行导致会子严重贬值，不仅未能孵化出完整的中央银行、商业银行，反而扰乱了南宋经济，最终走向灭亡。

为什么两国初始条件相似，结局却大相径庭？

一是两国聚集力量的方式有根本不同。

英国君权有制衡力量，不得不与民间资本平等协商，最终达成双方都满意的条件，并以制度保障双方的权利和义务。双方各取所需，既是君臣，也是伙伴；既顾全“民族大义”，也符合商业利益。利益将双方捆绑成紧密同盟，国家在百余年间持续不断从民间汲取力量，以区区 700 万人打败 2000 万人的欧洲大陆“霸主”。

越是商业，越是人性；越是人性，越是长久；越是人性，越是强大。

宋朝帝王拥有至高无上的君权，以武力震慑下的权力划拨资源，一份诏书就征税、印钱，短期一言九鼎，效率极高；长期则气短力乏，不能持久。

不是伙伴，而是君臣；不是同盟，而是服从。

二是两国吸纳民间智慧的灵敏度不同，对待民间力量的态度不同。

英国官府为民间力量成长创造条件，让利于民。英国帝王筹集军饷，没有通过皇家政府，而是授权商人以不受限制的人数成立股份制英格兰银行，效果显著，征税举债都不可得，英格兰银行却在两周内筹得 120 万英镑巨款。双方各取所需，帝王筹得军饷，民间获得利益。

与法国的百年酣战需要武器，英王没有设立专门机构专营武器，而是将巨额军饷转化为民间公司的大炮和军服订单，利益的诱惑驱使民间公司使出浑身解数创新技术、提升效率、改进质量；投之以利益，回报以战力，欧洲战场上，英军士兵的新式装备让法军羡慕无比。

英国在全球占领大片殖民地，还将殖民地贸易授权给民间资本，以股份制组建的南海公司、东印度公司垄断经营，谋取巨额利益，牛顿就曾是南海公司股东。为了与东方大国开展贸易，英国先派马戛尔尼率团访华，未能成功，随后发起鸦片战争，强行打开我国大门，就为了帮助东印度公司向我国销售邪恶的鸦片。

1773 年，一群股票经纪人在新乔纳森咖啡馆成立证券交易所，对这项金融创新，英国官府没有强行关闭，而是给予官方认可，扶上马送一程，于是伦敦成为全球金融中心。

英国官府与民间力量通过利益协商达成一致，堪称有福同享、有难同当。

反观宋朝对民间力量则十分忌惮和提防，害怕民间力量强大，不敢充分发动和利用民间力量。民间为解决贸易支付困境发明交子，官府一看有利可图，旋即强令关闭民间“交子铺”，转而由官府发行交子，夺其利归于官。民间不甘心，转而发行会子，再次被官府勒令关停，而官府自己却发行会子。此时，哪怕要求民间“交子铺”百分之百备好准备金，也比武断关停强百倍，起码为商业银行的萌芽发育保留了血脉，但宋朝官府坚决予以关闭，彻底堵死了银行发育之路。

盐、铁、茶、矿乃民生所系，是封建社会关乎国计民生的命脉行业，千千万万的人以此为生，以此致富；封建官府见有利可图，立即以权力夺去，由官府专营独享其利。枪炮弓箭是大国利器，官府设作坊、衙门寻民间巧匠专营，却不按市场原则向匠人支付酬劳（范建文，2016），逼得匠人隐藏先进技艺、浪费物料以抗争，断绝技术革新之路，导致我国身为火药的鼻祖反而枪炮落后于人。进入大航海时代，海外贸易盈利丰厚，很长时间内明清官府要么专营，要么闭关锁国，甚至逼得海商集团入海为盗，遑论像英国以海军武力保护海洋贸易。工业革命爆发，西风东渐，官府不是动员民间力量奋起直追，而是衙门垄断办洋务，遏制民间生机，错过追赶良机，一蹉跎又是半个世纪。

英王君权受限，不得不与民间协商，双方斗而不破，在争论中利益最终浑然同体，因而民间智慧有生长空间，转化为国家力量，进而国家以极为有限之人力、物力形成席卷世界的磅礴力量，更是开创工业革命，一举撞破人类的愚昧与无知之墙。我国封建帝王立于万人之上，享有生杀予夺的大权，形单影只称孤天下，同时也站在了万人的对立面，无人可与之协商，也无人敢与之协商，一切为了维护千秋万代的统治，利则夺之，强则灭之，民间智慧存活空间逼仄，民可苟生而不可富强。

论开明，宋朝创封建社会之最。正因如此，宋朝成功吸纳民间智慧，首创纸币大兴于天下，兴盛商品经济，繁荣一个王朝；不过宋朝再开明也是封建帝制，终究还是扼杀了银行的萌芽，未能进化出完整的金融体系。封建社会的巅峰不过如此，更不用说后世的元、明、清。史书所载只是历史真相的冰山一角，在千年的岁月长河中，谁知道还有多少革故鼎新的创意被无声地扼杀于封建帝制之手。

只有深植大地，才能拔地参天。想起伟人的话，“一切为了群众，一切依靠群众，从群众中来，到群众中去”，此之谓也。历史的脚步不等人，数百年前，万万人的华夏神州在人性的压抑中花开花落，数百万人的英伦小岛在人性的绽放里策马狂奔。

3. 熙宁变法：人性的残局

宋朝还有一次金融尝试，几乎已经走进现代金融的大门，却又一脚退了回来，令人扼腕叹息，这就是王安石变法，亦称“熙宁变法”。

变法：权力与商业的苦酒

王安石发起的青苗法、市易法均涉及官府提供贷款，也就是农民和商人在缺乏资金时，可以向官府的专门机构（市易务等）申请贷款。除了不吸纳存款外，市易务俨然就是一家银行。如果历史沿着这条路走下去，或许我们可以将现代银行的诞生提前六百年，或许宋代十分发达的原始工商业可进化成现代工商业，甚至爆发工业革命。

可惜历史没有如果。诞生于大宋的银行业雏鹰，从出生那一刻就注定了灭亡的命运。王安石推出市易法的初衷是“平物价，通有无”“抑兼并，利商贾”，即在商品滞销的时候，市易务出面收购以免粮贱伤农；在商品供应不足、物价飞涨时，市易务出售商品平抑物价。同时，市易务向商人发放贷款，解决商户一时资金之需。以今日视角来看，市易法堪称国家宏观调控的“鼻祖”，市易务则是商业银行的雏形。列宁称赞王安石是“中国十一世纪的改革家”。1944 年，美国副总统华莱士访华，特别赞扬王安石，认为王安石变法与罗斯福总统的新政相契合。

令王安石没有想到的是，商业与权力交融竟酿成一杯遗恨千年的苦酒。市易务既使官府享有权力，又使其成为垄断巨头，足以左右供求和价格。顶层设计出自利国利民之心，执行之人却是七情六欲的官员。人性驱使着他们强买强卖，低价收购高价沽出，既可获利又可出政绩，既能升官又能发财，何乐而不为？市易务发展到后来，“凡商旅所有，必卖于市易，或非市肆所无，必买于市易”，俨然成了市霸，民间商贾萧条惨淡。

推行青苗法的初衷是“去重敛、宽农民、国用可足、民财不匮”。官府在青黄不接的季节向农户提供贷款，促进农耕，缓解民生疾苦，抑制土地兼并，推动农业增收的同时提升官府财政收入；为了控制贷款风险，青苗法创造性地提出 5 户或 10 户互保，贷款利率为 20% ~30% 。

青苗法为底层老百姓提供融资的做法，与千年后孟加拉国格莱珉银行如出一辙。2011 年，格莱珉银行成为孟加拉国最大的农村银行，有 650 万借款者，为 7 万多个村庄提供信贷服务，偿债率高达 98% ，足以让任何商业银行心生嫉妒，堪称商业与扶贫的典范。该银行创始人穆罕默德 · 尤努斯被称为“穷人的银行家”，最终因“从社会底层推动经济与社会发展”的努力，获得 2006 年度诺贝尔和平奖。诺贝尔委员会认为，“除非有大量人口群体找到摆脱贫困的方法”，否则“不能实现持久和平”并“跨越文化和文明”。“尤努斯和格莱珉银行已经表明，即使是最贫穷的人也可以努力工作实现自己的发展。”大宋的王安石，领先时代一千年。

然而，悲天悯人的王安石忽略的是，他是以官府而不是商业来推动青苗法，具体实施的是一级又一级的官员，并非所有官员都像他那般已经高居庙堂，也不像他廉洁奉公为苍生、为黎民、为社稷，官员都是人，是人就逃脱不了人性的主宰，他们渴望政绩加官进爵，渴望地位光宗耀祖，渴望财富荫庇子孙。官员攫取财富与地位的途径，上则了却君王天下事，赢得生前身后名，下则贪赃枉法，强取豪夺。

官府行事基于统治权力，商业基于平等交易。

青苗法推行之初，农民欢呼雀跃，古往今来普天之下，哪里去找如此心怀草民之法？“方今小民匮乏，十室八九，应募之人，不招而至，何可胜计。”可权力、金融与人性激情交融，青苗法很快就异化变形。在青苗法实施过程中，各级官员层层加码，普惠金融变成了强制摊派的高利贷。官员越是冷血无情，越可以通过强征暴敛获得提拔；越是实事求是体恤民众，越是不出政绩升迁无望。于是“劣币驱逐良币”，一批钻营投机、鱼肉百姓的奸臣获重用，被朱熹批评为“引用凶邪，排摈忠直，躁迫强戾，使天下之人，嚣然丧其乐生之心”。

农民就更苦了。官府威权之下，穷人被强制摊派领青苗钱，富人被迫担保。当时的御史中丞杨绘说，“惟务敛之多而行之峻，致天下不尽晓朝廷之意，将以为率其剩者而官取之”。原本你情我愿的商业行为，在权力威仪之下异化为以雷霆手段对底层百姓敲骨吸髓的工具，结果借户逃亡，保户赔偿，贫富皆困，造成许多家破人亡的惨剧。原本惠民的农业贷款被官员层层加码，某些地方贷款利率竟达设定利率的数十倍之多。

王安石变法还有免疫法、方田均税法、农田水利法、均输法、保甲法、裁兵法、将兵法、保马法、军器监法、三舍法，这场宏大的改革涵盖税赋、农业、宏观调控、军事建设、科技、教育等领域。任何改革都是利益的重新洗牌，当然要触犯既得利益集团，而改革自身又存在种种问题，保守派群起而攻之，改革派内部也分歧重重。变法支持者宋神宗去世后，变法几乎全被废除。

千年错过：人性的残局

当我们穿越历史的长河，回望变法失败的那一刻：遍布全国的市易务等变法机构，巨量的资本、大量的专业人员都还在那里，安置他们还需耗费大量的财政资源。为什么没有就地出售转为自负盈亏的商业机构呢？这样不仅可以节省一大笔安置费用，还可以轻而易举地脱离权力的影响。

我相信，这一定是当时权贵考量的选项之一。或许帝王已经隐隐感到金融与商业中蕴藏着强大的力量，难以控制，因而宁愿就地消灭也不能放虎归山；也可能权贵认定金融唯利是图、不讲仁义，没有存活的必要；更有可能资本早已看透，在权贵与官僚肆虐的丛林，没有完备的产权保护和司法环境，金融便没有存活的可能，更不可能有民间资本愿意接盘。

最终大宋错过金融，元、明、清帝王集权更甚，更没有金融发展的土壤。大宋科技很先进，四大发明中，宋朝在活字印刷、火药应用、指南针应用于航海等方面均有重大进展，商业发达、火器先进，但却无法聚集力量；元朝虽文化、科技均较为落后，却能召集数十万龙虎铁骑。宋之于元，似乎是中华民族内部关于六百年后甲午海战的预演。缺乏有效的资源汇聚手段，官员可以为慈禧寿诞献上百万两白银，却不愿为急需军饷更新装备的北洋水师捐出一个铜板。献给慈禧，博得老佛爷欢心，可得荣华富贵；至于北洋水师，战胜战败，与我何干？

没有了金融，财富还是有的，在地主手里，在权贵手里。只不过他们对国之存亡尚且漠不关心，遑论什么工业、什么资本。错过了金融这条黄金水道，帝王与礼教笼罩下的工业萌芽之路更是面临或有形或无形的崇山峻岭。我们在漫无边际的黑暗中还要再摸索八百年，工业革命的曙光才从西方传来。不过那时世道已变，我们已不再傲立潮头，世界舞台的主角已经易主，我们不得不以异常惨烈的方式接受工业文明的凌辱。

这是制度与人性的战争，这是金融的，也是人性的残局。

上下五千年，制度挑战人性，尚无胜绩。

（二）禁榷之殇：五指山下的资本

只有商业的，才是人性的；

只有人性的，才是长久的。

既然金融行不通，那么有没有可能通过商业积累足量资本，开展原始工业化，进而启蒙工业革命呢？

金融不易，商业更难。工商资本要萌芽，须跨越一座横亘千年的大山。这座大山就是禁榷制度。在封建帝国时代，它是帝王聚敛财力、一统华夏、威加四方的利器；在工业文明萌芽崛起之际，它是羁绊中华民族前进步伐的枷锁。

1. 禁榷制度：与民争利的法宝

禁榷制度是封建帝国与民争利的法宝。春秋时期，鲁国宰相公仪休说，“食禄者不得与下民争利，受大者不得取小”。可对于历朝历代的王公贵族来说，不争利，还浴血打天下干什么？不争利，如何养得起三千后宫佳丽？不争利，西太后如何一掷千万两白银，举办一场穷奢极欲的寿宴？

所谓禁榷，就是官府垄断专营。禁榷制度并非宋朝首创，历朝历代莫不施行。官府专营是中央集权帝国的物质基础，其财政贡献堪比赋税。不管是齐桓公九合诸侯，一匡天下，称霸春秋，还是汉武大帝有雄才大略，王者无外，汉宗天下，禁榷制度都是帝国征伐的重要粮草来源。

春秋时期，齐国宰相管仲主张“官山海”，由官府专营盐铁，以此富国强兵，辅佐齐桓公成为春秋五霸之首，被称为“华夏第一相”。汉武帝大力开疆拓土，征匈奴，通西域，武功滔天，但耗费巨大，很快就财力枯竭，前线将士连粗粮糙米都无法保障。汉武帝捐出王室私房钱补贴军饷，并号召天下巨富商贾积极为国捐款，可他们把持盐铁之利，财累万金，却不佑国家之急。

古往今来没人愿意白白捐出自己的血汗钱，哪怕汉武大帝号召，哪怕保家卫国也不行。堂堂帝王，生杀予夺，连命都可以夺，何况钱财？盐不可一日不吃，铁无处不用，自古以来盐铁就是利润最丰厚的行业，于是汉武帝下令“笼盐铁”。

在前朝基础上，宋朝大力继承和发展了专营制度，将专营从盐铁扩展到酒、茶、香料、宝物、矾，几乎所有盈利高、百姓必需的产业都曾被纳入禁榷范围。农耕时代，囿于人口、科技、土地，天下财富总量有限，此消彼长，官府攫取得多，民众所得自然就少。利润丰厚的产业都被官府垄断，商业资本的积累自然就无从谈起。禁榷制度对工商业釜底抽薪，断了民间资本原始积累的最大念想。

重农抑商是封建帝国的传统，农业被视为根本，商业被视为末业。商鞅主张，“国待农战而安，主待农战而尊”。秦始皇时代，只要定性为商人，三代都将丧失人身自由，每当狼烟四起，上下三代商贾便首先被官府征发戍边。汉初规定，商人不许穿丝绸，不许持有武器，不许乘车骑马，不许入仕为官，不许购买土地，违者依法论处（苏玲，2011）。

历朝历代还实行严格的户籍制度，将农民束缚在土地上，限制人口的自由流动。农民税负沉重，既没有多余农产品出售，也无力购买商品，进一步强化了自给自足的小农自然经济。没有交易需求，工商业长期缺乏成长的土壤，民族资本自然难有发展空间。

2. 衙门经商：看不见的代价最大

大宋时期原始工商业、钢铁生产就已万事俱备，可惜苦等八百年东风未至，致使民间工商资本始终不成气候，一直无法突破工业革命临界点。既然民间资本成长之路被堵死，那么官营商业机构有无可能积累资本、改进技术，实现工业革命的突破呢？

禁榷制度下设立的官营商业机构，不像现代的央企拥有现代化企业治理制度，它们既没有股东会、董事会，也没有现代化的监督手段，只是衙门经商。

封建官营商业机构的管理者既是官，也是商，既领取朝廷俸禄，也浸染于市井商业之中。官之上者，克己奉朝廷，心里装着黎民百姓，那是圣人，百年千年可得一人；官之中者，做好本职工作，做良心事，吃良心饭，不一心奉公，也不损公肥私；官之下者，投机钻营，此类人往往智商情商兼备，在残酷黑暗的封建社会如鱼得水、左右逢迎，升迁快，实惠多，于是“劣币驱逐良币”。

是商，就掌控巨大的商业资源；是官，就有权力、有等级、有威仪，令行禁止，在封建官营商业机构掌握决策拍板、定于一尊的大权，必然被围猎。既是手握大权的官员，又是为国谋利的红顶商人，层层官员既有私人利益，又面临民间资本寻租的诱惑，还不得不屈从更大权力的染指。毫无疑问，封建官营商业机构成为人性、制度与利益交锋最激烈的战场。挑战人性极限之事，非圣人不能驾驭。孟子说，“尧舜既没，圣人之道衰”；梁启超认为，上下五千年我们出了两个半圣人。圣人稀缺，注定了封建官营商业机构的腐朽。

缺乏现代企业管理制度，宋朝官营商业的效果可想而知。运羊羊死，养马马瘦，卖石炭则石炭价格猛涨，卖芝麻则芝麻贵，收茶叶堆积几年发霉变质只好焚毁，甚至连铸币也会亏本，“每铸钱一千，率用本钱二千四百文”，亏空一半以上（刘益安，1986；冯芸，1996）。苏东坡曾揭露当时的官营商业，说：“夫商贾之事，曲折难行，其买也先期而予钱，其卖也后期而取直（通‘值’，价值），多方相济，委曲相通，倍称之息，由此而得。今先设官置吏，簿书廪禄（账簿、文书、粮仓、官员薪酬），为费已厚，非良不售（质量不好则不收购），非贿不行（没有回扣贿赂则不买）。是官买之价比民必贵，及其卖也，弊复如前，商贾之利，何缘而得?”

官营商业浪费大、效率低、成本高企、质量低劣、腐败盛行，当时已是人尽皆知。天圣年间皇帝诏书承认，“古者山泽之利，与民共之，故民足于下，而君裕于上，国家无事，刑罚以清。自唐建中时，始有茶禁（官府专营），上下规利，垂二百年。如闻比来为患益甚，民被诛求（强制征收）之困，日惟咨嗟，官受滥恶（质量低劣）之入，岁以陈积，私藏盗贩，犯者实繁，严刑重诛，情所不忍，是于江湖之间幅员数千里，为陷阱以害吾民也”，“茶盐民所食，而强设法以禁之，致犯者众。顾经费尚广，未能驰禁尔”。

连不食人间烟火的帝王都知道，不设禁榷制度，朝廷与百姓共享山泽之利，则国泰民安，天下太平；官府专营导致百姓怨气重重，走私盗贩屡禁不止，专营的官茶质量低劣，几年都卖不出去。禁榷之祸甚于苛捐杂税，后者只不过是帝王官府攫取财富，前者不但敛财，还浪费人力、物力，滋生腐败、毒害社会风气，错配经济资源，降低社会效率。

如果说官府对茶、盐的禁榷是攫取民脂民膏，错配经济资源，那么对铁的专营则直接掐灭了工业革命萌芽的最后一丝希望，因为铁器的技术进步和大规模应用正是工业革命的前因后果。

铁器民用是菜刀和犁耙，兵用则是刀枪剑戟，财政用是铁币，历来是禁榷的重中之重，即使不直接官营，也被官府严格管制。官营铁制农具粗制滥造不好用（苏玲，2011），影响农业生产效率的提升。官营兵器征用民间工匠，并不按照平等公正的市场原则支付薪酬，成为老百姓无法摆脱的沉重赋役（范建文，2016）。

老百姓被愚弄、被压榨、被剥削，一时不能以武力抵抗，但沉默的抗争无处不在，出工不出力，隐藏先进技艺，故意浪费物料，不一而足。我国火药技术早在唐代就已经比较成熟，钢铁产量和冶炼技术在宋朝已经远超英国在工业革命前夜的水平，完全具备研发出先进火器甚至蒸汽机的条件。但我国从宋朝开始，火器、铁制器械水平几百年间进展甚微，究其原因是铁器行业的禁榷制度和官府管制。反观放任民间自由发展的陶器，我国工艺与产业都遥遥领先。

禁榷之下，官府直接控制关键资源、关键产业，导致民间资本发育缓慢，更在思想上形成官营与民营的对立，荼毒深远。几百年后，清朝政府开展洋务运动，发起封建帝制最后一次救亡图存的努力。官府顺理成章地直接下场经营，而不是建章立制动员民间力量广泛参与，结果败给后起的明治维新。

错误的初见，就注定了悲催的结局。

逆反人性，不按照平等公正原则，虽然少付了人力成本，却不得不付出看不见、摸不着的代价。

人世间，看不见的代价最大。

3. 帝王与资本：水与火的幸存

封建禁榷制度弊端重重，危害社稷，荼毒百姓，民间资本搞活经济，利国利民，一代代英明帝王，一批批治国能臣，真的看不出来吗?

以帝王视角观之，任何强大的势力都是帝王的敌人。血浓于水的手足，杀；功勋卓著的功臣，杀；纵论天下的儒生，杀。军功太大则功高盖主，政坛影响太大则威胁皇权，学说太真太受欢迎则蛊惑人心。商业天生逐利，长期必将兼并坐大。在放任自由的情形之下，土地也是一种商品，必然被资本集中。土地集中实为割据，商人壮大富比诸侯。工商资本可以轻易聚众数千人，目标坚定，组织严密，拿起算盘做生意，背上刀枪就能闹革命。资本的崛起就是对帝王的威胁，帝王当然会毫不留情地围追堵截。

帝王永远弄不懂也不想弄懂的是，资源并非掌握于官府才是国家的，藏于民间也是国家的。帝王凌驾于民族利益之上，日思夜虑的是如何维护自身统治，而不是民族前途和百姓福祉，只要两者略有冲突，帝王便会毫不犹豫地选择前者。

所以，岳飞在前线捷报频传，帝王在后方寝食难安、日夜猜忌，连下十二道“金字牌”催令班师，更以莫须有的罪名将其斩首；所以，孟珙破蔡灭金，守江陵，卫黄州，复襄樊，打得蒙古河南长官范用吉欲臣服归降，帝王却横生猜忌，担心孟珙位高权重而坚决不受降，孟珙心灰意冷，感叹“三十年收拾中原人，今志不克申矣”，以病请辞，抑郁而终；所以，对于慈禧来说，列强只是要钱要地，太平天国却是要命，故而打太平天国须出死力，对列强却“量中华之物力，结与国之欢心”；所以，日寇占东北，侵热河，犯华北，蒋介石却“攘外必先安内”，认定“日本的侵略是皮肤病，共产党才是心脏病”，对共产党领导的革命火种连续发动五次“围剿”，对日本侵略者却媾和妥协。只要他能称王称霸，哪管社稷水火滔天。

资本是封建帝国时代独立于皇权的力量，是绝无仅有的异类。地主也好，士大夫也好，贵族也罢，莫不生于皇权，依附于皇权，臣服于皇权。封建帝国讲究等级秩序，齐景公问政于孔子，孔子脱口而出，君君臣臣父父子子。齐景公大加赞赏，如果君不君，臣不臣，父不父，子不子，虽有大米满仓，我哪里还能吃得到啊！

可商业偏偏讲究平等公正，谁也不高人一头，谁也不低人一等，大家你情我愿平等交易。商业如此不讲秩序，明目张胆要让帝王没饭吃。商业独立于皇权而生，逆皇权的压迫而长，弱小时它会攀附权力，但平等的血脉早已注定，一旦强大它就要侵蚀皇权，甚至取而代之。

公元前 5 世纪，罗马共和国商业繁荣，商人力量崛起很快，基本控制了百人团议会，与代表贵族的元老院及帝王鼎足而立，罗马由此形成以大商人为主体的古典共和格局，建立王权、贵族和人民三权分立的政治体系，该体系融合君主、议会、共和的政体特点，堪称古代最经典的政治体系之一，为罗马称霸一方提供了保障（陈硕、张南，2010；刘娟，2017）。

威尼斯商人名闻天下，他们顺理成章地赶走帝王，在 7 世纪建立共和国。在这片资源极度匮乏，几乎被上帝遗忘的蛮荒之地，他们不要有雄才大略的帝王，而是决定摆脱宗教的精神控制，“先做威尼斯人，再做基督徒”，建立全球最早的商业文明，并将“国家利益等于私人利益”视为国策，认为治国“犹如现代私人企业经营一样”，以经济利益为首要目标，以区区十万之众，以数百平方公里的立锥之地，称霸地中海贸易，孕育文艺复兴，繁荣昌盛一千年。

英国经过“羊吃人”运动和大航海时代，工商资本逐步萌芽成长，起初英国人全力拥护君主制，共同抗衡封建贵族势力，求得生存和发展空间；到 17 世纪初，资产阶级逐步壮大，在议会中占据重要地位，然而帝王荒淫无度，大肆搜刮民脂民膏，不重视海军建设，不关心航海贸易，与资产阶级矛盾激化，甚至多次解散议会。于是 1688 年，英国议会“不朽七人”秘密邀请荷兰执政威廉三世率军登陆英国，赶走原国王，建立君主立宪政体，率先建立资本主义制度。

有人说，帝王与资本不一定不能共生。例如，英国的原始工业化萌芽也处在帝王统治下；日本明治天皇启动“明治维新”，将日本从落后的封建国家发展为世界工业强国；彼得大帝亲赴荷兰学习造船，将俄罗斯从农奴社会带入工业文明。

上述帝国毫无例外都与宋朝一样强敌环伺，在巨大的生存压力之下，它们要么主动求变谋生存，要么固守祖业被灭亡。威廉三世、明治天皇、彼得大帝堪称走在时代前面的人，敢于革自己的命，于困境中奋力求变，繁荣了国家、崛起了资本，同时也壮大了封建帝国的掘墓人，奏响了旧时代的葬歌。

宋神宗也曾奋力求变，可惜功败垂成。延续数千年的封建帝国，统治手段已过于完备，一次变法远远不足以动摇其根基，中央集权和郡县制度仍是深入全疆全民的统治网络；儒术和礼教深入人心，控制和奴化着全民的思想；科举制度笼络和吸纳社会精英，驱使他们前赴后继为帝王建功名；禁榷制度让朝廷掌控全国经济资源，扼杀一切企图参天的商业资本；户籍制度将农民牢牢摁在土地上，形成自给自足的自然经济，吃得不好也不饱却异常稳定，因此商品经济难成气候。

四平八稳，坚不可摧，可以扛过五千年历史的冲刷，成为四大文明古国唯一的幸存者，代价是彻底丧失革故鼎新的动能。西方走进大航海时代，启动工业革命，掀起惊天巨变；东方的封建帝国还在闭关锁国，沉睡于大国迷梦。

封建帝制统治手段密不透风，资本只能在夹缝中勉强苟活。八百年后，资本终于迎来了在帝王时代的高光时刻。八国联军攻陷北京，社稷苍生风雨飘摇，慈禧仓皇西遁，手头拮据，不得不向乔家票号借 30 万两白银。乔家票号融通天下，富可敌国；皇权式微，资本才终于见到阳光。

千年头一回，帝王对资本，不是强征，不是法办，更不是恐吓，而是借款。在帝王困顿之时，商业资本慷慨解囊，从而获得跪拜权力、被赏赐、被恩典的机会。因为答应借钱果断坚决，乔家票号的贾继英被赞为“五百年必有王者兴，一千年也出不了个贾继英”。乔家将慈禧赏赐的两盏九龙灯高悬在乔家大院，作为家族最大的荣耀。

穷途末路、朝不保夕的封建帝王也是强大资本跪拜的对象，这就是资本的巅峰，五指山下的资本。

历史说，君权与资本，注定只能有一个幸存。

（三）权力金字塔：人骑人的马拉松

唯有大自在，能得大智慧。

1. 航海时代：沉睡的良机

中华民族得天之眷顾，宋朝之后我们还有数次引领或追赶世界的良机。

1405 年之后的二十八年间，明成祖朱棣及其继任者七次命郑和率船队远航西洋。庞大的船队从西太平洋穿越马六甲海峡进入印度洋，一路到访越南、泰国、柬埔寨、新加坡、马来西亚、印度尼西亚、斯里兰卡、菲律宾、印度、亚丁湾、也门、阿曼、伊朗、波斯湾、索马里、莫桑比克、肯尼亚、红海等 30 多个国家和地区，最远到达红海沿岸和非洲东岸。船队打了三场硬仗，一破国都，三擒贼魁，一举扫平沿线的敌对和盗贼势力，开辟了贯通太平洋西部与印度洋的航线。

郑和下西洋比哥伦布早八十七年，比达·伽马早九十二年，比麦哲伦早一百一十四年。当时我们的造船技术、航海技术乃至武力指数当之无愧世界第一。孙中山说，“郑和竟能于十四个月之中而造成六十四艘之大舶，载运二万八千人巡游南洋，示威海外，为中国超前轶后之奇举”。

可惜郑和之后，再无郑和。郑和七下西洋后，明朝的海外航行戛然而止，转而实行海禁。有人说，是因为郑和太过成功，他满载荣誉胜利归来，扫平了帝国海上的威胁，于是海晏河清，远航的意义不复存在；有人说，远航本来就是“政治挂帅”，基于帝王“王者无外”“怀远以德”的雄心，只是图个“怀柔异邦”“万国来朝”的虚名，王恩宣，远航止；有人说，是因为远航厚往薄来，一次远航就耗费600万两白银，使明成祖不得不“支动天下一十三省的钱粮”，劳民伤财。

其中缘由，早已隐入大海。但有一点确定无疑，郑和下西洋是为君而不是为民，是为巩固统治而不是为商业贸易。统率千军万马的郑和其实形单影只，遮天蔽日的船队身后，竟无一艘商船。

反观西方，在郑和之后近百年，“哥伦布们”发现新大陆，西方世界欣喜若狂，引发一系列链式反应，一个狂热的时代就此拉开帷幕。探险队完成人类首次环球航行后证明地球是圆的，各大洲互联互通；探险队的身后，军舰与商船接踵而至，开创大航海时代；大航海时代催生全球大市场，国际贸易兴起，引发人力、资本、信息、技术、商品全球流动，西班牙、葡萄牙、荷兰、英国相继成为全球大国；汇集全球财富的英国，完成资本原始积累，形成强大的资产阶级，废除封建君主制度，建立资本主义制度；资本主义制度保护私有产权，鼓励工商业发展，孕育了发达的金融体系，英国率先爆发工业革命。

我之砒霜，彼之蜜糖。只有商业的，才是人性的；只有人性的，才是长久的。千年的封建帝国得天之眷顾，发现了新世界大门的钥匙，却锁好门把钥匙扔进大海。航海之于西方，是一座文明的金矿，是启蒙新思想、开启新制度、创造新财富的钥匙，却在东方封建帝制下活生生变成了劳民伤财的无底洞。

在西方主导的大航海时代，锁国百年的明朝终于迎来“隆庆开关”，允许民间赴海外通商。至明朝末期，巨量白银通过国际贸易进入中国，保守估计占世界白银总产量的1/3～1/2。仅从万历元年（1573年）至崇祯十七年（1644年）的七十二年间，中国白银净增加量超过1亿两，而这仅仅是官方记载的与日本、西班牙和葡萄牙美洲殖民地之间的贸易所得，不计民间走私，也不包括与荷兰、英国等诸国贸易所得以及由欧洲人自南北美洲运至南洋继而运至中国的白银数额（张宇燕、高程，2005）。

也就是说，虽然明朝没有开创大航海时代，却凭借强大的瓷器、茶叶、丝绸等生产能力，深深融入西方主导的大航海远洋贸易，同荷兰、英国当年一样，获得白银大量流入、国际贸易蓬勃发展的历史性机遇。这是上苍救赎中华民族的又一次尝试，可惜我们还是没有抓住机会。

1633 年，明朝水师在郑芝龙带领下与荷兰海军进行了一场大规模海战，明朝投入 150 艘战舰，其中有 50 艘炮艇，水师官兵数万人，荷兰则投入 9 艘赫赫有名的加农炮盖伦帆船，这是当时全球最先进的战舰。这就是“料罗湾海战”，一方是垂垂暮年的封建帝国，十一年后灭国；另一方是蒸蒸日上的“海上马车夫”，六年后打败西班牙“无敌舰队”，成为全球海洋霸主。然而明军完胜，荷兰惨败。

四百年前，行将就木的大明帝国，仍然位居全球经济与武力的榜首。但强盛的国力，滔滔的财富，仍然没有萌发出面向未来的先进思想，没有孕育出适应大航海时代和资本成长的产权制度，更没有唤醒沉睡中的中华民族。

至此，封建帝制笼罩的中华民族内生新思想、新制度的可能性几乎消失殆尽，通向光明的通道只剩下外来文明的侵袭。

2. 大洋鸿音：悲凉的暮鼓

在工业革命进行得如火如荼之际，封建帝制笼罩下的中华民族还有最后的救赎机会。

马戛尔尼：征服天下的重器

1793 年正值康乾盛世末期，英国人马戛尔尼以给乾隆皇帝祝贺八十大寿为名，带着费时一年多精心挑选的 600 箱礼物，包括天文地理图书、前膛枪、榴弹炮、迫击炮、望远镜、准确模仿太阳系的天体运行仪、地球仪、钟表、蒸汽机、棉纺机、织布机和英国最先进的110门炮舰模型等工业革命的最新成果，率领由哲学家、医生、机械专家、画家、制图家、植物学家、航海家以及军官组成的代表团，浩浩荡荡乘坐64门炮舰“狮子”号访华，希望与清朝开展相互贸易。

马戛尔尼此行是为了平等交往、互通贸易，封建帝国的权贵却认定他是仰慕天朝来朝贡的。马戛尔尼带来的大国重器早已杀遍天下，征服大半个地球，清朝权贵却将其当作哄孩子的小玩意儿。我们发明的火药传到西方，他们有了威震四方的大炮；我们发明的指南针传到西方，他们开辟了大航海时代。他们像是练成吸星大法，贪婪吸纳一切文明成就，现在送来了世界文明的顶级珍品，清朝权贵却认定为无用的奇技淫巧。

乾隆傲慢地拒绝了“日不落帝国”的贸易请求，天朝上国坐拥天下万物，无所不有，不屑于和蕞尔小国进行贸易。乾隆已经太老了，壮年时的他英明神武，力雄四方，现在的他已经英雄暮年、昏庸老朽，不识泰山之大，不晓炮舰之威。三万万中华儿女，无一人看懂大不列颠；可马戛尔尼却看懂了清朝，“这个古老的东方国家就像是一艘陈旧而又古怪的战舰，即使不会立即沉没，最终也会在海岸上粉身碎骨”。

我宁愿相信，以乾隆的睿智，他绝不至于愚昧到看不出110门炮舰、天体运行仪、蒸汽机等新兴文明的惊天能量。他一眼看出了乾坤，黑压压的密集舰炮绝非祝寿的烟火，随即他陷入深深的恐惧之中，不相信天下竟有他无法掌控的力量。如此狂野的文明要是流入天朝，启蒙开化了顺从的子民，岂不是君不君、臣不臣，哪里还有我爱新觉罗立锥之地？万一“奸民”和“奸商”与外夷勾结，那还了得？

自大与豪情此刻化为卑微与渺小，乾隆的内心被震撼到人仰马翻，但他不是未尝权柄的刘备，不可能闻雷失箸，他已驯服千万子民，驰骋万里江山，他不动声色地将外界文明封存，故作轻松地对伏拜于地的臣民说这只是哄小孩的玩意儿，然后走进御书房，颤颤巍巍地下达一道诏书，封锁国门、严饬海防。

阴风呜咽的黄海边，红衣大炮衰朽百年，哪里是抵挡工业文明入侵的堡垒，分明是禁锢中华民族的囚笼。

阿美士德：欺上瞒下的精英

上苍满怀悲悯，天不绝人，人自绝之。病入膏肓的封建中国，还有机会抓住自我救赎的最后一根稻草。

1816 年，英国又派出阿美士德率团访华，主要诉求包括互派特使入驻首都，准许英国商人在广州自由贸易，这也是当初马戛尔尼的访华使命。如果这个目标达成，不啻为中华之福，我们睁眼看世界的纪年将提前半个世纪，中国甚至世界近代史都有改写的可能。

可惜的是，他们连与清朝照面的机会都没有，就被嘉庆赶回国。嘉庆不关心什么工业革命，不关心什么巨舰大炮，不关心什么“日不落帝国”，只关心阿美士德能不能行“三跪九叩”大礼。嘉庆是皇帝，臣民皆为奴才，诏书就是清朝宪法，旨意就是治国纲领。皇帝关心什么，奴才就必须实现什么，能做到就继续当权贵，做不到就拖出去刑部“法办”。

负责接待的三个正部级大员——工部尚书苏楞额、理藩院尚书和世泰、礼部尚书穆克登额都是清朝精挑细选的治国“精英”，软硬兼施，恩威并济，只为了让阿美士德下跪行礼，却没人睁开双眼，端详一下近在眼前的庞然大物——“日不落帝国”，更无一人张开耳朵，听一听大洋的鸿音。由于惧怕触犯龙颜，三人甚至不敢将英国人誓死不跪、平等交往的态度如实汇报给嘉庆，只能屡次哄骗嘉庆，说英国人同意跪拜，甚至故意让英国人连夜赶路，计划于人困马乏之时将阿美士德拖到嘉庆面前强行使之下跪。在遭遇阿美士德强烈反抗不能得逞后，三人又谎称英国人生病不能觐见，实在瞒不住时才不得不如实禀告。

为了安排好英国使团“朝贡”事宜，清朝的头头脑脑倾巢而出，不可谓不重视。帝王很忙，乾隆与嘉庆都曾多次就英国“朝贡”事宜朱批谕旨，强调一定要落实“三跪九叩”，嘉庆得知阿美士德同意下跪行礼后，还曾与王公大臣在圆明园摆下阵仗等候数个时辰；权贵很忙，和珅、和世泰贵为皇亲国戚，权倾朝野，堪称封建帝国的顶梁柱、清朝运转的中枢，亲自下场耗时数月对接使团，为落实“三跪九叩”殚精竭虑。

忙是忙，可惜肉食者鄙，清朝上下所忙非事，所用非人。英国使团也很忙，短短数月时间，调研军情、勘察地理、了解民意、衡量国力，看透了清朝。

龙虎与奴才：举国不敌匹马

对英国使团，清朝权贵时而盛气凌人，时而和风细雨，极尽恩威并施的手段；对皇帝，则揣摩猜度投其所好，连哄带骗。官员瞒上欺下的行径，清朝外强中干的本质，英国使团洞若观火。

阿美士德写道，清朝官员欺骗与撒谎成性，低级官员向上级汇报时往往不是基于事实，而是基于他们揣测的上级意愿，漠视事实是清朝行政的基本特征，甚至皇帝本人也常被大臣的假报告所欺瞒。

马戛尔尼则指出，清朝人毫无道德责任感，往往无视事实；清朝官员蛮横专断大权独揽，同时亦屈从于上级的专断。针对清朝官员的权力腐败，他嘲讽道，“孔夫子的信徒亦同西方财神的弟子一样，是由同样脆弱的材料构成的”“在他们的法庭里，众所周知，钱是伟大的行动指南”（张顺洪，1992）。

马戛尔尼认为，清朝正处于衰落之中，实际上只是“一小撮鞑人对三亿多汉人的专制统治”，其主要的、不变的信条就是保持国内各阶级的屈从；清朝政府不热衷于外贸和商业，只关心社会稳定。稳定的局面在清朝权贵看来可能会在同外部的频繁交往中被打破，尤其当法国大革命震撼欧洲之后，清朝政府更急于限制与欧洲的交往，并致力于向国人掩盖一切显示其他民族优秀的东西（张顺洪，1992）。

马戛尔尼预测，如果中英发生冲突，英国将非常容易地封锁清朝的海上通道，并可能在中国西藏边境制造麻烦，朝鲜可能趁机摆脱与清朝的主属关系，台湾亦将与清朝大陆分开；由于外贸中断，清朝数百万以外贸为生计的人将面临饥荒，这可能导致暴乱；俄国将会乘机侵占中国领土，英国则可能占领广州附近的岛屿或取代葡萄牙占领中国澳门（张顺洪，1992）。他的预测后来竟然几乎都成了现实，而他只不过是英国一名并不算十分出色的外交官，仅在清朝停留数月。彼时清朝三万万人，竟无此一人。

机制适宜，人人可为龙虎；机制不宜，龙虎亦为奴才。清朝并非没有人物，只是不立其制，不用其人，不行其事，不得其法，不合人性。老虎可以是呼啸山林的百兽之王，也可以是马戏团的乖顺玩物。

自我萌芽新生不可得，外域文明的对话又被蛮横拒绝，等待古老封建帝国的命运只剩下工业文明的毒打。大洋鸿音原本是唤醒东方睡狮的晨钟，却硬生生化作悲凉的暮鼓，中华民族不可避免地坠入苦难的黑夜。

3. 洋务运动：泯灭的希望之光

洋务运动是深陷泥淖的中国精英分子发起的救亡图存的努力。

曾国藩、左宗棠、李鸿章、张之洞、沈葆桢、奕䜣，都堪称人中豪杰、国之栋梁，爱国爱清朝，是当时看得最远、最明白、最睿智的人。他们生于封建“盛世”之末，身处最激荡的历史旋涡，沐浴飘摇的风雨，行于大厦之将倾，纵览五千年的苦难与荣耀，吸纳儒家礼教传统文化的精髓，历经西风东渐的洗礼，目睹工业文明的神奇与血腥。他们有最大的动力，最坚定的意志，是彼时神州之内最合适被选去肩负强国富民使命的人。

可洋务运动还是败了，甲午海战败给一衣带水的日本，彻底撕碎了清朝最后残存的遮羞布。既然不是因为洋务派人选不称职、不努力，那到底是什么导致的惨败呢?

洋务局厂：人性贪婪的窝点

洋务运动三十年，表面上轰轰烈烈，骨子里却是封建帝制朽木上生出的新枝，烂在根里。洋务运动失败的原因很多，比如开展的初衷就不是强国富民，而是维护封建统治；仅仅停留在物质层面，办实业、建水师、兴学堂，却中学为体，西学为用，并未启蒙思想、革新制度；不是完全的国家行为，而是部分封疆大吏和朝廷重臣推动，并非上下同心；外交妥协退让，过分依靠洋人；中央控制力下降，割据林立，政令不通，林林总总，不一而足。

但究其根本，是人性与制度的冲突。且不说封建帝制泯灭人性，扼杀创造力，即使洋务派直接发起并掌控的局厂本身，也是严重逆反人性。

洋务局厂是清朝的，利益是自己的，拨弄之间就是滚滚的雪花银，此种诱惑谁人能抗？彼时没有现代企业管理制度，洋务局厂形似企业，实为衙门：掌舵者既是高官，也是高管；既大权在握，也运筹银两。绝对大权集于一身，要面对花花世界的诱惑，唯有圣人能轻松驾驭。浩荡五千年，圣人只有两个半，而洋务派仅有曾国藩“半个圣人”。以凡夫俗子之身，行圣人之事，当然会裙带成风，回扣盛行，吃拿卡要，尸位素餐。

洋务局厂管理机构庞大，人员臃肿，只论亲疏，不论才识。江南制造局堪称洋务旗舰，“局中委员数十人，司事一百数十人，除分派各厂所办事外，由于津贴员司数人，差遣委员十余人”“津贴、差遣之员，大率因情面而来，但取俸薪，并无执役”。

只领薪不干活还算好的，更甚的是不学无术的纨绔子弟掌握实权，嚣张跋扈，对洋务一窍不通还刚愎自用胡乱决策，造成人力、物力的巨大浪费。兴办汉阳钢铁厂时向英国购买机炉，英方提出化验铁矿石、焦煤成分以适配机炉规格，张之洞说：“以中国之大，向所不有，岂必先觅煤、铁而后购机炉?”张之洞“果断”拍板导致出炉的钢轨不合格，“糜去十余年光阴，耗去千万之成本”。洋务重臣张之洞如此，上海机器织布局彭汝琮、船政大臣沈葆桢亦如此。业已千疮百孔的清朝，经得起几回折腾?

轮船招商局长期被唐廷枢、盛宣怀姻亲施紫卿、李鸿章老友麦佐把持，“兄授其弟，父传其子，恬不为怪”，长达三十年。轮船招商局“总之缺，向归总办分配，非唐（唐廷枢）即徐（徐润），间用他姓，则须打通关节与居中有力者分做，即暗地分财之谓也”。江南制造局、金陵机器局、天津机器局“三巨头”每换一次总办就招募心腹委员 30～40 名，已成惯例。中国电报局各分局负责人中，盛宣怀的亲戚就达 31 人。盛宣怀堂兄任无锡电报局负责人，临死时竟要求其子盛棣颐继任。盛宣怀亲属长期担任汉阳铁厂总办、坐办之职。《时报》揭露，汉冶萍铁矿 1200 多名职员，“大半为盛宣怀之厮养，是其妾之兄弟”（谢世诚，2001；郭宏飞，2013）。

一朝天子一朝臣，一批“重臣”刚刚吸饱血，下一批又来了，一朝又一朝，无穷尽也。这般用人，注定贪腐横行。《刍言报》刊登汪康年的文章《论政界不宜自营实业》说，洋务企业“正如肥肉自天而降，虫蚁聚食，不尽不止”。驻英副使刘锡鸿揭露，对外采购“报价每至四五倍之多”，粤仿制小洋枪“民间购买每杆洋银二圆半，而官中报价则每杆银六两……故人谓机器局管事一年，终身享用不尽”。国产林明敦枪造价约是进口林明敦枪售价近两倍，且质量远不如进口货。李鸿章基于国防大计果断拒绝，带头进口价廉物美的洋枪洋炮。

1877年，轮船招商局收购美国旗昌轮船公司，该司有房产30间、洋房17所未计入总产，价值约50万两白银。盛宣怀密函李鸿章，指使心腹作为“白手套”低价买入，每年净赚80%。1885年，怡和洋行与盛宣怀达成秘密协议，凡由盛宣怀而得的生意，佣金分其一半。1892年，盛宣怀经手购买德国克虏伯军火约1104795马克，得佣金52689马克。他成为诸多洋务局厂的最大股东，“总揽轮船、银行、铁政、炼冶、煤矿、纺织诸大政，所谓一只手捞十八颗夜明珠”。通过“为国”办洋务，盛宣怀敛财约1700万两白银，与清末财政收入1800余万两白银不相上下，名副其实的富可敌国（谢世诚，2001）。这就是被誉为“中国实业之父”“中国商父”“中国高等教育之父”，名垂后世的洋务派领军人物盛宣怀。“实业之父”尚且如此，遑论他人。

封建帝制之下，判断人才的标准是能否堪用于帝王家，能否忠诚于上峰，至于是否腐败、是否能干都不是主要考量标准。洋务派多次鼓吹“腐败难免论”。盛宣怀等借轮船招商局收购美国旗昌轮船公司大肆贪污，舆论大哗，弹劾不断，却因主子李鸿章拼命庇护得以过关，权势日盛；左宗棠认为，要造船就要让有关人员特别是雇用的洋人占点便宜，“亦欲使彼有余润，然后肯为我役”；李鸿章大肆为举用私党辩护，“孔子曰，举贤才举尔所知，未有不举而知者。同乡则知之尤真，自无避嫌不举之理”。

所用非人，所务非事，无能无为“蔚然成风”，如此办洋务，焉能办得好？时任江南制造局总办赵滨彦无奈承认，“在局员司，只可随波逐流，不可矫同立异。间有办事认真，不避嫌怨，即群起而讪笑之，甚至匿名揭帖，指摘交加。……稍不随意，百般排挤，妨贤害能，可胜浩叹”。冯卓如主持江南制造局七年，“局中自总办以至员司人等，亦无精通制造之学”“岁糜经费一百四十万金，而各械无一完善者”（谢世诚，2001）。洋务旗舰垄断经营，不但不赚钱，反而吃财政耗经费。

英国退役海军少将贝思福考察清朝各处洋务局厂后说，机器设备很先进，却浪费闲置，只发挥出 1/3 的效能。汉阳兵工厂遍地都是昂贵的重机械，却闲置未组装；南京兵工厂，来自英国、德国、瑞士的世界顶级机器设备极为充裕，却拿去生产小炮，只能发射 1 磅小炮弹。

贝思福认为，创办者将局厂作为争权夺利的资本，一手包揽，长期控制，互相拆台，各自为政。他不禁感叹“若照今日各省各办之情形，不过便各督抚之私图，于国家何益哉”。他看得很准，清亡之后的军阀割据混战在此时已埋下种子。

垄断之殇：人骑人的马拉松

洋务局厂办不好已成定数，荼毒更深的是压制民间资本。

每创办一个洋务局厂，往往就垄断一个行业，扼杀一个行业的生机。轮船招商局设立后，清朝政府规定“五十年之内只准各处华商附股，不准另行开设字号，免致倾跌，贻误大局”。于是 1894 年以前，中国再也没能新设航运企业（呼艳芳，2012）。

纺织行业是工业革命的又一重大领域。1878 年，中国第一家现代棉纺织厂——上海机器织布局开始筹办，名曰官督商办，实则民间出资，官府主导。尚未建成，上海机器织布局就通过李鸿章向清政府取得了垄断特权，“十年以内，只许华商附股搭办，不得另行设局”。洋务衙门效率奇低，耗时十多年，1890 年上海机器织布局终于投入生产，但由于管理无能，其在 1893 年被一场大火焚毁。1894 年，洋务派在原址建立华盛纺织总厂，该厂仍为官督商办，李鸿章、盛宣怀申请总理各国事务衙门立案，明文规定“十年以内，不准续添，俾免壅滞”（江秀平，1992）。衙门办洋务，哪里是“师夷长技以制夷”，分明是官僚种群借洋务之名，行独食垄断中饱私囊之实。

反观日本的明治维新，比洋务运动还晚七年，却早在 1880 年就发明了适合本国士兵体型的村田步炮，1888 年被定为全军制式武器；1887 年发明褐色六棱火药；1892 年创制 47 毫米速射炮和朱式鱼雷。19 世纪 80 年代以前，日本造船技术尚不如福建船政局，却在五六年内实现反超，不仅产量远超清朝，还能造 4000 吨的铁甲大舰（王承仁，1989）。

日本虽千年以来根植于东方文明，明治维新后却一夜变天，全盘仿效西方，真心实意推动民间力量的崛起，官营示范、厚植民产、民间为主、民营官助，不仅不像清朝那样官夺民利，还发放政府补贴助推私营企业快速崛起，将早期官办企业出售甚至让渡给私人。官办的三池煤矿、富冈制丝所低价卖给三井会社，将 62 万日元资产的长崎造船所以 9.2 万日元卖给三菱会社的创始人岩崎弥太郎（呼艳芳，2012）。日本很多官员不同于清朝实业家千方百计谋戴红顶，而是主动下海创业。33 岁的大藏少辅涩泽荣一就是典型代表。在仕途一帆风顺之时，他毅然弃官从商，成为日本“产业革命之父”“资本主义之父”。

日本的私人企业民营民有，为自己干，干好干坏都是自己的，唯恐技术创新、效率提升不够快，哪有懒惰、贪腐横行之地？民间资本力量迅速崛起，通过官民之间平等交易，变成官府的大炮和铁舰，进而转化为国家力量。

其实，民间资本并不需要封建官府额外的“关爱”，以华夏民族吃苦耐劳的优良品质，以中华商贾千年以来在重重压制之下存活并发展壮大的生存本能，只要官府不欺压、不独食，只要有洋法洋货以资借鉴，民间资本就能发展起来。梁启超曾有透彻的论述，“中国人最长于商，若天受焉。但使国家为之制定商法，广通道路，保护利权，自能使地无弃财，人无弃力，国之富可立而待也。今每举一商务，辄为之奏请焉，为之派大臣督办焉，即使所用得人，而代大臣斲者，固未有不伤其手矣。况乃奸吏舞文，视为利薮；凭挟狐威，把持局务，其已入股者安得不寒心，其未来者安得不裹足耶？故中国商务之不兴，虽谓李鸿章官督商办主义，为之厉阶（祸端）可也”。

百余年之后，邓小平同志带领我们开启改革开放，打开国门引入外资，民间资本在学中干、在干中学，很快就从零起步一举成为最具活力、最能创新的经济力量，我们快速扭转百废待兴的局面，成长为世界第二大经济体。

可惜历史不能回头。甲午战事十万火急，日本明治天皇设战时大本营，亲自指挥督战，志在必胜；慈禧却在欢庆自己六十寿诞，传谕军机大臣“听戏三日，诸事延搁”，为了这一寿诞庆典，她已搜刮民脂民膏两年，耗费近千万两白银，这些银两相当于国家投给北洋水师的 1/4（另说 1/10）。我们经济“盘子”比日本大，只不过大多拿去维持慈禧之流穷奢极欲的享乐，少部分投给洋务运动和北洋水师。日本一举功成，我们折戟沉沙。中华与日本，这对一衣带水的千年近邻，在此分野。

百年之后，苍茫黄海怒涛依旧，翻滚着历史的巨浪，舔舐着民族的创伤。历史总是如此深奥神秘，却又如此明白浅显。

历史从来都是种瓜得瓜，种豆得豆，绝无偶然。

4. 权力金字塔：灵性的囚笼

夕阳无限好，只是近黄昏。“康乾盛世”是我国封建帝制最后的辉煌，随后西方乘势而上，一举完成制度革命、金融革命、工业革命，我们则一步一步掉队，陷入贫穷落后的深渊。同处波澜壮阔的大航海时代，我们不但未能引发根本制度的变革，甚至连保障私有产权的法律都未能出世，更不用说引发工业革命了。

中华与西欧就此快速“分叉”，它们上升，我们沉沦。苦等八百年，历经王安石变法、规模化工商萌芽、郑和七下西洋、硬通货大规模流入、西方先进文明的使团来访、洋务运动，一次次面对天赐的变革良机，一次次上苍伸来拯救之手，为什么我们却一而再，再而三地无动于衷？我们到底怎么了？

嘉靖三十九年（1560 年），瑞士钟表匠布克来到埃及，或许他的经历能带给我们些许启迪。曾经身陷囹圄的他，来到巍峨的金字塔下，虽然空气中弥漫着骆驼粪和马尿的骚臭，但却自由自在畅快无比。他发现山一般的金字塔做工却无比精细，石缝间居然连刀片都插不进去，他据此做出一个石破天惊的推断："金字塔的建造者，绝不会是奴隶，而只能是一批欢快的自由人。"

几百年间，人们把他的话当作笑料，因为公元前 443 年古希腊历史学家希罗多德在巨著《历史》中清清楚楚地记载，30 万奴隶建造了金字塔。令人意想不到的是，2003 年埃及最高文物委员会在发掘考证金字塔附近 600 处墓葬后宣布，金字塔不是奴隶而是自由的农民和手工业者建造的。

钟表匠布克何以一眼洞穿金字塔的千年奥秘呢？

布克是一名天主教信徒，1536 年因反对罗马教廷的刻板教规锒铛入狱。作为钟表大师，囚禁期间他被安排制作钟表。奇怪的是，入狱前布克能轻轻松松将钟表日误差控制在 1/100 秒以内，入狱后却无论如何都达不到日误差低于 1/10 秒，不管狱方怎样威逼利诱都无济于事。布克自己也苦恼不已，以为是环境太差的原因。后来，他越狱逃跑重获自由，结果在更糟糕的环境里，布克制造钟表的水准竟然奇迹般地恢复了。此时他才赫然发现，真正影响钟表准确度的不是环境，而是自由的心态。

之后布克成为瑞士钟表业的奠基人，他说："一个钟表匠在不满和愤懑中，要想圆满完成制作钟表的 1200 道工序是不可能的；在对抗和憎恨中，要精确地磨锉出一块钟表所需要的 254 个零件，更是比登天还难。"正因如此，布克才大胆推断，"金字塔这么浩大的工程，被建造得那么精细，各个环节被衔接得那么天衣无缝，建造者必定是一批怀有虔诚之心的自由人。一群有懈怠行为和对抗思想的奴隶，绝不可能让金字塔的巨石之间连小小的刀片都插不进去”（俞天白，2015；刘燕敏，2015）。

唯有大自在，能得大智慧。自由的灵魂，才能创造神奇；泰山压顶的身躯，盛不下奔放驰骋的灵魂。

不得不承认，英国使团在华停留时间虽然不长，但对清朝社会的洞察却十分深刻。出使清朝之后，马戛尔尼的评价一针见血，“中国人没有宗教，如果说有，那就是做官”。

封建帝制是权力的金字塔，一层压一层，层层压实，每一层的灵性空间都十分逼仄，人性被压抑得喘不过气。在封建权力的金字塔下，官场常态是：瞒上欺下，对上唯唯诺诺是哈巴狗，对下官威滚滚是豺狼，对同僚两面三刀是阴鬼，只唯上，不唯实。唯上，是荣华富贵之路，前程可期；唯实，则是押上自身福祸，赌上级的胸襟和眼光，生死难料。三头两面，口蜜腹剑，专业溜须拍马，满足上级口味，可以平步青云把持权力；怀珠抱玉、刚正不阿总有逆鳞冒犯的时候，于是被践踏、被埋没、被屠戮。

矗立千年的权力金字塔下，风云变幻，逆向进化却首尾贯之，王朝越是演化，就越是豺狼当道、瓦釜雷鸣，层层权力重压之下，活埋了多少灵气与忠骨。当风雨压城、大厦将倾，猢狲散去，只有脊梁挺立之人岿然不动，将千钧之重一把挺起，即使万年的风霜雪雨也无法磨灭他们的骨气。帝王站在金字塔顶，至高无上却站立不稳，众人仰望，鬼神觊觎，旋踵之间就可能丧失权柄，粉身碎骨。人性被镇于牢不可破的权力金字塔，哪有灵性伸展的空间。陈寅恪说，封建社会几千年，中华民族憋屈苟且，谁又曾自由舒展？

东西方千年竞逐，中华民族被镇于封建帝制的权力金字塔，层层踩踏，层层吸血，层层死拼，参与一场没有终点的马拉松。对英国来说，工业革命在等待金融革命；对我们来说，从宋朝起我们就在权力的金字塔中苦苦等待，不仅等待金融革命、制度革命，更是等待自由的灵魂。这一等，就是八百年。

（四）封建帝制：野性的皇城

我们这块土地，这些人，终其一生，大多所行，不过“苟且”二字。所谓风光，不过苟且有术；行路坎坷，不过苟且无门，基本不过如此。

——陈寅恪

1. 帝王：孤独的天子

“鸟之将死，其鸣也哀；人之将死，其言也善。”此话对鸟适用，对帝王则不然。慈禧在临死之际，毒死光绪，立不到3岁的溥仪为帝，将满屋漏风的大清帝国置于更加风雨飘摇的险境。得知消息后，溥仪的祖母哭到晕厥。皇帝并非那么好当，也并非人人都想当皇帝。

封建帝国无不以兴旺开始，以衰败落幕。新王朝的建立，意味着社会资源的重新分配，新的头领和拥趸成为新一代王公贵族，积累百年的皇亲国戚、名门望族被粉碎，不劳而获的种群大为减少。开朝帝王普遍敬畏底层惊天动地的力量，注重修生养息，减轻黎民百姓负担，使黎民百姓获得些许喘息机会，于是国泰民安，天下太平。随着帝国延续，王公贵族越来越多，官僚集团越来越庞大，对黎民抽血吸髓越来越狠，越来越不顾底层死活，底层活不下去就揭竿而起，于是四海动荡，大厦倾危，开启新一轮王朝更迭。

接班的帝王，从小就有名师教导君王之术，“水能载舟亦能覆舟”“防民之口，甚于防川”“民为贵、社稷次之、君为轻”的道理他们从娘胎里就开始学习，故他们当然希望天下太平，国富民安。帝国初期的皇帝大多英明睿智，有雄才大略，不过帝王也是人，他们独掌天下，独占天下之人，独享天下之利，自我约束很难，为所欲为很容易。“杯酒释兵权”很仁义，兔死狗烹是规律，酒池肉林、烽火戏诸侯、“一骑红尘妃子笑”、“何不食肉糜”是常态。

帝王绝非无所畏惧，相反他们无比孤独，无比恐惧。帝王本身就是千千万万豺狼虎豹时刻觊觎的猎物。秦始皇信任赵高，结果赵高专横弄权，指鹿为马，弑君亡国，假传遗诏逼死刚毅勇武的秦始皇长子扶苏；曹魏信任司马懿，两代托孤，结果司马家族弑君夺权篡国。帝王信任武将，武将篡国；信任文臣，文臣专政；信任太监，太监弄权。

帝王没有火眼金睛，实在弄不懂为什么一贯人畜无害、忠心耿耿的宠臣心腹转眼就化身吞噬皇权的猛兽，于是只能警惕一切可能坐大的势力，恐惧一切无法掌控的力量。他们害怕战功显赫的武将，害怕资深望重的文臣，害怕镇守边疆的诸侯，害怕漫无边际的海洋，害怕手无寸铁的巨贾大富，也害怕知行天下的学说，所以他们杀功臣、斩高官、削藩、锁国、抑商、焚书，力图铲除影响皇权延续的一切隐患。数千年来，封建制度形成一整套维护帝王统治的手段，以儒术和礼教愚民使其安天命，以科举和官阶吸纳和控制精英，以暴力屠戮一切强大势力。

故而在封建帝王统治下，万物可以存活，但不能强大。苟活者是普世之良民，为上面一层又一层阶级提供养料。他们生如蝼蚁，可偏偏正是底层蝼蚁的生存状态决定了王朝兴衰。他们普遍能活着，就太平盛世，长治久安；他们活不下去，就掀起滔天巨浪，天崩地裂。秦始皇的百万铁骑可以横扫六国，却无法征服暴怒的黎民；成吉思汗的草原雄狮可以涤荡欧亚大陆，却在修整黄河的征夫面前溃不成军。

生杀予夺的封建君权至高无上，可帝王并非完全自由。千年帝制早已禁锢了帝王的思维，定义了帝王的行为。帝王与出身、男女无关，只关乎封建权柄。不管是男还是女，不管是地痞流氓还是四世三公，不管是蝼蚁草民还是皇亲国戚，不管是碌碌无为还是有雄才大略，只要掌握帝王权柄，就得行帝王之事。

生来娇媚的武才人尝到君权的腥味后，扼死襁褓中的亲生长女，嫁祸于皇后并取而代之；断去王皇后和萧淑妃手足再扔进酒瓮，谓之曰“骨醉王萧”；毒杀天恩宠幸的外甥女魏国夫人，嫁祸族兄进而诛杀；鸩杀长子再逼迫次子自尽，几乎屠尽李家皇室宗亲，扫荡皇权路上的一切生灵，更设立控鹤监公开宠幸面首。

武则天次子李贤时任太子，目睹长兄被杀，眼看就要步其后尘，不禁心生悲戚，作《黄台瓜辞》，“种瓜黄台下，瓜熟子离离。一摘使瓜好，再摘使瓜稀。三摘犹自可，摘绝抱蔓归”。悲怆的诗歌回响千年，可以感动天下人，却感动不了君临天下的母后，李贤最终也没能逃脱被诛杀的命运。

人人都知道虎毒不食子，但在浩荡的君权面前，帝王超越了凶残的猛虎，超越了动物繁衍传种的本能。当然，恶行弥天并不妨碍武则天以治国之才、容人之量、识人之智、用人之术开创鸿业大勋，成为一代女中英主。

千年的君权，喝饱了人类的鲜血。

帝王不能一人治国理政，他不得不将权力授权出去。科举制度出现以后，历代帝王选择的授权对象主要有三类：文官、皇亲国戚和太监。

2. 太监：卑贱与权柄

太监人数虽少，却是封建社会不得不说的一个群体。

太监往往生于社会的最底层，但凡能活，哪怕卑贱如草芥，哪怕苟延残喘如蝼蚁，也没有一个男人愿意被阉割当太监。司马迁为李陵辩解而受宫刑，悲愤一生；英国密码学大师图灵因同性恋而定罪，被化学阉割，两年后郁闷自杀。就群体而言，被阉割的太监不可能不郁闷，不可能不扭曲。除了郑和、蔡伦等极少数优秀分子，太监大多无学无识，无才无德，无子无嗣，无鬼无神，无所顾忌，无所指望，只顾此生，不管身后。

太监谨小慎微，胆战心惊，一不小心就被鞭打、杖责、籍没、配流，甚至拖出去剁碎喂狗，尸骨无存。太监活得比泥土更卑贱，比蛆虫更阴暗，可他们却见识着人世间最盛大的繁华，最显达的富贵；他们心里有倒不完的苦水，怀着男人最大的悲戚，却不得不时刻保持最真诚的微笑，极尽阿谀奉承之能事，绞尽脑汁讨帝王欢心。

太监也是人，有智力，有抱负，更何况侍奉的是至高无上的帝王，生杀予夺的君权近在咫尺。唐朝太监仇士良立过皇帝，废过太子，杀过宰相，终了还全身而退，堪称太监界的泰山北斗。临近退休，他向小太监传授经验：“天子不可令闲暇，暇必观书，见儒臣，则又纳谏，智深虑远，减玩好，省游幸，吾属恩且薄而权轻矣。为诸君计，莫若殖财货，盛鹰马，日以球猎声色蛊其心，极侈靡，使悦不知息，则必斥经术，阁外事，万机在我，恩泽权力欲焉往哉?”帝王愚民以巩固统治，太监反其道而行，愚君以御之。

就是这样一个群体，历朝历代却无不倚重，其中秦、汉、唐、明都深受其害，宋、清虽然没有闹太监之患，却也十分重用太监，宋朝甚至派太监外出监军。以帝王视角观之，太监是出生伊始就一路相随的人，从生到死，从醒来到入梦，太监无处不在、无时不在，冷来添衣、热来拂扇，可谓最知冷暖；太监无子无嗣，无才无德，一眼望去恭顺温和，人畜无害，除了伺候帝王，了无用处，绝不会觊觎皇位，可谓忠心耿耿。武将手握兵权，凶险；文臣忠言逆耳，讨嫌。以上苍的视角观之，太监祸国殃民，但以帝王的视角观之，太监是称心顺手的心腹。

唐宪宗对武将不放心，派太监仇士良外出监军，夜宿敷水驿站，未料到驿站时上房已满，先入住者还拒不让房，仇士良二话不说将其暴打一顿。被打者大名鼎鼎，正是“曾经沧海难为水”的元稹，时任监察御史。此事上报唐宪宗，中丞王播和大诗人白居易都替元稹鸣不平，但唐宪宗毫不犹豫地将元稹削职贬官。文官只是打工仔，太监才是自己人。

一旦获得帝王信任，太监就掌握了权力的刀柄。之前，他们至卑至贱；现在，他们立于高山之巅。太监见惯了帝王挥动屠刀斩杀任何看不惯的或是构成威胁的势力，现在权力的屠刀握在自己手上，就像英明神武的汉高祖、明太祖初创王朝时一样，他们高举屠刀开始清除一切可能构成威胁的势力，屠将相，屠皇亲，屠国戚，甚至弑君王。秦二世胡亥，丞相李斯，汉朝大将军窦武、何进尸首未冷，他们又磨刀霍霍，斩杀唐肃宗李亨、宪宗李纯、敬宗李湛三朝皇帝。仅唐朝太监仇士良就囚皇帝，立皇帝，废太子，杀二王、一妃、四宰相，滔天恶行罄竹难书。明朝更是堪称“太监帝国”，刘瑾、魏忠贤等大太监层出不穷，权擅天下，穷奢极欲，恶事做尽。

鲁迅曾说，“奴隶看起来温顺，但并不代表着善良。奴性极重的人，对同类一定是极其凶残的。因为它们从奴隶主那里失去的自尊，需要从同类中得到补偿”。鲁迅所言极是，但也漏了一条，奴隶不仅残害同类以获补偿，还直接拿奴隶主祭刀。

太监是两面三刀、瞒上欺下的集大成者，太监专权基本就是王朝灭亡的前兆。太监群体的行为，集中展现了当失去制度约束和原则底线时人性的边界。

在至高无上、了无约束的帝王权力面前，人们为了生存可以自我阉割，可以顶礼膜拜，可以发自内心地阿谀奉承，可以热泪盈眶地歌颂赞美，可以卑贱如蛆虫蝼蚁，可一旦手握权柄就可以使万众膜拜俯首臣服，可以扭转乾坤，可以恩泽天下，也可以高举屠刀，“大义凛然”地屠戮四方。

3. 皇亲国戚：致命的富贵

皇亲国戚是与皇帝一个阵营的，天下是他们家的。皇帝不是他们的子弟，就是他们的女婿，但不管谁当皇帝，谁当王侯，都不会改变黎民百姓被剥削、受奴役的命运。他们家内部又分小家，小家又有不同个体，个体背后是王公大臣，他们享尽荣华富贵，但还不满足，离至高无上的皇权只有一步之遥，何不摘而取之？子子孙孙独占皇权的诱惑如此之大，于是皇族恶斗便成了家常便饭。

秦二世在赵高操弄之下屠杀 12 个兄弟、10 个姐妹；千古一帝李世民发动“玄武门之变”，杀掉亲哥哥太子李建成和亲弟弟李元吉，成就“贞观之治”；朱棣打败侄儿建文帝，夺取皇位正统；康熙年间的“九子夺嫡”，胜出者荣登大位，落败者死的死、囚的囚，无不悲惨至极。

对老百姓祸害最大的皇族内斗，非晋朝“八王之乱”莫属。司马炎逼迫魏元帝曹奂“禅让”，建立晋朝。司马炎之父是“司马昭之心，路人皆知”、斩杀曹魏皇帝曹髦的司马昭，司马炎之子是问饿死的灾民“何不食肉糜”的晋惠帝司马衷，司马炎的儿媳贾南风是贾充之女。

有其父必有其女，贾氏颇有其父之风，阴险狡诈，杀戮成性。她见夫君晋惠帝有低智嫌疑，便意图擅权专政。她先联合汝南王司马亮和楚王司马玮诛灭辅政大臣、皇太后之父杨骏，又以晋惠帝名义下密诏指使司马玮杀害主政大臣司马亮和卫瓘，第二天即诬告司马玮伪造手诏将其诛杀。贾氏大权在握仍不满足，她没有儿子，太子不是她生的，于是她设计将太子灌醉，逼其写反书，先废后杀。贾氏手段毒辣，恶行滔天，激起司马家族的强烈愤慨，一时间人神共愤，群起而诛之，同时也挑起了诸王争夺天下的野心。

在这场皇位之争中，有八个皇族子弟相继起兵，剑指最高皇权，杀得生灵涂炭、昏天暗地。“八王之乱”最终导致西晋国力消耗殆尽，将华夏神州带入东晋十六国，“五胡乱华”，北地苍凉，衣冠南渡，以人为羊，火烤而食。诸国混战百年，中华民族进入最黑暗的时代。

司马绍是东晋难得的有勇有谋的好皇帝。有一次他问大臣晋朝先祖创业的历史，丞相王导讲述了司马懿诛灭名门望族、党同伐异和司马昭诛杀魏帝高贵乡公的往事，司马绍掩面伏床痛哭，说：“若如公言，祚安得长!”后来他平定“王敦之乱”，对人数众多的王敦党羽能不杀则不杀，稳定了东晋大局。司马绍明白，靠杀戮，天下不可能太平，王朝不可能持久。

皇亲国戚与皇权最近，虽高居社会顶层，但仍不满足，一心想要夺取和维护更大的权力，凭武力争夺至高无上的皇权。可是一旦开启皇权争夺，就会挣脱一切束缚无法无天。他们以杀戮和阴谋上台，也以杀戮和阴谋终结。失去了制度的约束，人类欲望就没有满足的时候，竞争手段就会越来越卑劣，人类将不可避免地陷入“仁者亡、恶者生”的下降螺旋。历朝历代仅早期能出几个明君，任贤使能中兴华夏，中晚期大多昏君辈出，斗筲逞强。

皇亲国戚正是五千年封建历史的台上之人，凌驾于百姓之上，扼制着历史的命门，上演着最残酷的厮杀。他们是封建帝制最大的受益者和拥护者，掌权或是不掌权，上台或者被诛，都不可能孕育新制度，不可能推动历史前进，也不可能优化资源配置创造增量财富，更不可能为全社会构建一套公平合理的规则。

4. 文官：毛将焉附

此处文官特指通过科举考试等相对公平的选拔方式入仕的官员，是封建统治集团内部对制度改进有所贡献的少数群体之一。

“狗监”举荐：科举前的选人之道

在隋朝开科举之前，官员选拔制度先后有贡士、乡举里选、世官制、察举制、九品中正制，不过最后几乎都蜕变为世袭制。门荫入仕，即老子当官，儿子凭门第入仕，这是历朝历代官员的重要来源。门荫官员是封建制度的绝对受益者和坚决拥护者，不可能形成变革封建制度的群体动力。

世袭之外，主要靠权贵的举荐。比如，司马相如是“汉赋四大家”之一，被后世誉为“赋圣”“辞宗”。他满腹经纶，却报国无门，最后靠他的四川同乡杨得义把他推荐给皇帝。杨得义何许人也？帝王的“狗监”，即给皇帝养狗的。

绝世大文豪要托帝王的“狗监”举荐才能进居庙堂，这就是科举前的选人之道。

科举文官：共治天下

隋文帝杨坚开创的科举制度打通了读书人做官的通道，“血而优则仕”逐步向“学而优则仕”转变，于是文官可以参政议政，成为治理国家的重要力量。

宋朝对科举制度进行了重要改进：大幅增加科举选仕，打破门第、权贵等因素的限制，出身不重要，无论是官宦、世家子弟，还是贫贱、下人、工商之后，均可同场应试，从而抑制门阀、选擢寒门，促进社会上下流动，推动官员队伍新陈代谢；看重真才实学，侧重考查治国方略、选人方式、君臣关系等实用之学；不公荐，不预定，采用锁院（考官进入贡院隔离命题，杜绝权贵请托）、考生匿名、誊录（派人重新抄写试卷）、多人阅卷等方法确保选人制度公平公正。

在此基础上，宋朝大举提升及第士人地位，时人吴潜曾在《奏乞分路取士以收淮襄之人物守淮襄之土地》中说，“不中进士举，无由得朝廷之官”。为了鼓励大家读书做官，宋真宗写下《劝学诗》，“富家不用买良田，书中自有千钟粟。安居不用架高堂，书中自有黄金屋。出门莫恨无人随，书中车马多如簇。娶妻莫恨无良媒，书中自有颜如玉。男儿欲遂平生志，五经勤向窗前读”。

宋朝奉行“不杀大臣言事官”，据说此为宋太祖的誓约，并藏之太庙（张其凡，2001）。于是文官敢于参政、议政，逐步形成“皇帝与士大夫共治天下”的格局，公正平等、崇文重学、经世致用的社会风气开始形成。历朝历代中，宋朝帝王最能放开言路，最能依法治国，官员则最尽心尽力，最以天下为己任，最忧国忧民，整个社会迸发出前所未有的上进心和创造力。寇准、范仲淹、欧阳修、苏轼、司马光、张浚、文天祥等名相辈出，更有张载、程颢、程颐、朱熹、陈亮、叶适等思想大家层出不穷。

“修身齐家治国平天下”，是古代士人的追求。张载一心为天地立心，为生民立命，为往圣继绝学，为万世开太平。“匹夫而为百世师，一言而为天下法”，既是苏东坡对韩愈的评价，也是他自己的毕生追求。“居庙堂之高则忧其民，处江湖之远则忧其君”“先天下之忧而忧，后天下之乐而乐”，范仲淹忧国忧民，鞠躬尽瘁。

为了强国富民，宋朝文官殚精竭虑，屡兴变法。变法自古险恶，九死一生。变法者不是不知道触动权贵有可能粉身碎骨，历史上商鞅被车裂，“戊戌六君子”被慈禧以钝刀杀于菜市口，就连朱镕基总理力推改革、反腐时也要为自己准备一口棺材，但宋朝文官仍然为国为民以身赴之，发起两次大的变法运动，进取之心冠绝千古。范仲淹发起变法，明黜陟、抑侥幸、精贡举、择官长、均公田、厚农桑、修武备、减徭役、覃恩信、重命令，着力澄清吏治，富国强兵，推行法治。王安石变法以发展生产、富国强兵为目的，以“理财”“整军”为中心，涉及政治、经济、军事、社会、文化各个方面，是中国历史上继商鞅变法之后又一次规模巨大的政治变革运动。

有赖于大批心怀天下的文臣，宋朝成为最锐意改革、最依法治国的封建王朝。因此，宋朝才得以在蒙古向北攻陷莫斯科，向西打通欧亚大陆抵达地中海之后，还顽强支撑半个世纪。

毛将焉附：飞蛾扑火

武则天杀人无数，大臣劝她：“你这样杀人，谁还敢当官？”武则天让大臣晚上再来。当晚皇宫空旷处燃起一把大火，照亮天际。黑暗中飞蛾从四面八方纷纷扑来，前赴后继，绵绵不绝。武则天大笑：“这叫飞蛾扑火，自取灭亡，本性难移吧！[①]”天下资源尽握于帝王之手，只要以高官厚禄为饵，就有孜孜追求之人，哪里杀得尽呢？

人人都晓神仙好，唯有功名忘不了。

“皇帝与士大夫共治天下”，更多是帝王的恩赐，不是实质性的对等。文官的权力来源于帝王的恩典，他们当然得向帝王负责，跳不出君权的藩篱。文官发起的变法，最终是为了服务帝王统治。商鞅变法、范仲淹变法、王安石变法、张居正变法莫不如此。清朝大厦将倾，封建帝国被工业文明冲击得七零八落，西风已然东渐，资本主义显示出碾压性优势之际，文官发起的洋务运动也只不过是修修补补，丝毫没有动摇封建帝制，丝毫没有削减至高无上的君权。

说到底，文臣也好，武将也罢，酷吏也好，贤相也罢，忠臣也好，奸臣也罢，都不过是帝王维持统治的工具。大道废，有仁义；国家昏乱，有

---

① 本故事流传甚广，但《资治通鉴》《新唐书》《旧唐书》均无记载。

忠臣。飞鸟尽，良弓藏；狡兔死，走狗烹。但即使如此，为了野心功名，为了利益荣誉，为了黎民社稷，明明知道前面是刀山火海，人类依旧前赴后继生死以赴。

曾国藩文足安邦，武能平乱，内外兼修，知行合一，毛泽东主席赞他是“地主阶级最厉害的人物”，梁启超说他“立德、立功、立言三不朽”“成就震古烁今而莫与京”，并断言“中国必由其手获救”，可惜他最大的成就只不过是剿灭太平天国农民起义，苟延了清朝几年性命。曾国藩、李鸿章、张之洞、左宗棠等“晚清中兴四大名臣”在地方，奕䜣、文祥在中央，发起的洋务运动，主张“中学为体、西学为用”，大规模引进西方科技，兴办军事工业和民用企业，也只不过是披着近代技术外衣的封建玩偶。

洋务官员创办的局厂，没能成为追求效率的市场化企业，却沾染了官府衙门的封建习气。江南机器制造局是洋务旗舰，开始只有40个洋务官员领导，到19世纪70年代末已有80个官员吃拿卡要，还裙带成风，共享“钱途”。洋务采购官员明目张胆大吃回扣，甚至连洋商也被逼得“入乡随俗”，德国克虏伯进入中国不久，就学会了在合同金额中划出专门比例送回扣。

洋务运动实际是封建文官力图以封建之法、以官僚之人推动工业革命的尝试，但实践证明此路不通，参天大厦不可能立于腐朽根基之上。

历史纵向比较，洋务大臣个个文才武略，有勇有谋，堪称治世之能臣；可横向比较，他们的思维和眼界已经远远落后于时代。“铁血宰相”俾斯麦统一德国，对内鼓励工商，大修铁路，发展科技；对外纵横捭阖，用三十年时间带给世界一个强大的德国。有“东洋俾斯麦”之称的大久保利通为了改革勇往直前，以巨大的勇气剥夺武士的俸禄特权，推行“殖产兴业”“文明开化”，启动涵盖行政、军事、科技、教育、实业领域的全面革新，十年就将日本从贫穷落后行将就木的深渊带入繁荣富强的正轨。

洋务大臣是最开明的封建文官，却也贪污腐败，营私舞弊，只不过“新瓶装旧酒”，治标不治本。一两个人的开化与有为拯救不了大国。没有制度与人性的共鸣，没有千千万万华夏子孙被尊重、被激发，大国崛起不可能实现。

归根到底，封建文官生于封建帝制下，缺乏独立的精神、自由的思想。他们多是儒家门徒，受封建礼教的荼毒最深。他们有旧才、有旧德，能为帝王建功名，为帝王平叛乱，却不能为大国开辟新天地，无法打破封建帝制的枷锁，跳不出历史的藩篱，既不可能打破历史下坠的螺旋，也不可能提出更符合人性、符合时代潮流的社会制度。

封建文官既不可能挑战君权，也无法提出私有产权、债权、知识产权的保护制度。晚清西风东渐，东西分野已无比明显，即使有西方作为先行模范，封建文官也没能完成制度变革和工业革命的使命，遑论数百年前的宋、明！

5. 资本：官商合流

重农抑商：刻舟求剑的传统

数千年的封建历史中，资本的腰杆从来没有直过。

重农抑商，历朝历代一以贯之，仅此一条就预示了封建帝制衰败的命运。

《管子》有言，“士农工商四民者，国之石（柱石）民也”。两千年前在各色人等高低贵贱的秩序中，除了官员就是农民，最末为商人。当时生产力十分有限，人类的吃饭穿衣都倚仗农业，大多数人必须从事农业，否则很多人就要饿肚子。

商人是古时最苦的职业，是人下人。冯梦龙在《喻世明言》中说，

"人生最苦为行商，抛妻弃子离家乡；餐风宿水多劳役，披星戴月时奔忙；水路风波殊未稳，陆程鸡犬惊安寝；平生豪气顿消磨，歌不发声酒不饮；少资利薄多资累，匹非怀璧将为罪；偶染小恙卧床帏，乡关万里书谁寄？一年三载不回程，梦魂颠倒妻儿惊"。一首诗道尽了旧时商人之苦。

商鞅变法规定"事末利及怠而贫者，举以为收孥"，将商人与懒惰、赤贫者并列，直接收监为奴。秦汉颁布七科谪，将商人、曾经的商人、商人之子、商人之孙与犯罪的官吏、亡命之徒和赘婿同列，发配到边疆服兵役。不仅如此，秦朝商贾从军也只能做奴隶兵，在军队中享受最低待遇，吃饭不给菜，攻城要冲锋在前，负土填壕，是十足的炮灰。汉高祖下令，"贾人不得衣丝乘车，重租税以辱之"；汉武帝颁布"算缗令"，对商贾财物及获利征收重税，更颁布"告缗令"，鼓励互相检举揭发，将没收商贾财产的一半奖励给揭发者，一时间商贾人人自危，几乎被一网打尽。

唐朝禁止工商业者乘马，规定商人子弟不能做官、科举，"官人身及同居大功以上亲（同祖父的亲属），自执工商，家传其业者，不得仕"。李白就因为出身商贾之家，即使满腹经纶也不能参加科举。唐中期后国库空虚，经常没收商人财产或征收重税。唐肃宗向江淮蜀汉富商望族征收20%的"率贷"；唐僖宗为填补穷奢极欲导致的亏空，没收长安城东、西两市的商旅钱财充实皇家内库，商人极度不满，愤而向朝廷告状，反被杖杀。宋、元加强禁榷制度，将盐、铁、茶、酒等盈利丰厚的国计民生行业纳入官府专营，直接断绝大批商人的活路。

明清除继续重农抑商之外，还开启了"海禁"。朱元璋下令"禁濒海民不得私出海""敢有私下诸番互市者，必置重法"。明嘉靖三年（1524年）后，朝廷多次颁布禁海律例，制造双桅海船须报官拆毁，违者重罪，"沿海军民私与赋市，其邻舍不举者连坐"。清初为镇压海上抗清力量，颁布禁海令，不许片帆下海，违者按通敌罪论处。后又颁布迁海令，强制沿海居民内迁 2.5 千米，越界立斩，导致原本富饶的 2000 千米海岸线烟火绝迹，海外贸易一时断绝。康熙五十六年（1717 年）再申禁海令，停止与南洋贸易，禁止海船和粮食出口，否则“连船人与卖船人皆立斩”。清朝将有限的海外贸易交由政府控制的广州十三行掌握，规定粮、丝、铁、金、银都不许下海。清朝延续禁榷制度，官府紧握矿产行业，防止商人分利（龚昌菊，2014；周惠懋，2013）。

上述都是载入史册、见诸文字的抑商行为，至于在千年的封建社会中暗无天日的角落，商人还遭遇过哪些艰难困苦和压榨盘剥，无从考证。如果感兴趣，可以读一读老舍先生的《茶馆》，看看梦想实业救国的秦仲义、裕泰茶馆掌柜王利发被敲诈勒索直至被霸占财产的悲惨遭遇，就足以想象在丛林规则的旧社会，工商立足何其艰难。

如果说在科学水平较低的前提下重农抑商有利于社会经济的发展，有利于巩固封建统治，但从宋朝起，农业、铁器、航海等方面的科技进步足以释放更多劳动力从事农业之外的行业，此时重农抑商就严重阻碍了社会的合理分工，也拖了技术进步的后腿。明清两朝正值西欧人航海如火如荼、工业革命酝酿发展的关键时期，“海禁”政策成为导致我国落后于欧洲的罪魁祸首。刻舟求剑哪里是笑话，分明是千年帝国一以贯之的传统。

虽然一直被压迫，商人却很少反抗。商人攒下些瓶瓶罐罐，有所顾忌；不像农民，人数众多，福祸一致，一旦帝王暴敛过度或者风不调雨不顺，大批农民活不下去，无所可依，无所可惜，无所可惧，有人振臂一呼他们就群起响应，豁出去闹革命。

孙悟空只不过在五指山下压了五百年，遇到观音菩萨交给他西天取经的苦差事，就立马死心塌地皈依佛门，感恩戴德；而资本，被封建制度压了两千年，却还在苦苦等待进阶之门。

多元社会：英国资本的进阶之路

我国历史上封建帝制下的商人不像英国的资产阶级，可以摸到参与民主议政的大门。

中世纪的英国虽然也是封建帝王制度，但帝王并不享有至高无上、定于一尊的君权，还有教会和议会分享权力，已经形成多元权力结构。多元权力结构下，各权力中心，尤其是帝王和议会都需争取社会支持以壮大自身权力，客观上给予了新兴阶层和黎民百姓表达诉求的机会，让全社会积淀了根深蒂固的个人意识：无论是谁，上帝也好，帝王也好，议会也罢，其权力都有限，谁也别想控制“我”的全部，永远有一块身心是自己的自留地。这块自留地非常宝贵，“我的茅草屋，风能进，雨能进，国王不能进”的私有产权思想、自由平等的人权思想莫不源于此。

首先，教会与国家、教权与俗权的分化，形成政教二元权力体系。教会掌管信仰和灵魂，国家负责肚皮和双手，帝王不能一手遮天，这与我国封建社会“溥天之下，莫非王土；率土之滨，莫非王臣”（《诗经 · 北山》）的单极权力中心迥然不同。

其次，英国有“习惯法”的古老传统，习惯法并不成文，人们口头相传心之所循，不是任何个人的意志，而是源于人们共同的观念。习惯法的内在特性决定了它只有得到公认才具有权威性，而获得公认的最好方式就是集体判决。9 世纪，英国出现“贤人会议”，由国王召集，通常包括大主教、主教、郡守、修道院长和贵族，讨论王位继承、税收、防务、分封等重大事务，其权威超越国王个人。法令多以贤人会议的名义颁布，即使国王本人颁布的法令，往往也需说明已得到贤人会议的同意。会议议事决策的传统一直延续，其后的贵族会议（Great Council）、御前会议（Curia Regis）、御前扩大会议（Enlarged Curia Regis）、议会莫不源于此传统。

最后，议会与帝王分享世俗政治权力，双方的权力争夺为社会各阶层诉求得到表达和满足创造了空间。首先是大贵族通过斗争，于1258年确立了《牛津条例》，建立了议会制度，获得通过议会参与决策国家大事的权力。从13世纪下半叶到14世纪20年代，在大贵族与皇权斗争的缝隙中，骑士（中小贵族）和市民地位不断上升，不仅成为议会的固定成员，还享有批税和请愿两项重要权力，一举掌握维护自身权利的有力手段。从此，议会涵盖教士、大小贵族和平民三个等级，从大贵族会议转变为等级会议，中世纪等级议会制度正式确立（刘鹏，2012；刘新成，1991）。

由于开放性的多元权力结构，英国社会拥有较高的包容性，通过协商讨论、集体判决以较小代价不断调和社会矛盾，持续容纳社会新生力量，社会进化的速度大大加快，同时实时化解社会矛盾，避免发展到势不两立不得不付诸战争的尖锐程度。人们有争议就去法院裁决，有诉求则通过议会发起请愿，并通过法院、议会或者国王得到反馈，甚至以判决案例或者议会文件作为法律，畅行于全国。

至高无上的封建君权之下，一国的前途命运既取决于帝王是否英明神武，是否勤政善政，还取决于他能否有英明神武、勤政善政的子孙。而在英国开放性的多元权力结构下，社会进步不再取决于一两个人或某个家族的智慧谋略，而是广泛吸纳全社会的智慧成果，包容各阶层的利益诉求。各阶层均可直接上场表达诉求，谁也不用代表谁，谁也不用被代表。

得益于多元结构的包容性，英国诞生了世界上最早的专利法。如果说工业革命是大江大河，专利制度就是大江大河的发源地。工商资本刚萌芽，英国就在1236年敏锐地授予波尔多一个市民色布制作技术十五年垄断权，1449年又授予玻璃工匠约翰彩色玻璃制造法二十年垄断权。

初步的尝试很快得到正向反馈，零星的实践迅速转变为有意识的政策和制度。16 世纪下半叶，在被称为“黄金时代”的伊丽莎白时期，英国开始以专利保护政策吸引外国资本和人才。如果外国生产商使用英国没有的技术，就会得到二十一年的超长专利保护期，于是玻璃、肥皂、丝绸、纸张和矿石开采的新技术、资本和人才滚滚而来。1624 年 5 月 29 日，英格兰议会通过了《专卖法》，这是世界上第一项现代专利制度，成为启发人类创新智慧的最佳催化剂，将人类创新活动从零星偶发逐渐转变为系统性突破，随后一个个石破天惊的伟大发明相继在英国诞生。

我国封建帝制下也有“专利”制度，只不过不利人民，只利官府，这就是禁榷。当地平线走来巨人的幼崽，至高无上的君权要么将其消灭，要么把控独占，而多元权力世界则选择了包容和扶持。

在具有包容性的多元结构下，英国工商资本萌芽之后，很快就成为统治阶级拉拢的对象。先是国王拉拢资产阶级对抗议会，后是资产阶级壮大后掌控议会和新贵族一起反对国王横征暴敛，最后于 1688 年发动光荣革命，以一场不流血的政变完成资产阶级革命，建立保护私有产权、鼓励创新、鼓励工商、君主立宪、民主议政的资本主义制度，为工业革命奠定了制度基础。在这个过程中，连光荣革命也体现了英国社会对内包容的传统，没有废除或斩杀帝王，而是以限制君权的君主立宪保留了皇位。

经过数百年人性与制度的磨合演义，英国终于建立当时最适合的人性、制度与科学的三角组合。从此以后，人性的力量被充分激发，凡夫俗子的奇思妙想可以纲领通行全国的宪章大法，百工匠人的“奇技淫巧”可以点燃工业革命的星星之火，黎民百姓的子弟蛾眉也可以凭借才能高登庙堂，主事唐宁街。千千万万的勇士，你追我赶，推动着人类前进。

不得不说的是，对内的包容绝不意味着对所有百姓的平等，更不意味着对外的仁慈。英国崛起之路的地基下，掩埋着被“圈地运动”剥夺土地的农民、被“黑三角贸易”残害的黑奴，还有毁于英国输华鸦片的千千万万个华夏家庭。大不列颠的崛起是英国人的福音，却是中华民族的苦难。

官商合流：炮灰对炮手的崇敬

既没有胆略像农民那样武装革命，也没有像英国工商资本那样拥有民主议政的接口，我国封建社会的工商资本找到了最污浊的第三条路：官商合流。

马戛尔尼率英国使团游历清朝之后说，“中国人没有宗教，如果说有，那就是做官”。在压迫下生存千年，商人最善于钻营缝隙间的机会，向阻力最小的方向生长，这是封建专制下商贾的生存本能。雨果说，“作为炮灰的人，总是对炮手充满崇敬”。被封建权力压制千年，工商资本对权力有天然的敬畏和向往。一旦富裕起来，商人就将目光投向了权力。商人的权力之路有两条：官商勾结与科举考试。

官商勾结的巅峰非清朝时晋商莫属。1900 年，八国联军攻破北京，慈禧、光绪和王公大臣仓皇西遁，在山西落脚的行宫不是官府大院，而是祁县大德通票号老东家的乔家大院。乔家能独享孝敬老佛爷的“殊荣”，得益于乔家大德通票号大掌柜高钰在清朝政府高层的多年经营。慈禧刚刚决定逃跑，内阁大学士、内务总管桂春就给密友高钰发出一封加急密信，“銮舆定于初八日启程，路至祁县，特此奉闻，拟到时趋叩不尽”。

乔家将“接待就是生产力”发挥到极致，穷尽奢华地伺候清朝的最高权贵。慈禧非常满意，回京后不仅将官饷汇兑业务交给大德通票号，而且把庚子赔款近 10 亿两白银的汇兑交由票号，如各省财政困难则向票号申请贷款。大德通票号多年投资清朝权贵终于获得巨大回报，从此走向巅峰。

山西票号擅于金钱开道，在清朝官场手眼通天，有呼风唤雨的能量。

当年，袁世凯想拜见李鸿章，却苦无门路，最后通过三晋源票号的关系，在票号账房中得以拜见李鸿章，从此飞黄腾达。大德通票号大掌柜高钰布下的权贵大网，不仅涵盖内务总管桂春，还有历任山西巡抚赵尔巽、岑春煊、丁宝铨和九门提督马玉锟。大德通票号的分号跟随赵尔巽一路走南闯北，开到四川、黑龙江、北京等地。其他票号莫不如此，乔家另一家票号大德恒与湖广总督端方、蔚泰厚票号与江苏地方官王锡九、蔚盛长票号与庆亲王、百川通票号和协同庆票号与湖广总督张之洞、三晋源票号与两广总督岑春煊、日升昌票号与历任粤海关监督、庆亲王、伦贝子、振贝子和赵舒翘等达官贵人都有深厚关联。

除了暗通权贵，商贾还直接渗透官僚集团。宋朝开始，官府允许商贾之家科举入仕。古人享受不到公办学校和义务教育，经年累月读书备考所需的笔墨纸砚、书本、粮草开支不小，除了权贵，只有地主和商人有财力支撑子弟读书。清代沈垚说，“非父兄先营事业于前，子弟即无由读书以致身通显。是故古者四民分，后世四民不分。古者士之子恒为士，后世商之子方能为士。此宋、元、明以来变迁之大较也”。宋朝之后，商贾子弟成为科举入仕的主力军。晚明时期，商人后裔占进士和举人总数的 3/4 以上；明清两代共考取进士 51000 人，其中商业最为兴旺的江南地区有 7800 余人，约占 1/6，绝大部分是商业富户的子弟（张宇燕，2005）。

官商合流形成大大小小的利益山头，雷打不动，水泼不进。工商资本通过家族子弟科举入仕、贿赂、买官等方式与封建官员密切绑定，官员对商人的财产给予保护，帮助工商资本逃税漏税、打击对手、垄断经营。费孝通教授对官商合流的洞见入木三分，他发现封建官僚保护伞下的亲亲戚戚和工商资本成为中国古代社会特有的“法律所不及的区域”（张宇燕，2005；费孝通，1998）。

外部资本想进，固然进不来，就连帝王想征税，也征不到。宋神宗熙宁年间赋税总收入7070万贯①，农业税以外的工商市舶等杂税为4911万贯，占70%；关于市舶税，高宗赵构曾说，“市舶之利最厚，若措置得宜，所得动以百万计”。明朝国土面积更大，人口更多，工商业更发达，可明朝多数年份的工商税收也就300多万两白银，其中市舶税不到10万两。明末每年财政收入为3700万两白银，其中田赋总计约2100万两、役银1000多万两、盐课200万两、杂色项目400万两，其中向长途贩运的大商人和海商征收的钞关税和番舶抽分（列入杂色项目）分别为34万两和7万两，两项总和仅占全国总收入的1.1%，约为土地收入的1/90（黄仁宇，2001；张宇燕，2005）。究其原因，一来明朝商税本来就低，二来官商合流导致逃税漏税极为严重。《泾林续记》曾记载，海上贸易的商人“其报官纳税者，不过十之一二”。

在封建社会，官商合流是必然。在理想状态下，官员获得封建帝王的授权，作为帝王家的职业经理人，在所辖区域或领域内分享君权，调配人力、物力，绩效目标是巩固帝王统治；商人掌握资本，你情我愿，平等交易，成本更低、效率更高者胜出，目标是赚取利润。但封建社会是武力威慑下的人治，帝王治天下，官员治地方，层层授权，为人性的张弛留下巨大空间。

当人性失去制度的栅栏，为公还是为私，大我还是小我，正邪善恶，全在一念之间。于是人性与封建帝制耦合，官商合流，权力与资本完美联姻。封建权力成为资本的保护伞，为资本提供庇护，甚至护佑资本垄断经营；资本则成为封建权力的“白手套”，担当权力变现的“马前卒”。封建官员的自我绩效目标增加了额外的自我利益，资本也不再以最低成本、最高效率、最优质量为竞争手段，公平等价原则被打破，资本转而攀附权力，直接寻租权力垄断经营，攫取社会财富。

① 1贯约1两白银。

让资本意想不到的是，它们选择的平坦之路，正是最难行的旅途。

合流之殇：平坦之路最难行

诺贝尔经济学奖得主哈耶克曾把社会分成两种类型：有了钱才有权的社会，以及有了权才有钱的社会，而中国封建社会无疑是后一种。封建帝制之下，商人积累了万贯家产，却并不掌握权力，家产随时可能被权力掠夺，内心十分焦虑。

一穷二白的时候，人们无所畏惧，说走就走，说干就干，失去的只是锁链，得到的却是全世界。可当有家有产，人们的牵挂就多起来，父母老婆孩子，房产田产家业，前途与命运，生前身后事，个人与天下，有了财富也有了羁绊和枷锁。

因而“四民之末”的商人最软弱，在封建帝制的丛林，谁都可以咬一口。诸侯、藩镇、军阀、官僚时时刻刻在巡视领地，择肥而噬是本能。在封建社会这片人治的丛林，没有规则可言，面对资本的崛起，养肥还是吞噬，只在它们一念之间。

资本的最大诉求是产权保护，希望能以法律的威严保护财产。但封建帝王最看重的是生杀予夺的大权，任意攫取财富是君权的根基。产权保护制度的建立意味着君权的极大削弱，是名副其实的与虎谋皮，是革帝王之命，帝王当然要动用天下兵马誓死镇压。削弱君权、谋求建立产权保护制度，是九死一生的买卖，风险太高，收益太小，满身羁绊的资本远远没到走投无路的时候，他们不可能豁出去走上这条不归路。

资本最有办法，它们能在残酷的封建丛林延续千年而不绝，自有其生存法则。五指山下千年修炼，资本早已练就柔软的身段，早已无眉可摧、无腰堪折。封建社会的资源配置有两个中心，一是权力，二是金钱。资本已经掌握金钱，距离权力只是一步之遥。既然封建社会无法可言，资本当然不会寻求并不存在的法律保护，更不会冒着九死一生的风险与虎谋皮新建产权保护制度，既然封建权贵人治天下，那就事权贵，做权贵。

大资本乔家票号可以攀上慈禧，胡雪岩可以官居二品，赏穿黄马褂；在偏远之地，天高皇帝远，王法不能及，资本就攀附当地的土皇帝、青天大老爷、诸侯、父母官。

官商合流是封建人治社会中商人的最优选择，阻力最小、成本最低，风险最小、收益最大，但却是中华民族最次的选择，华夏子孙为此付出了惨痛的代价：封建帝制因此难以内生产权保护、专利保护等制度，也彻底断绝了英国式资本主义的自然演变之路。在封建帝制的强力扭曲下，局部最优，绝非整体最优。

官商合流之下，大国市场被分割得七零八落，原本的大江大河被官商截流成涓涓细流。大江大河能生蛟龙，涓涓细流只长泥鳅。资本获得了封建权力的保护，同时也被套上“紧箍咒”，长不大、散而小。

资本原可以承担制度改进的使命，但现在官商已然合流，资本投入封建权力的怀抱。工商资本化身权力资本，成为输入封建制度的“新鲜血液”。一旦商人攀上权力，就会极力维护封建制度，毫无革新动力，因为一旦毁灭封建制度，资本就再也不能享有旧制度的特权。封建帝制有了资本的新鲜血液，更加强大，更加稳固。封建帝制少了一个对抗力量，多了一个得力帮凶。利益格局如同大山，山不崩、地不裂就不可能改变。在漫长的历史长河中，封建帝制一次次同化入侵的文明，然后又同化新生的资本。封建帝制如同一潭臭水，秽物在其中发酵膨胀，生命在其中窒息湮灭。

官商合流之下，原本被封建帝制踩在脚下的资本，搭上权力的战车，在中华民族的躯体上纵横驰骋。资本曾是封建帝制的受害者，曾是被寄予厚望的拯救者，而合流后资本借助封建权力坐享局部垄断之利，不再醉心于改进效率、创新技术。中华民族少了一份前进的动力，多了一个骑在头上作威作福的群体。

在封建权力笼罩之下，技术创新格外艰辛。在中华民族等待的八百年时光里，或许有一个甚至好几个划时代的奇思妙想，构思过万有引力，尝试过蒸汽机，甚至改进过大炮、火箭，但又能怎样呢？没有规模化生产，没有民间智慧的发现机制，没有醉心于技术革新的资本，这些天才幻想有何用？奇技淫巧罢了。

永远是搭便车的人多，推车的人少；寻求最小阻力残喘苟活的人多，愚公移山敢教日月换新天的人少；追求个人利益最大化的人多，追求整体利益最大化的人少。所以官商合流，所以再三被辱，所以中华民族八百年苦等。

但中华民族到底是幸运的，再黑暗，再危险，再九死一生，也总会有一群人挺身而出，他们无畏生死，无畏强权，不走平坦路，却朝向崎岖、朝向艰险逆向而行，他们是时代的逆行英雄。正是他们，发起戊戌变法、辛亥革命，建立统一战线，浴血抗日，解放全中国，保家卫国，解放思想，改革开放，开辟新时代……

6. 帝制：野性的皇城

“窝里横”的帝制

纵向来看，清朝不算特别腐朽昏庸的朝代。

乾隆、康熙是难得一见开启盛世的明君，且清朝没出现过太监专权。即使是祸国殃民、荒淫无度的慈禧在历代统治者中也不算特别昏庸无能，甚至算得上其中的明白人，她启用一大批治世能臣，支持过洋务运动、戊戌变法（尽管后来又被慈禧镇压），发起晚清新政，鼓励工商预备立宪，在历代统治者中算得上具有革新精神。临死之际，慈禧遗言：“此后，女人不可预闻国政。此与本朝家法相违，必须严加限制。尤须严防，不得令太监擅权。明末之事，可为殷鉴！”足以说明她对自己祸乱社稷之事，心知肚明。

清朝更是名臣辈出，早中期有多尔衮、鳌拜、张廷玉、年羹尧、纪晓岚，尤其难能可贵的是，即使晚清日落西山，也仍然涌现一大批栋梁之材，林则徐、曾国藩、胡林翼、左宗棠、李鸿章、张之洞都是史所罕见的治世能臣。

但横向一比，清朝又成了一曲中华民族大哭无声的悲歌。被英国打，被法国打，被八国联军打，被俄国打，甚至被日本打，中华民族遭受了五千年来最深重的屈辱。

两百年中华之败，是封建制度之祸。不昏的帝王、治世的能臣都无力挽救腐朽的封建制度，一个民族既需要英雄的英明神武，也需要千千万万人的智慧。

封建制度是帝王术与奴性文化的产物。封建制度的目标是维护帝王家千秋万代的统治，彻底压制底层使之不得翻身，国家和民族并不是其考虑重点，自然就刀锋向内，“窝里斗”战力十分强悍。三纲五常、三从四德、尊卑贵贱，一整套封建礼教被推崇为社会行为规范，就像一座座大山不知不觉压在每个华夏子孙心头。杀人诛心，奴化俘魂。如有不主动接受奴化，非要挺起脊梁的，帝王就大开杀戒。

哪怕岳飞精忠报国，为帝王家驱除胡虏，也可以编织莫须有罪名被诛杀，更不用说韩信、周亚夫、李善长、蓝玉、年羹尧、鳌拜功高震主，却不知进退，既不急流勇退，也不恭让自全，最终落个兔死狗烹的下场。农民起义此起彼伏，关外后金如狼似虎，崇祯还在大肆斩杀文臣武将，“大明最后的长城”袁崇焕被 3543 刀凌迟处死，英雄的肉被他誓死保卫的百姓哄抢生食；即使须臾之间就要被清朝斩草除根，南明也一样无休止地内耗，“内斗就要亡国，亡国也要内斗”；慈禧临死前一天全然不顾内忧外患，冒着亡国的危险，也要毒死正当壮年、锐意革新的光绪，将大位传给不到 3 岁的溥仪。

君权不亡，平等不生；平等不生，内斗不止。至高无上的封建君权，决定了层层踩踏的封建秩序，早已注定内斗生生不息的宿命。

封建权力容忍弱者，敌视强者。弱者可以任其驱使，壮其江山；强者却可能造反称王，夺其大位。封建王朝起初还能出几个人物，然后就不断下坠，任小人，用太监，杀贤良，屠功臣，一代不如一代，一朝更比一朝弱。公正平等的自由竞争中，优胜劣汰，人才辈出；封建权力的屠刀之下，唯有奴才才能苟活，黄钟毁弃，恶劣当权。在封建的丛林，善者被奴役、被驱使，仁者被利用、被屠戮，恶者庙堂高座、斧剁汗青。

君权之下，古人太难，不建功名则壮志难酬，功劳太大则帝王忌惮；唯唯诺诺、唯上是从则无王佐之才，有主见、有风骨则被视为以下犯上、跪姿不好，早晚引颈就戮。历经千年奴化和杀戮的洗礼，当奴才则生，不当奴才则死。不从内部革新制度，遑论启蒙工业革命。千年封建笼罩之下，有多少志不能申的“三十年收拾中原人”？

封建制度有两个致命死穴，一是底层黎民，二是外部力量。当黎民百姓生如草芥也不得时，就会爆发惊天动地的能量，打破一个旧世界，但可惜他们无法建立一个新世界。刘邦出身编户农民，朱元璋当过乞丐，李自成小时候给地主放羊，洪秀全生于耕读世家，即使功成称王称霸，也无法改变封建制度。

面对外部挑战，“窝里横”的封建制度则力不从心。中原文化兴盛，技术先进，人口众多，却多次被文化技术落后、人口稀少的民族所征服。宋朝打不过金（晚期才联合蒙古灭金），更打不过蒙古。明朝国力很强大，经济占全球总量的1/3，国际贸易流入的白银约占全球白银产量的一半，却没有开辟大航海时代成为全球大国，而同期资源禀赋、起始国力明显更差的西班牙、葡萄牙、荷兰却凭借我们发明的火药与指南针成为全球霸主。中原地广人多，却敌不过刚刚从野蛮的奴隶社会进入封建社会的后金。

面对略有组织的外部力量，中原封建制度就力有不逮。制度劣势并非始于1840年鸦片战争，当商品经济与技术水平发展到宋代，工业革命已经具备硬件却迟迟未能发生时，制度对社会经济的拖累就已经显现。以封建之制对抗金、蒙和后金已然溃败，遑论已经进阶到工业文明的西方列强。

并非每条历史小路都可以通向康庄大道，历史也会走进死胡同。制度一旦建立，无论多么腐朽，都会形成庞大的受益群体，此群体受制度庇佑发展壮大后又反哺制度，成为制度最大的拥趸，与制度互相强化，形成强大的惯性。帝王、太监、皇亲国戚、文官、地主都是封建帝制的受益者和衷心拥护者，誓死捍卫封建帝制；农民反对统治阶级，但不反对封建帝制，浴血奋战打倒帝王，只为拥立新帝王，自己跻身骑人阶层；孤独的工商资本，在夹缝中苟延残喘，只能选择与封建权力握手言和。

千年的封建帝制，因为异常稳固而延续了中华文明，也因为异常僵化而找不到通向光明的突破口，不得不承受外来工业文明的毒打。封建帝制是一座封闭的死亡之城，中华民族被困其中，找不到出路；在压迫与反抗、倾轧与反倾轧、内斗与再内斗中，智慧与努力尽皆耗散，中华民族丧失了前进的动能。

梁启超一针见血，再温习一下他的洞察：“长期残忍地压制人民，使人民变成奴才，让人民的脊梁已经弯曲，而在面临外敌入侵、大乱当头之际，又指望人民在自己面前仍弯着腰当奴才，而在外敌面前直起腰来反抗，这不是白日做梦是什么?”当奴才遍地，当勇气被屠戮殆尽，民族也就了无希望了。

野性的皇城

挨过权力的屠刀，才明白制度的可贵。封建帝制的本质，是武力震慑下的人治，是人性的丛林。制度是野性的牢笼，也是人性的护城河，没有制度的约束和保障，人性中野性的遗存就会疯狂蔓延。

在至高无上的君权面前，毫无规则可言，每个人都瑟瑟发抖，从帝王到黎民，无不是砧板上的鱼肉，一不小心就横遭杀戮。绝对的君权是一把“双刃剑”，杀民也杀君，强国也败国。绝对的君权就是一把屠刀，谁握住刀柄，谁就至高无上、生杀予夺；谁颈项架刀，谁就不得不下跪臣服。风平浪静之下，人性的力量波涛汹涌，这就是两千年的帝制。帝王、皇亲国戚、文官、商人、黎民其实都和太监一样，被阉割了勇气，被封在高耸的皇城，逃不出去。

去宝座之帝王易，去心头之帝王难。数千年被统治、被奴役，痕迹早已深入血脉，帝王不仅坐在王座上，也深埋在华夏子孙的心里，充当炮灰之人总是对炮手充满崇敬。一头从小被铁链拴住的大象，有智慧，有力量，却一辈子挣脱不开铁链的束缚，历史的记忆与浑身的创伤让它彻底丧失了与命运抗争的勇气和意志。辛亥革命之后，袁世凯窃国复辟；袁世凯归西之后，清朝遗老“辫帅”张勋拥溥仪卷土重来；张勋被讨逆之后，北洋军阀与国民党轮流独裁。直到新中国成立，人民当家做主，采取人民民主专政制度，才真正打碎华夏子孙心中的帝王宝座。

见识了封建帝王集权统治的黑暗、荒唐，再回头体会杨朱看似冷酷无情的主张，才明白他的良苦用心：“损一毫利天下，不与也；悉天下奉一身，不取也。人人不损一毫，人人不利天下，天下治矣。”“夫善治外者，物未必治，而身交苦；善治内者，物未必乱，而性交逸。以若之治外，其法可暂行于一国，未合于人心；以我之治内，可推之于天下，君臣之道息矣。”可惜，千年历史的演义，辜负了他的洞察。

一个民族，如果一群人骑在另一群人头上，这个民族是飞奔不起来的。千年帝制下，中华民族早已被人骑人的内耗压弯了腰。骑人之人盘算着如何永远骑下去，断然无心下地自己走；被骑之人负重弯腰，有心无力走不动，不仅要考虑如何走得更快，更要考虑如何摆脱被人骑的悲催命运，甚至还盘算着努力骑到别人头上去。

人性与制度残酷内耗的民族，没有光明。人类必须以制度的铁面，抑制内耗，保障公平，鼓励优胜，扶助困苦。人类应该也必须找到更好的相处之道，摒弃绝对的帝王权力，杜绝骑人之道，和平共处，共同协商，谁也不欺负谁，谁也不奢望谁，谁也不比谁卑贱，谁也不比谁高贵，不强迫谁做奴才，也不指望谁做圣人，以体系的力量去扶助困苦，以制度的威严去保护每个人的权益，每个人都能尽情释放光和热，只有这样才能共同照亮人类的未来。

唯有大自在，能得大智慧。一个自在的民族，方能轻松前行。

人性、制度与科学，主宰人类社会的演义。工业革命前，技术进步十分缓慢，社会物质匮乏，人类之间基本是零和博弈，内斗十分残酷，“朱门酒肉臭，路有冻死骨”。社会内耗十分严重，人性与帝制在台前惨烈厮杀，科学是千年演变的幕后主宰。工业革命后，人类社会进入增量时代，部分国家率先缓和社会内耗，消灭至高无上的君权，以制度的铁面释放人性的力量，获得自由的人类创造力被充分激发，科学一跃成为主角，制度从君王的统治工具转变为人类权益的保障和行为规则，人性、制度与科学开始形成良性互动，资本积累日益丰厚，物质财富快速增长。

历史，是人性、制度与科学浇筑的寓言。

今人不会比古人愚笨，也绝不会比古人聪明；不会比古人卑劣，也绝不会比古人高尚。太阳底下，并无新事。未来，人性、制度与科学还将继续演绎，哪个民族能更好地缓和社会内耗和零和博弈，更好地构建人与人包容和谐的相处之道，更好地将人性的力量引向创新与科学，谁就能开创历史。

荣辱兴衰已成往事，千年历史已付流水。最深重的苦难，最窝心的屈辱，最惨痛的代价，都已经过去了。一代代伟人，一代代普通人前赴后继，耗时百年，终于消灭千年的封建君权，走出历史下坠的螺旋，完成千古之一役。邓小平同志带领我们开启改革开放，提出“解放思想，实事求是”，倡导“实践是检验真理的唯一标准”，鸣时代之大音，和平稳定地实现大国经济制度的换骨之变，其智慧，其胸襟，其视野，上下五千年得此一人，中华幸哉。

历经夜晚之黑，方懂白日之明。

历经昨日之辱，方惜今日之福。

第四章

中华起飞：

复兴的号角

我们穷了几千年了，是时候了，不能再等了。

——邓小平同志南方谈话

龙泉

龙泉吟干云

幽兰立昆仑

清风待明月

生死一乾坤

光明终将冲破黑暗，普照大地。

一百多年前，李鸿章目睹“轮船电报之速，瞬息千里！军器机事之精，工力百倍！炮弹所到，无坚不摧”，不禁感慨“数千年来未有之变局”，中华民族遇到“数千年来未有之强敌”。李鸿章判断准确，可惜大厦将倾，独木难支。个体清醒，哪怕人杰如李鸿章，也难以挽救病入膏肓的民族百年沉沦；只有集体觉醒，只只鹦鹉都入水濡羽，才能扑灭山中大火，推动大国复兴。

美国沿着“五月花”号的航向崛起，这当然不是唯一的正确航向，美国倡导的“华盛顿共识”绝非大国崛起的不二法门。苏联崛起又陨落了，一衣带水的日本崛起了，千年邻居韩国、同宗同族的新加坡甚至中国台湾、中国香港也成为亚洲“四小龙”。千年来一直学习中国、模仿中国的日本，在沦为殖民地的危急关头发起明治维新，短短三十年彻底摆脱民族危机，跻身列强之一。韩国经历几千年苦难，在二战和朝鲜战争的废墟上拔地而起，以5200万人口跻身全球经济十强。

大国崛起的共因到底是什么？复盘他们的崛起之路，我们可以借鉴什么？是统一强大的政权、畅通无阻的市场机制、优质普惠的教育，还是高效的研发、发达的金融体系？简单模仿它们，最多只能望其项背，怎样才能走出中华民族自己的道路，实现超越？

我相信，在过去数百年中，在奔腾的列车上，在颠簸的海轮上，在白骨累累的沙场上，在墨香弥漫的书房里，在登高望远的高山之巅，在幽静寂寞的寒江孤舟，先贤已经一遍又一遍地思考过上述命题，但我还是忍不住一遍又一遍去回顾、去复盘、去反刍。

过去几百年，热闹是他们的；我们的，尽是屈辱与抗争。如果不是中华民族五千多年文明的积淀，如果不是我们中间还有那些压不垮的脊梁，如果不是那些与我们一样“地命海心”的人哪怕把血流干也要舍命寻找光明，很有可能我们在进入工业文明的前夜就灭绝了。

1949 年，我们宣告“中国人民从此站起来了”，才终结屈辱与血泪。我们埋头苦干，我们苦苦摸索，我们心急求胜，我们经历浩劫，我们“摸着石头过河”。我们勒紧裤腰带，流血流汗，筑红旗渠、建大庆、射卫星、爆“两弹”、兴大坝；我们沐春风，引活水，开深圳，兴浦东，入 WTO，复兴“一带一路”……

祖辈、父辈、我们，一代又一代，就像人梯一样，踩在前辈的肩膀上，又努力铸造自己的肩膀，好让子辈踩得更稳、更安心。我们累吗？我们挺累。我们苦吗？我们挺苦。我们也乐，也幸福。

苦心人，天不负。今天，轮到中国上场了。往者不可谏，来者犹可追。来都来了，就要复兴。

（一）伟大的史诗：绽放的本能

为天下干，靠觉悟；为自己干，是本能。

过去四十多年中华民族发生惊天巨变，创造了人类历史上最大规模的现代化，亿万人用辛勤的汗水谱写了一部伟大的史诗。

1. 中国式起飞

拉开史诗序幕的是安徽省滁州市小岗村的“托孤生死书”。1978 年 11 月，18 位村民“冒天下之大不韪”，按下血红手印约定分田到户，领头村干部默默做好了坐牢准备，社员则保证把他们的孩子抚养到 18 岁。“交够国家的，留够集体的，剩下都是自己的。”分配原则简单明了，彻底激发出大家的干劲。

平地一声春雷，震破寒冬的层层冰封，我们终于走进久违的春天。小岗村改革是我国改革开放第一枪，立下首功。1979 年 10 月，小岗村稻场上金浪滚滚，当年粮食产量达 66 吨，是 1966 年到 1970 年粮食产量的总和。

为天下干，靠觉悟；为自己干，是本能。

包产到户一举改变了粮不足食、布不足衣的局面，是了不起的成就。千百年来，我们丰衣足食的年代不多。吃饱饭之前，饥饿时时刻刻主宰人们的心智，眼界越不过一亩三分地，足迹走不出村西头。解决温饱腾出劳力，把心智从饥饿中解放出来，让更多人可顺从心愿从事研发、制造或是艺术，为社会全面发展奠定基础。

改革开放的序幕就此拉开。1978 年底，我们全面启动改革开放，古老的中华民族终于缓缓转身，睁眼看世界，开启新征程。我们先在广东、福建实行“特殊政策、灵活措施”，并设立深圳、珠海、厦门、汕头经济特区，冰封的神州大地终于解冻。

此时我们的工业资本和基础设施都很薄弱，百废待兴，经济发展尤其缺乏资本，怎么办？除了内生资本积累，还有对外开放，吸引外国直接投资。外国直接投资，带来的不是虚拟资本，而是实实在在的机器设备等实物资本，更重要的是带来了技术、管理方法和理念。彼时外企最具光环，薪酬高、待遇好，无比光鲜。外向型经济逐步发展起来，来料加工产品出口，服务国际市场。这本质上与农民工外出打工出卖劳动力养家糊口类似，只不过后者不用走出国门。

在此过程中，我们积累了技术、管理经验，储备了外汇。有了外汇，就可以向国外购买机器设备、生产线、技术和原材料。制造业逐渐腾飞，同时我们优化改进机器设备，装备工业也逐步发展起来。

高等教育大踏步发展，大批农民子弟进入大学进而落户城市，同时我们逐渐富裕，希望改善住房条件，再叠加大量农民工入城务工，城市扩容需求凸显。于是我国启动全球最大规模的基础设施建设和城镇化，修路架桥，修建住宅，水泥、钢铁、玻璃、建筑施工、工程机械等基础设施和房地产产业链应运而生。

2001 年底，我国加入 WTO，融入全球经济，经济发展进一步提速，国力迅速提升。我国在核电站、智能手机、电动汽车、新能源电池、高铁、风能、太阳能等诸多行业进入全球第一梯队。互联网兴起，我国从搜狐、新浪时代的亦步亦趋，到百度、阿里、腾讯时代紧随潮流，到支付宝、微信、抖音独具特色，到人工智能、5G 时代与美国并驾齐驱，甚至有所超越。

我国经济发展之路大抵如此。过去几十年，几乎就是一部人类从农业社会到信息社会的浓缩发展史：山河凋敝，百业待兴，人们面朝黄土背朝天，劳作一辈子却填不饱肚皮，但我们勒紧裤腰带搞出“两弹一星”，挖出红旗渠，研制出杂交水稻，提升了人均寿命，建立了门类齐全的工业体系；包产到户激发活力，农业效率大幅提升，终于实现温饱；改革开放引入活水，资本和理念从全球流向深圳、上海等东部沿海，外向型经济快速崛起，兴起打工潮；大学扩招，每年千万学子走出大学落户城市，大规模城镇化拉开帷幕；基础设施建设如火如荼，山川面貌日新月异；加入 WTO

推动古老民族快速融入世界，新兴产业快速崛起，经济发展一日千里。

2. 起飞动力

改革开放四十余年，我国 GDP 增长 33.5 倍，年均增长 9.5%，毫无争议全球第一，堪称人类发展史的奇迹。到底是什么力量驱动我国经济长期持续发展呢?

毫无疑问，特色的渐进式改革是首要的。一场经济制度石破天惊的换骨之变，以润物细无声的方式平稳推进，波澜壮阔却又风平浪静。改革的渐进式推进不仅把我们带向了繁荣富强，还为华夏子孙避免了一场可能的社会动荡。我们应该感谢改革的设计者、推动者、参与者，其智慧、勇气、胸襟上下五千年无出其右。

其次，市场机制功不可没。改革开放逐步建立市场机制，为劳力、资本、技术、观念松绑，将人性的力量从计划经济的压抑中释放出来。冰封已久的大河一解冻，就焕发出惊人的活力。社会主义市场经济时时刻刻都在优胜劣汰，只有成本最低、质量最好、品牌力最强的才能存活，竞争压力逼迫市场主体永不停歇改进工艺、提升效率。市场从不养懒汉，贪图安逸之辈难有立足之地；市场也从不辜负苦心之人，付出终有回报。管理、技术、流程、成本的改进，都会得到市场最大限度的奖励，获得丰厚的经济回报。我们不断改革，其实就是在不断完善社会主义市场经济体制，只要改革在持续，红利就不断释放。

再者是资本流入和技术转移。改革开放之初，我们机械化尚未完成，而世界已经进入以信息化为代表的第三次工业革命。我们没必要重新发明车轮，充分利用“后发优势”，积极引进技术就是最好的选择。邓小平同志说，“任何一个民族，一个国家，都要学习别的民族、别的国家的长处，学习人家的先进科学技术”。我们是后发国家，要想快速追上，就必须充分利用后发优势最大限度学习前人成果，少走弯路。于是我们制定吸引外资的优惠政策，以市场换技术，敞开大门欢迎外国直接投资；我们市场巨大，劳动力便宜，国外资本嗅觉灵敏，闻着利润的香味滚滚而来。我们在学中干、在干中学，迅速缩小技术差距。

当然，我们的崛起，归根结底还是靠中华民族不怕苦、不怕累的奋斗精神。国家发展是分阶段的，在一穷二白的初级阶段，一缺资本，二缺技术，唯一丰富可用的就是劳动力。2006 年我在阿尔及利亚，一位当地朋友指着一处工地很疑惑地问我，工地上的中国人是囚犯吗？我说不是啊，为什么这么问？她说，不是囚犯，他们为什么这么拼命工作？她不知道，在遥远的东方，14 亿中国人早已习以为常。五千年来，中华民族就是这般辛勤劳作，耕田浇水，采桑织布，修万里长城，开凿大运河，筑红旗渠，筑三峡大坝……传承着文明。

这是一个火热的年代，一个神奇的年代，一个英雄辈出的年代。我们脚下每一寸土地都浸染着前辈的汗水，我们坐享的每一份便利都凝聚着前辈的智慧。千千万万的人走进历史，凭借智慧、胆略与汗水在历史上留下名字，掀起一波又一波财富浪潮，汇成一部回荡千秋的史诗。

（二）财富的浪潮：微尘与高山

人的命运靠政策，有政策，我的命运还是好的。

“清华北大，不如胆大”，首富巨贾如是说。君子爱财，取之有道，道即胆识。在改革开放前期，“胆识”的侧重点在于“胆”。

改革开放四十多年，我国掀起五波超级致富潮，一代代巨富踩着时代的浪潮，成就一个个传奇。朗朗日月，滚滚长江，眼看朱门折戟，见证草莽封神，一时英雄辈出，波澜壮阔。

时代的一粒微尘，落到个人脚下，就是一座高山。

1. 双轨制：中国智慧的创举

第一波财富浪潮是双轨制。

何为双轨制？新中国成立后我国实行计划经济，改革开放后实行社会主义市场经济，为了保证两者平稳过渡，我国开创性实施渐进式增量改革，体制内保留计划经济，由政府指导定价；体制外增量部分实行社会主义市场经济，价格由市场供需决定，这就是双轨制。双轨制是一个伟大的创举，波平浪静之间我国制度、思想、文化、经济完成了脱胎换骨的变革。

市场与计划共生、碰撞，催生出时代特有的致富机会。一类人活跃在计划与市场之间，连接体制内外，推动计划经济与社会主义市场经济接轨，并在此过程中实现资本积累，成为第一代富豪。

当然这个过程中难免会滋生权力寻租和腐败贪污，但别无他法，这是经济制度转型的必然代价，从某种意义上说，这是成本最小的代价。历史上此类规模的制度变迁往往是一场社会动荡甚至武装革命，对比苏联解体和东欧剧变后的凋敝，就知道我们多么幸运。

2. 早起的虫子：跌宕的时代先驱

第二波财富浪潮是“傻子瓜子”年广久们。

社会主义市场经济初期，百业待兴，遍地都是机会，满街都是黄金。机会风驰电掣般飞来，又像条泥鳅般滑溜溜不见；黄金混迹于尘土之中，人们拿起捏捏又顺手扔掉，仰天长叹，哀怨生不逢时。但有一群人从泥巴田埂上飞奔而来，跨过沟渠，一脸无畏立在潮头，抢在人先一把将市场大潮揽在怀里，头也不回闯入历史。年广久就是其中一员。

年广久，1937 年出生，自幼流离失所，随父逃荒要饭到芜湖，9 岁起就跟随父亲沿街叫卖，诚信经营童叟无欺，人称“小傻子”。1963 年，小贩年广久因投机倒把罪被判处有期徒刑 1 年。出狱后年广久重操旧业，开始炒瓜子。1966 年，年广久成为芜湖“个体户走资本主义道路”的典型，被关 20 多天。他晚上干一夜炒几百斤瓜子，一大早分包包好，趁着中午、晚上人们下班时间偷偷售卖。到 1976 年，年广久赚到 100 万元，当时 1 角钱足以买一家五口吃的蔬菜，100 万元可谓是一笔巨额财富。

党的十一届三中全会前夕，年广久的小作坊发展成 100 多人的大工厂，但当时社会上流传着一个不成文的说法，“雇工 20 人以上就是资本家，就是犯法”。安徽省委调查年广久后，上报中央。

当时的中国已有千千万万个“傻子”。10 万个个体工商户刚刚开业，雇工数量是否应该限制，能不能超过 8 个还是 20 个，已经不是一个抽象的理论问题，而是实际难题。广东省高要县农民陈志雄雇用临时工 100 个，广州高德良创办“周生记太爷鸡”雇工 6 个，全国一大批个体户雇工有十几个、二十几个……

1984 年 10 月 22 日，邓小平同志在中央顾问委员会第三次全体会议上说：“前些时候那个雇工问题相当震动呀，大家担心得不得了。我的意思是放两年再看。那个能影响我们的大局吗？如果你一动，群众就说政策变了，人心就不安了。让‘傻子瓜子’经营一段，怕什么？怕伤害了社会主义吗？”

邓小平同志一锤定音，雇工问题迎刃而解。从此民营经济一日千里，汇成左右时代的滔滔江河。

1989 年底，年广久再次被查，两年后以流氓罪被判处有期徒刑 3 年缓刑 3 年。1992 年邓小平同志发表南方谈话，年广久人在坐牢心没坐牢，让人在深圳拉横幅欢迎邓小平同志：“傻子欢迎邓小平到深圳视察。”邓小平同志曾说，“农村改革初期，安徽出了个‘傻子问题’，当时许多人不舒服，说他赚了一百万，主张动他。我说不能动，一动人们就会说政策变了，得不偿失”。[①] 1992 年，年广久无罪释放。

2018 年 10 月 24 日，全国工商联发布《改革开放 40 年百名杰出民营企业家名单》，年广久与任正非、柳传志、马云、马化腾、李彦宏、雷军、陶华碧、刘永好等同列其中。

3. 企业改制：点石成金的人性

第三波财富浪潮是企业改制。

改革之初放眼望去，大到炼钢铁、采石油，小到柴米油盐，都是国有企业、集体企业。“大锅饭”机制下干活没动力，企业效益普遍不好，亏损居多。部分有胆识的，冒险承包或者买断国有企业，这些人中大部分就是国有企业的经营者，有管理经验、有头脑。企业在全民所有制时巨额亏损，转到个人手中机制一变马上就点石成金扭亏为盈。这些有胆有识的人快速收获人生“第一桶金”，从彻底的无产者摇身一变成为企业家，站在时代潮头。随着我国经济突飞猛进，企业逐步发展壮大，后来 IPO 上市造就一大批亿万富翁。

企业改制持续时间很长，形式也不断演变。最开始是承包经营，后来是管理层收购，再后来是直接卖掉，即“靓女先嫁”。不管形式如何变换，本质是产业资本所有权或使用权的转移。这个过程并非完全公平，但在当时历史境况之下难以找到更好的方式。我们国家有 10 多亿人，不可能每个人都承包或买断一家国企，注定只能是部分人的狂欢盛宴，但这个过程可提升生产效率，全社会总产出更多，最终造福全体国人。

---

① 《邓小平文选》，第三卷第 371 页。

动物的野性遗存在我们血液深处，千百年来历经的丛林雨夜、饥肠辘辘、部落战争、爱恨情仇和悲欢离合，统统凝聚在我们的基因里。我们自私恐惧，又无私无畏；我们依存于群体而活，又独立于群体而生；我们所有的创造都归于社会，全部的索取又源于社会；我们为了人类流血牺牲，又为了蝇头小利头破血流；我们在自家责任田里起早贪黑，为社会生产出吃不完的粮食，又在人民公社里"磨洋工"，耗费着生命。

记得在清华读书的时候，我有个要好的同学，说他原本是个富二代的命，现在却沦落到清华寒窗苦读。我本以为是一个出身豪门、意外中落的故事，结果他说，他爹是村里煤矿矿长，村主任让他爹承包煤矿每年交30万元，他爹气呼呼地说："我傻啊，倒贴给我30万元也不干呀"。于是别人承包了，后来煤价上涨，每年赚几千万元。

4. 房地产：财富的虹吸机

第四波财富浪潮是房地产。

历史经验证明，随着经济腾飞，城镇化加快，房地产价格将随之上涨，同时房地产在社会财富中的比重也会随之提升。法国经济学家 Thomas Piketty 在《21世纪的资本主义》中描述了这一过程：在18世纪初的英国和法国，土地是最主要的资本，其价值是国民收入的4~5倍，大约相当于社会总资本的2/3；21世纪初，土地价值降至不到国民收入的10%，占社会总资本的比重不到2%。与之形成鲜明对比的是房地产价值迅速提升；18世纪房地产价值不到国民收入的1倍，21世纪初增长到国民收入的3倍，占社会总资本的比重上升至50%左右。

西方历时数百年验证的历史规律，在我国浓缩到二十年重新上演。新中国成立后，我国实行福利分房制度，那时候分房靠级别、熬年头。从计划经济转轨社会主义市场经济后，我国逐渐取消福利分房。1998年，《关于进一步深化城镇住房制度改革，加快住房建设的通知》出台，决定自当年起停止住房实物分配，建立住房分配货币化、商品化、社会化的新体制。彼时正值东南亚金融风暴肆虐，我国将房地产作为支柱产业重点扶持，以提振经济、拉动就业。

房地产不负众望，从此一发不可收，拉开了波澜壮阔的发展序幕。房地产拉动上下游产业，推动经济发展，贡献税收和土地收入，同时也开启了我国有史以来最大规模的造富运动。在胡润首富榜开始发布的前 15 年，房地产年年都是上榜富豪人数最多的第一大行业。

“富润屋、德润身”是我们的传统。杜甫悲天悯人，自己的茅草屋被风卷走了屋顶，还想着“安得广厦千万间，大庇天下寒士俱欢颜”。孙中山提出“三民主义”，民生重点就是“耕者有其田，居者有其屋”。直到现在，我们的梦想首先就是住上好房子。

房屋还有投资属性。随着房价上涨，投机资金蜂拥而至，一层层、一栋栋买房，囤积居奇、待价而沽，进一步推高房价。房屋实用性强，投资性也强。

房地产是财富的虹吸机，亿万人起早贪黑创造出滚滚财富，最后都被房地产一把抽干。不管从事哪个行业，除了富贵之家，人们几乎都要倾其所有置办一套所能负担的最好房屋。房地产就像一只吞金巨兽，亿万财富从四面八方汇聚而来，又在这里分散开去，房地产商无疑分得最大一杯羹，大批超级富豪就此诞生，其规模远远超过前三波财富浪潮。

彼时的房地产市场就是一望无际的丛林，催生一拨拨草莽枭雄。地方推进城市旧城改造，但缺乏资金。为了解决这一问题，创新的模式应运而生。对于城中村或者旧城改造，开发商负责拆迁房屋和安置原住居民，政府转让土地使用权。政府不花钱实现城市发展，原有居民迁新房拿补偿款，开发商则低价拿地开发房地产实现盈利。土地供应总量有限，开发商把控房产供应节奏，千千万万购房者掏空六个口袋，拿出每一个钢镚，疯狂抢购。

土地价值取决于周边配套设施，如道路、医院、学校、商场、公园、绿化等的完善程度。政府数十年投入财政资金建设基础设施，使土地价值获得提升。开发商完成拆迁安置好原居民，获得土地开发权，这当然是千年一遇的暴富良机。一时间群雄并起，各路英雄都化身房地产开发商，八仙过海各显神通，造就一个个致富神话。

后来土地市场逐步形成国家收储、公开招拍挂的规范流程，土地升值收益收归政府；再后来国家坚决贯彻“房住不炒”政策。虽然新冠疫情后房地产再次被定位为“支柱产业”，但“枭雄们”拆迁拿地一夜暴富的神话，未来应该不会再有了。

5. 科技创业：智慧的时代

第五波财富浪潮是科技创业。

如果说前四波财富浪潮都源自我国后发优势和特殊国情，那么第五波财富浪潮则与世界同步，智慧与梦想的时代已经来临。

第五波财富浪潮由科技驱动。经过几十年追赶，我国终于解决了温饱问题，国民经济已能满足衣食住行等基本需求，公路、铁路终于补齐短板，人口流动活络起来，每年有近千万大学生毕业，数十万学子赴西方留学又源源不断回流。互联网、通信网络将古老的中华民族与全球联系在一起，东西方思想、资本与科技以史无前例的规模交融碰撞。所有这一切都为科技创业奠定了思想、物质和人才基础。万事俱备，只欠东风。

21 世纪伊始，中华大地风云际会，一代代龙虎书生乘风破浪，登上历史舞台，尽显风流，互联网领域的创业者成为中华大地上空最耀眼的星辰。早期的搜狐、网易、新浪更多的是模仿先行者美国雅虎，百度、阿里巴巴、京东与腾讯早期则与美国谷歌、易贝、亚马逊、ICQ 对标，校内网与脸书、美团与“高朋”网、滴滴与优步、新浪微博与推特对标，但最近几年我国互联网领域已赫然显出独立创新的气象。微信、抖音、快手、今日头条、共享单车等都没有对标，完全是独立创新。尤其是抖音，在欧美收获大量用户，是我国手机应用软件大规模国际化的第一款产品。在通信、智能手机、无人机、电动车等领域，华为、中兴、小米、OPPO、大疆、比亚迪、蔚来、小鹏、理想迅速崛起。中华大地创新的星火，已呈燎原之势。

科技创业的共同特点是依靠科技创造出新产业，在极短时间内火速崛起。传统产业之于科技创新，就像肩挑背扛之于汽车。这些创业奇迹是我们的幸事，他们的传奇中没有利欲熏心的投机囤货，而是用科技与智慧闯出新天地、创造出新产业，在极短时间内改变我们的生活方式。他们的财富故事印证着科技的威力，传统企业家几十年积累的财富，短短几年就被他们轻松超越。时代的车轮滚滚向前，来不及与每个人打声招呼。

科技就是生产力，科技就是财富，我们的时代来临了。

（三）最好的时代：胸怀日月，心共微尘

这是最好的时代，再绚丽的现在，也只是未来的前奏。

当我们回望鸦片战争的冲天炮火，回望黄海怒涛下北洋水师的残破遗骸，回望辛亥年间武昌城下的革命烈火，回望日寇铁蹄下殊死抗战的中华儿女，回望朝鲜半岛长津湖的浴血厮杀，回望罗布泊腾腾升起的蘑菇云，回望神舟飞天的飒爽英姿，才赫然发现，原来我们早已跨越了高山大川，开启万里征程。

风沙卷了，先驱者远了。

未来已至。

最好的时代正向我们扑面而来。我们站在前人的肩膀上，处于走进未来的最佳站位。改革开放四十年时，我国 GDP 增长 33.5 倍，年均增长 9.5%，创造了人类史无前例的发展奇迹。我国人均 GDP 于 2021 年超过全球平均水平，在2022 年达到1.27 万美元。2022 年我国汽车保有量3.28 亿辆，每千人保有量约232 辆。

出发时，我们饱经战火，满目疮痍，民不聊生，一遇到兵灾、天灾就饿殍遍野；我们几乎从零起步建立起完整的工业体系，勒紧裤腰带，一举发展出护国重器，彻底护佑神州的安宁；改革开放以来，我们创造了人类史无前例的大规模、高速度的发展奇迹。

出发时，我们远远地落在世界后面，落在印度后面，甚至落在大部分非洲国家后面；如今“大船已过万重山”，我们经济总量位居全球第二，比紧随其后的日、德、英、印总和还多。

回望起点，我们已跨越万水千山；展望前程，来路不过跬步之于千里。

我们是一条穿越时空跨越百年的巨龙，一脚驻足在百年之前，一脚已经踏进未来，古老与现代，落后与先进，传统与创新，矛盾又和谐地融为一体。我们体量更庞大，方向更清晰，视野更广阔，机会当然更多，空间当然更大。根，深扎在五千年的地下；叶，相触在远方的云里。

这是最好的时代，再绚丽的现在，也只是未来的前奏。

三生有幸，没有生在停滞固化的丛林，去参与一场绝望的零和博弈，你死我活，弱肉强食，有人猎货满满，就有人沦为盘中餐。怀珠抱玉，没有命运眷顾，难跃龙门；碌碌无能，凭借祖辈庇荫，高居庙堂。

三生有幸，我们的时代一日千里，改革一直持续，社会激荡重塑，新兴产业风起云涌，能者赛马边界广阔，增量财富滚滚而来，不同阶层上下涌动，能者居上，成为中流砥柱。只要你有翅膀，还怕没有天空？

改变命运的，是我们内心升腾起来的强烈渴望，这种渴望也是我们毅然前行的强大动力。

哭也好，笑也罢，管它呢！且行且歌，胸怀日月，心共微尘。

（四）复兴的号角：你我一起，缔造传奇

我们的惊天传奇，只是后人的故事传说。

历时百年，我们终于重回世界舞台中央，大幕重新开启。大国上场向来没有温情的欢迎仪式，有的只是一场铁与火的洗礼。历史上，这样的游戏一般都以一场你死我活的战争决出雌雄。落后就要挨打，世界并不太平，全球丛林时代的强权逻辑并没有改变。

今天，丛林的遗存还不时显露。中东北非是全球能源命脉所系，向来是兵家必争之地。列强为刀俎，中东为鱼肉，战火连绵不绝。起初是代理人战争，之后大国直接上场，打阿富汗，毁伊拉克，炸利比亚，乱叙利亚，几千万人流离失所，富饶福地转眼变成炮与火的焦土。

我们是幸运的，开国伟人们英明决策，先辈负重前行勒紧裤腰带搞“两弹一星”，中华民族幸得前辈荫护，手执护国重器。鲜血，先辈已经替我们流了；饥饿，先辈已经替我们尝饱。血，终于可以不流；汗，却是一滴都不能少。

复兴之路就像攀登珠穆朗玛峰，我们才刚刚抵达山脚，登顶后将是一派格外迷人的风光：高新技术处于世界领先水平，人均 GDP 水平达到美国的 50%，甚至更高。中华民族将开启史无前例的现代化进程，这也将是人类历史上规模最大的现代化，以往任何一次大国崛起，不管是“日不落帝国”，还是所谓的“灯塔国”，都无法与中华民族伟大复兴相媲美。

前景越美好，道路越曲折。

在全球分工合作的大格局下，地球就像一个生命体，有大脑，贡献智慧；有身体，掌握命脉；有手脚，提供劳力。西方发达国家曾经为人类贡献大量创新与发明，掌握着全球命脉产业，搭建了全球经济运行的基本框架。欧美领先的根基是强大的科技，在此根基上构筑起汽车、航空航天、芯片、军工、医药、操作系统等支柱产业，形成经济的“四梁八柱”，然后通过盟友关系、国际货币发行权、资本市场、互联网应用、文化等形式打造强大的软实力，从而持续保持领先。

过去五千年，中华民族为人类贡献了无与伦比的智慧，四大发明至今仍在造福人类，但近代以来我们或自我隔绝于世界贸易体系之外，或徘徊在产业链低端苦苦挣扎，只有少部分产业迈入高端。我们要复兴，绝无他途，必须走出低端产业链，多多贡献智慧，推动人类前行；必须在基础和支柱领域发力，夯实科技根基，构建汽车、航空航天、芯片、军工、医药等核心领域的竞争优势，提早布局人工智能、核聚变、生物科技等未来支柱产业，打准“七寸”、牵住“牛鼻子”，逐步赶超。唯有老老实实做愚公，一锄头、一簸箕地搬走太行、王屋，才能走上康庄坦途。

复兴不是百米冲刺，而是不断刷新目标的马拉松。越王勾践卧薪尝胆，十年生聚，十年教训，守住寂寞，吞下屈辱，才有后来三千越甲终吞吴。中华民族要崛起也必须忍住寂寞，踏踏实实夯实基础，十年不行就二十年，一代人不行就代代人，人十我百，人百我千，朝着炮火最密集的方向，对准人类前进道路上最顽固的碉堡冲锋。

纵览人类的历史与未来，要更加清晰自身的定位。人类有记载的历史不过五千年，有迹可循的文明史不过数万年。人类未来能企及的高度，完全超乎想象。后之视今，亦如今之视昔，就像我们看春秋战国，看周口店北京人。在人类数可能长达亿年的生命周期中，我们仅是天地之蜉蝣，沧海之一粟。从未来的视角来看，今天的人类就像一棵参天大树的嫩芽，刚从历史的泥土长出地面，面对的是浩瀚无边的宇宙。

我们的惊天传奇，只是后人的故事传说。

中华民族最古老、最文明、最智慧，理所当然要推动历史前进，理所当然要瞄准支撑人类社会的关键性技术和产业，促进人类福祉，拓展人类认知前沿。我们将从崎岖的历史道路中寻找发展的脉络，在科学与理性的灯塔下探寻未来的方向。

东方既白，雄狮已醒。千年大变局，是封建帝制衰老躯体的丧钟；百年大变局，是中华民族伟大复兴的号角。

你我一起，缔造传奇！

（五）三十年之约：生死一乾坤

龙泉

龙泉吟干云

幽兰立昆仑

清风待明月

生死一乾坤

未来三十年，注定是水深海阔腾蛟起凤，与其龙吟匣里，不如鹏抟九天。倚天长剑还不出鞘，更待何时?

相约三十年，见证一个复兴的中国，一个强大的华夏。

三十年太短，只是历史之一瞬；三十年太长，是两代人的青春。三十年足以击垮一个民族，摧毁一个国家。洋务运动，三十年蹉跎，甲午一举败给日本，中华民族就此沉沦。三十年足以繁荣一个民族，崛起一个大国。三十年，德国完成从分裂落后到统一、从弱国到欧洲霸主的华丽转身；日本从被奴役、被践踏的边缘爬出来，踩着清朝和“北极熊”的遗骸强势崛起为世界强国；韩国在一堆残砖破瓦中幸存，成为“亚洲四小龙”之首；以色列从无到有，在经年不息的战火中，将人均 GDP 提升到美国的一半；我们更是从贫穷落后的状态到发起改革开放，一路超英追美，成为世界第二大经济体。

世界风云变幻，时代潮流一日千里，时不我待。林毅夫教授将 2019—2049 年划分成两个阶段，其中 2019—2035 年是第一阶段，中国经济有望实现 6% 左右的增长。他认为，通过发挥“后来者优势”和“换道超车优势”，中国到 2035 年还有 8% 的经济增长潜力。在 8% 的潜力之下，实现 6% 的增长是一个只要努力就可以实现的目标。2036—2050 年是第二阶段，中国经济还有 6% 的增长潜力，只要努力做到年均增长 4%，就能实现到 2049 年人均 GDP（按照购买力平价计算）达到美国一半的目标。

对此我深表赞同，以我国生产要素的禀赋来看，的确具备上述潜力。那么如何真正实现潜在增长呢？巧干能捕雄狮，蛮干难捉蟋蟀。抗日战争时期，我们深入敌寇后方，打游击战；解放战争时期，我们打土豪分田地，打运动战。中华复兴，靠什么呢？

完善的市场机制是实现上述经济发展目标的最大前提和保障。放眼望去，直至今日全球只有少数国家建立了真正的市场经济。市场机制的核心要义是公正与平等，否则就没有真正的等价交换。市场机制不是天上掉下来的，而是数百年来中华民族在落后挨打中觉醒、在流血牺牲中斗争、在曲折苦难中试错、在改革开放中“摸着石头过河”换来的。百年生死以赴，其实只图个公平买卖、童叟无欺。

市场机制的目标，是以清晰的规则确保公正与平等，杜绝骑人阶层的滋生，减少乃至消除社会内耗，保障等价交换落地生根，确保人才、科技、资本的自由流动，实现社会资源最优配置，为每个人实现人生价值创造最广阔的天地。

近二百年的屈辱历史证明，中华民族并不天然比西方强；四十多年改革开放的辉煌证明，中华民族绝不比西方弱；五千年的璀璨文明让我们有足够的底气和民族智慧，打通内部市场机制，迎接全球市场竞争的挑战。内部市场机制，最有利于激发每个人对美好生活的追求，点燃每个人创造与探索的激情；全球市场机制，则有利于激发中华民族的优良传统，创造和吸纳最先进的人类思想和科学成果，开辟更加辉煌的未来。

鹰击长空，鱼翔浅底，万类霜天竞自由，此之谓也。

构建市场机制，政府大有作为，完善的社会主义市场经济就是政府有效作为的结果。比如，构建高效公平的立法、司法和执法体系，建立清晰的社会主义市场经济规则，保护国有、集体和私人产权；大力投入开展基础科学研究；保护知识产权，鼓励创新；建立高效的金融体系；运用现代信息技术，构建实时、准确、客观的经济统计系统，为市场主体和政府宏观调控提供数据支撑；完善公路、铁路、航空、港口基础设施，构建畅通无阻的全国统一大市场；建立完善的社会保障体系，尤其是为弱势群体提供失业、医疗、养老保障；完善覆盖全民的义务教育、灵活适应市场需求的职业教育和面向未来的高等教育；以多边自由贸易协定、双边自由贸易协定等方式为国内企业拓展国际市场等。

市场机制下人才、资本、科技自由流动，优胜劣汰，适者生存。优胜者自然形成垄断，可能利用垄断优势阻碍竞争，获取不正当收益，也可能通过代际传承，产生新的食利阶层，从而加剧贫富差距和两极分化。此时，就需要反垄断法规抑制垄断，同时完善社会保障体系，为弱势群体提供基本保障。

完善的社会主义市场经济基础设施是参与未来竞争的门票，而竞争成败的关键则取决于科研、金融和产业的效率。科研产生技术突破，金融聚集资本，企业实现工业化生产，这三者是经济增长的前锋部队，是现代经济的“金三角”。三者相辅相成，必须关联起来通盘考虑，此三者强，则经济必然强。

完善的市场机制也好，“金三角”的高效运作也罢，其关键都是以规则激发人性的力量。追求美好的生活，是人类的自然本性。千千万万个人，汇成主宰千秋的力量，在恰当的制度下，人性向阳而生，化作推动历史、造福人类的蓬勃动力；在扭曲的制度下，人性是嗜血猛兽，生出互相杀戮、弱肉强食、层层踩踏的恶果。人性中既有善良的天使，也有残暴的恶魔。

下面我们将逐一审视“黄金五要素”——科技、资本、人力、制度、金融。

第五章

科技：

繁荣与衰败的秘密

最崎岖的路，往往最好走；

最平坦的路，往往最难行。

（一）他山之石——繁荣与衰败的秘密

历史是最好的寓言，一切秘密都浅埋其中。

以色列：弹丸大国

以色列国土仅有 2.6 万平方公里，相当于北京、天津两市面积之和，人口仅有 900 万，不到北京常住人口的一半。

以色列自建国伊始就陷入战争的泥潭，历经五次中东战火的洗礼，不但没有被打垮，反而越战越勇。以色列地薄人稀，几乎年年打仗，却在核武器、遗传学、计算机科学、光学、工程学、农业、物理学和医学领域领跑世界。犹太人与基督教恩怨千年，多次遭受毁灭性灾难和迫害，二战期间被纳粹进行种族屠杀，浩劫后在夹缝中建国。以色列从一穷二白无煤无油，到如今人均 GDP 高达 5.5 万多美元（2022 年）。

以色列区区 900 万人，与我们每年大学毕业生人数不相上下，不到我们在校大学生人数的 1/4，却出了 4 位诺贝尔自然科学奖得主。犹太人中更是产生了多达 850 位诺贝尔奖得主。我们一度造不出无人机、预警机，不得不求助以色列。彭博创新指数我国居第十五位，以色列居第六位。全球强国榜排名中，以色列超越诸多大国位列第八，能射火箭放卫星，空间技术实力居全球前列。

弹丸小国，却是生命科学领军者，第二大医疗器械供应国。同时以色列还是名副其实的“世界第二硅谷”，平均 1 万人中就有 151 位科学家与工程师，比例居全球之首，是美国的近两倍。世界上第一台手机、第一个个人电脑处理器、第一个 U 盘、第一个微型卫星通信芯片、QQ 的原型 ICQ、摩托罗拉首款手机大哥大、谷歌搜索算法、电话通信工具（Skype）、干细胞技术，都是以色列发明和首创的。以色列严重缺耕地、缺淡水，农民占总人口比重仅 5%，不但实现粮食自给自足，还出口优质水果、蔬菜、鲜花，成为“欧洲厨房”和“欧洲果篮”，育种技术全球领先。

端起枪，歼敌卫国；握起笔，就摘诺奖。以色列开国总统魏茨曼说：“只要给我们一碗水，一颗种子，这个民族就能生存。”冲天胆气，从何而来？

韩国：从跑龙套到明星

在过去半个世纪，人口过千万的大国中只有韩国从第三世界国家跃升为发达国家。

数千年来，在世界历史舞台上，韩国似乎永远都是个跑龙套的，先后附庸于后唐、后晋、后汉、后周、北宋、辽、金、元、明、清，在二战期间被日本殖民掠夺，二战后又被美国裹挟饱经战火。如今韩国核电、芯片、内存、液晶显示器、手机等执全球之牛耳；化工、钢铁、机械、化妆品、汽车、文化娱乐也位居前列，经济、军事实力均居全球前十。韩国不到半个世纪就咸鱼翻身，成为世界舞台上响当当的明星。

韩国在二战后才建国，山多地少，国土面积只有 10 万平方公里，相当于我国湖北省的一半，人口5000万人，比我国湖北省还少。韩国一无油煤资源，二无荣耀历史，起步时民不聊生，现在富裕发达，人均GDP超3万美元（2022年），比我国北京、上海还高。

三星、现代起亚、LG电子、SK电讯、浦项钢铁、STX造船等领军企业从蚂蚁长成大象，推动韩国产业从零起步发展到粗钢、造船等资本密集型产业，再一路升级到芯片、电子、特种钢、高技术造船、汽车、核电、通信等技术密集型产业。

在传统强国的坚固堡垒——汽车行业，韩国强力突破。虽然韩国汽车产业起步比我们晚十年，但到1985年，其已具备自主研发能力，掌握从关键零部件到整车的核心技术。自2011年起，现代起亚产销超过600万辆，稳居世界第四位，超越通用、福特、本田、菲亚特、雪铁龙、戴姆勒等传统汽车大厂。2022年，现代起亚汽车销售683万辆，位居世界第三。同年，我国汽车自主品牌冠亚军比亚迪、吉利，分别销售187万辆、143万辆汽车，合计才接近现代起亚的一半。

很多大国觉得半导体技术太复杂，完全靠自己不可能打通所有环节，必须搞“国际合作”。美国只搞芯片设计；中国台湾只强于芯片制造；日本仅生产芯片材料；韩国半导体行业发展迅速，三星芯片设计领跑，芯片制造领跑，液晶显示屏还领跑，存储芯片更厉害，三星和SK海力士直接垄断。前三代苹果手机用的是三星芯片，现在的苹果手机芯片也由三星代工制造。

核能技术庞大复杂，需要长年累月的功夫，大国专配，结果韩国就专攻“大国专配”。1987年，韩国引进美国核电技术，三下五除二，于2007年成为美国、法国之后第三家具备自主第三代核电技术的国家。2020年，我们自主研发的“华龙一号”才并网发电。2009年底，韩国力压美国、法国等世界老牌核电出口国，赢得阿联酋200亿美元的4座核电站合同，成为世界上第六个核电站出口国。韩国致力于发展零污染核聚变发电技术，于1995年建造世界首个全超导聚变装置，2010年首次成功实现等离子体约束状态H模式，对国际热核聚变实验反应堆（ITER）贡献巨大。

有人说，韩国不就是靠着抗美援朝战争后美国扶持才起来的吗？没有美国扶持，韩国不可能崛起。但广义上美国的全球盟友超过60个，除了韩国，还有泰国、巴基斯坦、菲律宾、阿根廷、土耳其、埃及、伊拉克、沙特……但人口过千万的国家中，独独韩国从贫穷落后跃升入发达国家行列。韩国没有从美国拿到汽车技术，却崛起为全球汽车三强，相反，美国燃油汽车逐步衰落。半导体领域，韩国更是在手机芯片设计、芯片制造、存储器方面超越美国。这何谈美国扶持？

有人说，北方天寒地冻经济注定不行，赶不上南方。而韩国的纬度等同山东、河北，更在湖北、安徽、河南之北，冬季漫长寒冷，经济却强劲有力，创“汉江奇迹”，领头“亚洲四小龙”。

韩国起步时虽人穷智乏，如今却在2013—2021年度彭博创新指数排名中连夺七冠，硬杠杠的核电强国、芯片强国、造船强国、汽车强国、通信强国，干什么就什么牛，何也？

瑞典：冰雪巨人

瑞典国土面积只有40万平方公里，比我国黑龙江还靠北，和贵州一样高，被舍伦山脉南北贯穿阻隔了大西洋出海口，只能通过北海、波罗的海曲折出洋，大部分港口条件赶不上辽宁、山东、河北，可谓山穷水恶。

这样一片冰天雪地之上，瑞典人的成就让人瞠目结舌。

瑞典人诺贝尔改进火药，积累惊天财富，其设立的诺贝尔奖，成为所有科学家梦寐以求的荣誉，甚至诺贝尔奖得主的多寡成为大国实力的象征。瑞典研发萨博系列战斗机，惊世骇俗，畅销多国，与美国F15、法国阵风、欧洲台风、苏联苏－27并列为经典三代战机；研发成功世界第一款有源相控阵雷达预警机“百眼巨人”，国际销量超越俄罗斯、以色列，仅次于美国；国民品牌沃尔沃一度与奔驰、宝马等品牌并列为全球豪华轿车品牌，现被吉利收入囊中，焕发出勃勃生机。航空发动机是“工业皇冠上的明珠”，全球仅美国、英国、俄罗斯、日本等极少数国家能研发生产，瑞典是其中之一。同时瑞典最先搞出指纹识别技术，早期几乎垄断安卓手机市场。瑞典通信技术全球顶尖，尤其在华为被美国制裁之后，爱立信迅速发展为全球数一数二的通信设备供应商。

弹丸小国，一度拥有6家全球500强企业，沃尔沃、爱立信、宜家、伊莱克斯电器等至今依旧赫赫有名。瑞典不仅走出16位诺贝尔自然科学奖得主，而且天下所有诺贝尔奖都是他家发的。

成就这么多牛气冲天的大事，只凭1000万人，奥秘何在？

瑞士：绝地雄狮

瑞士，几乎被断绝了一切兴旺发达的路径。

4万平方公里国土，内陆国，位于“欧洲屋脊”之上，尽是高原和山地，同我国黑龙江一样靠北，天寒地冻。没有悠久光荣的历史，没有征服大陆的荣耀，祖上多被邻邦大国奴役裹挟，拼命抗争才得以独立，要吃没吃，要穿没穿，要矿产没矿产，有的只是冰天雪地、高山大川。

要活命啊，怎么办？穷山恶水，瑞士没出刁民，出死士，收钱卖命。瑞士雇佣军的长枪阵遍及欧洲，几乎打过欧洲每一场大战，英法百年战争、西班牙王位继承战、三十年欧洲血战、拿破仑战争、意大利统一战争……瑞士军团为法国、罗马帝国、教皇、德意志诸侯、英国、西班牙和荷兰等都拼过命、流过血。

拿破仑征战莫斯科，瑞士军团牺牲八成；教皇遇险，瑞士死士扼守宫门，七成倒在圣彼得大教堂的台阶上；法王路易十六的宫殿被愤怒的义勇军围攻，瑞士卫队尽忠职守，死战不退，七成战死。卢塞恩峭壁之下，一头雄狮奄奄一息，脊背上插着折断的长矛，身前是瑞士十字盾牌，身下护着象征法国王室的鸢尾花。

垂死的雄狮，成了瑞士的历史图腾。山高地远，绝望的瑞士人叫天天不应，叫地地不灵，为了活下来，甘愿去死。

这样一片被上帝抛弃的无望之地，如今年年创新指数（世界知识产权组织）排名第一，人均 GDP 达 9 万多美元（2022 年），远超美国。

且不说瑞士银行业独步全球，是全球最大离岸金融中心，独占 35% 的市场份额，为举世公认的跨国资产管理的泰山北斗；不说雀巢咖啡享誉百年畅销全球，列全球品牌榜第三十八位；也不说瑞士手表风靡全球，化身品质与奢华代名词。只看 ABB、诺华、苏尔寿等企业和品牌，尽是实打实硬科技，妥妥硬实力，仅此就足以藐视群雄。

ABB 百年来在电气装备、自动化机器人领域勇执牛耳，研发出全球首套三相输电系统、首台自冷式变压器、首台高压直流输电装置和首台电动工业机器人，与德国西门子并称“双雄”。

诺华两百多年屹立不倒，是全球“药企三杰”，抗癌药界当之无愧的泰斗，电影《我不是药神》中神药原型就是他家的白血病靶向药格列卫。乳腺癌药物瑞博西林、淋巴癌特效药 Kymriah、心脏衰竭药物代文，款款救命。其他比如心血管、免疫、皮肤、眼科类药物也都是世界一流。诺华曾 29 次荣获药物界诺贝尔奖——盖伦奖，其每年研发投入在 90 亿美元以上，研制新药量多年居全球第一。

两百年老店苏尔寿在泵、汽轮发动机、类金刚石涂层、化工 4 个领域稳居世界前三。

穷山恶水之间，瑞士出了 14 家世界 500 强企业、16 个诺贝尔自然科学奖得主。

瑞士人口只有 850 万人，甚至比我们每年大学毕业生还少，要是他们有 10 亿人，世界将会变成怎样?

日本：打不死的小强

日本资源贫瘠，原料严重依赖进口；地少人多，38 万平方公里国土，却拥有 1.26 亿人口。

1854 年，日本被美国大炮舰船胁迫，签订日本近代史上第一个不平等条约——《日美和好条约》。1868 年，日本发起明治维新，比洋务运动还晚 7 年。就是这么一个民族，不到三十年成功崛起，与西方列强平起平坐，1894 年打赢甲午中日战争，1904 年战胜俄罗斯。

“二战”战败后，日本本土被狂轰滥炸，挨了两颗原子弹，国家总财富损失 40%，人均 GDP 仅为战前的一半。但日本战后经济却一路狂飙，20 世纪 60 年代，日本工业生产年均增长 16%，国民生产总值年均增长 11.3%；1968 年，日本超过联邦德国，仅次于美国。1995 年，日本经济总量达到美国的 70%，是德国的 2 倍多，是近百年来最接近美国的经济体。那一年美国有 2.7 亿人口，还享有印钞票和卖军火的特权，日本只有 1.3 亿人口，人均 GDP 却达到美国的 1.7 倍。

有人说，日本只重实用技术，不重基础科学，结果近十年来，它一年一个诺贝尔奖。截至 2022 年，日本累计有 19 人获诺贝尔自然科学奖，还不算 4 个美籍日裔科学家。

有人说，日本经济泡沫破灭后果严重，失去十年又失去十年，结果日本还是日本，还是那么强大：GDP 全球第三，人均 GDP 高达 4 万美元（2020 年），海外有数万亿美元资产，实力碾压德国、英国、法国、意大利等一众列强。

失去二十年，但日本依旧垄断半导体材料，凭此领域两个诺贝尔奖的深厚功力，在 19 种半导体材料中，日本在硅晶圆、光罩、光刻胶、靶材料、保护涂膜等 14 种重要材料上占据 50% 以上份额。日韩贸易战，日本对韩禁售半导体材料，韩国马上告急。在光学镜头、高精度机床、工业机器人领域，日本独占鳌头。更不必说纯熟的高铁技术，也不用说汽车独步天下，丰田、本田、日产、马自达、铃木、三菱、斯巴鲁等日系车产销量全球第一，一举撑起日本大国梦。当前红红火火的锂电池就是日本教授吉野彰的诺贝尔奖成果，并由索尼公司率先实现商业化。

两颗原子弹、《广岛协议》、经济泡沫都打不垮，命比小强还强，日本的秘诀是什么?

奥地利：硬核强国

奥地利有 890 万人，国土面积只有 8. 4 万平方公里。

近代对外战争奥地利一路败北，可谓命途多舛。1866 年奥地利在普奥战争中落败，半个世纪后在一战中再次败北，1938 年被纳粹德国吞并，1945 年被盟军占领，直到 1955 年才重获独立。

一路败绩总被蹂躏，但在这片强权碾压之地，不仅诞生了艺术家舒伯特、莫扎特、贝多芬、海顿，还有“遗传学之父”孟德尔、量子力学奠基人薛定谔、精神分析学派创始人弗洛伊德、保时捷和甲壳虫之父费迪南·保时捷。

与汽车强国德国为邻，奥地利汽车产业散发的光辉也丝毫未被掩盖。奥地利拥有汽车制造及零部件企业 700 余家，总就业人数 37 万人，出口率 90%。李斯特公司是全球最大的发动机和变速器总成公司，尤其擅长技术含量高的客车、卡车和船用内燃机、混合动力、电力驱动等多种能源动力总成系统，仅内燃机设计专利就超过 800 项。在电气电子领域，奥地利提供高品质芯片，用于安全气囊、防抱死制动系统、飞机和高铁，享誉世界。

奥地利在信息技术、机电、化工、生物医药、环保等领域的竞争力全球一流，拿下7个诺贝尔自然科学奖，人均GDP达到5.2万美元（2022年），比德国还高，靠的是什么？

丹麦：童话里的公主

丹麦祖上异常勇猛，多出强人海盗。871年，丹麦攻占伦敦，迫使英格兰投降并让出一半国土；1016年，丹麦干脆武力占领英格兰全境，建立“北海大帝国”，疆域包括今天的挪威、英格兰、苏格兰大部和瑞典南部。

不过丹麦没守住祖上遗产，也没在工业革命中占得先机，最终沦为被宰割的对象。丹麦在北方七年战争、三十年战争、拿破仑战争、二战中被反复蹂躏，国土沦丧，山河破碎。如今海盗的后裔蜷缩在4万平方公里的国土内，面积约是我国重庆的一半，人口只有600万人，不到我国每年大学毕业生人数的3/4。

命运不可谓不悲催，历史不可谓不无情，丹麦活成了什么样呢？

丹麦绝不只有《丑小鸭》《卖火柴的小女孩》《海的女儿》，还有8个诺贝尔自然科学奖。丹麦拥有全球最大的海运集团——马士基公司，视听音响品牌B&O属于世界顶级，瑞声达助听器享誉全球，生物制药公司诺和诺德集团在糖尿病治疗方面领跑世界，胰岛素和酶制剂销售份额分别占世界的50%和40%以上。

丹麦社会福利极其完善，经济高度发达，2022年人均GDP达6.7万美元，贫富差距极小，生活品质极高，全球幸福指数排名第三。幸福得像公主，富有得像童话，他们有何诀窍？

德国：不死鸟

传统大国中，意大利、西班牙、葡萄牙日渐衰落，德国却一枝独秀越战越勇。

德国在二战中被战火逐街洗礼，二战后主权丧失被分裂，爱因斯坦们被美国抢去，高科技设备被苏联拆去，柏林城 3/4 毁于战火，活脱脱的“死亡之城”。1945 年 5 月，美国纽约《先驱论坛报》这样描述：“柏林什么也没剩下，没有住宅，没有商店，没有运输，没有政府建筑物……柏林仅仅是一个碎砖破瓦堆积如山的地理位置。”二战后，盟军对德国实施非工业化政策，彻底摧毁了德国冶金、化学、电子工业。

一片灰烬中，德国像一只不死鸟腾空而起。背负 1.4 万亿欧元的（2010 年价格）一战赔款和近万亿德国马克的二战赔款，十五年就崛起为第二大资本主义经济体。20 世纪 50 年代，德国经济年均增长 11.4%。

空客、西门子、大众、奥迪、保时捷、奔驰、宝马、博世、库卡机器人、维特根机械、巴斯夫化工、拜耳医药，一个个工业巨子，如群星闪耀，挤满了德国星空。更不用说在液压泵、伺服发动机、电子元器件等众多工业零部件领域，隐形冠军就像满天繁星熠熠生辉。它们摒弃多元化，极度专注，把创新当命，研发强度是普通企业的 2 倍，专利产出是普通企业的 5 倍，不用低价而以优质取胜。全球隐形冠军共计 2734 家，德国占 1307 席，接近一半。

欧美因为人力成本高企逐步放弃制造业，德国却反其道而行，明知山有虎，偏向虎山行，选择以制造业立国。

起步为战败国，现在却成为欧盟政治经济核心。这个从统一就占据全球舞台中央的大国，国土只有 36 万平方公里，人口只有 8000 万人，2022 年人均 GDP 为 4.8 万美元，靠的是什么？

意大利：残阳入海

古罗马帝国余晖闪耀，文艺复兴回音袅袅，凯旋门历经千年风雨，炫耀着君士坦丁大帝统一罗马的功绩，斗兽场遗存的残垣断壁诉说着征服耶路撒冷的荣耀。曾经的工业强国意大利，如今在主权债务危机的泥淖中苦苦挣扎，古老的文明已日渐衰朽，帝国的辉煌已然是即将入海的残阳。

意大利大型企业只剩下菲亚特汽车，法拉利、兰博基尼、玛莎拉蒂一众豪车品牌和 Brioni、Zegna、Armani、Gucci 等奢侈服装品牌日益小众化，只能凭借往日荣耀苦苦支撑。回光返照，难挽残阳入海；香车华服，挡不住江河日下。

意大利经济疲软，人均 GDP 降至 3.4 万美元（2022 年），经济效率低下，基础设施老旧，主权债务危机久久无法解除。

疲软的经济表象之下，根本原因到底是什么？

西班牙：最大的漏斗

曾经是大航海时代世界霸主，如今却一度成为欧洲主权债务危机重灾区，为什么？

西班牙曾经在欧洲、美洲、亚洲和非洲霸占大量殖民地，成为最早的“日不落帝国”。延续近四百年的黑奴贸易，为西班牙提供了原始资本和廉价劳动力。

15—18 世纪末，西班牙共从殖民地掠走黄金、白银各约 2500 吨和 10 万吨，约占当时全世界金银总量的 83%（张岚，1994）。西班牙南美殖民地玻利维亚的波托西银矿产量占当时全球白银总产量的一半，被西班牙掠夺的白银足以架一座银桥，从矿山顶一直铺到大西洋对岸的西班牙王宫（张岚，1994）。如此巨额的财富，坐吃山空都不容易。

可惜，天量财富并没有培育出创造能力。“西班牙就像一张嘴，填进食物，嚼碎食物，仅仅为了把它送进别人的器官，除了经过的气味和偶尔粘在牙齿上的碎屑，没留下任何东西。”西班牙像个巨大的漏斗，攫取财富再流向英国、荷兰，转化为英国工业革命的催化剂。一轮又一轮工业革命后，西班牙被越甩越远。

现在西班牙还有什么呢？三毛的荷西，建造于古罗马时期的埃库莱斯灯塔，狂热的斗牛，足球军团，还有疯狂冒险家的背影。2022 年西班牙人均 GDP 降到 2.9 万美元，已经低于欧盟平均水平。

其兴也勃，其亡也忽，何也？

葡萄牙：嗜血的没落帝国

16 世纪，葡萄牙本土仅有 100 万人，抢夺的殖民地却曾超过 1000 万平方公里，从欧洲本土到非洲西海岸再到印度果阿，从南美巴西到东南亚马六甲海峡和中国澳门，葡萄牙帝国的商业军事据点扼守着全球最重要的海岸线。

葡萄牙率先启动惨绝人寰的黑奴贸易，延续近 4 个世纪，在国际社会禁止黑奴贸易后仍不撒手。直到 1815 年、1817 年英国分别支付葡萄牙 75 万英镑、40 万英镑补偿金后，葡萄牙才放弃黑奴贸易，可谓贪得无厌、嗜血成性。

葡萄牙疯狂掠夺殖民地，仅 16 世纪，葡萄牙从非洲掠夺的黄金就达 200 吨以上。15 世纪末至 16 世纪初，葡萄牙从亚洲获得香料总产量的 1/10，攫取 13 ~ 16 倍的利润。

海量财富，来得快，去得也快。随着荷兰、英国的崛起，葡萄牙日薄西山。历次工业革命，葡萄牙一次也没有赶上，已然败落。

如今葡萄牙还有什么呢？葡萄牙的支柱产业是纺织、制鞋、葡萄酒、旅游，其软木产量占世界总产量一半以上，被称为“软木王国”，还是全球第十一大鞋类出口国。2022 年，葡萄牙人均 GDP 只有 2.4 万美元，远低于欧盟平均水平。

干啥啥不行，败家第一名，为什么？

巴西：最富的穷国

巴西人自己都说，上帝一定是巴西人。

巴西幅员辽阔，土地肥沃，物产丰富，地理位置得天独厚。巴西国土面积851万平方公里，占据南美洲最好的区域，简直是一个“聚宝盆”。巴西地处热带草原和雨林气候区，种什么长什么，不愁吃不愁穿。亚马逊热带雨林是地球之肺，环境想不优美、空气想不清新都难。

巴西铌、锰、钛、铁、铀等29种矿产储量居世界前列，铌产量占世界总产量的90%以上。铁矿探明储量333亿吨，占世界总储量的10%，居世界第五位。石油探明储量126亿桶，居世界第15位、南美洲第2位，沿海油气预期储量500亿～1500亿桶，有望进入世界十大油气国之列。森林覆盖率达62%，木材储量658亿立方米，占世界储量的1/5。拥有世界18%的淡水，人均淡水2.9万立方米，水力蕴藏量达1.4亿千瓦。

天生是大国胚子，巴西却硬生生挤进三流国家。虽然桑巴足球战功赫赫，超凡脱俗；支线飞机举世闻名，出口英国皇家空军、瑞典空军；首都巴西利亚气势恢宏，堪称艺术杰作；桑巴舞热情似火，豪放激昂；巴西石油、淡水河谷资源丰富，市场前景广阔；软件产业号称仅次于美、日、德、英、法、意，居世界第七位；基因组计划成效卓著，绘制人类癌细胞基因图谱仅次于美国；热带病药物成绩斐然，国内市场份额达80%以上……但这所有一切，都掩盖不了巴西未老先衰的颓势。

巴西贫富差距极大，2018年基尼系数为0.539（世界银行），0.4是警戒线，大于这一数值意味着容易出现社会动荡。巴西人说，“上帝花了六天时间创造世界，第七天创造了里约”。里约热内卢是地球上最迷人的城市，美丽得像天堂，但同时又是“罪恶之都”，谋杀、绑架、抢劫司空见惯，每月发生千余起死亡案件，其中80%以上是枪击案件。在里约热内卢想去沙滩散步，会被好心人无数次提醒带上现钞，遇上抢劫一定要及时递钱。

天生富贵，却活成了落魄。

巴西发展水平曾经远远高过我们，但如今人均 GDP 只有 8500 美元（2021 年），仅为 2011 年峰值（12500 美元）的 2/3。巴西就像陷入沼泽的野牛，浑身是劲但又无处可用，在“中等收入陷阱”中苦苦挣扎。

天鹅的命硬生生活成了丑小鸭，为什么？

哭泣的阿根廷

几乎每个人都知道那首《阿根廷，别为我哭泣》，麦当娜的演唱凄婉动人，如泣如诉，唱尽了“阿根廷玫瑰”贝隆夫人从舞女到第一夫人的酸楚与雄心。“阿根廷玫瑰”梦幻的一生成为传奇，却无法照亮阿根廷的现实。

全球经济体中，没有一个国家像阿根廷这样，如此有天赋，如此完美起跑，却突然折返，朝着与终点相反的方向大踏步沉沦。从发达国家蜕变成发展中国家，阿根廷是全球唯一一例。阿根廷到底着了什么魔，演绎出如此不荣耀的全球唯一，其逆流而下、独孤求败的原因何在？

1908 年，阿根廷成为世界第七大经济体，人均收入比肩德国，超越法、意，仅次于美、英；1950 年，阿根廷人均收入依然超过日、德、意；1974 年，阿根廷基尼系数为 0. 345，是贫富差距最小的国家之一，自诩“一个没有穷人的国家”。即使到 20 世纪 90 年代初，阿根廷仍被视为新兴工业国家的代表，被国际货币基金组织（IMF）树立为“现代化样板”（任永彬，2018）。

阿根廷是一片天选之地，国土面积 278 万平方公里，可耕地 40 万平方公里，气候温润，潘帕斯草原水草丰茂适合养牛羊，被称为“世界粮仓和肉库”。工业革命后，欧美工业崛起急需原料，阿根廷绵羊养殖和种植业冲天而起，成为著名的羊毛和小麦出口国。1914 年，阿根廷铁路里程达到 3.4 万公里，超过英、法、日、意，妥妥的发达国家。

一百多年前的全球“移民之都”不是纽约，而是阿根廷首都布宜诺斯艾利斯。当时，阿根廷是全球最富十国之一，美国人说一个人富有，就说“他富得像一个阿根廷人”。

后来的事情我们都知道了，一无外族入侵，二无内战，阿根廷硬是把自己折腾进“中等收入陷阱”。2001 年，阿根廷被多年累积的顽疾彻底击溃，爆发政治、经济、社会三重危机，国债违约，货币贬值，利率高企，全国性大规模示威和骚乱此起彼伏，十二天内五易总统，国家命运被彻底改变。新自由主义经济政策被抛弃，但新经济改革又无法根治痼疾，外债沉重、经济结构失衡和政治僵局紧紧扼住阿根廷经济发展的咽喉。

2019 年，阿根廷人均 GDP 降到 9912 美元，比最高值低 1/3。冰冻三尺，非一日之寒。阿根廷的衰败，其实早有端倪。

是因为政权反复更迭吗？1955 年后的三十年间，阿根廷平均每两年多就要换一届政府，最短一届政府只干了四十九天。一战之后，阿根廷先后发生五次军事政变，政坛天翻地覆。如今军事独裁已终结三十多年，但阿根廷仍然未能实现政治稳定。

是分配不公吗？20 世纪 40 年代，阿根廷贫富差距逐渐显现。贝隆夫人从最底层走来，为穷人请命，走上历史舞台。为了赢得人们对“贝隆主义”的支持，她对穷人说：“你们的苦楚，我尝试过；你们的贫困，我经历过；贝隆救过我，也会救你们；贝隆会支持穷人、爱护穷人，如果不是这样，他怎会对我宠爱有加?”在患癌后生命最后的日子，她争分夺秒疯狂工作，她说：“我要为穷人燃烧自己的生命!”后来阿根廷成为贫富差距最小的国家之一，贝隆夫人被称为“苦难中的钻石”。

是因为朝令夕改吗？阿根廷游荡在各种经济理论之间，就像一只“钟摆”，从来没有咬定青山的时候：二战期间搞进口替代、国有化；50 年代重点发展重工业；60 年代引入外资；70 年代限制外资；80 年代搞宽松经济政策；90 年代又基于“华盛顿共识”搞极端新自由主义改革和私有化，敞开大门迎接外资；21 世纪提高关税，保护民族产业。

变化的是政策，不变的是衰退。阿根廷似乎着了魔，演绎了一场经济沉沦的百年悲歌。

这些到底是因还是果？拉菲叶·迪特拉说，“如果一个人身中 70 万颗子弹，就没办法说清楚哪颗子弹要了他的命”。在阿根廷身上，仿佛看见了百年前清朝的影子。

大好河山，却千疮百孔，病入膏肓，人人扼腕叹息，我还是忍不住问一句，到底哪一颗子弹要了它的命？

南非：含金而生，积重难返

如果说一众列强靠殖民掠夺、黑奴贸易奠定江山的根基，南非则是连这一步都省了，老天直接递给它“第一桶金”。

南非国土 122 万平方公里，人口 5600 万人，简直就是一个聚宝盆。老天好像是把全球宝藏归拢归拢，一股脑倾泻在南非。南非矿产资源极为丰富，是世界五大矿产资源国之一。南非黄金储量 6000 吨，占全球储量的 11.8%；铂金储量 6.3 万吨，占全球储量的 95.5%；铬储量 31 亿吨，占全球储量的 85%；锰储量 1.5 亿吨，占全球储量的 23.8%；钒储量 364 万吨，占全球储量的 26%；锆储量 1400 万吨，占全球储量的 27%；钛储量 7130 万吨，占全球储量的 10.3%；铀储量 29.5 万吨，占全球储量的 5.5%；铜储量 1100 万吨，占全球储量的 1.6%。铂金、铬、氟石储量居世界第一位，黄金、锰、钒、锆储量居世界第二位，钛储量居世界第四位，磷酸盐、铀、铅、锑储量居世界第五位，煤、锌储量居世界第八位，铜储量居世界第九位。更不必说，南非占据好望角，守着全球最繁忙的海上航线……

老天如此眷顾，可南非就是扶不上墙，始终在发达国家门槛外徘徊。2021 年，南非人均 GDP 为 7055 美元，不到我国的六成。其实，老天不是没给机会，南非也曾一度站到发达国家的门口。

南非经济在一战后起飞，二战期间大国忙于打仗，南非工业借机蓬勃发展，制造业超过采矿业，一举成为最大经济支柱产业。1965 年，南非制造业产值超过采矿业与农业之和，成为名副其实的工业化国家（秦晖，2010）。1932—1980 年，南非经济持续高增长，平均 7 年多翻一番，增长速度之快，持续时间之久，大约只有后来的我国与当年的日本可以匹敌。此时，南非人均 GDP 达到美国的 1/4，如果南非一鼓作气，咬咬牙翻过眼前这座山头，前面就是面朝大海春暖花开。

可惜历史没有如果，就差最后一脚，南非死死被卡在发达国家的门槛外。现如今南非人均 GDP 只有美国的 1/10，经济总量也从以前非洲第一落到第二，被尼日利亚超越。南非守着这么好的家业，就是富不起来、强不起来。

是因为黑人执政吗？当然不是。根据世界银行数据，以 2005 年不变价格计算，在曼德拉上台前的 1974—1994 年，南非人均 GDP 年均降低 0.74%，累计降幅达 14%；1994—2014 年，南非人均 GDP 年均增长 1.64%，累计增长 38.5%，明显超越白人执政时的经济增长率。

不是没底子，不是战乱，不是疾病，也不是政局不稳，就是搞不好，到底为什么呢？

繁荣与衰败的秘密

富强的国家总是相似的，贫弱的国家却各有各的理由。

上述任何一个国家，其繁荣或衰败都可以找出许多理由，国土太大或是太小，人口太多或是太少，资源太丰富得了“荷兰病”或是太贫瘠营养不良，打仗太多千疮百孔或是不打仗没危机感，历史太短缺少沉淀或是太悠久被束缚，传统文化太浅没底蕴或是被荼毒太深，起步一穷二白没底子或是天生太优越没动力，分配结构太不合理逼得人民起义或是高福利养得人民没动力，国际环境太不友好被封锁或是太友好被麻痹，林林总总，五花八门，都很有道理，但是如果要找最大共同点，就是大搞研发则强，不搞研发则弱。

美国、以色列、韩国、瑞典、瑞士、日本、奥地利、丹麦、德国……当我们走近一看，变化的是国别，不变的是它们都一样重创新、重研发。

19 世纪末，美国坐上全球经济头把交椅，成为全球科技研发中心，并一直保持至今。美国研发（R&D）投入占全球的 30%（2011 年），世界前 1% 的引用论文中美国占 46.4%（2012 年），美国三方专利占全球的 27.85%（2010 年），知识产权交易占全球的 50%（2011 年），技术密集型产业增加值占全球的 32%（2012 年），全球诺贝尔奖得主近一半是美国人，世界大学百强中美国占一半以上。美国人发明了蒸汽船、轧棉机、电报、安全电梯、电灯、电话、无线电、电视、空调、汽车、摄影胶卷、飞机、核电、半导体、计算机、操作系统、互联网和基因工程药物、隐形战机（王昌林等，2015）……

这样的国家，想不强大，太难了。

在强敌环伺中，以色列为什么能存活下来还越战越勇？干芯片、搞核能，大国畏首畏尾、前怕狼后怕虎，韩国为什么势如破竹，产业链取得全面突破？生得酸楚，活得伟大，瑞典、瑞士为什么能在穷山恶水之间活成神话传说？在历史惯常的剧本里，原本要走向被奴役、被蹂躏的悲惨结局，日本为什么能逆天改命，上演惊天大逆转？战争打一次败一次，反复被蹂躏，奥地利为什么最终活成“袖珍强国”？没抓住工业革命的先机，割地赔款打碎牙往肚里咽，可如今丹麦活成童话里的公主，为什么？德国从统一开始就火速崛起，一战战败、二战再败，却仍然挡不住德国前进的步伐，为什么？

原因无他，因为它们都舍得投入研发。以色列、韩国研发强度近5%，冠绝全球。瑞典、瑞士、日本、奥地利、丹麦、德国研发强度均在3%以上（见表5-1）。

不管大国还是小国，不管历史荣耀还是屈辱，不管人多还是人少，高强度研发却不富强的，史所未见。

意大利、西班牙、巴西、阿根廷、南非，怀抱辉煌的历史又怎样？坐拥得天独厚的资源又怎样？失去研发这个根本，就是风筝断了线，逃脱不了坠落的命运，就是无源之水、无本之木，国祚终将终结。以世界银行标准将全球国家按照收入分为5组，2017年的低收入国家、中低收入国家、中等收入国家、中高收入国家、高收入国家的研发强度均值分别为0.29%、0.43%、1.15%、1.48%、2.42%（见表5-2）。

人均收入与研发强度强烈正相关，逻辑如此明白浅显。

最深奥的秘密的答案，往往是最平凡的真理。

似乎我们天生就明白，又似乎一直没真懂。1861年，奕䜣上奏《通筹夷务全局酌拟章程六条折》开启洋务运动，比德国统一早，比明治维新早，但三十多年“师夷长技以制夷”到头来被一场甲午海战打回原形。德国直至1871年才实现统一，却在短短三十年间从二流国家一举登上世界历史舞台的中心；1868年，濒临亡国灭种的日本才开启明治维新，不到三十年崛起为亚洲第一强国，击溃北洋水师，赢得日俄战争，踩着清朝和“北极熊”的遗骸成为名副其实的世界强国。烛火观之，当年我们还没懂透。

表5-1 2017年、2018年及2015—2018年主要国家研发强度 (%)

国家	2017年	2018年	2015—2018年最高值	国家	2017年	2018年	2015—2018年最高值
以色列	4.82	4.95	4.95	葡萄牙	1.33	1.37	1.37
韩国	4.55	4.81	4.81	巴西	1.26	—	1.34
瑞典	3.40	3.34	3.40	卢森堡	1.30	1.24	1.30
瑞士	3.37	—	3.37	阿联酋	—	1.30	1.30
日本	3.21	3.26	3.28	西班牙	1.21	1.24	1.24
奥地利	3.05	3.17	3.17	波兰	1.03	1.21	1.21
丹麦	3.05	3.06	3.10	冰岛	—	1.15	1.18
德国	3.04	3.09	3.09	希腊	1.13	1.18	1.18
芬兰	2.76	2.77	2.89	斯洛伐克	0.88	0.83	1.17
美国	2.82	2.84	2.84	俄罗斯	1.11	0.99	1.11
比利时	2.70	2.82	2.82	立陶宛	0.90	0.94	1.04
法国	2.21	2.20	2.27	泰国	1.00	—	1.00
冰岛	2.10	2.03	2.20	克罗地亚	0.86	0.97	0.97
斯洛文尼亚	1.87	1.94	2.20	土耳其	0.96	—	0.96
中国	2.15	2.19	2.19	保加利亚	0.75	0.77	0.96
新加坡	1.94	—	2.18	塞尔维亚	0.87	0.92	0.92
荷兰	1.98	2.16	2.16	南非	0.83	—	0.86
挪威	2.09	2.07	2.09	伊朗	0.83	—	0.83
捷克	1.79	1.93	1.93	马耳他	0.58	0.57	0.83
澳大利亚	1.87	—	1.92	埃及	0.68	0.72	0.74
加拿大	1.67	1.57	1.73	约旦	—	—	0.72
英国	1.70	1.72	1.72	布基纳法索	0.70	—	0.71
匈牙利	1.35	1.55	1.55	印度	0.67	0.65	0.70
爱沙尼亚	1.29	1.43	1.47	卢旺达	—	—	0.69
马来西亚	—	—	1.44	拉脱维亚	0.51	0.63	0.67
意大利	1.38	1.40	1.40	突尼斯	—	0.60	0.63
新西兰	1.37	—	1.37	阿根廷	0.54	—	0.63

资料来源：联合国教科文组织。

表5－2　2013—2017年国家收入水平与研发强度　　(%)

国家分组	2013年	2014年	2015年	2016年	2017年
低收入国家	0.31	0.30	0.30	0.30	0.29
中低收入国家	0.45	0.44	0.43	0.44	0.43
中等收入国家	1.04	1.07	1.10	1.13	1.15
中高收入国家	1.31	1.36	1.41	1.45	1.48
高收入国家	2.36	2.38	2.37	2.37	2.42

资料来源：联合国教科文组织。

强国的奥秘，笃研发尔！弱国的顽疾，顾左右尔！繁荣富强的秘密，就是高强度研发。大道至简，大象无形，大音希声。老子说，“上士闻道，勤而行之；中士闻道，若存若亡；下士闻道，大笑之。不笑不足以为道”。

有人说，历史是个任人打扮的小姑娘。洗尽铅华，历史一览无遗。种瓜得瓜，种豆得豆。大国崛起与衰落，绝无偶然。历史从不故弄玄虚，秘密原来很浅显。历史从不辜负谁，也不会厚爱谁，一切都是最好的安排。

（二）落后就要挨打

人民需要科学，不发展科学的国家，必将沦为殖民地。

——诺贝尔化学奖得主约里奥－居里

1. 弱肉强食：流水的刀俎和不变的逻辑

2019年7月24日，叙利亚遭遇空袭，民宅被炸，5岁女孩莉涵从废墟中露出头和手，拼命抓住7个月大的妹妹，妹妹悬在半空中摇摇欲坠。父亲绝望地大喊，束手无策。

弱肉强食的逻辑改头换面，但本质没有改变。只有科技强国家才强，否则不管体量多大，资源多么丰富，国家多么富裕，都是人为刀俎我为鱼肉。

诺贝尔化学奖得主约里奥·居里说，人民需要科学，不发展科学的国家必将沦为殖民地。1840 年，英国万里迢迢开来几艘军舰，轰开清朝的大门，几万万人民、几百万军队就是打不过几艘军舰。被打蒙了但没打醒，短短半个世纪，我们一败涂地割地 300 多万平方公里，赔款本息约 10 亿两白银，相当于清朝二三十年的财政总收入，当时全球经济总量的 1/3①还多。

是因为贫穷吗？显然不是。当时，我国经济总量占全球经济总量的 1/3，甚至远远超过今天美国占全球经济的比重。挨打的根源，是技不如人。假如 10 亿两白银不是屈辱赔款，而是科研经费，科研人员拿来老老实实做研发，将会怎样？

可惜，历史没有假如。哀之鉴之，勿使后人而复哀后人也。

面对历史的屈辱与无奈，今日的我们没有资格做旁观者。

根据英国科学博物馆学者 Jack Challoner 的统计，从旧石器时代（250 万年前）到 2008 年共产生了 1001 项改变世界的重大发明，其中中国有 30 项，占 3%。这 30 项全部出现在 1500 年之前，占此阶段全球 163 项重大发明的 18.4%。此后 500 多年间，全世界 838 项重大发明中，没有一项来自中国。

对其结论我不认可，对其数据我也质疑。比如，1965 年，钮经义团队人工合成牛胰岛素；1972 年，屠呦呦先生发现青蒿素；我国在超导、核聚变领域都有开创性贡献……但近二百年来，我们落后于世是不争的事实。

落后就要挨打，挨打还得立正。落后，本质是科技落后；强大，本质

① 清朝每年财政收入约 4000 万两白银，综合税率为 5%。当时，清朝经济总量约占全球经济总量的 1/3，概略估计全球经济总量约 24 亿两白银。

是科技强大。人类同千虫百兽同根同源，都是生化反应支配的有机物，渡水不如鱼，猎食不如虎，负重不如牛。亿万年进化过程中，唯独人类修长城，筑金字塔，下观深海，上察宇宙，不靠尖牙利齿，也不靠勤劳勇敢，而是靠智慧，这是人类独一无二的天赋。科技是智慧的结晶，要摆脱落后挨打的悲催命运，唯有科技。

为了昨日不重现，唯有今日生死以赴。

2. 昨日不重现：挨打不如科研

改革开放后，我们勒紧裤腰带一心一意搞建设，韬光养晦不出头。1999 年，美国 5 枚精确制导炸弹“误炸”我国驻南斯拉夫大使馆；2001 年，美国侦察机闯入南海，与我战斗机发生碰撞，勇士王伟长眠海底。

一炸一撞刺痛了国人，于是我们发力军事。十多年过去了，国产航母服役，新一代核潜艇出海，“巨浪 –3”冲天，“运 –20”投入使用，“歼 –20”隐形战机形成战斗力，反舰弹道导弹试射成功……自古以来，军事都是集中人类最顶尖技术的领域，军事能搞上去，其他领域也可以。

落后就要挨打，同样适用于经济领域。2018 年 4 月 16 日，美国宣布未来 7 年内禁止中兴通讯从美国购买高科技产品，中兴随即陷入瘫痪。最终，美国对中兴公司罚款 14 亿美元，相当于每名国人“进贡”1 美元。

紧接着是华为，这次来势更为凶狠。美国指使加拿大扣押华为高管孟晚舟，并宣布进入紧急状态，把华为列入“出口管制名单”。世界超级大国为对付一家企业宣布进入紧急状态，世界史上闻所未闻。美国总统、副总统、国务卿、国防部部长，全球游走胁迫其他国家共同打压华为。

华为何以被美国疯狂打压？因为华为向美国的领先科技发起了挑战。

华为拼刺刀，拼出“中华有为”。近三百年来，我们头一回在一项基础性、关键性技术上全球第一，西方高耸的技术城墙被华为轰开一个豁口。独木不成林，华为无力对抗美国的全面打压，遭遇很大困难，但华为的苦战为我们打了样儿。

华为能做到，任正非能做到，凭什么我们做不到？翻身上马现在就出发，没有翻不过的高山，没有过不去的草地，没有攻不破的楼兰。如果不自甘沉沦，不想困在“中等收入陷阱”里坐井观天，不想世世代代苦役苟活，就背上屠龙宝刀，华山论剑。

人终有一死，与其挨打不如搞科研。

（三）开天虽难为之则易

不为则难，为之则易；天下之事，莫不如此。

1. 最难之事：华夏苦夷技久矣

1919 年，陈独秀在《新青年》大力提倡“德先生”（民主）与“赛先生”（科学）。此时，德国设立李比希实验室已近百年。但迟到比不到强百倍，我们抛头颅，洒热血，终于“德先生”安营扎寨，“赛先生”还在路上。没有一番寒彻骨，“赛先生”是请不来的。

为了护佑华夏，先祖举全国之力修长城，延绵万里，持续千年。科技就是今日的万里长城，值得我们拿出千年修长城的精神，一以贯之持续攻坚。科技这一仗，早晚都要打，晚打不如早打，小打不如大打。经济强大是果，科技强大是因；科技强大是果，科研强大是因。

可直到现在，一提到自主研发还是会有很多貌似冷静的看客告诫，不要当“义和团”，要冷静，不要冲动，造不如买，买不如租，搞研发不合算。此种言论似是而非，颇能动摇人心。他们哪里懂得，自古没有场外的举人，十大元帅是血战疆场杀出来的，高端产业是年复一年迭代磨出来的。他们哪里看见，远有清军战败赔款 10 亿两白银、割地 300 万平方公里，近有我大使馆被精准“误炸”，华为、中兴被美国长臂管辖罚款打压。这笔经济账，该如何算？

华夏苦夷技久矣。科研创新难，开天辟地，筚路蓝缕，往人之所不能往，为人之所不能为，忍人之所不能忍，故能成人之所不能成。太行不除，愚公不死，智叟永在。只有饿死的懒汉，没有累死的愚公。

“运－10”是我国第一款大飞机，1970年下达研制任务，1980年首飞成功。时任波音副总裁斯坦因纳称，“运－10不是波音的翻版，更确切地说，它是该国发展其设计制造运输机能力十年之久的锻炼”。路透社载文说，“在得到这种高度复杂的技术后，再也不能把中国视为一个落后的国家了”。只要不抛弃、不放弃，哪怕保留星星火种，我们都或可成为全球航空三强，与波音、空客并肩鼎立。可惜，一文钱逼死英雄汉，中华民族竭尽全力也无法支撑如此巨大的项目。“运－10”被迫下马，队伍散了，人心伤了，科学家解甲归田，我们自废武功。等我们回过神重新上马再战时，当年将士已然暮年，漫天尽是空客波音。往事不能再提，民族几多风雨，记忆抹不去，痛与伤都还在那里。

聂荣臻的警示言犹在耳，一退就会落后，一落后就是几十年，那将来我们的子孙都会骂我们的。回望当年，在困苦绝境中，我们毅然推进“两弹一星”，需要多大的勇气与决心！那些年几乎是新中国最艰难、最缺人才的时候，惊天动地的大事就这样干成了，一锤定音。艰难困苦，玉汝于成。

2013年我国自主研发的大型运输机“运－20”成功首飞，2016年正式列装空军部队；2016年我国自主知识产权的大型喷气式民用客机C919成功首飞，2023年开启商业运行。

狂风暴雨之后，彩虹当空；

重山深涧之末，一马平川。

万事难，难不过不为；科研难，难不过投子认输。

2. 为之则易：崎岖的路最好走

不为则难，为之则易；天下之事，莫不如此。

这一生要是浑浑噩噩酒囊饭袋，生或死，来或去，不带走一坨泥巴，也没见过一朵彩云，与咸鱼有何区别？

做什么比怎么做更重要，走错方向比原地不动更要命。如果不稳扎稳打搞科研，我们就只能困在食物链底部，永远也登不上产业链“金字塔”的顶端。勤劳与智慧须同行，只有智慧没有勤劳，只是空谈；只有勤劳没有智慧，与苦役何异？

搞科研，中国人是行的。且不说中华儿女中就有杨振宁、李政道、丁肇中、李远哲、朱棣文、崔琦、钱永健、高锟等多名诺贝尔自然科学奖得主，就看看新中国成立后我们干的大事吧。

原子弹难，对还没吃饱饭的中国人来说更难。陈毅说，中国人就是把裤子当了，也要把原子弹搞出来；聂荣臻说，不搞出“两弹”来，我死不瞑目；毛泽东主席说，中国是大国，一个大国要有发言权，这个决心就必须下。于是从最开始有意搞原子弹，到最终炸响满打满算也就十年。

1959 年，毛泽东主席说：“核潜艇，一万年也要搞出来!”研发出核潜艇，是螺蛳壳里做道场——难度无比大。结果远不到一万年，1970 年我们第一艘核潜艇就下水了。

航空发动机，我们上马又下马，今天要买明天要仿，白白浪费了几十年。后来，我们下定决心大干一场，1978 年预研，2006 年正式定型，历时二十八年我国成为美国、俄罗斯、英国、法国之外第五个航空发动机强国，“歼 - 10”“歼 - 11”“歼 - 20”都装备了自主发动机，我国航空进入全球第一梯队。

预警机难，把庞大的雷达和指挥作战系统装进小小的飞机，全球仅美国、俄罗斯、以色列等少数几个国家具备研制能力。20 世纪 90 年代，我们与以色列联合研制预警机，结果美国层层阻挠逼迫以色列在 2000 年撕毁合同。我们痛定思痛，2002 年决定发展国产预警机，但不幸经历 2006 年机毁人亡的惨剧，痛失一大批顶级专家。掩埋好战友的遗体，我们铁了心“一条道走到黑”。当“空警－2000”预警机亮相 60 周年国庆大典时，一出世就是“世界上看得最远、功能最多的先进预警机”，比美国最具代表性的“E－3C”预警机整整领先一代。

通信技术军民两用，集电子技术之大成，向来由欧美牢牢把握主动权。20 世纪 90 年代，我国通信市场是欧美列强的赛马场，号称“七国八制”，它们是来自日本的 NEC 和富士通、美国的朗讯、加拿大的北电、瑞典的爱立信、德国的西门子、比利时的 BTM 公司和法国的阿尔卡特。彼时国内电子“领头羊”是联想，“技工贸”与“贸工技”之争刚刚尘埃落定，联想赶走院士创始人倪光南，在“贸工技”道路上一路狂奔。“造不如买，买不如租”是社会共识，无人愿意流血流汗做研发，太苦太累还费力不讨好。但任正非认准研发，他说“如果失败，我只有从楼上跳下去”。所幸，1992 年华为研制成功 HJD48 交换机，快速占领农村市场；1994 年研制成功 C&C08 数字程控交换机，具备国际先进水平。自此，华为在高手云集的通信市场站稳脚跟。凭借“拼命三郎”式的研发，华为攻城略地，一众国际大厂溃不成军。这是英雄与英雄的对垒，这是硬汉与硬汉的厮杀，拳拳到肉，刀刀见血，华为赢了。

真干，一干就成；不干，万事无成。先有“两弹一星”的举国大计，后有钱学森的不世之功。最崎岖的路，往往最好走；最平坦的路，往往最难行。

（四）大国优势：后发的巨人

道阻且长，但我们不会后退，前面就会凌绝顶；力量悬殊，但我们只管前行，身后才是深渊。

1. 大国优势：后发的巨人

当仁不让，我们是最有优势开展科研的国家。有些研发投入大、风险高，其他国家可能经济不可行，但我们或许就可行。为什么呢？

我们人口规模全球第一，经济规模全球第二，研发投资摊薄到每个用户身上，单位研发成本相对低。我们人口多，只要选人得法，更容易找到智慧灵光的天选之子，研发更有可能取得成功。人口和经济规模大，可以负担更多科学家开展研发，一部分衍生高端产业，一部分改进现有产业，一部分作为智力储备。

美国正是以此起家。美国人口规模不小，从全球吸引顶尖人才，以霸权占有全球市场，研发成本通过全球用户摊薄，坐享最低单位研发成本。有人说美国只搞高科技、金融，导致空心化。2020 年，美国一纸禁令，我们科技“领头羊”华为伤筋动骨，才发现原来顶级技术依旧掌握在美国手中，不仅是芯片，还有发动机、工业基础软件、医药、材料、生物……美国领先清单还很长，几乎在所有关键领域都一骑绝尘。2000 年，美国“科技泡沫”破灭。真的破灭了吗？其实只是投资者狂热催生非理性繁荣，破灭的是估值泡沫，科技还在，人才还在。之后，美国科技行业高歌猛进，谷歌、Facebook、Twitter、苹果崛起，微软迎来第二春，ChatGPT 引爆人工智能，美国依旧强势引领全球新经济。

相对欧美，我国政府掌握更多资源，动员能力更强，用好了是倚天长剑，用不好是致命死穴。以往我们政府资源多投向基础设施和产业升级，效果不错。基础设施日臻完善，拉动上下游，便捷人物流通。核电、高铁、太阳能、风能、新能源汽车初期都曾受惠于产业补贴，逐步具备全球竞争力。2019 年，美国发力打压我国芯片产业，证明我国早在 2014 年启动的国家集成电路基金极有远见，不仅力保国产芯片火种不灭，而且稳站第二梯队，紧逼第一梯队。

以前的成功只是牛刀小试，我们要更大力支持技术密集型产业、应用技术、基础科学研究，建立更多国家实验室、大学实验室、企业实验室，全面推进科学技术大踏步前进。但要谨记，切忌急功近利，勾践灭吴尚且十年生聚、十年教训，更何况中华民族复兴伟业呢？

我们享有后发优势。20 世纪上半叶，人们认为 4 分钟跑 1 英里将导致心脏爆炸，超出人类生理极限。当时，世界顶级运动员约翰·兰迪说，“这就好比试图穿越一堵墙，4 分钟跑完 1 英里已非我能力所及”。英国医学院学生罗杰·班尼斯特不信邪，立志打破这一迷障。1954 年 5 月 6 日，罗杰仅用 3 分 59. 4 秒跑完 1 英里，心理迷障被击碎。此后三年，先后有 16 位运动员突破“无法逾越”的 4 分钟大关。

现如今，国外有牛顿、爱因斯坦、爱迪生、贝尔等打破认知迷障，国内有华为、杨伟等接连突破 5G、隐形战机等“无形之墙”。芯片、核聚变发电、精密机床、医药、材料、发动机、基础工业软件等绝不是能禁锢中华民族的无形藩篱，民族要复兴就必须突破心理迷障。

百年屈辱的阴云，该散去了；民族复兴的战鼓，已经擂响。我们要做的就是踏踏实实搞科研，别取巧，别偷懒，别“造不如买”，别“研不如仿”，别标签造汉芯，别自废武功……老老实实下苦功夫，做夸父，师愚公，学勾践，铁杵终将磨成针。

2. 人才：沉默的大鹏

科研能基于现有人力、物力，保障科学家开拓科技前沿，孕育新兴产业，推动社会进步。如果现有人力和物力充足，那么社会就足以负担科研，剩下的只不过是资源配置问题。我们高端人才够用吗？

我们国之重器的设计师，其毕业院校有西工大、哈工大、南华大学、西电，反而毕业于清华、北大的却没想象中的那么多（见表5-3）。最高学府清华、北大毕业生都干什么去了？

在本人的工作经历中遇到不少清华、北大人，他们的专业有生物、材料、电机、土木、物理，却统统跑去干金融。深圳某街道办招聘，引来一溜清华、北大毕业生，还有哈佛大学脑科学中心的博士后，让人以为是高端项目招聘科学家。

对错暂且不论，上述现象起码说明我们搞科研不缺人才。如果我们投入更多资源搞科研，高端人才多一处用武之地，就有可能在某个领域推动人类前进；反之，大量高端人才要么赋闲，要么降维就业，是对人类智力的巨大浪费。

当前，高端人才降维就业与高新技术欠缺并存，冰火两重天。我们不缺人才，关键是把人才选出来、用起来。对于选良用贤，中华民族是有绝招的，四科取士、九品中正、科举制度，先贤探索出不少符合当时环境的选人之道。隋唐开科举，不论贫寒贵贱，只要有真才实学就能步入殿堂治国理政，这是多么伟大的创举！看着新科举人鱼贯而入，唐太宗满心欢喜，直呼“天下英雄尽入吾彀中矣”！随即大唐进入鼎盛，成为当时的超级大国。

突然想起李白的那只大鹏，我们之中还有多少沉默的大鹏？

风和日丽

一片欢声笑语

喜鹊嘤嘤叫，蝴蝶翩翩飞

唯独你沉默不语，痴痴磨砺

十里春风，雨打青梅

不是没有希冀

只是在静静等待狂风暴雨

乘着雷电冲天而起

多么快意

表5-3 大学校友之“大国工匠”

序号	姓名	项目及职务	毕业院校
1	朱英富	“辽宁舰”总设计师	上海交通大学
2	吴光辉	“C919”总设计师	南京航空航天大学
3	杨伟	“歼-20”总设计师	西北工业大学
4	梁建英	“复兴号”总设计师	同济大学
5	谢军	北斗卫星首席总设计师	国防科技大学
6	胡伟武	“龙芯”首席科学家	中国科学技术大学
7	林鸣	港珠澳大桥总工程师	东南大学
8	孟凡超	港珠澳大桥总设计师	重庆交通大学
9	吴伟仁	探月工程总设计师	中国科学技术大学
10	徐芑南	“蛟龙号”总设计师	上海交通大学
11	常进	“悟空”卫星首席科学家	中国科学技术大学
12	胡震	“深海勇士号”总设计师	南华大学
13	南仁东	中国天眼总工程师	清华大学
14	潘建伟	“墨子号”卫星总工程师	中国科学技术大学
15	童文	华为5G首席科学家	东南大学
16	郑守仁	三峡水电站总设计师	河海大学
17	杨宏	“天宫一号”总设计师	西安电子科技大学
18	朱根鹏	“天宫二号”总设计师	哈尔滨工业大学
19	李东	“长征五号”总设计师	北京航空航天大学
20	孙家栋	“嫦娥一号”总设计师	哈尔滨工业大学
21	吴伟仁	“嫦娥二号”总设计师	中国科学技术大学
22	孙泽洲	“嫦娥三号”“嫦娥四号”总设计师	南京航空航天大学

3. 物力：粮多草广

高端人才够用，那物力是否足够支撑我们科研呢？

先看看科研投入到底投入的是什么。科研投入分为科研人员衣食住行、科研大楼、科研仪器、实验耗材等，因此物力能否支撑科研其实就是看不从事科研的人能否生产出足够多的物资，既能满足社会大众所需，也能满足科研需要。

衣食住行、科研大楼，对应的是纺织服装、农业、畜牧业、房地产、汽车、交通运输等行业，我们不但足以负担，而且早就产能过剩，增加研发投资不但有助于化解产能过剩，而且有利于提振经济。科研仪器、实验耗材，大部分是我们自己生产，少部分由科研人员自行研发，还有少部分依靠国外进口。自研和自产部分，不仅不是负担，反而能增加国内需求，提振经济，更重要的是还可以培育精密仪表、精密机床、工业软件等“工业的工业”，逐步补齐短板。美国强，不但强在面向消费者的产业领域，还强在“工业的工业”领域，这些领域需要一代又一代科研人员前赴后继迭代改进。至于部分短时间内无法自产的高精尖仪器设备，我们外汇储备丰富，用来买高科技设备，效用比买美国国债强百倍，用得其所。以此观之，增加科研投入，我们不仅负担得起，还可以拉动需求、提振经济，一举多得。

以前，我们生产力有限，粮食生产和工业能力都不够，于是不得不勒紧裤腰带搞“两弹一星”，“运－10”大飞机都上天了，却还是不得不下马。今非昔比，现在我们粮多草广，开展科研有非常雄厚的物力基础。我们经济总体过剩，衣食住行产能充裕，新增研发投入不但不会缩减其他领域的消费与投资，还可以增加社会总需求，拉动经济。

4. 经费：官民并举

人力、物力足以支撑，那么剩下的问题就是科研经费，其本质是经济资源的配置。经费是科研的“牛鼻子”。

资金决定人力与物力流向，各行各业都需要资金，都渴望阳光普照、雨露均沾，但明智的社会应优先保障研发。

经费来源不同，分担机制不同，效果也有所差异。科研经费要官民并举多方筹措，潜在来源有财政支出、企业自筹、彩票基金和引流新发货币等。

财政投向科研，实际是全体纳税人承担科研经费。传统的财政资金往往倾向于投向基础设施，修路架桥，“火车一响，黄金万两”，能加快经济发展。当前我国基础设施日趋饱和，新增基础设施投资拉动经济的边际效用递减，科研正好弥补这一空缺，成为拉动经济的新引擎。

路桥跑物流、人流，可以让我们吃饱饭、穿暖衣；科研跑智力，可以让我们富起来、强起来。要在需重点突破的领域设立国家实验室，给予丰厚报酬，面向全世界广揽人才。庭院梧桐栽，何愁凤凰不来？要多些耐心、恒心，聚精会神修筑科技的“万里长城”。越王称霸“十年生聚，十年教训”，科教兴国也要十年计、百年计。

基础科学更多靠财政，应用科学更多靠企业。基础科学研发周期长、耗资大，但影响深远决定国家走向，需财政投入，全民共担；应用科技研发周期相对较短，可以靠企业投入，快速产业化，较快实现经济回报。国家可以助推，比如针对重研发的高科技企业，国家与之共建工业实验室，减税免税，设立基金投资参股，鼓励上市等。助推得法则有点石成金的神奇，能四两拨千斤，以较少财政投入引导巨量社会资本投入研发。

企业在市场摸爬滚打，更能感受市场温度，更能捕捉稍纵即逝的市场机会，找准研发方向。三星志取芯片，投入巨量资本，两代人接力研发，一举建立存储、设计、代工等芯片全产业链帝国；小米瞄准智能手机更新换代的短暂机遇，集中火力研发价格合适、性能卓越的智能手机，一举扫荡山寨机，顺手把诺基亚、摩托罗拉拉下马；华为敏锐洞察通信设备的锦绣河山，豁出身家性命背水一战，打破欧美垄断，登上通信领域的王座。

我们有福利彩票、体育彩票，不妨搞科研彩票。经费不足的本质，是生产力低下不足以支撑体育发展、托底社会福利。彩票资金投向体育和福利只是治标，提升生产力才能治本。扬汤止沸，莫若去薪。设立科研彩票，可引导更多资金投向科研，从根本上提升生产力，创造更多财富促进社会全面发展。

增发货币也可匀出少部分用于研发。增发货币之于经济，就像灌溉之于农田，水流之处庄稼吃饱喝足。惯常的货币传导机制是增发货币大多通过银行，部分直接或间接流向房地产和股市，这对实体经济几无帮助；部分流向实体经济；部分流向政府平台，多用于基础设施，其边际效益日益降低，政府负债沉重，此路日渐不畅。

既然是浇水，浇花浇叶不如浇根。建立长效机制，从巨量增发货币中匀出3% ~5%（0.8 万亿 ~ 1.4 万亿元），定向用于科研。形式可以多样，但本质不变，比如推出“科研长期便利”（Technology Long – term Facility，TLF），或者央行以外汇出资再兑换人民币成立科研基金。0.8 万亿 ~ 1.4 万亿元资金之于货币增量只是九牛一毛，但对研发则是巨款，占 2022 年我国研发投入 26% ~45%，可以极大刺激科技进步。投向科研的增发货币，在二次流通中流向衣食住行、设备仪器，创造需求拉动经济，发挥增发货币的原本功用。什么也没耽误，还能增强科技实力，如此花钱，夫复何求。

2022 年，我国研发投入 30870 亿元，居世界第二，占 GDP 比重的 2.55%，为我国史上最高。成绩斐然，但道路仍很漫长。考虑到美国科技强大的领跑优势，而我们仍处于奋起直追的现状；考虑到美国科研效率的经验优势和业已证明的优异表现，而我们尚未很好回答“钱学森之问”，还在苦苦摸索顶级大师的识别之道；考虑到美国从全球76亿人选拔顶尖人才，而我们从14亿人中选拔人才。要追上美国，我国只能人十我百、人百我千，集中优势兵力攻克前进道路上的碉堡，树立不把红旗插上科学的珠穆朗玛峰誓不罢休的决心。

以此论之，我国研发强度（研发投入/GDP）超越美国1%～2%为宜。

道阻且长，但不要后退，前面就会凌绝顶；力量悬殊，但只管前行，身后才是深渊。什么也不用再说，什么也不去再想，往前走就是了。

热爱生命

汪国真

我不去想是否能够成功
既然选择了远方
便只顾风雨兼程
我不去想能否赢得爱情
既然钟情于玫瑰
就勇敢地吐露真诚
我不去想身后会不会袭来寒风冷雨
既然目标是地平线
留给世界的只能是背影
我不去想未来是平坦还是泥泞
只要热爱生命
一切都在意料之中

（五）科研动力：利益之火

利益是智慧的导火索。

1. 激励之下方有大师

虎跑寺坐关三年闭目不语的得道高僧，面对王阳明“爹娘便是灵山佛，不敬爹娘敬甚人”的诘问，不禁泪如雨下，第二天就还俗伺奉老母去了；佛性坚定如唐僧，在女儿国也不免期盼来生再会，临行上马也不禁回头一望；憨厚愚钝不食烟火如郭靖，也要珍馐佳肴宴蓉儿，汗血宝马赠佳人。更何况我等凡人？抬头柴米油盐，睁眼妻子儿女。

对美好生活的追求是人的本性，佛也好，道也好，儒也好，基督也罢，任何外在教化都无法阻挡人性的力量。人性源自千千万万人的内心，是奔腾世间的江河，可疏不可堵，顺之则擂响激荡壮志豪情的战鼓，逆之则汇成召唤死亡与毁灭的海妖之歌。

我们见诸报道的典型科学家，几乎都一个“套路”，不是思考入神走路撞树，生活几乎不能自理，就是几十年如一日隐姓埋名，不能侍奉双亲照顾孩子，甚至忍受疾病熬夜加班倒在岗位上。如果科学家真的如此无趣困苦，那就只能供奉在神坛，正常人类无法亲近，谁还去当科学家呢？我所认识的科学家生活丰富多彩，也有七情六欲，只不过勤于用脑一点，专注度高点，其他与常人没什么差别。

科学家也是人，行人间之事，造人间之福，思人间之欲。大师可以淡泊名利，但社会不能要求他们苦守清贫。“你我皆凡人，生在人世间，终日奔波苦，一刻不得闲，既然不是仙，难免有杂念，道义放两旁，利字摆中间。”只有认识到位，才能做到位。想真正认可科学家对人类进步、经济发展的根本性作用，光靠精神奖励不够，还必须落到物质激励上。

理想状态下，顶级科学家是一群进入自由王国的人，任凭好奇心驱使，行走在世界之巅，既无衣食之忧，也无名利之累。要让更多的科学家进入自由王国，甘于寂寞，笃守科研“象牙塔”，就要彻底消除他们的后顾之忧，充分承认他们的价值，让为人类负重前行的巨人供得起房，养得起孩子，孝敬得起父母双亲。

吃“大锅饭”就磨洋工，为自己干就起早贪黑，在对美好生活的追求上，科学家与农民没有本质区别。我们不能要求科学家既有天才大脑，穷尽宇宙真理，又个个是圣人，要求他们先天下之忧而忧，后天下之乐而乐。要点燃科学家的小宇宙，就必须承认科研的价值，用利益激发超级大脑的潜能。拆迁建房可以发财，挖煤淘金可以发财，推动人类前行的科学家更应该发财，要不然我们芸芸众生怎能享受花好月圆、云淡风轻呢?

科学家理应获得最高物质待遇、最高尊重，让中华民族的优秀儿女以当科学家为荣，让科学家成为一个人人羡慕的职业，让全球最优秀的科学家都梦想到中国做研究。

激励之下，方有大师。

2. 激励之道：创新之火的燃料

既然激励如此重要，那么怎样激励才最有效呢?

应以机制保障科研人员获得高回报。对基础科学研究要重物质奖励，重保障；对应用科学研究则重市场，重知识产权保护。科学家中只有极少数能既做科研也善运营，既有高智商也有高情商，既能做出一流成果也能凭一己之力将其转化为财富、地位和经费。大多数科学家尤其是一流科学家，一心科研，在这个“一切向钱看”的时代甚至显得格格不入。科学家是社会的宝贵资源，其聪明才智应该全部用到攀登科学珠穆朗玛峰上，不应浪费半点在跑关系、找经费上，好的机制应保障这一点。

基础科学短期内较难转化为产业，但又非常重要，是人类认识自然、改造自然的根本动力。1905 年，爱因斯坦提出相对论，突破核物理理论；1945 年，美国才造出原子弹；1954 年，苏联才建成核裂变发电站；预计到 2050 年前后，核聚变发电站才能建成并投入商用。核聚变发电极有可能成为人类的终极能源，从理论突破到实用耗时虽长但意义重大。

以伽利略、牛顿为起点，基础科学为人类开启了自然奥秘之门。就以脑科学为例，人类意识和情绪是怎样形成的？其他物种可能拥有智慧吗？人类如何记忆、思考和学习？再如基因，每个基因作用是什么？基因之间如何相互作用？跨物种基因重组，会有什么结果？

显然上述问题很有意义但短期内难以突破，所以基础科学要靠财政资金持续投入，提供有竞争力的报酬，吸引高端人才。

实用科学研究则要重点通过市场进行激励，比如加强专利保护、明确科研人员享受成果收益的比例、探索建立技术交易所、鼓励科研人员设立公司进行成果转化等。

林肯说，“专利制度，是在天才的创造火焰中添加了利益的燃料”。只有保护知识产权，让创新有利可图，才能激发科研人员持续不断创新。创新大国无不注重保护专利：英国于 1624 年颁布《垄断法》，明确保护专利权；美国于 1787 年制定《宪法》，历史上首次将知识产权保护写入《宪法》；法国于 1791 年颁布第一部《专利法》；日本于 1871 年颁布专卖简则，1885 年正式颁布《专卖专利条例》；德国于 1877 年颁布第一部专利法。我们要保护创新就必须保护知识产权，让创新者享有巨大利益。民族没有创新，何来前途？没有专利保护，谁来创新？

还应以制度明确科研人员享受成果收益的比例。在国有科研机构、大学院校中，科研人员关于成果收益的分享比例不应低于 50%，且比例越高越好。所有成果都取决于人，如果人不发力，国家即使占有 100% 也没用。

技术交易所可以充分发掘专利的价值。发明专利在技术交易所上市，企业和个人可开展交易，如同公司在股票交易所上市获得市场公认的价值一样，技术交易所可提升专利的流通性，充分发挥专利价值，为技术研发提供资金支持，促进研发活动。

鼓励科研人员设立企业，加快技术转化。技术再先进，没有应用于产业，也无法实现价值。应该允许国有科研机构和大学科研人员设立企业，允许科研人员占重要股份，助推科研成果转化。有人担心国有资产流失，干脆“一刀切”，一概不允许。但其实激励不足、成果出不来才是最大的国有资产流失，科研人员创造力被活活闷死，价值创造就根本无从谈起。不如放开，允许科研人员在科技成果中占股，让他们撸起袖子甩开膀子，放开去干，干出个联想、中兴、华为、谷歌、苹果也未可知。如果能成功孵化出一家行业巨头，科研投入就可以翻倍回本，更不用说带来的就业、税收等巨大社会效益了。

让科学巨子“甘于”困苦的社会是可悲的，但愿未来富翁中有科学家一席之地，这是中华之幸。

（六）我们的研发——巨人青春期

笃定去干，无功不成；半途而废，寸功不立。

莫欺少年穷。我们是正在蹿个子的少年，是早晨八九点钟的太阳，注定要照耀世界。世界的正午，正朝我们走来。

1. 研发规模：大而不强

我们的研发投入到底处于什么水平呢？

随着经济规模日益扩大，我国研发投入也增长为一个巨大的数字。根据联合国教科文组织数据，按照购买力平价计算，2018 年我国研发投入 4652 亿美元，仅次于美国的 5816 亿美元，超过英、法、德、日研发投入之和（见图 5 －1）。

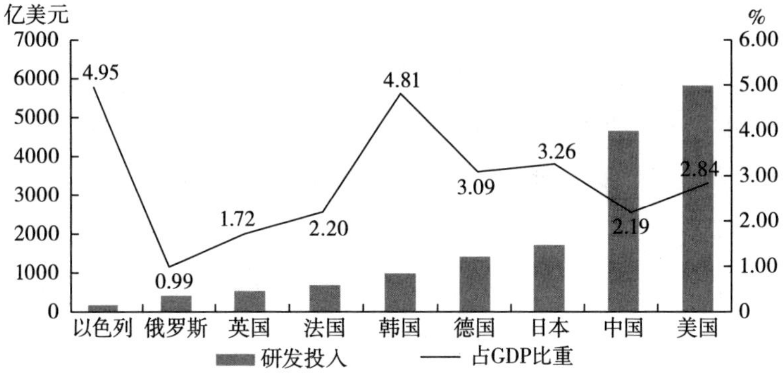

图 5 －1　2018 年主要国家研发投入与强度

资料来源：联合国教科文组织。

从研发强度（全社会研发投入占 GDP 比重，下同）来看，我国处于中等水平，距离研发强国尚有一定距离。2018 年我国研发强度为 2. 19%，2021 年升至 2. 44%，接近 2018 年经济合作与发展组织（OECD）国家 2. 47% 的平均水平，但仍然低于以色列、韩国、瑞典、瑞士、日本、德国、美国等研发强国。2018 年美国研发强度为 2. 84%（见图 5 －2），研发投入 5816 亿美元，占全球研发投入的 26%，遥遥领先；美国还在加大研发力度，2022 年研发投入达到 9199 亿美元（美国经济分析局），研发强度更是达到 3. 57%，超过日本和德国。

种瓜得瓜，种豆得豆。天下没有无因之果，没有无缘无故的繁荣，也没有无缘无故的落后。它们先发且科技底蕴雄厚，我们后发且科技积累薄弱，要超越它们别无他法，只能提升研发强度。花小钱、办大事、出奇迹，可以成于一域、成于一时，但加快不了大国崛起的步伐。我们要崛起、要赶超，首先要在研发强度上实现赶超。

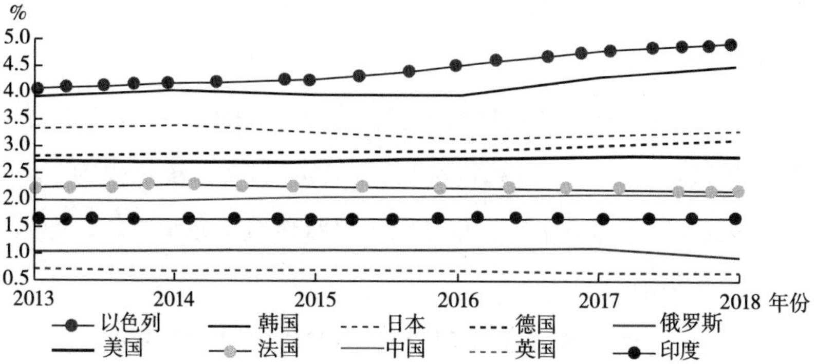

图 5－2　2013—2018 年主要国家研发强度

资料来源：联合国教科文组织。

从研发投入的增长来看，我们处于中游水平。从 2013 年到 2018 年，我国研发投入从 3234 亿美元增长到 4652 亿美元，增长 43.9%，进步不可谓不大。可一山还比一山高，同期以色列研发投入增加 56.8%，韩国增加 44.3%，德国增加 37.4%，就连美国也在庞大的研发基数上又增加 27.9%。近年来，我国研发投入增速放缓，研发强度仅小幅增至 2.55%（2022 年）。美国、以色列和韩国等研发强国却继续高歌猛进，研发强度分别达到 3.57%（2022 年）、5.44%（2020 年）和 4.81%（2020 年）。大国崛起如逆水行舟，前进得慢就等于后退。

2. 诺贝尔奖：零的突破

在顶级科研成果上，我国处于什么水平？

诺尔贝奖代表了全球基础科学研究的最高水平，是一国科研水平最明显的“指针”。通过分析诺贝尔奖得主的国别分布，可大致得知各国的基础科学实力分布。我统计了从诺贝尔自然科学奖设立至 2021 年的得主国籍分布情况（见表 5－4）。美国一马当先，共计 296 人获得诺贝尔自然科学奖，占比 46.84%，具有碾压性优势。英国共有 89 人获得诺贝尔自然科学奖，占比 14.08%。德国共有 71 人获得诺贝尔自然科学奖，占比 11.23%。法国共有 36 人获得诺贝尔自然科学奖，占比 5.7%。日本共有 19 人获得诺贝尔自然科学奖，占比 3.01%。日本进步尤为明显，2000—2021 年日本拿到 14 个诺贝尔自然科学奖，超过德国（8 人）和法国（9 人）。短短数十年，日本已不再跟着欧美亦步亦趋，而是奋力站到全球科学最前沿。

表 5－4　截至 2021 年诺贝尔自然科学奖分布情况

国家	物理（人）	化学（人）	医学（人）	合计（人）	占比（%）
美国	100	81	115	296	46.84
英国	25	30	34	89	14.08
德国	25	29	17	71	11.23
法国	15	10	11	36	5.70
日本	10	6	3	19	3.01
瑞典	4	4	8	16	2.53
荷兰	8	4	2	14	2.22
瑞士	4	6	6	16	2.53
俄罗斯/苏联	9	1	2	12	1.90
丹麦	3	1	4	8	1.27
加拿大	4	3	1	8	1.27
奥地利	3	2	2	7	1.11
澳大利亚	1	0	6	7	1.11
意大利	4	1	2	7	1.11
比利时	1	1	3	5	0.79
以色列	0	4	0	4	0.63
挪威	0	1	2	3	0.47
匈牙利	0	1	1	2	0.32
阿根廷	0	1	1	2	0.32
印度	1	0	0	1	0.16
爱尔兰	1	0	0	1	0.16
巴基斯坦	1	0	0	1	0.16

续表

国家	物理（人）	化学（人）	医学（人）	合计（人）	占比（%）
芬兰	0	1	0	1	0.16
捷克	0	1	0	1	0.16
西班牙	0	0	1	1	0.16
葡萄牙	0	0	1	1	0.16
南非	0	0	1	1	0.16
中国	0	0	1	1	0.16
捷克	1	0	0	1	0.16
合计	0	0	0	631	100.00

资料来源：根据公开资料整理。

截至2022年，我国诺贝尔自然科学奖得主仅屠呦呦先生一人。前路漫漫，道阻且长，我们还需更努力。

3. 应用科技：崛起的巨人

从应用科技来看，我们成就如何呢?

1885年，美国专利申请量达34697件，许可23285件；日本专利申请量达到425件，许可99件。而我们呢?在此之后二十年，詹天佑才开始修建我国自主设计建造的第一条铁路。在那个时代，我们与它们仿佛处在两个世界。

整整一百年后，我国才正式实施首部专利法。这一年我国申请专利8558件，许可44件，而美国、日本、韩国和欧盟分别申请专利115235件、299851件、10585件、36916件，许可量分别达到71661件、50100件、2268件、15117件。

所幸，我们的专利申请量正在迅速增加。根据世界知识产权组织信息，2017年我国专利申请量为138万件，美国为60.7万件，日本为31.8万件，韩国为20.5万件，欧盟为16.6万件。近年来，我国专利申请量增速冠绝全球，从2000年到2017年，我国专利申请量增长25.6倍，美国增长1.05倍，日本减少24%，韩国增长1倍，欧盟增长65%（见图5-3）。

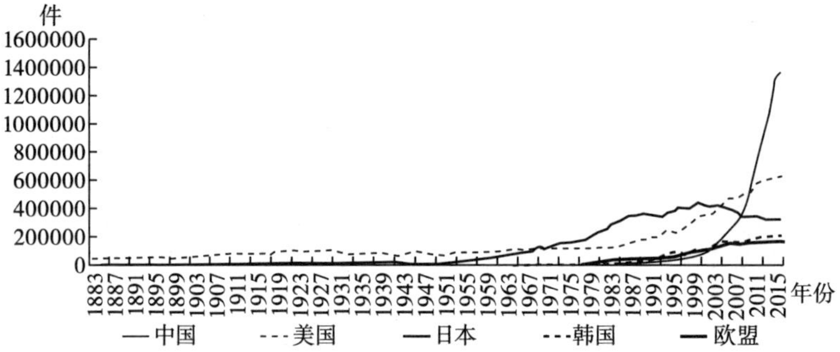

图5-3　专利申请前五位趋势

资料来源：世界知识产权组织。

我国专利许可量也居前列。2017年我国专利许可量为42万件，美国为31.9万件，日本为20万件，韩国为12.1万件，欧盟为10.6万件。我国专利许可量增速全球第一，从2000年到2017年我国专利许可量增长31.2倍，美国增长1.02倍，日本增长59%，韩国增长2.5倍，欧盟增长2.8倍（见图5-4）。

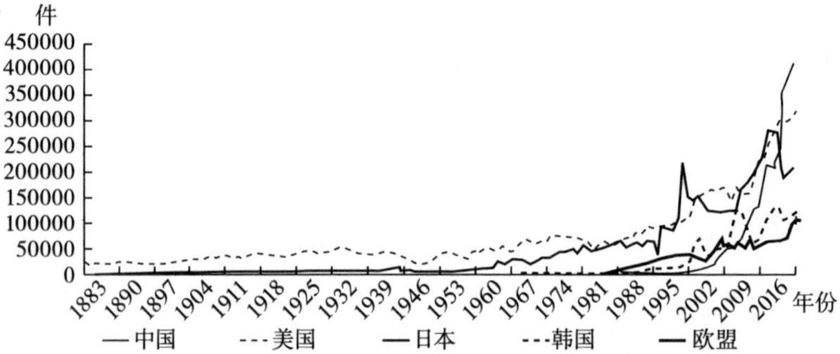

图5-4　专利许可前五位增长趋势

资料来源：世界知识产权组织。

专利合作条约（Patent Cooperation Treaty，PCT）是指1970年签订，

1978 年生效的《专利合作国际条约》。申请人只要提交一件国际专利申请，被授予专利后即可同时在签约国获得专利保护，因此 PCT 国际专利可以更好地反映各国在统一标准下的专利情况。

1985 年我国 PCT 国际专利实现零的突破，2000 年达到 782 件，此后进入增长快车道，2010 年达到 12300 件，相比 2000 年增长 14.7 倍。

2019 年，我国 PCT 国际专利申请量 59189 件，相比 2010 年增长 3.8 倍，我国取代美国成为 PCT 国际专利的最大申请国，此前美国已霸占这一宝座长达 41 年。2021 年，我国 PCT 国际专利申请量为 6.95 万件，同比增长 0.9%，连续 3 年位居榜首，其后依次是美国 5.96 万件，增长 1.9%；日本 5.03 万件，减少 0.6%；韩国 2.07 万件，增长 3.2%；德国 1.73 万件，减少 6.4%（见图 5-5）。

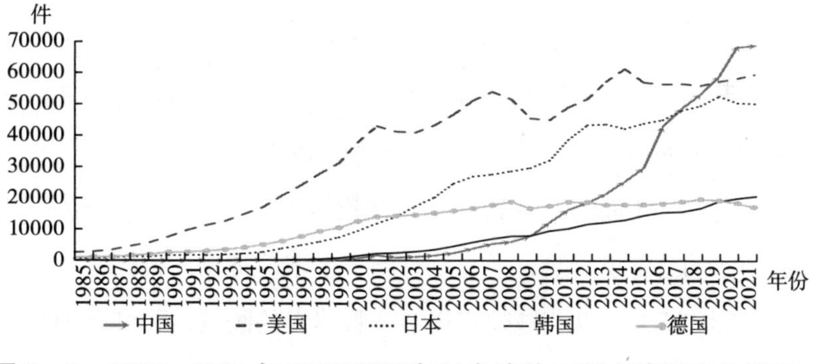

图 5-5 1985—2021 年 PCT 国际专利申请前五国申请量变化情况

资料来源：世界知识产权组织。

我国企业 PCT 国际专利申请量也突飞猛进。2021 年，华为以 6952 件 PCT 国际专利申请量连续 5 年位居全球第一；OPPO 以 2208 件 PCT 国际专利申请量位居全球第六，相比 2020 年提升两位，第三次位列申请人排行榜前十；京东方则以 1980 件 PCT 国际专利申请量排名第七。平安科技、中兴通讯、vivo、大疆创新分别申请 PCT 国际专利 1564 件、1493 件、1336 件、1043 件，全球排名为第十一、第十三、第十六、第二十。

我们是青春期的巨人，势大力沉的研发投入终会有回报，静水流深，蓄势待发。想要一鼓作气突破发展“瓶颈”，穿越巅峰之门，还得看集约化研发。

（七）集约化研发——巅峰之门

伤其十指，不如断其一指；弱而攻坚，不如十而拔之。

带着五千年的霸气，东方雄狮已经觉醒。既然社会前进的动力已从偶然的技术进步转变成有意识研发，既然选择了星辰大海，注定要肩负推动人类前行的重任。没有翻不过的雪山，没有蹚不过的草地，没有走不完的长征，集约化研发就是我们的未来发展方向。

终于轮到我们上场了，这将是多么宏伟壮阔的史诗！中华民族的智慧闸门一旦开启，就将如同火山喷发势不可当，人类一切既有成就在我们即将创造的伟大面前，不过是烛光之于太阳，滴水之于海洋。

在浩瀚的宇宙面前，人类只是尚在襁褓的婴儿，区区数千年文明史，短短数百年的有意识研发，远远没有洞穿宇宙的神秘。我们只不过来到宇宙神秘花园的门外，从门缝间窥望了一眼迷人的图景，而打开神秘花园的钥匙，就是集约化研发。

何谓集约化研发？

集约化研发有三大特征：高强度、大规模，高度优化的科研机制，高效的科研成果转化。

1. 高强度、大规模

科学家不是孺子牛，只有吃饱喝足才能多产奶。

全球只有美、日、德同时做到了高强度、规模化研发。2022 年，美国研发强度高达 3.57%，研发投入达到 9199 亿美元，在全球各国中排名第十九位，超过瑞典、比利时、阿根廷、奥地利等国。正是凭借超大规模、高强度的研发投入，美国一骑绝尘，几乎在所有尖端领域牢牢掌握话语权，稳坐超级大国交椅。日本、德国年研发投入分别达到 1600 亿美元、1200 亿美元以上，两国凭借庞大的经济规模和超高强度研发投入，在诸多关键领域保持极强竞争力。

我国研发规模大，但研发强度还有欠缺，作为后起国家，要追上先发国家就必须跑得快，要跑得快就必须有强劲的经济发动机，就必须高强度研发。如果研发强度低，要么把研发资源集中在少数领域，争取实现局部领先，要么撒胡椒面，大而不强。我国欲立于世界之巅，当然要苦心志、劳筋骨，必然要面对先发国家围追堵截，在这种情况下只能靠自力更生。犹犹豫豫，意而不决，前怕狼后怕虎，哪里是华夏民族的秉性？除了一鼓作气，奋力突围，会凌绝顶，我们别无选择。

研发强度很大程度上决定了我们的前进速度。穷人孩子要想有出息，就必须勒紧裤腰带拼命读书，“再穷不能穷教育”，读书是实现人生翻盘最便捷的通道，搬砖挖煤可以吃饱饭、穿暖衣，但要实现阶层跃升几乎不可能；放之一国亦然，后起国家要赶超，只能拼命搞研发，别无他途。

研发强度低于 3%，则我们人均发展水平很难追上美国，甚至很难达到美国的一半，因为我们人口规模庞大得多。美国科技积累雄厚，还享有全球霸权红利，研发强度尚且超过 3%，他们的科学家不比我们的更聪明，但也必然不会更笨。科学家不是孺子牛，只有吃饱喝足才能多产奶。

研发强度达到 4% 左右，并在科研组织、选人机制、激励机制、成果转化等方面持续完善，不动摇、不懈怠、不折腾，我们就有可能逐步缩小与美国的差距。我们力争耗时 50 年人均 GDP 达到美国的 50% 左右，耗时

100～150 年达到美国的 70% 左右。考虑到美国科研组织形式博采众家之长，反复迭代完善，我们人均 GDP 达到美国水平的 50% 以后，要进一步赶超美国将面临很大阻力。

研发强度达到 5% 左右，与韩国、以色列持平，并在科研组织、选人机制、激励机制、成果转化等方面持续完善，不动摇、不懈怠、不折腾，我们将会持续快速追赶，人均发展水平可能在 2060—2070 年前后达到美国的 50% 左右，在 2100—2120 年前后追至美国的 80% 左右。考虑到我国庞大的人口规模，这可能将是我国人均水平的极限。很多人希望在 2049 年也就是新中国成立 100 年时，我们人均 GDP 达到美国的 50%，这是一个伟大的目标，需要更加努力，更加聚精会神。1997—2017 年，美国人均 GDP 年均增长 1.31%，假设美国维持此增速，我们要在 2049 年达到上述目标，年均 GDP 增速需达到 5.1%。如果能实现，我们将再次创造人类发展的奇迹。

伤其十指，不如断其一指；弱而攻坚，不如十而拔之。

2. 优化科研机制

失败一万次，无所谓；成功一次，足矣。

历史的得与失

德国是优等生。自 1871 年统一后，德国就开挂一般在短短三十年间火速崛起。虽然没抢到工业革命先机，但在第二次工业革命中占据领先位置；一战败北，很快就卷土重来，成为全球科技、艺术、产业中心；二战再次战败，柏林被打成一片瓦砾，结果在废墟中浴火重生，再度崛起为全球三强。

为什么德国总是强国中的强国？

德国总是能建立最优化的组织形式，最高效使用人力和物力，产生最大的成果。德国最先建立现代化实验室，科研效率突飞猛进，引领第二次工业革命；最先建立现代化大学，教育质量引领全球；率先集群式、规模化使用坦克，重新定义战争形态，所向披靡席卷欧洲大陆。美国师法德国，建立现代化大学、现代化实验室，再吸纳英国的资本市场，凭借规模优势，青出于蓝而胜于蓝。

科研分三六九等，蛮力与权力此路不通，必须讲究方式方法。苏联是有史以来最重科研的国家。苏联科研经费占国民收入的比重，从1960年的2.7%一路飙升到1975年的4.8%，1986年为5%，1989年高达6.6%，年均增加0.5个百分点。论研发强度，苏联创有史以来最高纪录，前无古人后无来者；苏联科研人员一度达到450万人，位居世界第一（成众，1991）。

苏联有高人，深刻洞悉全球竞争拼的是科技，敢于大规模研发才是王道。但苏联还是败了，不管苏联如何拼命追赶，还是追不上美国创新的步伐。面对美国在计算机、互联网、移动通信、生物、电子、隐形战机、星球大战计划等诸多领域的全面突破，苏联即使投入最多的人开展最高强度的研发，还是难以招架。苏联劳动生产率、工业生产率、农业生产率、国民收入分别只达到美国的30%~40%、55%、20%~25%、55%，个人消费也只有美国的一半（杨洪玺，2012）。苏联这辆老朽的战车再也经不起超负荷奔跑，轰然倒塌。

苏联死了，是活生生被肢解的。它很清楚与美国在争夺哪座山头，该从哪条路径登顶，但它深陷泥沼动弹不得，于是在无比清醒中被大卸八块。

苏联失败了，但这是怎样一种失败啊！高强度研发之下，即使失败也绚丽得让人瞠目结舌。苏联有哪些逆天成就？发动机、大型客机、轰炸机、大推力火箭水平如此之高，即使到今天也让很多国家望尘莫及。五年时间打破美国核垄断，1953 年成功炸响世界第一颗氢弹，1954 年建成世界第一座核电站，1957 年发射世界第一枚洲际弹道导弹和第一颗人造地球卫星，载人飞船、空间站、航天飞机和全球导弹预警系统全球领先，还有 17 位诺贝尔奖得主。失败的苏联仍然是一座巍峨入云的高山，是有史以来距离美国最近的挑战者。

大脑清醒，僵化的肢体却不听使唤。苏联的研发效率过低，经济体制僵化，再高的研发强度也无力回天。苏联高度集中的计划体制之下，权力决定科研人力与财力分配，提拔谁与不提拔谁，奖励谁与不奖励谁，科研经费给谁或是不给谁，科研方向用谁的主张或是不用谁的主张，不由真理决定，也不由科研能力决定，而是被门第、血脉、权力、威望、官阶左右。

顶级科学家一门心思搞学问，哪有工夫跑关系、练情商，哪里懂得“人情练达即文章”，得罪权贵而不自知，能力再强、贡献再大也敌不过权力倾轧略用机关。吃着“大锅饭”，拿着死工资，科研人员怎会有动力穷尽智慧，挑战人类认知极限呢？小岗村农民发现了组织缺陷，承认了自身人性弱点，冒生死签血书，走出一条阳光大道，开启中华民族新征程，但苏联科学家却没有。

小岗村一举点燃改革开放的星星之火，那么科学的“小岗村”在哪里？

机制大有乾坤

研发机制大有乾坤。不管科研机制如何变幻，都应达到两个目标：能力强则资源多，贡献大则回报丰。

前者保障科研能力强的科学家可以获得足够人力、物力，为研发提供足够保障；后者顺应人性，将自我价值与社会价值完美统一，激发内在动力，激励更多顶尖人才加入科研。德国李比希实验室，美国爱迪生实验室、贝尔实验室，不仅是全球最早的现代实验室，开启科学研究专业化先河，还奠定了德、美百年科技强国的根基，激励一代又一代有志之士投身科研。

科研机制恐怕是我们的相对弱项，尤其需要不断优化。苏联的教训太深刻、太惨痛，一定要引以为戒。科学家不是士兵，令行禁止搞不出高水平成果。需拿出深圳过河蹚路的勇气，开辟科研“特区”，闯闯新路子，试试新办法，或许就能冒出科学界的“小岗村”。我们14亿人中肯定藏着好几个爱因斯坦，把他们找出来，让他们冒出来。时间不等人，别让他们白白老去。

科学既要脚踏实地，也要有一点天马行空；既要逻辑严密，也要跳跃突破，来一点离经叛道。科学家应有自由发挥的天空，他的地盘他做主，他的智慧他发挥。毕竟他的小宇宙一旦点燃，照亮的就是全世界。

要推动科研成果共享与思想碰撞。在保护知识产权的基础上，建立机制加强科研院所、科研人员之间的成果分享与思想碰撞，让成果共享像小草春天发芽一样自然，让思想碰撞像夏日雷霆闪电一样震颤大地。一群科学家各自闭门修炼，穷极一生也就攀登一座科学的小山丘，登不高也看不远；一群科学家思想相通、臂膀相连，你踩着我的肩膀，我托起你的脚板，就能一起登上科学的珠穆朗玛峰。

促进学科融合，往往能绽放美妙的科学之花。巅峰之上，各学科界限逐渐模糊，门派之间“鸡犬相闻”。心理学融入经济学，成就预期理论，出了多个诺贝尔经济学奖；数学联姻计算机，孕育出人工智能，必将带来翻天覆地的变化；我们体内一连串物理和化学反应，产生了智慧与情感。虽然不同领域研究的问题不同，但途径、工具、思路异曲同工，可以互相启发，互相借鉴，互相推动。物理、化学、数学、生物、医学越来越相融，经济学、心理学、社会学更是你中有我我中有你。集约化研发把原先自发的学科交融转变为有意识的系统性融合，打破各学科的“信息孤岛”，让各学科水乳交融，让各领域科学家像呼吸一样时时刻刻吸纳彼此的思想精华，巅峰对巅峰，顶级对顶级，让智慧的闪电划破沉寂的夜空，让思想的大河融入科学的海洋，让科学的奇思妙想时刻闪耀，让伟大的成果像甘泉一样喷涌而出。

激励机制须到位。高桌子低板凳都是木头，圣贤与奸佞都是人。人都有七情六欲，抚养孩子、赡养老人，学区房、课外班，除了富的贵的，有几人不是被生活压得喘不过气？应建立良好的科研成果分享机制，明确国有科研机构中科研人员的分享比重。研发投入固然重要，科学家的智慧更关键，没有科学家冲锋陷阵，投入再多都是浪费。激励机制就是催化剂，可以点燃最聪明的大脑。人世间圣人可以有，但我们不能要求科学家都做圣人，更不能让科学家做苦行僧。一分激励胜于投入千金。

完善科研基础设施。德国国家实验室、大学实验室和工业实验室全面覆盖基础科学、应用科学，所以德国恒强。美国更是登峰造极，建起众多顶级实验室吸引全世界一流科学家，成为名副其实的“世界大脑”。我们曾经最擅长筑巢引凤，引得世界500强纷纷来驻，再多建些顶级实验室吸引全球顶级科学家又何妨？

芯片、发动机、高精度机床、基础软件等“卡脖子”技术难题必须解决。这些行业我们落后，不是我们人不行，而是逃了课，世界发力的时候我们还在昏睡，还在为了生存而抗争。历史旧账总要还的，逃过的课早晚得补。可以设立国家实验室，也可以与企业共建研究所，就像我们搞大飞机一样，十年磨一剑，不赶超不罢休。别留退路，别留活话，学学韩信布阵井陉，学学项羽沉舟巨鹿，脖子被卡住命悬一线，已经背水焉能不战？一时没成功也无妨，换将换马再战，学学曾国藩，学学爱迪生。

失败一万次，无所谓；成功一次，足矣。

3. 科研成果转化

市场无情胜有情，不负韶华不负卿。

美国是科研成果转化的大师。电磁现象由英国人发现，内燃机由德国人发明，但电气化和汽车产业浪潮最早在美国兴起。《美国创新史》作者哈罗德·埃文斯说，“实用性创新是让美国出类拔萃并让其他条件优越的国家落后乃至失败的首要原因”。几乎对所有的科技创新，美国都无缝不入，总能抢先一步转化为产业。为什么美国嗅觉如此灵敏？

诀窍是工业实验室和风投资本，尤其是当两者与市场机制和资本市场结合时，就能春风化雨，催生神奇。

工业革命时期美国基础科学落后，但美国很早就设立了工业实验室，时刻紧盯大西洋彼岸科学动向，就像猎豹搜寻羚羊，一旦发现目标就紧追不舍，非吃进肚里消化殆尽不可。从最早的爱迪生实验室、贝尔实验室，到现在的微软研究院、谷歌大脑实验室、洛马臭鼬工厂、波音幻影实验室，电灯、无线通信、隐形战机、互联网、无人驾驶、人工智能……都在这里诞生，始终弄潮在技术与产业的最前沿。

我们在基础科学领域排兵布阵循序渐进迎头向前，在应用科学领域也千万不能迟疑，投入重兵助推企业建设实验室。其实我们已经尝到科技转化的甜头，锂电池是英国、美国和日本科学家20世纪七八十年代的诺贝尔奖成果，但在锂电池大规模产业化方面我们已雄踞世界第一，欧美逐渐式微，日本也已落在中、韩后面。

美国是巧借他山之石、快速科技转化的鼻祖，我们也可效法。天下武功，无坚不破，唯快不破。

风投资本最能高瞻远瞩，融入血液的逐利本性时刻搜寻新兴产业的暴利机会，永不停歇。计算机、芯片、操作系统、互联网、电动汽车、民营火箭、智能手机……美国新兴产业崛起的背后，既是技术革新，也是风投资本的助推。风投资本与新兴产业如影随形，彼此成就。

风投资本绝非美国专利，我们也可以如法炮制。正是由于风投资本的助推，我们才在互联网产业平地崛起，逐步与美国并驾齐驱。遥想当年阿里巴巴初创，正赶上美国科技泡沫破灭的寒冬，阿里巴巴刚降生就走进生死存亡之秋，天才劳模雷军打量着眼前“长相与智慧成反比”的男人，看不出未来巨人的任何端倪，一眼错过男人的胸中乾坤，最终马云找日本的孙正义拿到续命钱。从此阿里巴巴崛起，孙正义一战成名。

现在国内风投资本风起云涌，拼多多、抖音、快手、滴滴都由风投资本一路簇拥着走上巅峰，好创意、好技术更容易获得资本支持。你若盛开，蝴蝶自来。当然风投资本不应过于偏重应用技术，而应对底层的科技创新多些支持。底层科技研发难度更大、周期更长，一旦突破就会带来产业链的崛起，惠及千千万万人，甚至奠定民族强盛的根基。美国 Windows、安卓、苹果 iOS 系统、英特尔、高通奠定全球信息时代的根基，决定了美国在信息领域的统治地位。

有人说，不能让科学家办企业染铜臭，说这是压倒科学的最后一根稻草。我理解其悲天悯人、心怀天下的善意，但我不赞成此逻辑。此说法担心搅乱科学家的心智，不安心做学问。但科研成果不是“象牙塔”的展品，只有产业化才能将其迭代完善，发挥出其最大价值，更好惠及社会。才华横溢的科学家变身远见卓识的产业大亨，激发无数怀珠抱玉之人前赴后继投身科研追逐财富之路，如此璀璨的示范效应，值得存在。想一展雄心报国又发家吗？搞科研创产业便好。

科技交易所可以有。交易发现价值，科研成果也不例外。科研成果在交易所挂牌交易，企业和个人竞价购买，让科研成果到最需要它的地方去，最大可能提升生产效率，最大限度挖掘科技价值，并以此来回报研发者。成熟的研发成果可以挂牌转让，正在研发的成果也可以卖期权。房地产可以卖楼花，也可以试验卖期权筹集研发资金。投资者风险共担，同时也分享科研成果的巨大回报。

市场无情胜有情，不负韶华不负卿。

4. 巅峰之门

人间之事就像小马过河，事前我们逡巡徘徊，真正蹚水才发现其实水也没那么深。

集约化研发是打开巅峰之门的钥匙。

19 世纪，由德国首创、美国发扬光大的专业实验室，革命性地改进了科研机制，助力德、美超越英国，引领第二次工业革命；一战中，英国发明陆战之王——坦克，所向披靡；二战中，德国首创坦克集群闪电战法，彻底改变战争模式，横扫欧洲，震撼天地。

集约化研发将改变研发形态，将人类推向从未企及的科学高峰，迄今所有科技成就都将相形见绌。集约化研发是人类通向未来之路，将构建四通八达的智力高速公路。14 亿人，人人贡献一缕创新之光，就能汇成熠熠生辉的星空。欧美的高技术封锁并不可怕，只要我们抓铁有痕、踏石留印，以集约化研发筑牢民族发展的根基，最终必能笑傲江湖。

千年来，中华民族修万里长城、开凿大运河，是怎样一种坚定！世世代代移山的愚公，不自量力追逐日影的夸父，是怎样一种勇气！集约化研发就是当代的万里长城，值得笃定千年。14 亿人肩并肩，子子孙孙、世世代代坚定不移推进集约化研发，必将书写壮丽的人类史诗。

回望历史，笃定去干，无功不成；半途而废，寸功不立。

"运－10"飞起来，没抗住被下马，一代人心血泡汤；"涡扇－6"发动机，搞了二十多年中途放弃，航空发动机从此断档；芯片几次小打小闹，没真正发力，一时蹉跎成今日，大国无芯，四海无人；高精密机床、基础软件，我们更是连像样的佯攻都没有，自生自灭……

反之，几乎每样笃定坚持的国之重器，都成功了。连饭都吃不饱，我们搞成了"两弹一星"；内忧外患中，我们成就了核潜艇、"歼－10"战机、"歼－20"隐形战机、预警机、超级计算机、太行发动机、"运－20"、载人飞船……在国际竞争无比残酷的通信市场，先有巨龙、大唐，后有华为、中兴，绝地反击杀出血路，从望其项背到并驾齐驱再到局部超越。我们在克难攻关时，已形成局部密集研发态势，孕育了集约化研发的雏形。

20 世纪 70 年代，日本攻克半导体也循此法。当时美国垄断半导体，日本觊觎其光明前景，欲分一杯羹。但芯片研发投资极大，技术复杂度极高，美企护城河极深，日企单打独斗无法承担失败的风险。因此，日企虽个个摩拳擦掌，却都是野狗吠虎，谁也不敢真正虎口拔牙。关键时刻日本通产省站出来，集中全国顶尖人才，组织五大巨头富士通、NEC、日立、东芝和三菱，联合打造研究所，打破各家各户的利益藩篱，齐心协力发起半导体技术攻关。决心之坚、规模之大、进度之快，震惊欧美。没几年日本研发成果斐然，半导体产业超越美国，跃居全球第一，占据全球一半以上份额，形成半导体材料、关键设备、DRAM 存储坚不可破的产业链集群。

后来韩国三星又效此法，再次演绎虎口拔牙的传奇，从美日口中夺食，一举建立芯片代工、芯片设计、DRAM 存储等全产业链竞争优势。说起集约研发这一招，你看看，真是屡试不爽。

人间之事就像小马过河，事前我们逡巡徘徊，真正蹚水才发现其实水也没那么深。

上述惊天成就大则大矣，但与真正的集约化研发比起来只不过是牛刀小试，最多相当于游击战。

集约化研发则是运动战，系统化、成建制的攻城略地。我们国力已经强盛，体量已成巨人，有本钱投入“重兵”，来几次大规模、硬碰硬、定全局的攻克，突破一系列核心技术。你墙高粮广固守城池，我就千门火炮猛轰；你美式装备战斗力强，想中心开花，我就集中优势兵力攻上孟良崮，硬生生把你打成永不绽放的花骨朵；你仁川登陆打到鸭绿江边，我就王牌对王牌，精锐打精锐，有勇有谋五战五捷，终了还凯旋上甘岭，在世界战史上立一座不朽的丰碑。

抬头一望，尚未攻克的关键性领域并不算多，只剩下汽车尤其是新能源汽车、芯片、核聚变发电、人工智能、工业母机、高精密机床、新材料、生物医药、基础软件等，突破一个胜算就大一分，距离山顶就近一步。晚打不如早打，小打不如大打。早下决心，就可以早日闯进巅峰之门，成就复兴大业。

天下英雄，谁不想温酒克之？尚待征服的关键领域屈指可数，民族复兴的伟大征程就只剩这几个山头了。虽然与我们即将创造的巅峰相比，这几个山头只不过是小巫见大巫，但并不妨碍杀鸡用牛刀，试一试集约化研发的威力。穿越了巅峰之门，我们遇水架桥、遇山开路，不管什么拦路虎、绊脚石都不在话下了。

科技的上甘岭，除了迎头攻克，别无选择。在我们思前想后考量经济账的时候，在行百里半九十阻力重重心生绝望的时候，不妨重温钱老的话：“外国人能搞的，难道中国人不能搞？”我们不可能一口吃成胖子，产业也不可能一夜之间登顶世界第一，那就不妨先在第二梯队站稳脚跟，高筑墙，广积粮，缓称王。科技登顶就是烧一锅水，温火慢炖既废柴火还久烧不开，大火猛攻才能沸腾。笃定坚持高强度研发，楼兰焉能不破？有苗不愁长，只要持续浇灌必然能长成大树参天。

华夏那么大，人口那么多，未来那么长，集约化研发，值。

战略上越藐视，战术上越重视。前进道路绝非一马平川。西天取经，流沙河是必经之地，鹅毛飘不起，芦花定底沉，金蝉子转世九次都魂断流沙河，最后以九次肉身的头颅化作法船才渡此一劫。取经不易，普度更难。

感西游

痴心度人又度己

身为天下一马先

九死一生终不悔

心照万里天地间

（八）钱学森之问：舍你其谁

你们认为我是命运之子，实际上我在主宰自己的命运。

——爱迪生

大风起兮

大国唤猛将

社稷思李广

龙虎起风云

日月会星光

2005 年 7 月 29 日，钱学森向温家宝总理进言，“现在中国没有完全发展起来，一个重要原因是没有一所大学能够按照培养科学技术发明创造人才的模式去办学，没有自己独特的创新的东西，老是‘冒’不出杰出人才。这是很大的问题”。

钱老感慨说：“这么多年培养的学生，还没有哪一个的学术成就，能够跟民国时期培养的大师相比。”钱老又发问：“为什么我们的学校总是培养不出杰出的人才？”

中华不“冒”人才，老人心痛啊！

英国人李约瑟著有《中国科学技术史》，也曾疑惑，为什么近代自然科学只起源于西欧，而不是中国？这就是“李约瑟之谜”。

既是拷问，也是鞭策。中华民族上下五千年的灿烂历史，走出多少风流人物，孔子、老子、孙子、祖冲之、张衡、袁天罡、僧一行、郭守敬、毕昇、梅文鼎、屈原、李白、杜甫、苏轼、曹雪芹……华夏神州的上空，是怎样的灿如星河。祖宗样样都很行，能征善战威披四野，甚至没搞科研顺手就搞出“四大发明”，到我们这一代就不行了？于情于理说不通。

如果说，在工业革命的风口，历史与我们开了个玩笑，把苹果砸向牛顿，把思想砸向法国，把理性砸向德国，把顿悟砸向日本，把法治砸向“五月花”号客轮，那么现在是我们自己叩响了机遇之门。

久经风雨后的朝阳，分外温暖；历经绝望后的希望，格外可贵。赛道已定，规则已明，目标就在前方，没有逃避的理由，没有失败的借口，还有什么能够阻挡对复兴的追求？

每个中华儿女，不管你身在何方，所做何事，都要扪心一问，就像雄狮吼天，舍我其谁？

可能你在放牛，就像我小时候那样，吹着牧笛，踩着牛背，还没见识过世界的神奇；可能你在读书，就像爱因斯坦小时候那样，交给老师一个糟糕的手工小板凳，老师信誓旦旦地说，世上再也找不到比这更糟糕的小板凳了，你说还有，哆哆嗦嗦地从书包里拿出来两个更糟糕的；可能你在选择，就像鲁迅那样，是学医悬壶济世，还是从文拯救灵魂；可能你在科研，就像钱学森那样，登堂入室，拓展人类知识的疆土，谈笑之间能敌百万雄兵；可能你已高居庙堂，心忧社稷，白头搔短，浑不胜簪，殚精竭虑，经济天下；可能你已自由退休，就像黄铮那样，富甲天下，功成名就，转而去探索生命的奥秘，解码蛋白质机器人的神奇，甘愿做伟大科学家的助理……

不管我们在干什么，都是高山的一抔土，都是大海的一滴水。没有我们，哪有高山？没有我们，哪有大海？时代呼唤大师，大国需要猛将！

华山之约，他们已在山顶一览众山小，我们还在半山腰奋力攀登。复兴靠敲锣打鼓是完不成的，不像抗美援朝那样来一场科技立国之战，火对火，血对血，硬碰硬，攻下科技的上甘岭，是不可能实现的。攻克科技的上甘岭，不用像黄继光、邱少云以血肉之躯浴炮火、舍生死、堵枪眼，只需用好老天给中华民族最丰裕的馈赠——智慧，足矣。

小时候我想长大，梦想长大当科学家，长大后却把梦想弄丢了。混迹金融圈近二十载，见识过天赋异禀的大牛，发现原来很多超级大脑就窝在金融圈，做着初中水平的现金流预测，外表光鲜内心苦楚，身心疲惫，熬白了少年头。

一身江海付流水，四海无人对夕阳。与其让大脑闲置生锈，白白熬死，不如横刀立马，笔刀砚城，向着科技的上甘岭冲锋。冲上去了，成万世功名，生得伟大；死在半路上，化作垫脚石，死得光荣。

复兴道路上剩下的山头已经不多了。像你这样求索的人，像你这样不甘平凡的人，像你这样假装碌碌无为的人，像你这样装睡的人，像你这样心照万里的人，像你这样眼观千古的人，还不抓紧时间抢一个山头，为了征服来一次奋不顾身？

不用像李广，挽弓射虎，铁骑灭胡，桃李不言，下自成蹊，却命穷数奇，到老无封，落个对簿刀笔，引刀自刭；不用像岳飞，仁信智勇严，千古军表，万世忠骨，却死于奸臣昏君，沉冤待雪；不用像陆游，当年万里觅封侯，匹马戍梁州，却胡未灭、鬓先秋，心在天山，身老沧州；不用像李鸿章，洞悉三千年未有之大变局，目睹大厦将倾却无能为力，风雨飘摇中练就一身裱糊匠的本事，苦撑危局；也不用像钱学森，漫漫回家路，苦寒五年窗……只要你以笔为剑，以智为骑，攻下科技的山头，你就是千古一将，万世功勋。

多好的历史机遇啊！哪有什么怀才不遇？你能飞，天就在那里；你能游，海就在那里。点燃你的小宇宙，站到人类认知的最前沿去开辟新天地，人生很短，不妨证明中华有你、天地有你，岂不快哉？搞科研难，能比钱学森回国被美国关了五年更难？搞科研苦，能苦过钱三强爆完原子弹再赴牛棚？什么承诺，能比得上杨伟“你们的期待都会实现”？什么乐趣，能比得上马伟明“要领先就领先美国”？什么豪迈，能比得上于敏克氢能、镇天地、保和平？什么成就，能比得上制伏核巨龙，攻克核聚变发电，点亮人类永久的火种呢？黄埔军校，走出二十万学子，打完日本鬼子只剩下一万一千人，所以黄埔是黄埔；三十八军，铁碰铁，火对火，一举打残美国主力第八集团军，最终成为“万岁军”；即便是清华，也要靠一代又一代清华人，去肩负新时代历史使命，冲向新时代的主战场，做历史的主力军，前赴后继，对准一个又一个时代的碉堡冲锋，为古老的中华民族蹚出一条坦途。

从来就没有什么岁月静好、云淡风轻，我们得以在世界上扬眉吐气，归根结底是靠这些志于科学的人负重前行，去堵新时代的枪眼，去攻新时代的碉堡。

钱三强曾经引用马克思的话，“如果我们选择了最能为人类福利而劳动的职业，那么重担就不能把我们压倒，因为这是为大家而献身；那时我们感到的就不是可怜的、有限的、自私的乐趣，我们的幸福将属于千百万人，我们的事业将默默地，但是永恒发挥作用地存在下去，面对我们的骨灰，高尚的人们将洒下热泪”。

第六章

资本：

要么称王，要么灭亡

天下唯有第一，

余辈毫无意义。

（一）资本的本质：撬动地球的杠杆

君子性非异也，善假于物也。

——荀子

一说起资本，很容易就想起马克思的话，“资本来到世间，从头到脚，每一个毛孔都滴着血和肮脏的东西”“资本家害怕没有利润或利润太少，就像自然界害怕真空一样。一旦有适当的利润，资本就大胆起来。如果有百分之十的利润，它就保证到处被使用；有百分之二十的利润，它就活跃起来；有百分之五十的利润，它就铤而走险；为了百分之一百的利润，它就敢践踏一切人间法律；有百分之三百的利润，它就敢犯任何罪行，甚至冒绞死的危险。如果动乱和纷争能带来利润，它就会鼓励动乱和纷争，走私和贩卖奴隶就是证明”。

在不受约束的丛林，资本会丧失道德底线，化身嗜血的猛兽。如何让资本在合理范围内发挥作用，是制度的效用，将在“制度”章节专门论述。此处资本，专指实物资本，金融资本在后文论述。

“冰冻三尺非一日之寒”，资本是人类智慧与劳动长期积累的结果，也是人类登陆未来的滩头阵地。我们周围已经充满了过去数十年、数百年、数千年的资本积累。田地、工厂、房屋、运河、堤坝、沟渠、管道、道路、桥梁、铁路、红旗渠、长城、都江堰，都是千百年来一代又一代中华儿女智慧与劳力的结晶，今日的经济是在资本积累的基础上前行，下一代总是站在前辈的肩头开启自己的旅程。

人类影响世界，或以思想，就像老子，无为而治，以德化民，生而不有，为而不恃，长而不宰，不居功，功自言，功成事遂，皆谓自然；或以武功，就像霍去病，匈奴未灭何以家为，金戈铁马，追击匈奴两千里，封狼居胥，禅姑衍山，登临瀚海，从此漠南无王庭；或以学识，就像王阳明，动心忍性，龙场悟道，沛然若决江河，觉民行道，知行合一，行圣人之道坦如大路，平叛镇乱如探囊取物；或以资本，就像商道始祖王亥、“商圣”范蠡，就像比尔·盖茨、任正非，挥洒万贯资本，完善人类生产生活方式。

君子性非异也，善假于物也，资本就是我们可借之物。阿基米德说，“给我一个杠杆，我可以撬动整个地球”，资本就是人类撬动地球的杠杆。深山老林，两亩薄田，谁敢拍胸脯说一定混出人样？五亿元打底练手，国内外名校见世面，再配上助手高参，你也可能顺手实现好几个小目标，成为小超人。

资本是科技的落地方式。科技带来可能性，资本将理想转化为现实。科学家发现锂电池原理，而后索尼公司首先实现工业化。工作原理在实验室即可验证，工业化则需要设计工艺、生产设备、建设工厂，这就是资本的作用。

资本既非洪水猛兽，也非慈悲菩萨。天地不仁，以万物为刍狗。资本天生以逐利为天职，在统一、公正、自由的市场中，只有盈利能力最强的几家头部企业才能够存活，劣后者终将在无情的市场竞争中走向灭亡。只要规则合适，资本天生就有强烈的竞争欲望，不知疲倦地追求更高质量、更低成本和更大规模。

（二）产业格局：一半是海水，一半是火焰

可以美死，可以战死，绝不憋死。

发达国家之所以发达，居民生活富足，就是因为他们占据高端产业，掌握独门绝技，向全世界出售高价值的飞机、汽车、芯片、医药、操作系统、互联网服务、新型材料、高端装备、精密机床、通信设备、智能手机，然后换取低价的衣服鞋袜、家电、家具、食品、能源矿产；落后国家则刚好相反。这就是产业格局。

明白了产业格局，也就明白了我们身在何处，应去往何方。

1. 我国优势产业

从全球范围来看，我国具备比较优势的产业主要有如下类型（见表6－1）。

一是劳动密集型产业，比如纺织服装、食品、日用百货、快递、普通制造业等。这些产业技术含量不高，但就业量大，能养活大批人口，同时也是我国学习国外先进管理方式和技术、构建产业链的基础。

二是基础设施和房地产及上下游，比如水泥、玻璃、钢铁、铝材等建材及工程施工，随着我国大规模的基础设施建设及城市化共同发展起来。

三是技术成熟、规模化的工业，大多是第一次工业革命、第二次工业革命时期的高科技产业。实践证明，一旦我国突破技术进入大规模工业化生产阶段，往往就能在全球市场占据优势地位。比如，我国TCL、海信、

创维等彩电企业战胜日本索尼、松下，使我国成为全球电视最大生产国；联想战胜戴尔、惠普成为全球最大电脑生产商；工程机械从零起步，三一、徐工、中联、柳工等崛起为全球领先企业。

四是部分高新技术产业。比如手机领域，华为、小米、OPPO、vivo 等品牌抓住功能机向智能机升级的机遇，合计占据全球市场份额的 40% 以上；高铁领域，我们集中国家力量，结合世界级工程招标、技术引进和自主研发，将中国打造成为全球领先的高铁强国；通信设备领域，从完全依靠进口起步，巨龙、大唐、中兴、华为前赴后继，华为、中兴已经成长为全球第一、第四的通信设备提供商；无人机领域，大疆凭借核心技术遥遥领先，占据全球 70% 的市场份额；发电机组领域，1997 年三峡大坝 70 万千瓦发电机组还需要进口，到 2019 年水电、火电、核电自主发电机组突破百万千瓦，居国际先进水平；太阳能、风能发电、新能源汽车，基于国内庞大的市场和激烈的竞争，受益于政府政策的助推，已居全球前列。

五是互联网应用领域，我国几乎与美国同步，甚至已走出自己的特色道路，涌现出阿里巴巴、腾讯、拼多多、百度、京东、美团、滴滴、字节跳动等一大批互联网巨头。我国电商迅猛发展，成为全球最大的电商市场，占据全球半壁江山。电商可以减少商品质量、价格的信息不对称，减少流通中间环节，消除地方割据，使我国经济更加扁平化，让最优、最高效的市场主体脱颖而出，从而优化经济资源配置。移动支付、即时通信、线上社交、线上办公等极大提升了经济运行效率，降低了社会总体成本。

2. 我国追赶产业

我国正在追赶的产业包括汽车、芯片、大飞机、高端装备制造、医药、软件等（见表 6－1），具备一定基础但不强。

表 6－1　我国产业格局

产业地位	产业	技术和市场特点	代表性公司	生命周期	竞争力	发展趋势
我国具备比较优势的产业	农林牧副渔，含育种、化肥、农药、农牧林产品加工等	育种部分技术门槛高，周期长，缺乏大型公司，我国部分领先；化肥、农药、农牧林产品加工技术成熟，市场格局比较稳定	隆平高科、北大荒、新希望、蒙牛、伊利、先正达、扬农化工、鲁西化工	成熟期	较强	育种空间较大，化肥、农药平稳
	建筑业上下游，含水泥、玻璃、钢铁、工程机械、施工等	建筑材料领域工艺成熟，门槛较低，生产水平、产量、工程承包量等都居于全球领先水平；竞争白热化，产能过剩。工程机械领域有三一、徐工、中联等集团，具备国际竞争力	宝武钢铁、海螺水泥、巨石、中交集团、中国铁建、中国建筑、中国建材	成熟期	强	推进国际化进程，提升国际份额
	家电，含电视、冰箱、洗衣机、电风扇、洗碗机等	技术成熟，规模化生产，生产水平、产量位居世界前列；竞争白热化，集中在管理、质量、品牌、售后服务	美的、格力、海尔、苏泊尔、TCL	成熟期	强	强化品牌，加强国际化，提升国际份额
	矿业油气	技术成熟。油气领域“三巨头”具备国际竞争力；矿业领域缺乏具备国际竞争力的大型企业，在国际市场缺乏话语权	中石化、中石油、中海油、中铝、紫金矿业、山东黄金	成熟期	油气强，矿较弱	呈现周期性变化
	普通装备制造	技术成熟。普通家电、建材、化工、医药生产线均实现国产化，具备较强竞争力；市场增长趋缓	中国化学、中国建材、大连重工、恒立液压、潍柴动力	成熟期	强	

续表

产业地位	产业	技术和市场特点	代表性公司	生命周期	竞争力	发展趋势
我国具备比较优势的产业	轨道交通	我国技术、产量、成本、工程经验居世界第一。地铁、高铁、城铁、磁悬浮技术、盾构机及轨道交通施工国际领先，具有很强的国际竞争力	中车、中国中铁、中铁建	成熟期	强	持续研发，保持国际领先水平，开拓国际市场
	造船	技术与劳动力密集，我国造船质量、成本、技术总体居全球前列。我国份额占全球份额为 40% 以上，与韩国、日本共同占据全球造船绝大部分份额	中船、招商轮船、中集集团、广船国际	成熟期	强	持续研发，提升技术和效率，提升国际市场份额
	清洁能源，风能、太阳能、核能、水能	风能、太阳能产量居全球首位，水电装机量全球第一，施工、发电机组核心设备等国际一流，施工占海外水电开发 70% 份额；核电装机全球第三，在建全球第一，全面掌握第三代核电技术，核电主要设备制造、建造能力居全球第一	金风科技、上海电气、东方电气、浙富控股、明阳智能、中核、中广核、国家电投	成长期	强	持续研发，进一步提升竞争优势，提升国际市场份额
	通信设备、电脑、手机、无人机及周边设备	快速迭代更新；通信设备领域，我国技术和市场均已处于全球领先水平；电脑、手机制造已达到全球先进水平，占据重要份额	华为、中兴、小米、大疆、联想、浪潮、立讯精密	通信设备和手机成长期，电脑成熟期	强	强化品牌，推进国际化进程，提升国际份额
	互联网应用	技术快速迭代，电商、即时通信、线上社交、短视频、线上团购、移动支付处于世界先进水平。电商推动中国经济扁平化，减少渠道中间环节，提升经济整体效率	阿里巴巴、腾讯、京东、百度、字节跳动、拼多多、滴滴	成长期	强	持续研发，保持技术优势；深入下沉二三线城市甚至农村，提升渗透率

续表

产业地位	产业	技术和市场特点	代表性公司	生命周期	竞争力	发展趋势
我国具备比较优势的产业	批发零售	具有充分竞争力，同时凭借线下体验优势，对抗线上商城的竞争	国美、苏宁、红星美凯龙、王府井、居然之家	成熟期	强	线上线下融合，提升竞争力
	文化娱乐，含旅游、电影及院线、图书、电视、广播等	消费升级的重要内容，增长迅速。全球第二大文娱市场，第二大电影市场。旅游业贡献GDP和就业均超10%	爱奇艺、字节跳动、快手、光线传媒、万达电影、华谊、中青旅	成长期	较强	以抖音、微博、微信为代表的App走向国际；电影提质增量，扩大国内份额
	物流、仓储	同电商共同崛起。头部8家快递公司市场份额达到82%；快递业务量世界第一，超美国、日本、欧盟总和；物流占GDP比重超14%；物流效率快速提升，逐步国际化	中远海控、菜鸟网络、京东物流、顺丰、韵达、申通	成长期	较强	朝智能化、网络化深入发展，向二三线城市和农村下沉，提升效率；推进国际化进程，加快推动中国商品全球送达
我国正在追赶的产业	芯片，含芯片设计、芯片制造	快速迭代更新；芯片设计领域，我国涌现出海思、兆芯、龙芯、中兴等企业，但仍然缺乏底层核心技术；芯片制造领域，我国处于全球第二梯队，落后于台积电和三星。对国民经济和产业升级至关重要	海思、中兴、龙芯、兆芯、中芯国际、兆易创新、中微、紫光展锐、长江存储	国际成长期，我国发育期	弱	技术上已具备可行性，需要持续加强研发，提升国内市场份额
	燃油轿车、卡车、客车	我国技术逐步追齐世界，品牌集中在中低端。卡车、客车具备较强竞争力。轿车除吉利收购瑞典沃尔沃高端车外，普遍低端，市场份额低，不具备国际竞争力	一汽、二汽、上汽、广汽、北汽、吉利、比亚迪、长安、奇瑞	国际成熟期，我国成长期	较弱	加强研发，提升品质和品牌，提升竞争力

续表

产业地位	产业	技术和市场特点	代表性公司	生命周期	竞争力	发展趋势
我国正在追赶的产业	医药，含化学药物和生物制药、医院、医疗器械、试剂、药品销售	化学药：原料药在全球产业链上地位较高；仿制药大而不强，近年发展较快；创新药刚起步。生物制药：逐渐缩小与世界先进水平差距，发展迅速。器械：美国 40%，欧洲 30%，我国 14%，集中在中低端	化学药：天宇股份、贝达药业、药明康德、恒瑞医药、复星医药、亿帆医药。生物药：药明生物、智飞、康泰。器械：迈瑞、新华、乐普	成长期	较弱	加强研发创新，提升仿制药水平，加强创新药研发，增强竞争力
	高端装备制造，含自动化流水生产线、工业机器人、精密机床等	我国技术积累不足。自动化流水生产线、工业机器人、精密机床等高端装备缺乏竞争力	先导智能、机器人、库卡、沈阳机床	成长期	较弱	加强研发，提升竞争力
	软件，含应用软件、工具软件、杀毒软件等	技术快速迭代，局部先进。操作系统落后；云平台、人工智能平台、物联网平台和 App 加速崛起；工业软件整体落后；杀毒软件、办公软件等领域有特色	中国软件、用友、金山、360、华大九天、BAT、超图	成长期	较弱	加强研发，攻克云平台、人工智能和物联网基础软件和核心工业软件，巩固杀毒软件市场，扩大办公软件份额
	航空	对军民都非常重要，正在密集投入、抓紧突破。实施“一干两支”战略，C919 已商业运营，新舟 700 正在抓紧研发，ARJ21 已经进入我国主流航空市场。产业链条长，对我国航空、机械、自动化、材料等领域技术进步带动明显	中国商飞、西飞	发育期	较弱	持续研发，保障安全性、可靠性，提高市场竞争力

续表

产业地位	产业	技术和市场特点	代表性公司	生命周期	竞争力	发展趋势
我国与全球正在努力突破的产业	新能源汽车，含轿车、卡车、客车	技术与世界同步，品牌形象弱。我国补贴政策助力，销量全球领先；电池、整车产业链完整，开局不错，现面临国产与特斯拉激烈竞争；汽车正从燃油车向新能源车升级，面临重大机遇	蔚来、理想、威马、小鹏、哪吒、宁德时代、比亚迪、北汽	发育期	较弱	面临重大产业机遇，加强研发，需要融资接续，争取活下来，提升竞争力
	人工智能、云计算、大数据	快速迭代更新，将为传统经济赋能，极大提升经济效率；水平与全球同步	阿里巴巴、百度、腾讯、浪潮	发育期	较强	加强研发，匹配应用场景，扩大产业规模
	核聚变发电	人类终极能源，全局性影响。我国参与国际热核聚变实验反应堆计划（ITER），并全力推动我国核聚变工程试验堆（CFETR）建设，有望率先在2050年建成，处于世界第一梯队	中核、中广核	发育期	较强	持续研发，确保技术领先，构建完整产业链，实现工程化应用

其中，汽车和芯片无疑是重中之重，具有决定全局的作用。

汽车是制造业的集大成者，顶级的汽车产业代表着顶尖的制造业水平。汽车产业链条长，就业容量大，生命周期长，是发达国家的标配。我国人口众多，迫切需要发达的汽车产业，哺育大量中高端收入人群，大量吸纳就业。2017 年，我国汽车产销量在 2900 万辆以上，超过美、日、德三强总和。我国是全球最大汽车市场和最大汽车生产国，产业链齐备，通过持续投入，打磨质量，树立品牌，完全具备成为汽车强国的条件。尤为可贵的是不少传统车企已主动向高端车型、新能源汽车转型，汽车新势力已经站稳脚跟，动能升级正在形成。

芯片产业，包括电脑芯片、手机芯片、存储芯片、人工智能芯片以及未来可能规模化应用的量子芯片等，是数字时代的发动机。芯片产业规模大、科技含量高，是人类智慧的结晶，是我们迈向发达国家的必经之路。芯片具有全局影响力，将带动一大批上下游产业，提供大量高收入就业机会，并大大提升社会整体的收入与福利水平。华为、中兴、紫光展讯、兆易创新、龙芯、中芯国际、长江存储等企业在芯片设计、存储芯片和芯片制造等领域已经具备一定基础，处于全球第二梯队，通过持续研发具备技术突破可能性。由于欧美打压，实际上我们已经别无选择，只有持续投入研发，彻底攻克芯片难题。

3. 突破中的新经济

我们与全球先进水平基本同步、正在突破的新经济领域包括人工智能、云计算、大数据、物联网、生物和基因技术等，更远期的还有核聚变发电。

在人工智能、云计算、大数据、物联网等领域，华为、阿里巴巴、腾讯、百度、小米等高科技巨头持续研发，资本与技术已形成良性互动，重点发展平台型底层系统，前景广阔。百度推出自动驾驶系统 Apollo，并开启自动驾驶出租车试运营；阿里巴巴发布城市大脑 3.0，并应用到 20 多个城市；腾讯发布觅影 AI，数秒完成 CT 图像识别，一分钟内提供诊断参考，在抗击新冠疫情中立下汗马功劳；科大讯飞推出以语音交互为核心的人工智能开放平台。人工智能正在各种场景加速落地。

核聚变发电预计将在未来 30～50 年成为现实。蒸汽机、内燃机、电气化，历次能源革命都会对人类社会产生翻天覆地的影响。核聚变发电最有可能成为人类的终极能源方案，将集合核能、激光、人工智能、机器人、机械制造等多个领域的顶尖成果，是人类科技水平的最前沿。我国参与了国际热核聚变实验反应堆计划（ITER），并全力推动 CFETR 建设，有望率先在 2050 年建成核聚变商业示范堆，处于世界第一梯队。

整体来看，一旦突破技术难题，我国这些产业就会攀上全球巅峰，建材、家电、工程机械、核电、高铁、5G、无人机、通信、发电机组、太阳能、风能、新能源汽车、互联网应用，莫不如此；而我们暂时落后的领域，大多技术门槛高，需要长年累月的积累，如高精密机床、基础软件、发动机、芯片、医药、新材料等。

（三）产业升级路径

不给自己留活路，才能活下去。

一代人有一代人的使命，他们磨炼筋骨苦练技艺，成就一个时代。当时代前行时，有的人步履蹒跚，跟不上时代的脚步，成为时代的弃子；有的人立在潮头，引领时代的方向。

全球市场优胜劣汰的激烈竞争，最终将在全球范围内优化资源配置，形成不同的分工：有的提供智力，研发高科技，制造高门槛商品；有的提供劳力，进行生产加工；有的提供高门槛服务，如金融、法律、咨询；有的提供无门槛服务，如快递、家政、客服、理发；有的依靠矿产、油气等天然资源。高科技打造独门绝技，优势日趋显著；低技能劳动不仅随时可能被取代，还面临机器人的竞争，劣势日益加重。越是稀缺，越是可贵；越是充裕，越是便宜。滔滔江水，时代大势，无人可挡。

产业升级是民族崛起的必经之路。二战后日本乘着汽车、家电、半导体的东风应时而起，也因为没能保持半导体、家电的竞争优势，没有抓住互联网时代的风口，发展趋缓二十年；韩国超常规研发，接连突破造船、化工、家电、汽车、液晶、芯片半导体等诸多产业，上演产业升级三级跳，从一穷二白崛起为发达国家，三星、现代、LG 一举跻身全球一流；中国台湾从代工起步，构建芯片设计、制造、封装一条龙产业链，联发科、台积电、日月光平地崛起，在人类智慧最密集的领域占据制高点；德、法、英、意传统欧洲强国在信息化时代明显掉队，除德国凭借超过 GDP 3% 的研发强度，在汽车、飞机、机械、化工制药、电子电器等压箱底产业保持强大竞争力，实现较高经济增速外，法、英、意发展均有所放缓，全球竞争力呈下滑态势；美国则一骑绝尘，凭借超过 GDP 3% 的庞大研发投入和高效创新机制，保持在汽车、飞机等传统高端产业的竞争力，同时在芯片、互联网、操作系统、办公及工业软件、医疗等几乎所有的高精尖新兴领域，都保持一流水平。

韩、德、英、法、意等人口较少的国家，为了让两三个大产业跻身一流几乎穷尽了人力、物力，但对中、美这样的重量级大国而言，只有在诸多领域实现领跑，才能推动整体水平的跃升。当前，我国成熟产业产能过剩，正处于高精尖产业升级突破的临界点。

1. 稳固基本盘

挣扎在社会最底层的人有农民、半工半农的农民工和技术门槛低的工人，他们数量众多，是社会的底盘。要稳固经济基本盘，就要稳住社会底盘对应的行业，除农业之外，主要包括基础设施和制造业。

首先是基础设施。我国城市排水、交通、水电管网、污水处理、垃圾处理等城市基础设施，还有高速公路、铁路、水利设施都有进一步投资的空间。2020 年，南方发生洪涝灾害，损失惨重，说明我国水利设施、城市排水等还存在短板。基础设施建设数十年的跨越式发展，拥有了庞大的建筑产能和从业工人、农民工，趁产能尚未废弃、从业者尚未老去，可以逆周期调节，进一步完善基础设施，还可以创造就业，一举多得。

其次是制造业。制造业是经济的根基，那些具备成本优势、品牌优势、渠道优势的企业将在国内外竞争中获得优势，进一步发展壮大；即使技术含量不高但规模庞大的制造业，也要继续发展，它们创造大量就业，广泛吸纳农民工进城落户，是城镇化发展的重要动力。

只要我国经济基本盘正常运行，老百姓就有饭吃、有衣穿，经济就不会垮。

2. 现有产业升级

现有产业要想提升全球竞争力，就要不断应用最新科技进行升级，融合自动化、互联网、物联网、新材料等新技术，改进工艺，降低成本，提升品质，提高效率，从而获取竞争优势。我国线上批发零售、制造业实施“互联网 +”、线上医疗、医药研发、汽车转型新能源，本质都是现有产业的升级。

升级过程虽暗藏凶险，但也孕育大机遇。手机从功能机向智能机升级，苹果横空出世，诺基亚、黑莓黯然离场，小米、华为、OPPO 凭借我国完整的产业链积极研发，闯过残酷竞争的尸山血海完美逆袭，跃入全球手机第一梯队。在电视迈向智能时代过程中，小米在 2017 年跨界杀入，仅两年时间销量就突破 1000 万台，打破国内电视销量纪录。

汽车处于燃油迈向新能源时代的路口，升级方兴未艾，竞争如火如荼。汽车产业体量大，链条长，就业人口多，事关全局。我国坐拥全球最大汽车市场和完整产业链，理应崛起一流车企。燃油时代面对传统强国的百年积淀，自主品牌地头蛇也压不过强龙，在国际车企猛烈火力下夹缝求生；如今新能源汽车自主品牌正在突围，占据全球 40% 的市场份额，比亚迪崛起为全球第一新能源车企，埃安、蔚来、小鹏、理想、哪吒正在攻城略地建立根据地，小米势大力沉苦心研发，三年不鸣，一鸣惊人，力图一举定乾坤。

新能源汽车的成败关乎国运，我们已抢得先机，民间力量被充分激活，并在本土占据优势，但传统列强不会坐以待毙，鹿死谁手尚未可知，等待我们的将是大规模硬碰硬的血战。

3. 新兴产业和高精尖突破

新兴产业和高精尖领域是争夺全球经济高地的决战场，这场决战永远没有停火的一天。人生有终点，但时代前进的脚步却没有。

我国正在持续推进新兴产业和高精尖领域的研发，可以预见有些领域我们必然成功。比如，人工智能和物联网、大数据、云计算已逐步在各行业应用场景落地生根，吸引阿里巴巴、百度、腾讯、华为等高科技巨头投资，坚持不懈，一定能守得云开见月明。

比如大飞机，我们市场规模庞大，技术条件已经具备，只要下决心有耐心，打磨好安全性、可靠性、经济性，就必然能成功。ARJ 21 支线飞机于 2015 年正式投入市场运营，至 2022 年底累计交付 100 架；“运 - 20” 已于 2016 年批量服役；C919 干线飞机于 2022 年底正式交付，订单达到 1035 架。大飞机是高端制造“皇冠上的明珠”，将带动我国发动机、材料、自动化、数控机床领域技术突破。

比如芯片行业，欧美的打压迫使我们下定决心进行攻坚，别无选择。2014 年，国家设立集成电路产业基金，一期投入超过 1000 亿元；2019 年，二期又募集 2000 亿元。芯片产业和资本市场已形成良性互动，2020 年 7 月，中芯国际 A 股上市，投资者认购踊跃，募资 500 亿元。目前，我国处于芯片第二梯队，会聚顶尖人才再干十年，有希望进入第一梯队。

新技术转化为新兴产业，往往伴随基础设施的升级。汽车、火车、轮船作为新兴产业大行天下，伴随着道路、铁路和港口的大规模建设；电的推广和使用，伴随着输变电设施的大规模铺设；电话的普及，伴随着通信网络的完善；互联网的大规模应用，伴随着光纤网络和移动通信的大规模建设。我国推动“新基建”，加强建设 5G 基站、特高压、城际高铁和城市轨道交通、新能源汽车充电桩、大数据中心、人工智能、工业互联网，将为新兴产业和高精尖领域突破创造条件。

（四）智能手机崛起：绝望的突围

天地不仁，市场有义，绝顶者生，苟且者亡。

我国智能手机横空崛起，为产业升级立下了一座丰碑，宣告即使在竞争最激烈的市场，即使在高手如林的华山之巅，只要有激活民间资本的雄心，只要构建清晰的论剑规则，中华民族就能夺得一席之地。

1. 天堂与炼狱

2022 年的街头，国产手机随处可见，可是在十多年前，自主手机品牌被压得抬不起头，占全球的份额微乎其微，只能血拼低端市场苟延残喘。2005 年，全球手机市场中，诺基亚和摩托罗拉共占据一半份额，三星、索尼爱立信、LG、西门子又占据30%。黑莓虽然销量不大，但强势盘踞高端。那时候，苹果还不生产手机。

彼时，国内是国际品牌驰骋的天堂，却是自主品牌的炼狱。我国是全球手机制造中心，列强品牌纷纷前来设厂。2005年，我国生产手机3亿部，占全球产量近四成；出口手机2.2亿部，占全球销量近三成；手机销量超过8800万部，占全球销量的11%，位居全球第一。国产手机主要有联想、波导、夏新、TCL、海尔，本土市场份额仅占30%，被国外巨头压得抬不起头。

我国市场顶级玩家云集，市场竞争刀刀见血。全球研发的顶尖高手风云际会，国际大厂业务强势覆盖高中低端市场，价格战白热化、差异化做到极致，音乐、拍照、彩屏功能推陈出新，放眼全球绝无仅有。

在国际大厂的残酷打压下，国产手机在炼狱中磨砺，能苟活就是胜利。国际品牌高中低端全面开火，大中小城市渠道全面覆盖。国产手机入生死之地，向上难以招架国际品牌，向下难以抗衡山寨机。自主品牌"领头羊"波导、夏新亏损司空见惯，联想对手机业务也心生绝望，于2008年剥离出售。此时，苹果开启的智能手机时代正势不可当地席卷全球。一年后联想吃回头草，将手机业务重新买了回来。

国产手机苦苦挣扎的根本原因，是缺乏核心技术。核心零部件依靠进口，论成本，缺乏供应链纵深，成本远远高于国际品牌；论抓时机，受制于零部件供应短缺，总是慢人一步。宝剑还在磨砺中沉默，梅枝尚在苦寒中料峭。

2. 王者的背影

2007年，苹果引领风骚，推出第一代iPhone，宣告手机正式进入智能时代。此时苹果手机还不完善，市场占有率很小。先知先觉者看到了破壳而出的巨龙幼崽，后知后觉者则以为是一只小蜥蜴。这是照射移动互联网的第一缕阳光，是引起暴风骤雨的那只扇动翅膀的蝴蝶。

苹果凭一己之力，将手机从残酷的同质化竞争中拯救出来，转变成快速成长的朝阳产业。一夜之间，手机从绝望的红海走进希望的蓝海，迎来成长的第二春。

在产业成长期，玩家要么凤凰涅槃，要么在烈火中寂灭。众多创业者各怀绝技满怀憧憬，怀里揣着押房产、签对赌协议换来的资金，开启淘金之旅。市场迅速成长，竞争残酷无情。玩家八仙过海，各显神通。有的企业侧重市场推广和渠道建设，有的针对不同人群特点侧重产品分层，有的突出性能，有的打价格战，有的突出性价比，有的埋头打磨技术。

成长期机会稍纵即逝，不成功就成仁。残酷的市场竞争中，高手对决往往只有一次出手机会。战略奏效，则赢得市场，度过生死大考，在新产业站稳脚跟，进入一片阳光明媚的新天地；战略失败，则陪太子读书，无奈出局，前期重金投入打水漂，一切抱负都灰飞烟灭。

风云激荡之时，王者翻江倒海各显风流；电光石火之间，胜负已决，万里长空唯有王者的背影。不管是扶摇入云，还是落日余晖，它们都曾绚丽绽放，都是王者。

苹果

苹果矗立潮头，成为行业的灯塔。苹果是手机界的一朵奇葩。众人做开源安卓系统，众人开发众人用；苹果偏偏做封闭系统，自己开发自己用。

但这个战略不一定每次都赢，苹果曾经一败涂地。1976 年，苹果推出第一台个人电脑，早于 IBM；研发出第一个图形化操作系统，早于微软。乔布斯坚持苹果电脑必须将软件与硬件捆绑销售，致使苹果电脑难以走向大众。于是，苹果个人电脑输给了 IBM，操作系统则根本没有进入市场，一直捆绑在自家电脑上。苹果将图形界面技术授权给微软，成就了比尔·盖茨的星辰大海，而乔布斯则被赶出自己创建的苹果公司。

乔布斯的战略，就像核反应，要么无法激活，归于沉寂，要么被点燃，惊天巨响。1997 年，乔布斯回归苹果，十年磨一剑。2007 年，iPhone 出世。关于 iPhone 是什么，黑莓创始人、联合 CEO 迈克（Mike Lazaridis）亲自动手拆了一部，得出“他们把 Mac 电脑放了进去”的结论。

这一次太彻底、太极致、太完美，世界完全无法招架，唯一能做的就是跟随。安卓系统、应用商店、生态建设，世界跟在苹果后面亦步亦趋。苹果称王，以 15% 的全球份额获取了 75% 的利润。

十几年过去了，乔布斯极客精神的余荫依旧庇护着苹果。今天，苹果手机性能已不再鹤立鸡群，5G 手机已经晚于华为。苹果终将老去然后坠落，但苹果开创的时代还在继续，极客精神还将激励一代又一代极客去开创新的天地。

一切都是过眼云烟，唯有极致天下无敌。

诺基亚

苹果既出，分化开始。全球巨头布局应对，迈出的第一步就预示着未来。2007 年，谷歌发布安卓系统；2010 年，微软凭借电脑时代的统治地位，强势推出手机系统 Windows Phone。

彼时，诺基亚是绝对的王者，占据 40% 的市场份额，举手投足便能翻动天下风云。面对新来者苹果的搅局，久经沙场的诺基亚隐隐嗅到强大对手的潜在气息。深思熟虑后，诺基亚于 2008 年收购塞班，下注开发自己的操作系统。诺基亚有底气，已在手机市场呼风唤雨多年，塞班又占据智能手机系统 60% 以上的份额，可谓强强联手。诺基亚雄心满怀，凭借无以匹敌的威望联合 AT&T、LG 电子、摩托罗拉、三星、索尼爱立信、德州仪器和沃达丰组建塞班联合组织，意欲在智能时代一统江湖，延续春秋伟业。

可惜，市场只信仰实力，不相信情怀。面对精心打磨的苹果 iOS 系统和快速迭代完善的开源安卓，底层架构天生不足的塞班就像拖拉机追跑车，越落越远。2009 年，摩托罗拉、三星电子、LG、索尼爱立信等大厂纷纷宣布终止研发塞班平台，转而投入安卓怀抱。

面对王者的倾覆，上帝曾伸出救援之手。2010 年，谷歌找到诺基亚，希望诺基亚使用安卓。但诺基亚虎老威风还在，盘踞第一宝座已达十二年，虽然份额稍有下降，但仍然坐拥全球 1/3 的市场，傲视天下。微软出身的诺基亚 CEO 埃洛普，坚决拒绝了谷歌伸出的“上帝之手”，并“腰斩”前任 CEO 发起的安卓手机项目，转而与微软联姻，押注 Windows Phone 手机系统。而论彼时的境界，苹果 iOS 在山峰，安卓在山腰，Windows Phone 在山谷。

苟且意味着毁灭。自此大局即定，江河日下。2012 年，诺基亚市场份额被三星超越，让出盘踞十四年的王者宝座；2014 年，诺基亚将移动板块出售给微软，正式退出手机市场。诺基亚说，我们不知道做错了什么，但我们输了。北欧枭雄，黯然落幕，一着不慎，满盘皆输。

天地不仁，市场有义，绝顶者生，苟且者亡。

摩托罗拉

2007 年，摩托罗拉手机份额全球第二，仅次于诺基亚。

摩托罗拉堪称手机的鼻祖。1969 年，阿波罗 11 号使用摩托罗拉无线电技术从月球传回第一句语音；1984 年，全球第一款商用移动电话在摩托罗拉诞生；1991 年，在模拟通信时代，摩托罗拉展示了全球首个 GSM 标准数字蜂窝系统和手机原型。

不过当年摩托罗拉率先开发出数字手机后，并没有推向市场，而是选择了雪藏。模拟手机利润正丰，为什么急于变化？竞争对手衔枚疾进，迅速推出小巧精致的数字手机，摩托罗拉才如梦初醒慌忙追赶。这次，老天只是略施警告，摩托罗拉尚能稳住阵脚，奶酪还在。

对独孤求死之人，老天不会再次伸出援手。智能时代是手机发生脱胎换骨的巨变的时代，摩托罗拉缓缓转过庞大的身躯，仅仅与新时代打个照面，就匆匆离场。2007 年，苹果手机出世之际，摩托罗拉押注 Windows Mobile 系统，反响惨淡，不得已转向安卓。直到 2009 年，摩托罗拉才推出首款安卓手机。逡巡徘徊之间，生存机会转瞬即逝。摩托罗拉市场份额从 2007 年的 15% 直线滑落，到 2009 年仅剩 5% 。2011 年摩托罗拉将移动业务出售给谷歌，2014 年被转卖给联想，到如今江湖已难见其踪影。

历史不会等待，市场没有温柔，君子之泽五世而斩。

黑莓

加拿大黑莓手机消息系统实在优秀，据说 2001 年“9 · 11”事件之后，美国通信因繁忙而瘫痪，但美国副总统切尼的黑莓手机成功进行了无线互联，得以随时随地接收灾难现场的实时信息。

一直优秀的黑莓一度占据美国市场一半份额，成为高官、议员和华尔街的标配，风靡全球上流社会，市值仅次于苹果。祖上战功赫赫，黑莓有执着固守的理由，对自家系统抱有迷之自信。但固守祖法无法弥补底层架构的先天不足，大河滚滚向东流，安卓、苹果大行天下，黑莓建立独立王国的梦想被现实粉碎。黑莓系统长于邮件和信息，偏安于一隅，得益于“一招鲜吃遍天”，而安卓、苹果则开创了智能手机新纪元，是降维打击。执拗的黑莓直到 2015 年才推出第一款安卓手机，可惜大局已定，江湖新人辈出，一代老朽已掀不起江湖大浪。

亡羊补牢为时已晚，大江大河早已奔腾入海。一代天骄就此倒下，江河不会倒流，历史不会回头。

昔日繁华是今日的累赘，墨守成规终究跟不上时代的步伐。

三星

三星多方押注，吸纳各派精华，最终成就其大。

三星于2008年加入诺基亚塞班组织，2009年在三大手机制造商中率先推出安卓手机，2010年因市场上一半智能手机采用安卓系统，故转投安卓系统这个风头最盛的开源平台。为了防备操作系统“店大欺客”，三星在2012年联合英特尔推出Tizen系统，更在屏幕、芯片设计及制造等产业链纵深全面发力。苹果前三代手机的芯片由三星提供，直到现在，苹果芯片仍然由三星代工，三星研发之强大可见一斑。

以势大力沉的研发为后盾，三星手机份额直线上升，并稳定在20%左右。2012年三星占据手机王者宝座，直至今日。强大的实力从来不是凭空而来，三星手机研发投入占营业收入的7.2%，比苹果高2个百分点。

如履薄冰，如临深渊，只有密集研发才能根深蒂固。

HTC

我国台湾宏达电子（HTC）的际遇跌宕起伏，让人感叹命运无常。

HTC起家于为戴尔、惠普代工掌上电脑，包办了惠普掌上电脑从产品设计到制造的一条龙代工。2002年，HTC突发奇想，将掌上电脑与电话结合，诞生了全球第一台智能手机。代工起家的HTC并没有直接销售，而是向惠普、戴尔等大公司推荐，很可惜它们都没兴趣。如果惠普、戴尔慧眼识珠，识别出智能手机的鼻祖，或许他们会在电脑之外开辟新天地，引领智能手机时代。但历史没有如果，HTC的绝妙创意最终被欧洲电信运营商看中，智能手机销量暴涨，HTC声名鹊起。

自此，HTC几乎主宰了智能手机市场，旗下手机品牌多普达享誉全球。2006年，HTC推出全球首款微软Windows Mobile折叠智能手机；

2008年，HTC推出全球第一款安卓手机，外观时尚超前，被认为是苹果的强劲对手。那些年，“多普达”就是智能手机的代名词、商务人士的挚爱。

受益于安卓手机热销，2011年第三季度HTC市场份额达到25%，市值超越诺基亚与黑莓，仅次于苹果。2012年，HTC推出全球第一款1080P全高清屏幕旗舰Butterfly，在日本销量超过同期的iPhone5。2013年，HTC旗舰手机HTC One被英媒和港媒评为“世界最佳手机”。

然而，好花不常开，好景不常在。HTC根基不稳，上游供应链遭遇掣肘，高管团队内部出现混乱，高管人员接连离职。随着“中华酷联”和小米、OPPO轮番崛起，HTC颓势渐显。在国内，被小米、华为侵蚀份额；在国外，被苹果、三星重重围剿。2012年，HTC收入大幅下滑，次年出现历史上第一次亏损，之后持续数年。

虽然智能手机时代HTC起步最早，春风得意，却在智能手机的火热盛夏黯然掉队。最早推出智能手机，不可谓没有创新精神；两手准备，推出的微软系统手机和安卓手机，都是世界第一款，不可谓没有忧患意识。可惜代工出身的HTC，对市场严重误判，核心技术根基不稳。高端，苹果一路绝尘，HTC沿袭以往高端路线难以招架。中低端，华为、小米、OPPO、三星穷追猛打，HTC步伐迟钝，应对不暇。向上，上不得；向下，下不去。论技术，HTC的优势集中在手机设计和代工，缺乏技术纵深，从屏幕到芯片都依赖采购，不如华为、三星技术底蕴深厚；论市场战略，HTC强推高端，被苹果压制后掉头缓慢，不如小米、OPPO灵活娴熟，被活生生夹在中间，进退维谷。

成也萧何，败也萧何。兴起于代工产业，没落于代工思维，技术不深，营销不活。宝岛明珠，黯然褪色。

3. 绝望的突围

伴随王者的背影，我国手机品牌开始崛起，演绎了一个堪称完美的产业升级传奇。

堡垒最易从内部攻破，萌芽首先从内部生成。在功能机的红海中，国产手机被压制得抬不起头。黑暗中的蛰伏，是为了奔向光明。华为、中兴、大唐马拉松般的追赶，终于有了回报。我们在 3G、4G 通信技术上实现赶超。2010 年，华为超越诺基亚、西门子和阿尔卡特－朗讯，打败北电网络，成为全球仅次于爱立信的第二大通信设备制造商，中兴则位居第五。通信设备的崛起，为手机技术突破打下坚实的基础。天道必定酬勤，付出终有回报。

机遇伴随着危机扑面而来，“中华酷联”迅速崛起，曾经的强者波导、TCL、科健却掉队了。落败者的残骸尚未掩埋，胜利者来不及庆祝，“中华酷联”又转眼瓦解，小米问世，新时代来临。这一次跟上步伐的，只有华为与 OPPO、vivo。

中兴

中兴和联想是第一代国产手机的幸存者。紧随市场大势，中兴手机从电信运营商定制转向直面市场，从功能机平稳过渡到智能机。2009 年，中兴一口气推出 40 余款 3G 手机，成就“中国 3G 第一品牌”。得益于持续的研发与技术沉淀，中兴将通信设备的技术突破外溢到手机，使中兴智能手机实现“开门红”。

树大招风，强中有弱，中兴在核心零部件方面尚欠火候，偏偏此时迎面而来的是美国史无前例的残酷打压。2017 年 3 月，中兴被控违反美国的制裁，被迫接受美国处罚，支付 11.9 亿美元罚款，而这仅仅是个开头。2018 年 4 月，美国宣布未来 7 年内禁止中兴从美国购买敏感产品；同年 5

月，中兴宣布，受美国制裁影响，主要经营活动已无法进行。

中兴通讯作为我国技术水平最高的企业之一，也免不了被美国反复为难。2018 年 6 月，中兴通讯被迫与美国达成协议，再次缴纳 10 亿美元罚金，并改组董事会和高管层，接受美国派员检查。同年 7 月，中兴通讯被迫再向美国缴纳 4 亿美元保证金。

技不如人，再大再肥也只不过是镰刀下的韭菜。落后就要挨打，是亘古不变的真理。企业如此，国家亦然。

联想

联想是一家伟大的企业，一点就足以印证：电脑几乎没有经历国外品牌满天飞的阶段，直接进入联想时代。这在手机、汽车领域，都是天方夜谭。

早年的联想是有技术、有底蕴的。基于倪光南院士的多年成果，联想成立次年就推出联想式汉卡。1988 年，汉卡荣获国家科技进步一等奖，含金量可见一斑。以此为武器，联想在众多电脑公司中脱颖而出，收获“第一桶金”。1996 年，联想在中国登顶。2005 年，联想上演蛇吞象收购 IBM 个人电脑业务，此笔并购助力联想实现国际化惊人一跃，堪称前无古人的绝对经典。2013 年，联想电脑销量折桂全球。联想在管理、整合、国际化上的功力，首屈一指。柳传志说，富贵险中求，如果没有抓住机遇，没有勇于拥抱变化，联想可能早已不复存在，或者极为平庸。

相比于电脑，联想的手机业务则比较坎坷。2008 年，联想甩卖手机业务，次年又买回来。果然失去的才是最好的，放手后才能洞悉风起云涌的智能时代已经来临。2013 年，联想手机排名全球第四，中国第二；2014 年，联想 29 亿美元收购摩托罗拉手机业务，合并销量中国第一，全球第三，仅次于三星和苹果，一时风头无两。摩托罗拉手机转手谷歌再转手联想，元气已然大伤，但瘦死的骆驼比马大，品牌仍在，技术底蕴犹存。两者强强联手，作为又一个经典并购案例载入史册。联想将在电脑与手机两大领域称雄，江山永固。

可惜，此次并购没能重复昨天的故事。智能手机很快从运营商补贴转向公开市场竞争，联想转向迟缓。杨元庆痛斥："拿榔头敲都敲不醒，太慢了，在错失机会。"面对危机，联想决定从头开始。为了让变革更彻底、更到位、更猛烈，联想四年易五帅，战略随之发生巨变，此举转眼耗尽十年积累之功。联想手机甚至自废武功砍掉联想品牌，主推摩托罗拉，导致巨亏又不得不复活联想，回到原点。"神奇工场"本是联想制胜的秘密武器，对标小米以互联网思维做手机，是摆脱运营商依赖的绝地尝试，可惜也在战略巨变中灰飞烟灭。短短几年数易其帅，频频改旗易帜，犯遍兵家大忌，却唯独没有沉心静气打造一款惊世骇俗的手机。

电脑市场已至成熟，几乎与家电无异，寡头格局已定；彼时智能手机正值蓬勃生长，鹿死谁手尚未可知。两者节奏不同，竞争强度迥异。电脑升级的动力来自芯片和存储，来自上游供应商，联想无须密集研发；而手机升级的动力则在于芯片、系统、屏幕、摄像头、生物识别、界面设计等方面，不精雕细琢潜心研发必然落后。电脑是沉稳的中年男人，手机是朝气蓬勃的少女，两种冲突性力量交相汇聚，无法调和，导致联想在左冲右突中错失手机崛起的机遇。毕竟 20 世纪 90 年代"技工贸"与"贸工技"路线之争中，"贸工技"取得压倒性胜利，从此联想的定位首先是一家贸易公司，技术排在末位。以贸易的基因闯入产业剧烈升级的智能时代，头破血流在所难免。

成也贸易，败也贸易。

小米

小米是智能手机行业的革命者。

十年前谁也不相信，在惨烈厮杀的手机市场全球大佬纷纷谢幕，稚嫩的小米却异军突起。谁也没想到，这个莽撞新入者能掀起滔天巨浪，不仅重新定义国产手机，甚至还树立了中国制造的标杆。2014 年，小米超越联想和 LG，一跃成为全球第三大智能手机制造商。2019 年，小米又斩获两大突破：境外收入占比近半，成为全球化公司；成为最年轻的世界 500 强。

小米秘诀何在？

互联网思想是小米崛起的最根本力量。互联网是什么？这个看似简单的问题，雷军曾花很长时间反复思考。如果说马云、马化腾是天生神力，起步就杀入互联网，雷军则是苦苦思索、知行合一的理性选择。阿里巴巴、腾讯只能膜拜，学不来，小米则是凡人可学。

雷军第一轮思考在 1999 年前后，他得出结论：互联网就像电、就像水，是工具。于是雷军在金山工作的闲余创办了电子商务公司卓越网。四年之后，卓越网成为国内最大的 B2C 公司，作价 7500 万美元出售给亚马逊，后来化身亚马逊中国。

卖掉卓越网后，雷军陷入痛苦之中：主要做金山，顺带做卓越，精力投入比大约是 8 : 2，但卓越 100% 成长，金山却只有 20%。苦闷之中，雷军有了第二轮思考，他意识到互联网不是技术，而是一种观念、一种方法论，这才是互联网的精髓。第二轮思考开花结果，于是有了小米。小米与传统手机完全不同，不是靠硬件赚钱，而是靠生态链和互联网服务盈利，“羊毛出在猪身上”。市场公平公正，谁思考得深刻，践行得彻底，谁就能走在时代前面。

雷军将互联网思维总结为“专注、极致、口碑、快”七字诀。

专注，就是去多就少，去繁就简，创造极致。大道至简，把简单做到完美就是奇迹。蜡烛可以照亮房屋，激光却可以烧穿钢铁，这是专注的力量。做十件事，件件撒胡椒面，处处勉强凑合；聚焦一件事，集中优势兵力，成就天下第一，打造代表作。

专注才能极致，极致才有意义。市场经济的每次交易，都在选择极致：性能相近则价格最低者胜，价格相近则性能最优者赢。互联网促进全国甚至全球市场的大一统，互联网普及之前，市场分裂割据，局部极致就是优胜者；互联网普及之后，市场更加透明，全球极致才是优胜者。非极致，不生存。修合虽无人见，存心自有天知。

口碑是最好的广告，互联网是口碑传播最好的媒介。小米以逼近极限的体验，带来超预期的惊喜；有惊喜，就有好口碑；好口碑通过互联网放大，卷起传播风暴。起初，少有人知道小米，也没有多少人知道默默无闻的小米背后是大名鼎鼎的雷军。小米一出场，就带来全球首发双核 1.5G 发烧级智能手机，速度最快，存储量最大，售价最便宜，仅 1999 元。一鸣惊人，一炮而红。口碑的源头是极致精神，是触动人类灵魂的惊喜。小米建立互联网社区，深入用户，服务用户，相信用户，倾听用户心声，听取用户评价。好评成就口碑，差评化作改进动力。互联网是与用户最便捷的沟通渠道，能形成最大的传播效应。口碑比广告好，广告从外部影响，强加于人；口碑则发自内心，触动灵魂。

高效率是实践互联网思维的基本前提，让利是王道。微信、百度、谷歌、Facebook、360 杀毒对终端用户都免费，但丝毫不妨碍它们成为全球最值钱的公司。小米起初“零毛利”，践行“做全球最好的手机，只卖一半的价格”，通过扩大规模、提升效率、降低成本，实现百分之十几的毛利率。为了始终践行低毛利战略，小米董事会在 IPO 前通过一项特别决议：小米硬件税后净利率永远不超过 5%，如有超过部分将全部返还用户。2018 年，这一数值不超过 1%。低毛利战略的底气来自极致的运营成本控制，小米堪称全球效率最高的公司。互联网时代世界是平的，信息更加畅通无阻，产品价格和品质更加透明，“赢者通吃”是普遍规律。企业要成功，必须将运营效率提升到极致，在同等条件下实现价格最低、品质最优。市场经济中，极致是生存法则。

2018年，小米互联网服务贡献毛利103亿元，手机业务仅有70亿元。手机毛利率仅为6%，互联网服务毛利率却高达64%，两者相差10倍！互联网服务中广告是大头，收入占比为63%。小米竟然是一家靠互联网广告赚钱的手机公司，闻所未闻。小米是如何做到的?

打造生态链，构建与用户的三层深度关联。小米基于安卓开发MIUI系统，构建与用户的第一道关联，到2018年已拥有1.9亿MIUI月活跃用户。打造“米家”生态链，构建与用户的第二道关联。到2018年，小米共投资生态链企业90多家，改变行业上百个，形成商品上千种，数家企业登陆美股和科创板。2019年，小米智能电视销量突破1000万台，打破国内销量纪录。打造物联网，构建第三道深度关联，建成全球最大消费类物联网平台，连接超过1亿台智能设备。

小米悟透了市场经济的法则，开创了极致为王的时代。别人，手机是手机，电视是电视；小米，手机也好，电视也好，都是互联网生态的一分子。别人，靠山吃山，靠水吃水；小米，硬件毛利几乎全盘让出，靠互联网服务赚钱。别人，多生孩子会打架，款款差强人意；小米，千钧之力聚于一处，磨到极致无可挑剔。小米以自身DNA打造生态链，“道生一，一生二，二生三，三生万物”，极致精神的“星星之火”迅速燎原，深刻改变着中国制造业。

2021年3月，雷军宣布：“造车将是我人生中最后一次重大创业项目，我愿意押上人生所有的战绩和声誉，为小米汽车而战!”曾经的小米中途闯入激烈厮杀的手机生死局，正面对抗苹果，横扫一众山寨，如今又走上汽车的赛场。这是强者的游戏，是极致修行的圣地。雷军正面对抗微软成就WPS，正面对抗苹果成就小米，再一鼓作气攻克汽车，将“当仁不让”成为中国制造的一面旗帜。

天还是天，地还是地，雷军还是雷军。

在市场的王国，天下唯有第一，余辈毫无意义，鬼神无处藏匿。

华为

华为是我国高科技公司的“领头羊”。

华为以电信设备起家，手机本不是主航道。在功能机时代，华为手机主要面向运营商定制，智能革命开启后，华为体量最大，应对却最好，走得最远。2012 年，华为开始在研发手机上发力，当年手机销量占据全球份额的 4%；2019 年华为手机销量超越苹果位居全球第二。

华为手机何以快速崛起？

势大力沉的研发是核心。2021 年，研发投入占收入的比重，苹果是 6%，三星是 8%，华为是 22.4%。华为研发不浮于外形和皮毛，而是剑指芯片等核心技术。2012 年，华为海思发布四核手机芯片。2019 年，美国疯狂打压华为时，华为已经率先研发出 5G 手机芯片，领先苹果、高通。华为永远是最用功的学生，人十我百，人百我千，以密集的研发扫平前进道路上一切艰难险阻。

抗兵相若，哀者必胜；祸莫大于轻敌，轻敌几丧吾宝。2000 年，华为利润大涨 70%，居全国电子百强之首。正值发展的春天，华为却高呼冬天已经不远了，华为的冬天可能来得更冷一些。任正非说：“十年来我天天思考的都是失败，对成功视而不见，也没有什么荣誉感、自豪感，而是危机感。也许是这样才存活了十年。”堡垒最容易从内部攻破，于是 2005 年华为仿照军队设立蓝军，运用逆向思维专门审视自身漏洞，红、蓝双方展开实打实对攻演练。2008 年，华为计划出售手机板块，蓝军提出“未来的电信行业将是端—管—云‘三位一体’，终端决定需求，放弃终端就是放弃华为的未来”。于是华为保留手机，打通云服务、通信管道和手机终端，形成全球独一无二的坚固护城河。那一年，联想以 1 亿美元卖掉了手机业务。人无远虑，必有近忧。

在强大技术的支撑下，华为有挺进高端的底气。2013 年，华为开辟两大战场：荣耀正式独立运营，面向年轻人群，主走电商；华为主推 AscendP 和 Mate 品牌，主打高技术、高层次、高溢价，定位商务群体主推传统渠道。两种模式互相借鉴，融为一体，既区分不同客群，又侧重不同渠道。两手都要抓，两手都要硬。现在已然衰朽的，将来可能重放异彩；现在鸿运当头的，将来可能日渐衰朽。

华为的崛起遭到美国的打压。一个超级大国动用国家力量全面打压一家民营企业，盘古开天以来闻所未闻。美国扣押华为高管、断供禁用，无所不用其极，意欲把华为逼上绝路。但华为一路走来都是兵家绝地，诺基亚、北电、爱立信个个都是豺狼虎豹，个个都是通信行业的顶尖高手，投子认怂不是中华有为。养兵千日用在一时，华为芯片十年备胎一夜转正；谷歌断供软件服务，2020 年华为启动鸿蒙系统。不经历风雨不配见彩虹，华为以一己之力抗泰山之重，很无情、很悲壮、很残酷，但也很从容、很坚强、很得法。血战终会到来，华为早已深挖洞广积粮，严阵以待。美国极限打压五年，华为却越战越强。2023 年，华为推出 Mate60 Pro + 手机，麒麟芯片死而复生，性能跻身国际一流，华为还顺手打造出跨界无缝连接的鸿蒙系统，全球首次实现在手机中融入卫星呼叫功能。

华为就像来自贵州贫困山区的放牛娃，心里永远装着“知识就是力量”。别人“贸工技”，他下血本研发；别人在乎眼前利润，他关心长远生存；别人春风得意马蹄疾，一日看尽长安花，他居安思危，高呼“冬天来了”，启动备胎为似乎不可能到来的最冷冬天早早备好棉衣。

（五）汽车：浴火重生

不管现在多么绚丽，也只是未来的序幕。

七十多年前，摧枯拉朽的三大战役掀番了三座大山，解放了全中国；今天我们要民族复兴、全球登顶，就要打赢新时代的三大战役：汽车、芯片，还有以核聚变发电、人工智能为代表的高新产业。

自主汽车搞起来，我们将摘取制造业的“皇冠”；攻克芯片，我们将架设从信息化到智能化的桥梁；攻克核聚变发电，进而再下一城攻克高精密机床、新材料、生物医药、基础软件、人工智能等领域，我们将点燃人类的火种，掌握开启未来的钥匙，持续站在人类科技最前沿。

天方国有一对神鸟，雄为凤，雌为凰，长五百岁后背负人间所有困苦与磨难，集香木自焚。熊熊大火中，凤凰要么从烈焰中涅槃，从此美丽绝伦；要么化为灰烬，永不再生。

民族汽车，就是火中凤凰。

1. 汽车之重：制造业的圣杯

汽车是制造业的“皇冠”。每个梦想踏入强国行列的大国，首先要跨过汽车这道门槛，没有强大的汽车产业，无以成强国。

从来没有一个产业像汽车这样，延绵百年不断进化，总是能集成人类最前沿的技术，衍生出旺盛的基础设施需求，如此深刻地改变人类的生活方式。一个国家汽车产业的发展水平基本代表其工业化水平，汽车产业也因此成为兵家必争之地。一个大国晋级为发达国家，往往以汽车产业进入全球顶级水平为标志，德国、美国、法国、日本、韩国、奥地利、意大利，莫不如此。

三大突破：机械到智能

汽车产业诞生至今已有一百三十多年历史，共发生过三次突破性技术创新和四次突破性机制创新。这些创新极大地改变了汽车行业，也推动人类社会发生翻天覆地的变化。

第一次工业革命，蒸汽机汽车出世。1769 年，卡格诺制成全球第一台三轮蒸汽机汽车，这是从 0 到 1 的技术突破，但蒸汽机汽车比较笨重，无法普及。

第二次工业革命，内燃机和化工技术获得突破。多人迭代改进，发明了结构紧凑、转化效率高的内燃机。化工技术突飞猛进，从石油中高效分离出汽油、柴油，卡尔·奔驰发明三轮内燃机汽车并获得专利。这是汽车工业第二次突破性技术创新，从此汽车以其巨大的体量稳坐工业领域“头把交椅”。

1902 年至 20 世纪 20 年代，福特推行汽车生产流水线作业，极大地提升了生产效率，让美国成为“车轮上的国家”，并一举成为全球头号汽车强国。这是汽车行业第一次突破性机制创新。

1923—1937 年，通用汽车总裁斯隆建立大企业管理模式，短短三年就让濒临破产的通用反败为胜，战胜不可一世的福特，进一步把美国汽车产业推向世界巅峰。这是汽车行业第二次突破性机制创新。

随着汽车型号越来越多样，生产线、零件生产越来越复杂，给大规模工业化生产带来艰巨挑战。20 世纪 20—60 年代，德国车企推动产品模块化，设计时统筹考虑不同产品序列的模块共用，解决了大规模工业化生产与产品多样化之间的根本性矛盾，一举成为全球顶级汽车销售商，这也让德国崛起为二号强国。这是汽车行业第三次突破性机制创新。

随着电子和自动化技术突飞猛进，电磁火花塞、ABS、自动挡等技术应用于汽车，极大地提升了汽车性能。同时汽车零部件越来越多，生产难度越来越大。1960—1990 年，日本丰田通过精细化管理，把质量管理、成本控制、生产效率提升到无以复加的极致水平，彻底挤干成本水分，彻底消除生产中每个冗余，超越通用和大众成为汽车王者，利润多年来一直保持全球第一，甚至超越美国三大车企之和。这是汽车行业第四次突破性机制创新。

当前，新能源汽车产业方兴未艾，最突出的标志是电动化、网络化、智能化，融入了人类在电池、信息和人工智能的最新成果，让汽车成为智能化终端。这是汽车行业第三次突破性技术创新。新能源汽车产业风云变幻，原有格局剧烈突变，造车新势力掀起颠覆巨浪，老牌车企百年积累的优势被大大削弱。

这是我们千载难逢的超越机遇。汽车产业太大，生命周期太长，产业链条也太长，养活了太多人口，我们输不起。汽车产业就是强国晋级的垫脚石，没有强大的汽车产业，我们无以养活众多人口，无以走上富强之路。

强国标配：第一工业

汽车是全球化程度最高的产业，是全球出口金额最大的制造业，是名副其实的第一工业。汽车行业集大体量、高技术、高附加值、高品牌溢价、高实用价值于一身，是欧美日韩等列强的立国之本，是全球贸易的第一支柱。2018 年，全球整车出口 9800 亿美元，占全球货物出口总额的 5.1%(《中国汽车贸易高质量发展报告（2019)》)，远超原油、成品油、集成电路、手机和计算机等大宗商品。相较之下，2018 年，全球原油出口额仅为 6776 亿美元（美国 CIA)。

汽车产业在国民经济中的地位举足轻重。国家统计局数据显示，2018 年，我国汽车商品零售总额为 3.89 万亿元，占全国社会消费品零售总额的 10.2%；汽车行业规模以上企业实现主营业务收入 8.05 万亿元，利润总额为6091亿元；完成固定资产投资1.36万亿元，占制造业固定资产投资总额的6.4%。中国汽车技术研究中心数据显示，我国汽车相关产业税收占全国税收比重连续多年超过10%，汽车相关产业就业人数超过社会就业总人数的1/6，汽车行业每增加1名就业人员可带动增加10个就业岗位。根据发达国家经验，汽车工业每增值1元就会给上游产业带来0.65元增值，为下游产业带来2.63元增值(《中国汽车贸易高质量发展报告（2019)》)。

截至2020年，我们已连续十一年成为全球最大的汽车生产国、销售国，汽车产、销量分别达到2522.5万辆和2531.1万辆，销量占全球比重近30%（见图6-1)。对比之下，美国销量1460万辆，欧盟990万辆，日本460万辆，我们的销量超过美国和欧盟总和。

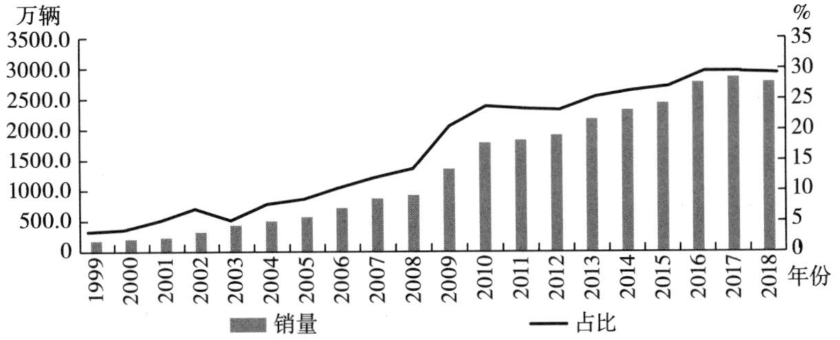

图6-1　1999—2018年我国汽车销量及在全球市场占比情况

资料来源：《中国汽车贸易高质量发展报告（2019)》，世界汽车组织。

全球汽车市场被德国、日本、美国、韩国、法国、意大利统治，大众、丰田、雷诺日产、通用、现代起亚是全球车企销量排行榜前五名，2019年销量分别达到1034万辆、970万辆、922万辆、774万辆、720万辆，合计占全球的一半份额（见表6-2)。

表 6－2 主要车企销量和市场份额

2019 年排名	2018 年排名	车企	2019 年销量（辆）	2018 年销量（辆）	2019 年市场占比（%）	2018 年市场占比（%）
1	1	大众集团	10336495	10442283	12.2	11.8
2	3	丰田集团	9698609	9493671	11.4	10.7
3	2	雷诺日产联盟	9222665	9800365	10.8	11.1
4	4	通用汽车	7744714	8676734	9.1	9.8
5	5	现代起亚	7203538	7282158	8.5	8.2
6	6	福特集团	4901247	5310038	5.8	6.0
7	7	本田汽车	4826223	4851189	5.7	5.5
8	8	菲亚特克莱斯勒	4360186	4534648	5.1	5.1
9	9	标志雪铁龙	3176473	3494734	3.7	3.9
10	11	奔驰戴姆勒	2623037	2538887	3.1	2.9

资料来源：Global Auto Database；https：//chejiahao. autohome. com. cn。

汽车强国无一例外都是汽车出口大国。2018 年，德国、日本、美国、韩国位列整车出口额前四，出口金额分别为 1823 亿美元、1085 亿美元、607 亿美元和 408 亿美元，分别占据全球整车出口总额的 18.6%、11.1%、6.2%和 4.2%。汽车是强国出口的主力，是德日第一大、韩国第二大出口商品。2018 年，德国、日本和韩国汽车出口额分别占本国货物出口总额的 11.7%、14.7%和 6.7%，而我国仅为 0.6%，远低于全球 5.1%的平均水平（《中国汽车贸易高质量发展报告（2019）》）（见表 6－3）。

表 6－3 2018 年主要国家整车出口额情况

序号	国家	出口额（亿美元）	占全球整车出口额比重（%）	占本国货物出口额比重（%）
1	德国	1823	18.6	11.7
2	日本	1085	11.1	14.7
3	美国	607	6.2	3.6
4	韩国	408	4.2	6.7

续表

序号	国家	出口额（亿美元）	占全球整车出口额比重（%）	占本国货物出口额比重（%）
5	中国	157	1.6	0.6
全球合计（平均）		9800	100.0	5.1

资料来源：《中国汽车贸易高质量发展报告（2019）》。

汽车强国产量的一半甚至更多用于出口。2018 年，日本出口汽车 468 万辆，占国内产量的 48.1%；韩国出口汽车 245 万辆，占国内汽车产量的 60.8%；德国出口汽车 399 万辆，占国内产量的 78.0%（见表 6-4）。甚至连巴西、阿根廷、南非、泰国、墨西哥等发展中国家，虽然没什么自主品牌，主要为国际汽车代工，但也大量出口汽车，汽车出口量占国内产量比例也在 20% 以上，最多甚至超 70%。反观我国，2018 年，我国汽车产量达 2781 万辆，占全球 9570 万辆总产量的比重近 30%，雄踞世界第一，但整车出口仅为 101 万辆，占国内产量的 3.6%（《中国汽车贸易高质量发展报告（2019）》）。我国自主品牌汽车偏弱，国际竞争力不强，国际车企在我国生产的汽车一般就地销售，并不对外出口。

表 6-4　2018 年主要国家汽车出口及占比情况

序号	国家	出口量（万辆）	国内产量（万辆）	出口占国内产量比例（%）
1	日本	468	973	48.1
2	德国	399	512	78.0
3	韩国	245	403	60.8
4	美国	193	1131	17.1
5	中国	101	2781	3.6

资料来源：《中国汽车贸易高质量发展报告（2019）》。

2. 韩国之路：小国大事

我们先看看韩国。

韩国是我们一衣带水的邻邦，很多年前还向我们朝贡。袁世凯曾担任驻朝通商大臣，力主将日本赶出朝鲜，“越缅僻处海荒，朝鲜近在肘腋，北则咫尺盛京根本之地，西则控扼津烟咽喉之冲，无朝鲜则无东壁也……故缅甸可容，越南可缓，而朝鲜断不可失”。1882 年，朝鲜发生“壬午兵变”，张謇奔赴当时的汉城平叛，上书《朝鲜善后六策》，向清廷建议废除朝鲜王国设置郡县，朝鲜国王生父大院君也秘密上折，要求“效仿元朝，在朝鲜设行省、派监国”。清朝“肱骨”李鸿章觉得多一事不如少一事，痛斥张謇“多事”。清廷犹豫不决，一步步坐失解决朝鲜问题的最佳时机。后来的事情我们都知道，甲午海战清廷战败，被迫签订《马关条约》，朝鲜沦为日本殖民地惨遭蹂躏。

韩国汽车发展史却是一部活脱脱自强不息的奋斗史，这个东北亚传统弱国所爆发的民族精神让世人为之惊叹，让人不得不由衷萌生敬意。

起初：国小志不小

20 世纪 60 年代初，韩国汽车业从零起步，进口零部件组装整车，比我们晚了近十年。1962 年韩国汽车产量不到 2000 辆；到 1994 年韩国汽车产量为 231.2 万辆，出口 73.8 万辆，成为世界第六大汽车生产国和第五大出口国（欧阳敏，2012）；2009 年，韩国汽车在日、德、美三强之后，晋升全球四强。

一个土地狭小、工业基础极差、经济水平极为落后、饱受战乱蹂躏的亚洲小国，是怎样在短时间内一跃成为世界汽车强国的呢？

和我们一样，韩国起初寄希望于国际合作。1967 年，现代汽车成立，两眼一抹黑，与福特合资。开局良好，三年后现代汽车产量达 2.6 万辆，在韩国名列前茅。但从 1971 年起，现代与福特为争夺控制权出现矛盾，1973 年合作终止。现代汽车目标坚定，要自主经营。此后尽管现代汽车与通用、大众、阿尔法·罗密欧等多个知名车企探讨合作，但都无法拿到自主经营权。韩国很快醒悟，汽车产业是强国的命脉，是吃饭的家伙，外国品牌来合资设厂，是来赚钱的，不是来送温暖的。

志气决定高下，格局决定成败。

韩国转而开始自主创新，虽然国际合作在继续，但它守住底线掌握自主权和话语权，始终铭记合作初心是自主创新。这个历经苦难，被历史摆弄来、摆弄去的弱国，表现出惊人的远见与勇气，它不怕巨额投入打水漂，没等产量过千万，也没等这条件、那条件，哪怕那时它的国内市场只有几万辆、几十万辆的规模，哪怕到2020年可能也不到200万辆，它也义无反顾，独立自主埋头研发，完全不同于汽车产业大而不强的巴西、墨西哥、土耳其。

现代汽车最大限度坚持独立发展战略。合资受挫后，现代汽车幡然醒悟，合资不可能掌握自主经营权，市场换不来核心技术。它果断转换策略，以自己为主引进日本三菱的发动机总成、变速箱和后桥生产技术，请意大利设计公司设计车身，于1976年推出福尼牌轿车，获得巨大成功，超越起亚奠定了韩国第一车企的地位。此后，现代汽车矢志不渝，一门心思搞自主品牌。1985年，现代汽车彻底掌握汽车核心技术，具备自主研发能力。这一年现代汽车自主研发的首款汽车进军加拿大，售出7.9万辆，次年进军美国，售出16万辆。现代汽车海外工厂都由自己新建，完全以自己的模式进行运营。“走自己创新的道路，不要其他人的生产方式”已成为现代汽车的DNA（延平，2014）。

十八年磨一剑，韩国从此树立自主品牌，具备自主研发能力。

研发：大力出奇迹

弱小，各有各的原因；强大，原因却惊人一致。

华为的强大源自大力研发，韩国汽车也一样。唯有研发才有出路，韩国官民的认识出奇一致。20世纪90年代，韩国政府明文规定，车企至少须将销售额的5%用作研发，要求在1995年前建立350个企业研究所，攻克尖端零部件技术，建立独立自主的汽车强国（杨再舜，2018）。现代汽车的研发投资更是达到总投资额的12%。在韩国京畿道，现代汽车研究所面积为2000万平方米，相当于500个足球场大小，可供600多辆汽车同时进行测试，并开展风洞测试和发动机研发。各类现代汽车车型都会对标丰田、福特同级别车型，进行性能差异测试，找差距、补短板。

每个现代汽车员工都铭记着董事长郑梦九的故事。1999年，郑梦九视察工厂，看到发动机舱内螺丝钉五颜六色，各种线路乱七八糟，即将安装的零部件随意摆放，他忍不住咆哮："只有把质量提高到顶级水平，我们才能生存下去!"他非常清楚，现代汽车作为后来者，跟随等于自暴自弃，敷衍就是自寻死路，只有做到一流，才有活下去的希望。

早年，韩国车就是劣质的代名词。1990年，美国NBC脱口秀主持人雷诺在节目中讽刺现代汽车，"我经过两年研究，终于懂得了韩国现代汽车跟美国车有什么不一样，美国车要开才会动，韩国车要推才会动，而且是下坡的时候"。到了2004年，在美国权威汽车评级机构J. D. Power的质量调查中，韩国品牌汽车质量首次超越欧美品牌汽车。2008年，美国《消费者报道》出炉年度最佳汽车排名，韩国有两款车荣膺榜首，仅次于日本。2016年J. D. Power年度汽车质量调查显示，韩国现代集团旗下起亚汽车占据榜首，该调查二十七年以来首次由非豪华汽车品牌夺得冠军。

几十年过去，韩国与福特、丰田、菲亚特的合资公司倒下去，韩国自主品牌站起来。2007年现代起亚汽车集团成为世界第五大汽车生产集团；2009年上升至第四；2022年超越美国通用位列第三，仅次于丰田和大众。

政策：遮风不代庖

在韩国汽车产业发展过程中，产业政策厥功至伟。韩国政府总是恰到好处地发挥作用，既不缺位，也不越俎代庖，在产业稚嫩时遮风挡雨，在羽翼丰满后放飞竞争，以身作则鼓励购买国产车，一路护送韩国汽车产业坐上全球一流的宝座。

早在1962年，韩国就颁布了《汽车工业保护法》，严格限制外国轿车及其零部件进口。1969年12月，韩国制订《发展汽车工业基本计划》，提出1972年实现小轿车国产化，1974年实现大轿车国产化，鼓励民族汽车产业。1973年初，韩国总统朴正熙发表《重化学工业化宣言》，将汽车工业列入“十大战略产业”，重点支持。1974年，韩国制定《汽车工业发展规划》，将零散的汽车企业整合成现代、起亚、亚细亚和高丽通用四大汽车公司，大力扶植大企业集团，力推自主设计车型，并重点攻克发动机、变速器等核心零部件技术。20世纪80年代，汽车产业尚且弱小，韩国继续限制国外汽车进口，限制外资进入汽车产业。韩国政府为车企提供大量资金，每年投资金额高达车企总投资额的12%。1981年2月，韩国政府颁布《汽车工业合理化措施》，推动汽车生产专业化，提升质量，增强竞争力：现代和大宇两家汽车企业专业生产小轿车，起亚和东亚集中生产消防车和5吨以下小货车，亚细亚主要生产吉普车，各汽车企业可自由生产5吨以上卡车和公共汽车。

20世纪80年代中期以后，韩国车企已经掌握汽车核心技术。韩国政府审时度势，自1987年起不再限制车企生产的车种、车型，对内放开汽车市场，鼓励企业竞争，优胜劣汰，推动车企在竞争中壮大，进一步扩大生产规模，加速技术开发，增加对外出口，意欲成为汽车生产和出口大国。韩国车企迅速进入彼此专业领域，现代汽车开发生产波尼牌高级轿车，大宇开发莱曼斯牌高级轿车，起亚开发贝斯塔牌轿车，国内赛马机制快速形成。进入90年代后，韩国鼓励车企加强研发，建立企业研究所，提升产品质量。由于韩国汽车市场规模有限，满打满算不超过200万辆，于是韩国车企迅速进入国际市场。目前，韩国汽车已经出口到世界190多个国家和地区，成为名副其实的汽车强国。

韩国政府对内放开竞争，鼓励车企参与国际市场，但对外则顶住强大压力，对进口汽车实行“高门槛”关税。即使后来韩国汽车逐步壮大，牢牢占领国内市场，进口汽车关税依然保持高位。直到韩国加入WTO之际，韩国政府才大幅降低汽车进口关税：1994年降低为10%；1995年正式加入WTO，汽车进口关税降低为8%。即使如此，在加入WTO时，韩国政府也竭力争取有利于韩国的条款，比如鼓励使用国产车，对汽车行业外资予以限制，立法限制外国汽车进口，制定严格的技术标准限制进口车车型，课征高额消费税（300%）限制进口轿车等。

韩国政府充分认识到汽车产业的战略性地位，为保护民族汽车工业，不惜与美国爆发激烈贸易战。在这一点上，韩国与日本不谋而合，充分认识到汽车是命脉产业，都在拼命保护自己的民族汽车。2008年，日本向美国出口210万辆汽车，价值415亿美元，但仅从美国进口5.34亿美元汽车。日本汽车产业在全球数一数二，但其国内市场在发达国家中最为封闭，2008年进口车辆比例仅为5%。

20世纪90年代后期开始，韩、美爆发汽车大战，持续了几十年，韩国汽车市场始终坚如磐石，外国车企针插不进，水泼不进。1997年，美国动用“超级301”条款，迫使韩国向美国开放汽车市场，并要求韩国政府采取措施改善韩国老百姓对外国汽车的观念。2001年，美国威胁韩国，“汽车交易是影响韩美正常贸易关系的最大障碍，美将视情况决定是否对韩国汽车采取进口限制措施”。韩国以政府作用有限为由，坚决拒绝（欧阳敏，2012）。2007年，韩、美初步达成自贸协定，克莱斯勒和福特异口同声强烈反对，大喊不公平。2008年，美国从韩国进口汽车75亿美元，但仅出口 3.7 亿美元，这种状况一直持续到现在。美国前总统特朗普称美韩自贸协定为“可怕的交易”，并不断制造紧张气氛，威胁退出双边协议。2018 年，美、韩重新谈判，签署修改后的《美韩自由贸易协定》，约定韩国进一步向美国开放汽车市场，允许符合美国汽车安全标准的美国汽车企业每年向韩国出口汽车配额由 2.5 万辆增加到 5 万辆，而美国继续对韩国出口商品征收关税，对韩国皮卡征收 25% 关税的到期时限从 2021 年延长至 2041 年。几十年来，通用始终徘徊在韩国汽车市场边缘，直到 2002 年收购破产的大宇汽车才真正进入韩国市场，市场份额最高到过 10%，但逐年败退。截至 2019 年，韩国本土汽车市场始终由本土车企牢牢把控，全年销售新车 192 万辆，其中自主品牌销量 149 万辆，占比为 77.8%；进口 24 万辆，占比仅为 12.8%。雷诺与通用在韩国当地企业共计销售汽车 18 万辆，占比不到 10%（见表 6-5）。

表 6-5　2019 年韩国车企销量

车企	销量（辆）	市场份额（%）
现代	802362	41.83
起亚	573163	29.88
双龙	116381	6.07
自主品牌合计	1491906	77.78
通用韩国	85215	4.44
雷诺三星	96219	5.02
国产合资合计	181434	9.46
进口	244780	12.76
总计	1918120	100.00

资料来源：根据公开资料整理。

自尊：崛起的铺路石

韩国汽车崛起之路，是韩国民众民族意识觉醒甘做铺路石铸就的。

韩国崇洋媚外现象曾十分严重。二十世纪六七十年代现代汽车社长郑周永说："什么东西都认为是外国的好，连香烟这种东西也是外烟为上，这是一种十足的奴才心理。这种心理是病态的，主要存在于富有阶层和权势阶层中。如果他们将这种心态传播到社会上，形成某种社会潮流，毁掉的不仅是本国的产业，而是整个国家。如果一个民族被这种心态所笼罩，这个民族的前途就该忧虑了。"（欧阳敏，2012）。

韩国政府明白，崇洋媚外是病，得治。政府以身作则，采购公务车及公务员买私家车，必须选择自主品牌。政府对购买自主品牌汽车给予一定优惠，而对于购买国外品牌汽车，设置限制条件，比如购买外国高档轿车要出具收入和纳税证明，使许多韩国人转而购买国产汽车（欧阳敏，2012）。

政府助推，企业争气，民众觉醒，韩国社会摆脱了百年来的民族自卑，形成了强烈的民族意识和民族自尊。在韩国购买国产车渐成潮流，据说国外品牌车主多少受到他人鄙视，甚至更容易被交通警察关照（吴玉峰，2012）。上至总统下至黎民百姓，都以坐国产车为荣。他们明白，与其说是在买国车，其实是在守自己和子孙的饭碗。韩国车企也争气，没让国民失望，质量一年一个台阶，不仅守住了国内地盘，还抢占了国际市场。据韩国国土交通部数据，截至 2017 年底韩国累计登记汽车 2253 万辆，相当于每 2. 3 人就拥有 1 辆汽车，国产车占比 91. 6%。

韩国一穷二白搞汽车，起步很晚，起点很低，但它们心比天高，志比海深。韩国咬定自主创新不放松，顺应市场蕴藏的磅礴力量，放心大胆地鼓励民间力量担当攻城拔寨的主力军，硬生生从西方列强重重防卫的核心腹地攻下一块阵地，在巴掌大的"小水洼"里养出"大鲸鱼"。现代、起亚汽车当初不过是生于民间泥土的无名之辈，它们没有浩荡的资本，没有令行禁止的国家力量，没有几百万、几千万辆的庞大市场，只有一心一意搞自主创新的决绝，只有几十年如一日的钢铁意志，只有官方、企业、民众的上下一心，最终撑破天成为行业传奇。

为了发展自主汽车，为尚在襁褓的民族汽车遮风挡雨，它树立起高高的护城河，不惜硬怼美国，把国际大牌挡在国门外，逼得克莱斯勒、福特、通用暴跳反对美韩自贸协定，气得特朗普以退出双边自贸协定相威胁，逼迫韩国开放汽车市场。韩国为把控汽车行业自主权、掌握自身命运，宁可关闭合资厂。韩国坚决贯彻公车必须用自主品牌的原则，引导民众买国产车，全心全意扶植民族车企。

1973 年，韩国国内汽车市场销量为 2.6 万辆，到 1986 年也仅有 28.8 万辆，市场空间逼仄狭窄，但韩国却已彻底掌握汽车核心技术。在这种情况下，韩国拼命占领海外市场。2022 年全球前列的汽车市场中，美国、印度、日本和德国汽车销量分别达到 1423 万辆、473 万辆、420 万辆、296 万辆，韩国汽车市场销量只有 168 万辆（见表 6－6），在全球浩瀚的汽车市场中，只能算一汪小水洼，但现代起亚集团汽车销售量达 684.8 万辆，荣膺全球三雄。

表 6－6　2022 年全球前十大汽车市场

序号	国家	销量（辆）	全球占比（%）
1	中国	26863745	32.91
2	美国	14230324	17.43
3	印度	4725472	5.79
4	日本	4201320	5.15
5	德国	2963748	3.63
6	巴西	2104461	2.58
7	英国	1943572	2.38
8	法国	1929554	2.36
9	韩国	1683657	2.06
10	加拿大	1562965	1.91
	其他国家	19419715	23.79

资料来源：根据公开资料整理。

如今汽车已成为韩国经济支柱产业。2013 年韩国汽车总产值已经高达 747 亿美元，占制造业总产值 13. 3%，汽车业相关税收占税收总额 14. 7%（延平，2014）。韩国车没有辜负国民厚爱，养育了千万韩国人，创造了亿万财富和就业岗位。

3. 市场换技术：东隅与桑榆

不知不觉之间，我国已坐拥全球最大汽车市场，自主品牌在与国际大牌的浴血厮杀中顽强发芽、生长，隐隐有参天之象。

合资之路：远水与近渴

我国汽车工业起步较早，1957 年我们造出自主品牌“东风”和“红旗”轿车，1958 年诞生“井冈山”和“凤凰牌”（后更名为“上海牌”）轿车。1966 年豪华型“大红旗”轿车定型生产，一经问世就惊艳四座，行驶平稳换挡顺滑，起点甚高。

为了迅速满足国内爆发式增长的汽车需求，我国从 1983 年开始以“市场换技术”，汽车大厂纷纷与国际车企合资：1983 年北京汽车与美国汽车公司合资生产吉普；1984 年天津汽车与日本大发合资，上汽与大众合资；1985 年广州汽车与法国标致合资；1991 年一汽与大众合资；1992 年东风与雪铁龙合资；1993 年长安与铃木合资；1997 年上汽与通用合资；1998 年广汽与本田合资；2000 年一汽与丰田合资；2001 年长安与福特合资，东风与起亚合资；2002 年北汽与现代合资；2003 年华晨与宝马合资；2004 年广汽与丰田合资；2005 年北汽与奔驰合资；2012 年奇瑞与印度的捷豹路虎合资……

全球一线二线汽车品牌汹涌而入，不管是叱咤风云的丰田大众，还是命悬一线的捷豹路虎，不管是百年老店通用福特，还是初生牛犊现代起亚，都在我们这里生根发芽，长成了参天大树。

国内旺盛的需求，将合资车企的国际品牌汽车价格推到令人惊愕的高度。20 世纪 80 年代，经济车型桑塔纳售价超过 20 万元，同等资金足以在北京买一套现价值 2000 万元以上的豪宅。

面对国际大厂的竞争，尚且稚嫩的自主品牌顽强求生。1984 年上汽与大众合资后，上海牌汽车名存实亡，1991 年 11 月 25 日最后一辆上海牌汽车下线。1998 年红旗停产，这辆建国伟人们的往日座驾，接待过美国总统尼克松、德国总理科尔、英国女王、日本天皇，见证过风云激荡历史的一代名车不得不暂别历史舞台。为了避免资源浪费重复投资，民间资本被限制进入汽车行业。2001 年后吉利、奇瑞、长城、比亚迪借道诞生，自主品牌重新开辟新战线。

或许是当时汽车需求太过汹涌，市场等不及自主品牌发育壮大，远水难解近渴，发展合资可以在干中学，先解决有无问题。通过合资，我国汽车产量迅速攀升，满足了国内爆发式增长的汽车需求。

市场与技术：大风起兮蛟龙生

随着经济腾飞，我国汽车市场掀起了史诗级的爆发过程。2009 年我国成为全球最大汽车市场，2022 年我国汽车销量超过美、日、德、英、法之和。我国市场风云际会，国际品牌各显神通，自主品牌在与国际品牌的贴身肉搏中存活下来，隐隐显出蛟龙之象。

2018 年通用在中国销售汽车 365 万辆，占其全球销量的 43.5%；大众在中国销售汽车 421 万辆，占其全球销量的 38.8%。2008 年美国爆发金融危机，通用、克莱斯勒销量下滑，垂死挣扎申请破产保护，只有我国市场坚挺给力，量大价高，不断输血帮助它们挺过生死关。

捷豹与路虎原是两家英国车企，难兄难弟，屡次走到破产边缘。1989 年美国福特汽车收购捷豹，1994 年德国宝马收购路虎，2000 年宝马把路虎甩给福特。捷豹、路虎销量不断萎缩，2002 年福特干脆将捷豹与路虎合并成一个部门，2008 年福特把捷豹路虎甩给印度塔塔。2010 年捷豹路虎进入中国，峰回路转化身为豪华品牌，不但起死回生，还找回了车生第二春，走上“车生巅峰”。

2018 年特斯拉产销两不旺，现金枯竭，股价低迷，眼看就要黄了。关键时刻我们伸出友谊之手，特斯拉在上海全资设厂，10 个月建成投产创造“上海速度”。有了全球最大汽车市场的哺育，特斯拉满血复活，产销量倍增，2020 年公司利润十几年来首次转正，股价一飞冲天上涨十倍，一举成为全球最高市值车企。

外资车企的参天大树之下，自主品牌的小草努力向上争取阳光雨露，在夹缝中顽强求生。回看国产品牌，红旗一度关闭，上海牌汽车没了，华晨重组，众泰破产，力帆重整，猎豹卖身，但吉利、长城、长安、比亚迪、奇瑞、荣威在尸山血海中站立起来。市场澎湃，合资汹涌，国际品牌抢得了市场，也为我们培育了庞大的汽车产业链，培养了大批人才，为自主品牌的崛起提供了肥沃的土壤。2020 年吉利、长城和长安是自主品牌三雄，销量分别是 132 万辆、112 万辆和 98 万辆，合计大约相当于大众、丰田各自销量的三分之一，接近韩国现代起亚集团的二分之一。比亚迪 2022 年销量 187 万辆，2023 年上半年销量 125 万辆，成为我国首家进入全球十强的车企。

自主品牌降生于刀刀见血的一片红海，面对国际大厂的围追堵截，不仅存活下来，还占据 40% 左右的本土份额，2023 年上半年更是达到 53. 1%（见图 6 –2）。

历史纵向比较，我国汽车产业的发展可谓气壮山河，从几近于无成长为全球第一大生产国，建成强大的产业链；历史横向来看，除去韩国这个全球唯一成功的特例，我们汽车产业的巨变也堪称惊天地、泣鬼神，韩国之外天下没有一个国家能与我们比肩。

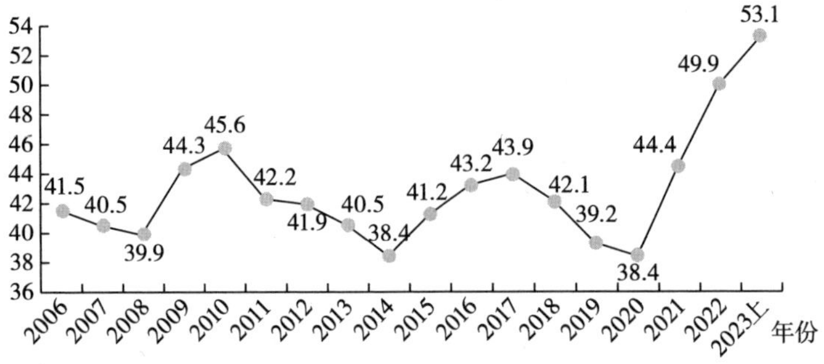

图 6－2　中国品牌乘用车年度份额变化

资料来源：公开数据整理。

谁叫我们是中华儿女呢？天注定，对标最强的对手，直指最远的目标，征服最高的山峰。

须知华夏拏云志，曾许人间第一流。

外资的算盘：所以不然

知其不然，还要知其所以不然。

1994 年，中国政府出台的《汽车工业产业政策》规定，"生产汽车、摩托车整车和发动机产品的中外合资、合作企业的中方所占股份比例不得低于 50%"。绕不过政策，跨国车企就利用中企各自为战、急于合资的心态各个击破，在合资中占据有利地位，比如合同约定股东会和董事会须高比例同意才能表决通过重大事项，甚至嵌入一致同意条款，以不占多数的股权实际掌控合资车企重大事项决策权。

直接投资风险大，于是跨国车企降低资本金，通过银行贷款建设项目参股，如某合资汽车公司注册资本仅为 9800 万美元，厂房、销售网络所需巨额资金主要靠我国银行贷款解决。

跨国公司通过多重途径将合资公司的利润转移出去，从而减少缴税额，降低分红，比如要求合资车企支付高额技术转让费、提高生产线采购和维护成本、抬升零部件价格等，不一而足。

更有甚者，跨国车企与多家中企合资，利用中企内部竞争渔翁得利，削弱中企谈判能力，进一步加强对合资车企的控制。比如，戴姆勒克莱斯勒与亚星、北汽、福建汽车成立扬州亚星奔驰客车、北京奔驰轿车、福建东南奔驰商用车合资公司。三菱汽车以技术合作的方式，与北京吉普推出帕杰罗，与湖南长风推出猎豹（帕杰罗 V31/33），与东南汽车推出菱帅、得力卡、富力卡，与哈飞集团推出赛马，与东风柳汽推出风行，就连发动机也找中国航天汽车和长安汽车分别合资。日本铃木分别设立长安铃木和昌河铃木两家合资公司，昌河铃木负责面包车，长安铃木负责经济型轿车，甚至要求长安只能与铃木生产轿车，此举不仅要控制合资公司，还妄图限制中资企业经营策略。大众同一个车型与一汽搞出了迈腾，与上汽搞出了帕萨特。

为什么跨国车企可以凭借不占多数的股权，实现上述林林总总的控制呢？其底气是技术优势。我们的依托是政策要求和本土销售优势，可替代性、可习得性强，是浅浅的小水沟。我们计划“以市场换技术”，然而理想很丰满，现实很残酷，国际车企不仅要占市场、赚大钱，还要滴水不漏，永远保有技术“护城河”。合资公司只负责生产，不能研发，更谈不上设计。技术含量低的零部件在我国采购，高技术核心零部件一概进口。20 世纪六七十年代的钢板弹簧，八九十年代的空气悬挂，21 世纪初的汽车电脑线束总成、ABS 及气囊以及排放后处理都受制于国际供应商（杨再舜，2018）。我国仅在整车制造方面对国际车企有限制，于是它们就将供应链带入中国，它们控股或独资开展研发、生产、销售、售后服务、汽车金融，全面把控产业链，严防死守核心技术。

在国际车企的严防死守下，吃合资饭的大厂们鲜能真正掌握技术推出自主品牌，反倒是夹缝中求生的吉利、奇瑞、长城、比亚迪率先攻克核心技术，推出自主品牌。中国与韩国共同的经验证明，市场换不来技术，合资带不来竞争力。

回顾是为了前进。

像汽车这样产业链纵深大、就业人口多、事关全局的产业，我们只能靠自己。重大产业可以有国际合作，但须以“我”为主，将核心技术掌握在自己手里，民族产业必须发展壮大，这是我们的初心。

前人就是当时的我们，我们只不过是未来的前人。历史有历史的苦衷，历史不能回放，我们不能以今日之视角对前人求全责备。我们穿越到当时的历史场景，也不一定比他们做得更好。往者不可谏，来者犹可追。这段回顾不管是春风化雨，还是烈日灼心，都是为了祭奠，祭奠我们当时的焦灼挣扎，祭奠我们洒下的青春热血，祭奠我们在黑暗中的探索；更是为了醒悟，坚定我们的脚步，照亮我们的前程，强大我们的内心。

逃避苦难，只能成为苦难的奴隶，不见天日；迎难而上，才能战胜苦难，浴火重生。挥挥手擦干泪不必沮丧，我们已手握全球最大的汽车产销量，拥有完整的产业链，自主品牌已从“新兵蛋子”成长为久经沙场的“老兵”，在炼狱般残酷的市场竞争中存活下来。

在冲天的烈火中，凤凰的筋骨正在成形。

失之东隅，收之桑榆。

4. 涅槃之路：天堂地狱已然重叠

吃过大苦，必有大福。

我们2500 万辆的庞大汽车市场，堪称汽车界的太平洋，不可能养不出自己的“大鱼”。

知耻而后勇，向死而后生。不在沉默中灭亡，就在沉默中爆发。

在吉利历尽千辛万苦拿到汽车牌照后，奇瑞、比亚迪、长城先后入局，后来汽车新势力蔚来、小鹏、理想、威马、哪吒、零跑、高合加入战局，再后来百度、小米等巨头玩家火线参战，尤为难能可贵的是，沉睡几十年的红旗也满血复活。民间力量一旦被激活，气象就为之巨变。

本土企业投身自主品牌，就像翻身上马的大侠，手执长剑，吃肉喝酒，谈笑风生，慷慨奔赴生死沙场。未来十年，相约华山论剑。现实很残酷，市场很无情，或许有人终将归于历史的尘埃，但“落红不是无情物，化作春泥更护花”。一定会有三五家甚至更多本土企业在血与火中屹立，成为中华民族的脊梁，担起民族汽车崛起的重任。诚然，每个投身打造自主品牌的本土企业，不论成败都是勇士，都是英雄，都值得尊敬。

近年来，民族汽车已显出中兴之象。

公车采购：一叶知秋

公务车采购自主品牌，是国际通行做法。

美国总统座驾必是美国车，随着美国总统出访走遍大洲大洋，是全球各大电视台、通讯社长枪短炮的焦点，这个广告效应比什么都强，美国车当然畅销全球。德国政府明文规定，不准购买欧盟以外国家生产的汽车。2012 年，德国《经济周刊》公布了最受欢迎的公务车排行，前十名清一色是德国车。印度汽车产业落后，但官员坐国产车是铁律，无人违背。日本、韩国更不用说，公务车清一色的自主品牌，市场上自家车占据绝对主宰地位。

我们政府历来要求采购国产车。据《新闻周刊》整理，1989 年关于中央党政机关汽车配备和使用管理的规定要求，各部门均不准再购买进口小轿车。中央政治局、书记处成员和国务院常务会议组成人员一律使用国产车。正部长级干部要根据实际情况逐步使用国产车，使用中的进口车尽可能继续使用，达到报废条件时再换配国产车，避免浪费。

此后，每隔几年我国都会强调“使用国产轿车”。1994 年，中央办公厅、国务院办公厅关于党政机关汽车配备和使用管理的规定再次明确：现职副部长级和副省长级以上干部，应使用国产轿车。1999 年，《关于调整党政机关汽车配备使用标准的通知》再次强调，“党政机关车辆配备要坚持使用国产汽车的原则”，明确应“有利于促进我国汽车工业发展”。2002 年 6 月 29 日，我国《政府采购法》出台，规定“政府采购应当采购本国货物、工程和服务”。

但彼时自主品牌车太少，行政机关仍采购了不少进口汽车，即使采购的“国产车”中也有不少是外国品牌在国内组装的“国产车”。根据彭博资讯，2012 年，我国存量公务车中约 30% 是奥迪，民间纷纷效仿，奥迪成为荣耀地位的象征，一时间人人以开奥迪为荣，民间流传“大小是个官，都坐四个圈”的俗语。

2012 年 2 月 24 日，工信部发布公务车采购目录，包括比亚迪和吉利等 412 个车型，全部为自主品牌，历年公车采购大户奔驰和奥迪纷纷失宠。这份目录凝聚着政府以切实行动支持自主品牌的决心，引来老百姓一致叫好，自主品牌更是翘首以待。根据市场调查机构益普索（IPSOS）估算，政府是中国汽车市场第一大买家，各级政府每年公务车开支约 160 亿美元，而且官员座驾示范效应强，远超任何明星广告，可极大提升品牌形象，带动民间购买自主品牌汽车的热情。

此后，长安街上红旗车来来去去，自主品牌的春天到了。

助推政策：长而不宰

现在局势已经明朗，电动车是汽车未来的发展方向。2016 年后，欧美各国纷纷出台燃油车禁售时间表，计划在 2025—2050 年禁售燃油汽车（见表 6－7）。

表 6-7 各国（地区/城市）燃油车禁售计划情况

国家（城市）	提出时间	提出方式	禁售时间	禁售范围
荷兰	2016 年	议案和执政协议	2030 年	汽油/柴油乘用车
巴黎、马德里、雅典、墨西哥城	2016 年	市长行动协议	2025 年	柴油车
美国加利福尼亚州	2018 年	政府法令	2029 年	燃油公交车
德国	2016 年	议案	2030 年	内燃机车
法国	2017 年	官员口头表态和交通部门战略	2040 年	汽油/柴油车
英国	2017 年 2018 年	官员口头表态和交通部门战略	2040 年	汽油/柴油车
英国苏格兰	2017 年	政府文件	2032 年	汽油/柴油车

资料来源：《中国汽车贸易高质量发展报告（2019）》。

21 世纪初，汽车发展方向还很不明朗，燃油车还能盛行多久，转型方向到底是电动车、氢能还是混动，众人一片迷茫，各条路线技术都不成熟，成本高、市场认可度低。

此时，我国政府出台政策，助推企业勇敢探索新能源路线。中国汽车工程研究院的赵小芝等全面梳理了新能源政策（见表 6-8、表 6-9），2004 年以来，我国逐步出台鼓励和推广新能源汽车政策，先在 25 个城市试点再逐步推行全国。2010 年，国家出台《国务院关于加快培育和发展战略性新兴产业的决定》，为战略性新兴产业提供财税金融扶持政策，还设立发展专项资金，引导人才、资本流向节能环保、新一代信息技术、生物、高端装备制造、新能源、新材料和新能源汽车。2012 年，国家出台《节能与新能源汽车产业发展规划（2012—2020 年）》，明确“以纯电驱动为新能源汽车发展和汽车工业转型的主要战略取向”以及“到 2015 年新能源汽车累计产销量力争达到 50 万辆；到 2020 年生产能力达 200 万辆，累计产销量超过 500 万辆”的目标。为确保规划不落空，我国以财政补助推广电动汽车，实施《电动汽车科技发展‘十二五’专项规划》和“新能源汽车产业技术创新工程”，提供研发资金支持。不少地方对电动汽车购买者最高给予补贴 6 万元，极大地促进了电动车的市场起步；北京、上海等限购、限行的一线城市，对新能源车不限购、不限行，进一步扩大了新能源车市场。

回头来看，政策的助推对我国新能源汽车的萌芽发育起到了“四两拨千斤”的作用。不得不由衷感叹，庙堂有高人。彼时没有蔚来、小鹏、理想，百度也还没有启动自动驾驶，特斯拉在死亡边缘苦苦挣扎，新能源车前景一片迷茫，我们审时度势拿出真金白银出台鼓励政策，不仅领先了市场，也领先了欧美。先导政策培育市场完善技术，推动产业落地生根，让我们在新能源汽车赛道上占据领先位置。

哪有云淡风轻，只有负重前行。政策出台的幕后有多少高手在日日夜夜研究论证，熬白了头，熬秃了顶？有多少人别着乌纱帽拍板决策，小心动用纳税人的真金白银为民族未来蹚路，为子孙谋饭碗？

押错了，众口铄金难敌刀笔。押对了，青山忠骨谁曾留名？

合肥市政府近些年频频出手，斩获颇丰。京东方一度连年亏损，2007 年合肥市政府投资并协助京东方贷款累计近 150 亿元，占全市财政收入的一半。后来京东方成为全球最大的液晶屏供应商，液晶产业链在合肥落地生根，贡献巨额税收，创造大量就业机会，促使合肥政府的原始投资赚了 100 多亿元。

存储芯片被韩国垄断，三星和海力士合计占据全球市场的 3/4，美国镁光只占 21%。2011 年，合肥拿出 100 多亿元，与兆易创新联手从加拿大北极星公司买到 DRAM 专利，设立合肥长鑫。双方约定，要是亏了，双方一起担，结果合肥又赢了，以一己之力高举国产存储芯片的旗帜，顺带又赚了投资收益、税源和就业机会。

2019 年，特斯拉兵临城下，在上海工厂投产，蔚来现金枯竭、亏空巨大、血流不止，眼看就没有未来了。危难之际尽显英雄本色，又是合肥出手百亿元巨资支持蔚来。结果合肥又赢了，蔚来熬过严冬在美国上市，市值排名全球车企第五。合肥借此打造新能源车基地，还引来大众新能源板块落地。

合肥的魄力、胆略、远见，世所罕见。助推却不越俎代庖，生而不有，为而不恃，长而不宰。有为政府，此之谓也。

上面几把合肥都赌赢了，万一输了呢？对政府决策者来说有为不易，打了胜仗不封侯，打了败仗恐被追责。要做出上百亿元投资的重大决策，压力如山。军无不败之将，关羽也走麦城。君不见无锡尚德、江西塞维、武汉弘芯，都在政府支持下快速崛起又轰然倒塌，拍板决策绝非易事。但愿合肥一路投准，但愿无锡、江西、武汉不因一城一地得失而停下作为的脚步。

政策的东风劲吹，周郎也没赋闲。宁德时代、比亚迪、亿纬锂能、国轩高科成为全球领先的动力电池供应商，比亚迪、北汽、蔚来、小鹏、理想在全球电动车市场占据一席之地。2020 年后，百度、小米、恒大等巨头纷纷入局。宁德时代成为主流电动车企首选供货商，其完整的研发、制造体系及动力电池技术居全球第一。我国已初步形成全球最完善的电动车产业链，极有可能在电动车时代逆袭翻身。

表6－8　我国汽车产业政策（截至2016年3月）

发展规划	推广应用	管理规范	基础设施
宏观规划： 2004年5月，《汽车产业发展政策》 2009年3月，《汽车产业调整和振兴规划》 2009年8月，《汽车产业发展政策（修订）》 2012年6月，《节能与新能源汽车产业发展规划（2012—2020年）》 2015年5月，《中国制造2025》 **科技创新：** 2012年3月，《电动汽车科技发展“十二五”专项规划》 2012年9月，《关于组织开展新能源汽车产业技术创新工程的通知》 2015年2月，《国家重点研发计划新能源汽车重点专项实施方案（征求意见稿）》 2015年12月，国家重点研发计划试点专项项目申报开始启动	**示范推广：** 2009年1月，《关于开展节能与新能源汽车示范推广试点工作通知》 2010年5月，《关于扩大公共服务领域节能与新能源汽车示范推广有关工作的通知》 2010年5月，《关于开展私人购买新能源汽车补贴试点的通知》 2012年8月，《关于扩大混合动力城市公交客车示范推广范围有关工作的通知》 **推广应用：** 2013年9月，《关于继续开展新能源汽车推广应用工作的通知》 2014年1月，《关于进一步做好新能源汽车推广应用工作的通知》 2014年7月，《关于加快新能源汽车推广应用的指导意见》 2015年3月，《关于加快推进新能源汽车在交通运输行业推广应用实施意见》 2015年4月，《关于2016—2020年新能源汽车推广应用财政支持政策的通知》 2015年5月，《关于完善城市公交车成品油价格补助政策加快新能源汽车推广应用的通知》	**行业管理：** 2009年6月，《新能源汽车生产企业及产品准入管理规则》 2015年3月，《汽车动力蓄电池行业规范条件》 2015年6月，《新建纯电动乘用车企业管理规定》 2015年12月，《锂离子电池行业规范公告管理暂行办法》 2016年2月，《新能源汽车废旧动力蓄电池综合利用行业规范条件》 2016年2月，《新能源汽车废旧动力蓄电池综合利用行业规范公告管理暂行办法》 2016年1月，《电动汽车动力蓄电池回收利用技术政策（2015年版）》 **税收/油耗/采购管理：** 2013年3月，《乘用车企业平均燃料消耗量核算办法》 2014年8月，《关于免征新能源汽车车辆购置税的公告》 2014年6月，《关于印发〈政府机关及公共机构购买新能源汽车实施方案〉的通知》 2015年5月，《关于节约能源使用新能源车船税优惠政策的通知》	2014年7月，《国家发展改革委关于电动汽车用电价格政策有关问题的通知》 2014年11月，《关于新能源汽车充电设施建设奖励的通知》 2015年10月，《国务院办公厅关于加快电动汽车充电基础设施的指导意见》 2015年10月，《电动汽车充电基础设施发展指南（2015—2020）》 2015年12月，《住房城乡建设部关于加强城市电动汽车充电设施规划建设工作的通知》 2016年1月，《关于“十三五”新能源汽车充电基础设施奖励政策及加强新能源汽车推广应用的通知》

资料来源：赵小芝，《我国新能源汽车产业政策研究》。

表6－9　新能源汽车产业推广应用政策细则对比

阶段	2009—2012年	2013—2015年	2016—2020年
补助产品	纯电动、混合动力、燃料电池汽车	纯电动、插电式（含增程）混合动力、燃料电池汽车	纯电动、插电式（含增程）混合动力、燃料电池汽车
推广区域	25个示范城市＋6个私人购买城市：混合动力客车后扩大为全国	两批共计39个城市和区域（88个城市）	全国
推广领域	公共服务领域（重点）＋私人领域	公共服务领域＋私人领域	公共服务领域＋私人领域
补助对象	公共：推广使用单位 私人：整车生产企业（私人直接购买、整车租赁），电池租赁企业（电池租赁）	消费者（按销售价格扣减补助后支付）	消费者（按销售价格扣减补助后支付）
退坡原则	每家企业销售的插电式混合动力和纯电动乘用车分别达到5万辆规模后，中央财政将适当降低补助标准	除纯电动公交车、插电式混合动力（含增程式）公交车外，2014年和2015年补助分别在2013年标准基础上下降5%和10%	除燃料电池汽车外其他车型补助标准适当退坡，其中，2017—2018年和2019—2020年补助标准分别在2016年基础上下降20%和40%
补助指标及补助标准	公共：依照最大电功率比和节油率。乘用车和轻型商用车：混合动力0.4万～5万元，纯电动6万元，燃料电池25万元。10米以上城市公交车：混合动力5万～42万元，纯电动50万元，燃料电池60万元。 私人：补助3000元/（千瓦·时），插电式混动乘用车最高5万元，纯电动乘用车最高6万元	纯电动乘用车：以工况法续驶里程为标准，补助3.5万～6万元。插电式乘用车：定额补助3.5万元。 纯电动客车：车长6米以上，补助30万～50万元。 插电式客车：对10米以上车型补助25万元。 纯电动专用车：依据电池容量，2000元/（千瓦·时），总额不超过15万元。 燃料电池汽车：乘用车20万元，商用车50万元。 注：所列金额为2013年水平	纯电动乘用车：以工况法续驶里程为标准，补助2.5万～5.5万元。插电式乘用车：定额补助3万元。 纯电动客车：依据车长、单位载质量消耗量、续驶里程等指标，补助金额12万～50万元。插电式客车：依据车长、续驶里程等指标，补助金额20万～25万元。其他车长按照一定比例补贴。 纯电动专用车、货车：依据电池容量，1800元/（千瓦·时）。 燃料电池汽车：乘用车20万元。轻型客车、货车30万元。大中型客车及中重型货车50万元。 注：所列金额为2016年水平

资料来源：赵小芝，《我国新能源汽车产业政策研究》。

汽车质量：生命之托

百年的民族屈辱在每个中华儿女心里都留下深刻的创伤，自卑的阴影还笼罩在不少人的心里。总会有人不由分说顽固地认为国产车不行，宁可多花钱买国外品牌。有次回老家，一个老乡问我，是不是国产车铁皮薄，开两年就会生锈?

真相到底怎么样？数据不会撒谎。

商务部《中国汽车贸易高质量发展报告（2019）》披露，2019 年，美国权威汽车评级机构 J. D. Power 对我国新车质量进行过一次研究分析，数据显示，我国品牌汽车质量大幅进步，研究覆盖的 67 个品牌中有 52 个品牌表现优于上年，PP100 指数（指每 100 辆新车在消费者购车后 2 ~6 个月出现问题的点数，指数值越低表示越可靠）由 2013 年的 155 降低到 2019 年的 101，与国际品牌差距由 2013 年的 51 缩小至 2019 年的 9（见图6 –3），产品质量逐年提升。考虑到同等车型自主品牌汽车价格更低，显然国产车已经具有相当高的性价比优势。

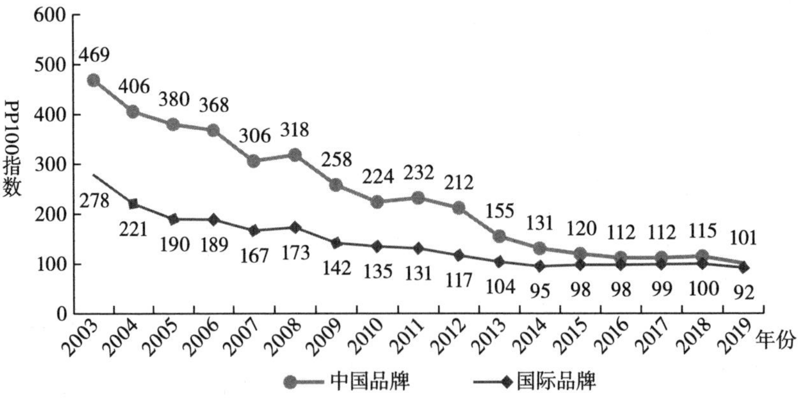

图 6 –3　2003—2019 年中国与国际乘用车品牌新车 PP100 指数对比

资料来源：J. D. Power。

自主品牌汽车性能不断提升，安全、动力、油耗等指标大幅改善。安全方面，自主品牌汽车在碰撞试验中表现渐佳，长城汽车哈弗 H2 在我国 C－NCAP 碰撞试验、澳大利亚 A－NCAP 中均获得 5 星好评。动力方面，自主品牌已能自主研发动力总成，达到世界一流水平。上汽自主开发的缸内直喷发动机，综合性能较市场主流水平提升 20%。比亚迪宋 DM 采用双模动力技术，0～100 公里加速时间为 4.9 秒，百公里油耗 1.4 升，妥妥的国际一流水平。

质量管理越来越严格规范。自 2000 年开始，汽车行业质量管理体系广泛普及，中国车企充分借鉴国际经验，极大地提升了行业质量水平，并逐步总结经验，引领汽车行业走向世界(《中国汽车贸易高质量发展报告(2019)》)。

当然还是有差距。新车小毛病不是还比国际车企多几个吗？品牌形象不是还赶不上国际车企吗？那就一番寒彻骨，一次淬火炼，彻底迎头赶上。

质量上不管多小的差距都是差距，没有任何借口。国人拿出血汗钱买车，是生命的托付，飞驰的狭小空间里承载着父母双亲、心爱的人和自己的命。集万千信任于一身的自主车企，有什么理由不把安全性做到极致，不把质量做到最好，不点燃青春和智慧照亮中国汽车呢？

民以生命托我，岂不以命报之？

涅槃之路：浴火重生

汽车产业的发展就是一场朝圣之旅，一路九九八十一难，彼岸才是极乐圣地。

综观国内汽车市场，简直就是奥运会决赛赛场，是巅峰对决。列强的汽车大厂通过合资早早占据山头，销售网络稳固扎实，售后服务完善，品牌强大，底蕴深厚。它们都是全球顶级选手，都是沙场老兵，既有全球征伐的利爪，又有国内落地生根的保护色。母国总部遥控千里，掌握核心科技，在当地只进行组装和销售。它们放长线钓大鱼，在我国布下一张周密大网，看起来你中有我我中有你，实际上它们拿收益大头，只在合资板块留些蝇头小利。

它们训练有素战略清晰，在每个阶段都能最大化获取利润。早期压制自主品牌，独享汽车垄断高价；中期树立高端品牌形象，把自主品牌困在低端市场；当前自主品牌逐步站稳脚跟，它们就向下渗透，最大限度占领市场，压迫自主品牌生存空间。

自主品牌生于炼狱，要么化为灰烬，要么浴火重生。胜出就像在奥运会拿冠军，不仅要干得比大众、丰田更好，还要比它们更便宜。深耕我国市场的大众、丰田、通用，是横亘在自主汽车面前的三座大山，压力越大，动力就越大。翻过大山，前面就面朝大海春暖花开。自主品牌崛起必然面临残酷的竞争，但亡羊补牢未为晚也，迟到总比不到好。

道路越曲折，前景越光明。

在熊熊烈火中，才能走出未来的王者。

吉利：民间力量的觉醒

民族汽车产业应该感谢吉利。

在民族汽车产业纷纷走下坡路的时候，李书福挺身而出逆向而行，不信鬼不信邪，明知山有虎，偏向虎山行，硬生生做出汽车，于 1997 年拿下牌照为民族汽车留下一脉独苗。事后证明，正是不折不挠挤进汽车领域的民营资本，成为搅活一潭死水的鲇鱼，激活了我国民族汽车产业。

面对眼前这个出身农家、典型农民模样的草莽，智叟们都劝他“识时务者为俊杰”，知难而退，他却说：“汽车不就是四个轮子加两个沙发吗？”赌上身家性命，义无反顾做汽车。

做了豪情、美日、优利欧等几款车，刚站稳脚跟闯过生死关，这个浑身雄心的男人就燃起了征服世界的梦想。2010 年，由于美国次贷危机引起的欧洲主权债务危机的发生，国际车企大厦将倾，通用、克莱斯勒公司申请破产保护，福特公司被迫断臂求生，吉利公司抓住千载良机果断出手，以18亿美元从福特公司手中拿下沃尔沃汽车。

一个是美玉无瑕，一个是一坨泥巴；一个是穷酸小子，一个是高贵公主，天赐奇缘完美结合了。沃尔沃公司可是一家老牌欧洲豪华车企，如今沃尔沃汽车在吉利公司手中焕发第二春，2021年全球销量近70万辆。2021年10月29日，沃尔沃汽车正式登陆纳斯达克证券交易所，成为该年度欧洲规模最大的IPO之一，市值220亿美元。

吉利、沃尔沃、几何“三驾马车”的产业覆盖高中低端燃油和电动汽车领域，稳居民族汽车第一阵营。在自主品牌汽车一度“绝种”之后，吉利汽车向世界证明：中国人搞汽车，行！

奇瑞：汽车的“小岗村”

在民族汽车的荒漠期，难拿汽车“准生证”的不仅是民企，国企想做汽车也不容易。如同打响我国经济改革第一枪的小岗村一样，这次又是安徽。芜湖人垂涎汽车产业久矣，手工打造过“江南牌”三轮汽车，自主设计过“鸠江”牌轿车，联姻过洛阳兵工厂，攀老乡背靠一汽这棵大树乘过凉，与一汽合资搞过底盘厂，屡败屡战，直到芜湖人“忽悠”来了一汽合资厂的车间主任尹同跃。

尹同跃素怀大志，官不大心很大。他早就觉得为洋人打一辈子工没什么出息，搞中国自己的品牌才是他怀揣已久的梦想。1996年，他卷起铺盖告别妻儿，搬进芜湖城边的废弃破砖瓦厂和茅草房，这就是奇瑞汽车出世的地方。

造车易，拿“准生证”难。1999年，奇瑞汽车第一台发动机点火成功，第一台风云轿车下线。大厂干不出来的技术、自主车，奇瑞公司都干出来了，但奇瑞汽车没有“准生证”，上不了国家轿车生产目录，就是

“黑户”，不能合法销售。这时，安徽省政府和芜湖市政府帮奇瑞公司打国家政策的“擦边球”，把“奇瑞风云”列入芜湖客车目录，并指定其为出租专用车。官员的一次担当，拯救了民族汽车的梦想。

不得不感慨，从小岗村包产到户到芜湖造车，到合肥力挺京东方、援手蔚来、诚邀兆易创新，无不体现其担当和勇气！一个内陆省份，一次立在潮头已属不易，一直站在潮头那得多难。安徽，好样的！

即使有安徽省政府、芜湖市政府相助，拿正式“准生证”也非易事。直接拿证比登天还难，想都不敢想，唯一的可能就是挂靠三大汽车集团。奇瑞公司磨破嘴跑细腿，挨个求三大集团。一汽完全看不上，婉拒联姻；二汽投了100多亿元研发“神龙”汽车，还没走上正轨，“泥菩萨自身难保”，哪里顾得上拉奇瑞汽车一把，谈都不谈；上汽更是坚决，白给也不要。后来，安徽省政府与国家经贸委出面协调，上汽终于松口，算是给了奇瑞汽车一个“户口”。这是怎样一种合作呢？上汽不出一分钱占奇瑞公司20%股权。上汽提出“四不原则”，即不投资、不参与管理、不承担债务、不分红。

但不管怎样，“户口”终于落了地，奇瑞汽车“爆发”了。2001年，奇瑞汽车产销量暴增13倍，盈利13亿元。2007年，奇瑞品牌第100万辆车下线，是第一个达到此目标的自主品牌，成为国产车的一面旗帜。

巅峰之后，品牌形象低端廉价的问题逐步凸显，该如何突破？

奇瑞信仰“多生孩子会打架”。2009年初，尹同跃宣布设立四大品牌、开发15款新车的宏大计划，波澜壮阔的巨变一触即发。然而理想很美好，现实很残酷。奇瑞QQ稍稍改改变成MINI、QQme，瑞麒定位高端产品却与QQ差别不大，一款又一款车型在低端聚集，左右手互搏厮杀。高峰时期，奇瑞公司同时研发的发动机等新项目达130多个，包括5大平台13大系列26款车型，超越内外品牌位居中国市场第一。摊子铺得太大，就只能撒撒胡椒面，雨露均沾，蜻蜓点水。然而投入却是惊人的，定位重叠使内耗巨大。高端形象没树起来，产品内斗耗尽元气。再后来，奇瑞与以色列合资搞观致，与印度塔塔合资搞捷豹路虎，精力进一步分散，自主品牌板块逐渐被吉利、长安、长城超越。2020 年，奇瑞汽车销量 45 万辆，不及前三强销量的一半。

辗转一大趟，经过沧海，凌过绝顶，向过明月，照过沟渠，奇瑞终于成熟。不再四面出击，不再撒胡椒面，剥离开瑞，放弃瑞麒、威麟，卖掉观致，回归奇瑞品牌，集中沉淀品质。大戏还没有结束，未来还有戏。

奇瑞证明了“多生孩子也不一定会打架”。我们需要一个爆款，不需要傻傻分不清的姐妹花。与其花工夫修修补补整个容，不如踏踏实实埋头苦干打造精品。要么不干，要么惊天地泣鬼神，平地里起个惊雷。虽无飞，飞必冲天；虽无鸣，鸣必惊人。你看福特起始，不就凭一款 T 型车，打遍天下无敌手；大众称雄，不就凭着甲壳虫，走出黑暗从此逍遥快活；苹果惊世，也就靠一款 iPhone，扬名立万，树立赫赫威名。何不彻底打磨一款产品，让这款产品无可挑剔，人见人爱？然后展开酣畅淋漓大规模生产，工业化、流水化、自动化全给用上，把成本降到低无可低，质量好到优无可优，怎么能不天下无敌？

2022 年，“技术奇瑞”王者归来，奇瑞汽车总销量 123 万辆，出口超过 45 万辆，雄踞民族品牌第一。

比亚迪：任督贯通的辛巴

改变世界，要来一点离经叛道。

1995 年，北京有色金属研究总院副教授王传福看中“大哥大”电池的机遇，砸掉“铁饭碗”，成立“比亚迪”，取英文 Build Your Dream 之意，表达这就是一场逐梦之旅。当时王传福的启动资金只有借来的 250 万元，捉襟见肘，无法建成现代化生产线，怎么办？

逐梦之旅从来没有寻常路。王传福拆解生产流程，建成一条“半自动化”的流水生产线，大大节省投入。那个时代劳动力充裕便宜，从自动化转为半自动化，反而降低了电池成本。比亚迪模式被戏称为“劳动密集型”高科技行业，看起来土得掉渣，但贴合实战。初尝甜头的比亚迪从此沿着“垂直整合”战略走下去，从原材料、生产设备到终端产品构建了完整的产业链。王传福说，我们不仅制造除玻璃、轮胎和钢板之外的汽车所有零部件，还制造生产线设备。这个战略，一以贯之三十年。历史证明，“垂直整合”战略一次又一次帮助比亚迪度过寒冬，坐上电池、汽车王者宝座。

1997 年，亚洲金融危机爆发，全球电池价格暴跌 20% ~40%，电池巨头在生死边缘挣扎，比亚迪垂直整合的“半自动化”模式却游刃有余，以低成本、高质量优势一举称王。飞利浦、伟易达、诺基亚、索尼、通用等电池使用大户，纷纷转向比亚迪。仅仅三年，王传福便抢占镍镉电池 40% 的全球份额，成为当之无愧的老大。

电池江山稳固，王传福寻求突破。为了推动合作，2002 年富士康邀请王传福参观富士康手机生产线。合作没成，王传福随即成立事业部代工手机及零部件，开辟电池之外的第二王国。手机代工发展快速，短短几年已经覆盖芯片之外的所有手机零部件，2007 年该业务占比超过 1/3，并吸引大量富士康员工跳槽比亚迪。“代工皇帝”郭台铭勃然大怒，掀起“富比之争”。两家对簿公堂，少不了经年的刀光剑影，最终比亚迪胜出。

电池与代工盛不下这个男人的雄心。他要造车，这是一片深不见底、广阔无边的蓝海。2003 年，比亚迪收购秦川汽车，正式向制造业圣杯发起挑战。股价应声大跌，一时间质疑四起。造车路上险象迭起，九死一生。同时期美的收购三湘客车，奥克斯收购沈阳双马，格林威尔收购亚星，多少英雄末路，多少折戟沉沙。

世界属于勇猛的人。苦苦守候两年后，比亚迪终于迎来首个爆款 F3。短短十三个月累计销量突破 10 万辆，成为最快突破 10 万辆的自主中级车型，一举站稳脚跟。比亚迪超越市场十年，率先将眼光瞄准电动车，2006 年推出全球首款铁电池汽车，立志成为全球汽车变革的开拓者。同样具备超远眼光的还有巴菲特和查理芒格，他们重仓投资比亚迪。芒格说，无论如何我们一定要投资比亚迪，确切地说一定要投资王传福，因为这个人比爱迪生更厉害。

2009 年，比亚迪汽车销量超过奇瑞，成为自主品牌汽车冠军，王传福跃居中国首富。此后，长城、长安、吉利崛起，一时群雄并起，江山如此多娇，引无数英雄竞折腰。比亚迪一个打盹，就被反超了。

多年爬摸滚打早就练就一身钢筋铁骨，比亚迪还真不是一击即溃的孬种。新能源汽车政策春风徐来，比亚迪新能源汽车凭借电池领域的深厚功力，抢占先发优势，连年占据我国新能源汽车销量榜首。2022 年 4 月，比亚迪成为全球首家停产燃油车的传统汽车制造商，当年比亚迪新能源汽车销量达 187 万辆，远远超越特斯拉，成为全球新能源汽车王者。其实超越的不仅仅是销量，更是技术，放眼全球车企，能打通电池、电机、车规芯片等新能源车核心供应链的，唯有比亚迪。

光明顶上任督二脉已经打通，内力旷古烁今，潜心修炼打磨，乾坤大挪移安能不成？

造车新势力：颠覆者的摇篮

蔚来、理想、小鹏、威马、哪吒、华为、百度、小米等无比伟大。它们不管天高地厚，不管泰山北斗，就要“班门弄斧”，就要“关公面前耍大刀”，就要正面强攻。在百年车企密集炮火覆盖之下，在列强腹地，它们硬生生杀出一条血路。它们的“莽撞”与“疯狂”，诉说着民族的伟大与荣光。

鸦片战争、英法联军、八国联军、甲午海战、抗日战争……历经屈辱之后，一场刚烈的抗美援朝气势磅礴，把我们的战魂立在那里，昭告天下：中国人能打！汽车领域多年夹缝中求生存、黑暗中寻光明之后，我们要在全球市场，要在列强心腹之地，扬名立万，打响中国的名号，昭告天下：中国人能造好车！

蔚小理们证明，在汽车这样一个万亿级的伟大产业，在先行者精耕细作百年之后，我们仍然可以后来居上。他们熬了过来，没有在第一轮密集炮火中倒下，这是伟大的胜利。新势力已经建立自己的根据地，星星之火已经点燃，燎原之势焉能不成？

有钱，有人，有心，他们已经叩响成功之门。

雷军做金山，我们用上自己的办公软件 WPS；做小米，我们用上自己的智能手机；做生态链，雷军到 2020 年底已投资 300 多家公司，31 家小米生态链公司成功上市，小米生态蔚然成形。现在小米做汽车，我希望满大街都是小米汽车，就像小米手机扫走外国货成为随处可见的街机那样。

华为是把不可能变成现实的神奇物种。华为是我们最舍得、最擅长研发的公司。通信技术军民两用，向来是兵家必争、强国必配，强国紧紧捏在手里，生怕别人抢去；更不要说芯片，作为信息时代的发动机，美国更是严防死守，还胁迫盟友对华封锁技术。就在这两个顶级复杂、顶级重要的领域，华为披荆斩棘，一举干到世界一流。华为乘风破浪，超越诺基亚、爱立信，打败北电，踩着诺基亚、爱立信的肩膀，站到世界之巅；十年磨一剑，海思率先推出 5G 手机芯片，比芯片霸主高通还早一年。现在华为入场做汽车核心系统，发力底层追逐民族汽车腾飞的梦想。汽车行业从内燃机转向新能源，战机百年难遇，转瞬即逝。华为瞄准价值最高、难度最大的核心系统，遇山开路，遇水架桥。

当前，我国对新能源汽车的研发投入甚至技术水平已经超越传统列强，这既是积累几十年的深厚产业链之功，也是激活民间力量缔造的传奇。在浴血厮杀的汽车市场，在前辈倒下的尸山血海中，颠覆者正在积蓄力量，他们将开创一个伟大的时代，就像苹果之于手机，瓦特之于动力，蔡伦之于造纸。

即使如此，造车也是死里求生的冒险，不把自己逼到极限，不将产品做到极致，就只能是死路一条。

不要卖民族情怀，钻石恒久远，一颗永流传，情怀却不能。汽车乃生命所系，要靠质量取胜。要胜出就要拿车界奥运冠军，这是唯一的活路。华为胜出，是数十年如一日努力的结果，是长年累月保持研发投入占收入比重超过 10% 的结果。车企如果不把自己逼到极致，就会被市场逼到悬崖。

不要卖花架子，仅模仿花哨外表是死路一条，这样的车就像一件偷来的衣服。汽车面子漂亮很重要，但里子更重要，要抓住核心技术狠下功夫攻关。不要心存侥幸，莫耍小聪明，任何质量瑕疵、设计缺陷、售后怠慢一定会反映到销量、品牌上去。若是糊弄顾客，或可成于一时，但天长地久，大浪淘沙始见金。

战略上藐视，战术上重视。汽车已出世百年，李书福说汽车不过是“四个轮子加两个沙发”，外国人能干好，中国人一样能干好。汽车拼的是“磨细节”的功夫，小毛病就是大城池，攻克小毛病就能打下万里江山。质量做到无可挑剔，让大众、宝马、丰田、尼桑都羞愧到无地自容，国车就大功告成。

汽车乃兵家必争之地。要成为强国，汽车是绕不过去的第一座高山。我们坐拥全球最大的市场，得中国者得天下。行业重塑已然开始，征服之旅已经启程。胸怀大志的人，不甘平凡的人，心照日月的人，怎不想封狼居胥，登临瀚海？

5. 未来之前：势不可当的活力

2021 年，我国汽车出口增长 1 倍达到 201.5 万辆，成为全球第三大汽车出口国，仅次于日本（382 万辆）和德国（230 万辆），且超出韩国（152 万辆）近 25%。2022 年，我国汽车出口继续高歌猛进，出口 311.1 万辆，同比增长 54.4%，超越德国位居世界第二。

根据乘用车市场信息联席会数据，2023 年上半年，自主品牌乘用车国内份额十年来首次达到 53.1%，较上年同期提升 5.9 个百分点。在高手如云堪比奥运会的国内市场，自主品牌已经占据半壁江山，在血与火的考验中强大起来。2022 年 1 月初，特斯拉在我国大幅下调售价。1 月 25 日，马斯克在与分析师的电话会上承认，特斯拉在中国面临的竞争最为激烈，他认为中国汽车制造商在世界上最具竞争力，并预计特斯拉最大的竞争对手可能是一家中国公司。

在新能源汽车领域，我们从动力电池、电机、操作系统、自动驾驶、车规芯片等上下游立体推进，构建了全球最全面、最强大的产业链，整体实力已经超越西方列强，为打造汽车强国奠定了扎实的根基。但实力超越还远远不够，必须将实力转化为销量，转化为品牌优势。2022 年，比亚迪销售汽车 187 万辆，远远超越特斯拉，成为全球新能源车王者。比亚迪一骑绝尘的身后，还有奇瑞、埃安、蔚来、小鹏、理想、哪吒、零跑、极氪、问界等一众自主新能源品牌奋力追赶的身影，更有小米、华为等巨头正在夜以继日抓紧研发，你追我赶、万马奔腾的局面已然形成。这是千千万万的人对美好生活的追求，是民间势不可当的磅礴力量，是大国崛起的步伐。

不管现在多么绚丽，也只是未来的序幕。数十年徘徊，数十年修炼，数十年煎熬，我们的汽车产业终将走向涅槃。我们不仅是全球最大的汽车市场和汽车生产国，也终将摘取制造业的圣杯，成为全球汽车行业的王者。

历史已经证明，只要给予国内各类市场主体公平竞争的机会，只要激活民间的力量，哪怕是在老牌强国的腹地，我们也能占据一席之地。汽车行业冲锋的号角已然响起，芯片行业崛起的时刻还会远吗？

（六）芯片：向死而生

任何马到功成，都是九死一生。

即使知道嗓音小，知道喊破嗓子也没用，还是要呐喊。

现在我们已经不缺钱了。数千亿的身家，数万亿的市值，一个一个冒出来。钱那么多，高人不少，闲着也是闲着，钱不用贬值，人不用老死，不如就做芯片吧！开垦一片黄金之地，还能名垂青史，何乐而不为？

1. 背水一战：成功成仁

身处背水，要么引颈就戮，要么放手一搏。

芯片产业，要不要搞？

这个问题比三十年前是否搞民族汽车更重要，事关大国兴衰。很可惜，意见分歧更大，畏难情绪更重。

其实，我们别无选择。身处背水，要么引颈就戮，要么放手一搏。任何迟疑困惑，任何不全力以赴，都是温水煮青蛙，都是大国前进脚步的羁绊。美国联合荷兰、日本、韩国等芯片强国对我国实施禁售，一步一步勒紧我们的咽喉。兵临城下，焉能不战？

如果我们立志世世代代为全球提供廉价劳动力，生产低价值商品；如果我们愿意日日夜夜辛苦操劳，甘愿成为西方高价值商品撒欢的市场；如果我们甘愿做个二流国家，芯片产业可以不搞。

对于日本、韩国、德国、英国、法国等美国盟友来说，可以从全球自由采购高端芯片，搞芯片只是逐利，但对我们来说，芯片关乎高科技产业存亡，关乎大国兴衰。

芯片起不来，手机、汽车、家电、电脑、人工智能都受限，连我们的高科技旗舰华为都被卡住脖子。华为芯片设计水平世界一流，但我们尚未掌握一流的芯片制造技术。美国禁售还可以继续施加到小米、OPPO、vivo、联想、大疆、蔚来、小鹏、吉利、长城身上，只要我们走进高端领域，美国都可以如法炮制用禁售压制我们。

芯片产业包括电脑芯片、手机芯片、智能芯片以及未来可能规模化应用的量子芯片等各种类别，是信息时代的发动机，在即将到来的智能时代依旧是当之无愧的主角，是人类智慧的巅峰。芯片应用范围广，科技含量高，是一切底层运算和控制的核心，只有攻克芯片才能进入信息和智能时代的自由世界，高新尖产业才有希望。

很多人有顾虑，芯片研发需要大规模投入，万一刚刚攻克芯片，产业被淘汰了怎么办？大可不必。电子芯片至少还将大行天下 50 ~ 100 年，才有可能被量子芯片或更高级别的芯片完全替代。更重要的是，即使被替代，芯片技术和研发经验还可以应用到新技术研发中。

19 世纪，它们有大炮铁船而我们没有，因此被它们压制两个世纪。现在它们有芯片而我们没有，不知不觉历史再次走到大渡河边，是折戟渡水还是飞夺泸定桥，取决于我们的选择。

我相信每个人都有答案。芯片是大国崛起路上第二座大山，如此重要的产业遭遇美国的残酷打压，不是搞不搞的问题，而是非世界一流不可，别无选择。祖宗领先了几千年，我们没理由落后。

我们是全球芯片需求第一大国，具备培育芯片的肥沃土壤。2021 年，我国集成电路进口量达 6355 亿片，进口额为 4326 亿美元，是原油进口金额 2573 亿美元的 1.7 倍，市场容量足够大。从产业链来看，电脑和手机是芯片使用大户，我国已经具备较强优势。2021 年，联想电脑销量为 8190 万台，占全球市场份额的 23.5%，小米、OPPO 和 vivo 手机出货量为 4.66 亿部，占全球市场份额的 35%。

我们在全球芯片产业链中处于第二梯队，已经具备向上突破的产业基础。华为海思、龙芯、兆芯、紫光展锐在芯片设计上已有突破，中芯国际在芯片制造工艺上稳步追赶，中微半导体在芯片设备方面正向世界前列挺进。

无论是现在还是未来，芯片都是关键行业，是我们复兴的必经之路，是新时代的上甘岭。躲，躲不过去；拿，拿不过来。自古华山一条路，要华山论剑就必须自主研发。

2. 铁血三星：不可能的使命

最容易的道路，就是走向平庸之路；

最艰难的道路，也是通向伟大之途。

曾经的韩国比我们还一穷二白。2021 年，全球芯片紧缺，汽车、手机饱受“缺芯”之苦，韩国却逆势走强，不仅丝毫不受影响，还大举出口芯片，“赚”得盆满钵满。

短短二十多年，韩国从零基础起步，打通任督二脉，构建芯片设计、检测、生产一条龙，成为名副其实的芯片强国。2017 年，三星将美国英特尔赶下神坛，坐上全球半导体市值“头把交椅”。

奇迹是怎样造就的?

一说起日韩崛起，总会有人说美国扶持云云，好像美国是上帝似的。事情没那么简单，从来就没有救世主，更何况韩国超越的不是别人，正是美国。

事情要从二战后说起。

雄心：废墟上的梦想

二战终结了日本“大东亚共荣圈”的妄想，这边战火刚灭，朝鲜半岛烽烟再起。滚滚铁流碾过当时的汉城，一次，两次，三次，四次……当时的汉城数次归零。国，一破再破；民，生无可依。韩国几乎被踩进泥里，似乎永世不得翻身了。

1965 年，日本、韩国 GDP 总量分别为 910 亿美元、31 亿美元，韩国 GDP 是日本 GDP 的 1/30，人均 GDP 不到日本人均 GDP 的 1/8。

彼时的三星主要生产化肥，从事农产品贸易。1969 年 5 月，三星成立电子公司，说是搞电子，其实就是生产电冰箱，给日本三洋代工 12 英寸黑白电视机。但这只是三星万丈雄心的冰山一角，三星创始人李秉哲早已敏锐地做出判断：“由于受到世界各国经济长期不景气以及贸易保护主义增强的影响，依靠大量出口增强国力的发展模式已经达到极限。电子产品是最适合韩国经济发展阶段的产业。”

三星要搞芯片。

个头很小，雄心很大。有人为这种莽撞备好了说辞——“人心不足蛇吞象”，但在韩国面前，要准备好随时被“打脸”。

1961 年，朴正熙发动军事政变建立军人政府，开启“汉江奇迹”，韩国经济一日千里。但即使这样，当时韩国工业也仅集中在钢铁、造船等傻大笨粗的产业上，人均 GDP 不过 400 多美元。直到 1974 年，三星也只是建立了冰箱、空调、洗衣机等“白电”生产线而已，核心电子器件依然靠进口。

彼时的芯片领域已经显得过度拥挤。美国镁光，日本三菱、夏普等巨头积淀二十多年，牢牢占据着产业顶端，虎视眈眈巡视着自己的领地，一旦有胆敢闯入者立即食肉饮血，就地消灭。

当时，日本三菱 CEO 直接说："对于 GDP 水平较低的韩国，半导体产业并不适合。"

三星一度向美国镁光及日本夏普派遣员工，学习半导体产业的初级技术。镁光曾表示，将以 400 万美元提供过时设计图纸，后来反悔，以偷看文献为借口将三星人员赶出镁光。

夏普表面应允，实则严防死守，甚至不许三星人员接近生产线。当时，三星人员连夏普工厂面积等基本数据都拿不到，只能通过手指间距离、身高及步数，推算工厂的大概面积。

三星创始人李秉哲与日本 NEC（日电）会长交情甚笃，恳求学习芯片技术，得到的答复是"钱可以借，但技术不能借"。

韩国芯片之路，并不比我们更平坦。

任何马到功成，都是九死一生。最容易的道路，就是走向平庸之路；最艰难的道路，就是通向伟大之途。

芯片堪称人类最复杂的产品，技术与资本双重密集，既需要顶尖人才，也需要海量研发投入。芯片城外的护城河深不见底，似乎要吞噬一切胆敢闯入者。

三星管理团队对进军芯片产业一直举棋不定，但主心骨李秉哲和其子李健熙异常坚定，认为三星必须掌握核心技术，必须搞芯片。二十年后，我们爆发了"技工贸"与"贸工技"之争，结局是院士出局。

历史从来不等谁，机会稍纵即逝。

废墟上生出最伟大的梦想，能开花结果吗？

两代接力：山高路险行则将至

1973 年，石油危机重创西方经济。1974 年 12 月，李氏父子力排众议，抓住机遇买入濒临破产的美国 Hankook 半导体公司；1977 年，三星整合电子业务，成立三星半导体。1983 年，三星终于推出 64 位芯片，此时距离成立三星电子已过去十四年。尽管十年磨一剑，还是落后日、美四年。雪上加霜的是，日、美芯片价格为 25 美分/片，三星芯片生产成本为 1.3 美元/片。三星芯片完全没有市场竞争力，持续流血，三星电子财报几乎年年报亏，股权资本亏空殆尽。

越是风光无限的华山之巅，越是险路一条；越是胜却人间无数，越是金风玉露难相逢。

尖端技术从没有捷径可走，唯有长年累月的迭代升级。整个 20 世纪八九十年代，三星都在拼命奔跑，但永远只是一个追赶者、陪跑者。追赶的道路，似乎永远没有尽头。没有坚强的意志，没有洞悉未来的眼光，谁敢这样执着？

1987 年 11 月，三星创始人李秉哲去世，李健熙继承衣钵，沿着芯片赛道继续狂奔。两代人用生命接力，矢志不渝对准一个目标冲锋。天下没有翻不过的山，没有滴不穿的石头，也没有磨不成针的铁杵，当然更没有搞不出来的芯片。

有娃不愁长。几个月之后，三星推出 4MDRAM，比世界先进水平落后半年。16MDRAM，三星落后 3 个月。64MDRAM，三星已经追上日、美。256MDRAM 芯片研发，美、日、韩几乎同步投入。三星投入 1700 亿韩元，工程师加班加点，终于抢在美、日企业前面于 1995 年初推出 256MDRAM（见表 6－10）。

表 6－10　三星开发 DRAM 历程

项目	64K	256K	1M	4M	16M	64M	256M	1G
开发周期（月）	10	9	15	20	26	26	30	29
世界领先企业开发时间	1979 年	1982 年	1985 年	1987 年末	1990 年中	1992 年末	1995 年中	

续表

项目	64K	256K	1M	4M	16M	64M	256M	1G
三星开发时间	1983 年	1984 年	1986 年	1988 年初	1990 年末	1992 年末	1995 年初	
落后或领先于竞争对手	落后 4 年	落后 2 年	落后 1 年	落后 6 个月	落后 3 个月	同步	超越	超越
单元数目	65K	262K	1048K	4194K	17M	67M	268M	1047M

资料来源：《起步晚了 20 年，韩国芯片凭什么打破美日封锁，做到世界第 1》。

望尘莫及、并驾齐驱、完美逆袭，三星两代人走了二十六年。2017 年，三星半导体销售额超越英特尔，坐上全球半导体“头把交椅”（见表 6－11）。

表 6－11 韩国芯片追赶历程 单位：亿美元

排名	1985 年		1993 年		2000 年		2006 年		2016 年		2017 年上半年	
	公司	收入	公司	收入	公司	收入	公司	收入	公司	收入	公司	收入
1	NEC	21	英特尔	76	英特尔	297	英特尔	316	英特尔	570	三星	292
2	德州	18	NEC	71	东芝	110	三星	197	三星	443	英特尔	288
3	摩托罗拉	18	东芝	63	NEC	109	德州	137	高通	154	海力士	114
4	日立	17	摩托罗拉	58	三星	106	东芝	100	博通	152	镁光	106
5	东芝	15	日立	52	德州	96	意法	99	海力士	149	博通	84
6	富士通	11	德州	40	摩托罗拉	79	瑞萨科技	82	镁光	135	高通	77
7	飞利浦	10	三星	31	意法	79	海力士	74	德州	125	德州	66
8	英特尔	10	三菱	30	日立	74	飞思卡尔	61	东芝	109	东芝	60
9	国家半导体	10	富士通	29	英飞凌	68	恩智浦	59	恩智浦	95	恩智浦	45
10	三菱	9	三菱	23	飞利浦	63	NEC	57	联发科	88	英飞凌	39

资料来源：《起步晚了 20 年，韩国芯片凭什么打破美日封锁，做到世界第 1》。

我们来看看，三星是怎样的存在？

2020 年，在企业级 SSD 固态硬盘市场，三星三分天下有其一；DRAM 存储器芯片，三星所占份额在 50% 左右，时不时超过 60%；OLED 屏幕，三星的份额高达 89%；苹果第一代手机，用的是三星芯片；在芯片制造领域，三星与台积电是仅有的两家能够生产 5 纳米芯片的制造商……

任何一家企业能够完成上述任何一项成就，都足以青史留名功垂千秋，三星却一股脑包圆了。

三星的目标是到 2030 年成为全球芯片绝对领导者。实际上，到 2020 年底三星电子市值已达到 4751 亿美元，超越台积电的 4701 亿美元。

今非昔比，恍如隔世。

山高路险，行则将至。

研发：没有秘密的秘诀

三星的成功并无秘密。

三星突出重围，是死磕，是智慧，是抱负，是执着，是天时，是人力。但如果一定要为三星的成功找个秘诀，就是持续不断的研发。

三星借着全球产业链转移的东风，赚到“第一桶金”，但要说当年它的富裕程度，却赶不上今天我们一个个互联网巨头。它借着通达全国的网络，用算法驱动人，用算法撩拨人，转眼之间就聚集了惊天财富。但三星有雄心和远见，还有持续几十年的研发投入。仅在 20 世纪 90 年代，三星就曾连续五年投入超 5 亿美元，死磕 200 毫米晶圆，最终近乎垄断全球 DRAM 存储器芯片市场。

漫漫追赶旅途中，三星从容不迫又日夜兼程，宏伟布局又重点突破，先易后难，先后突破封装、制造、检测、设计，在芯片关键环节拥有自己的核心技术，最终完全摆脱外部依赖。

时至今日，血本研发已经成为三星的灵魂。三星洞悉重金研发的秘诀，并将其发扬光大。2020 年，三星研发投入达 186 亿美元，占营收的 9%，相较之下苹果多年来研发未超过营收的 5%。2019 年，三星宣布在未来十年内将在芯片领域投入 1200 亿美元，剑指台积电，并对英特尔保持绝对领先，稳坐全球第一大半导体厂商的宝座。

几十年的追赶超越，没有一大群人才是不行的。李健熙曾说："我的一生，80%时间都用在育人选贤上。"三星历来重视从国外吸收先进技术，李健熙本人先后50多次到美国硅谷引进技术和人才。为推动技术升级，三星在美国、韩国成立两个研发团队，相互竞争。现在三星在全球数十个国家（或地区）成立研究院，仅在中国就设有10个研究所。三星还千方百计吸引到欧美留学的韩国学生回国，仅第一次回国潮，三星就招聘了140人。

可以想象，三星聚集了多少超级大脑，夜以继日，风雨兼程，一步一步将技术追上去，将成本降下来。各路英雄豪杰，不管是原本要放牛的、耕田的、打工的、填表的、腌泡菜的、挖人参的，还是原本要做韩裔美籍科学家的，齐聚三星，变成定战略的、抓执行的、重管理的、搞技术的，大家各得其所，平台与人互相成就，共同缔造了传奇。

政府没有缺位。政府为三星提供资金，支持这种风险大、投入大的产业，甚至不惜动用日本战争赔款。1999年，韩国推出"BK21计划"，耗费3.6万亿韩元培养芯片人才。三星电子和成均馆大学合作创办半导体工学系，韩国教育部将该系列为"创新型专业"，专门为企业培养芯片产业人才。

三十年前，三星在为日本代工黑白电视机，现在三星是全球半导体霸主。

铁血三星，两代人接力跑，以一司之力撑起韩国的强国梦想。一家公司尚能如此，更何况一个民族？

人类的荣光，在于雄心与抱负，执着与坚韧，胆略与智慧……

3. 民族之芯：自助者天必助之

智慧天马行空，经不起唯首是瞻的缰绳。

有人说，芯片太复杂，我们搞不成。

好像几百年、几千年前，祖宗炼青铜、铸铁剑、发明指南针、发明造纸术、烧花瓷、修长城很简单似的……

放眼望去，芯片就在我们周边转悠，只是一直没到我们家里。芯片最早在美国，先是日本举国研发，打破美国垄断；后是中国台湾，联发科、台积电横空出世，打造顶级半导体产业链；再是韩国，硬生生在龙盘虎踞的强国腹地扬名立万，勇执牛耳。

一衣带水的邻国，还有我们的一个省，都干成了。要找到我们干不成的理由，真的很难。

有人说，它们可以进口最尖端的光刻机。这似乎是个极好的借口……但光刻机“瓶颈”只不过是近几年美国打压我们才出现的，在此之前日本、韩国、中国台湾芯片早就崛起了。它们的人口、经济总量、芯片市场、科学家和工程师数量加起来也不如我们，但志气比山高、比海深。

想当年，不是也说中国人研制不出原子弹吗？不是也说中国人研制不出隐形飞机吗？不是也说中国人研制不出航母甲板吗？不是还称中国人为“东亚病夫”吗？如今，我们炸响“两弹一星”，放飞隐形战机，航母一艘接一艘，连续多届奥运会金牌傲居三甲。

不研制，有千万个理由；要研制，二话不说撸起袖子就干。不为则难，为之则易；天下之事，莫不如此。

意志要坚定，动作要坚决，激励要到位，咬定青山不放松，不捣黄龙不收兵。国家集成电路产业基金虽然出了几个蛀虫，但是可以换人换马完善机制，继续大规模投入；同时，中国科学院、大学要结合产业需求持续研发，培养人才。国家可加大资金投入，与业界共建实验室，助推产业技术突破。尤其要有大规模资金扶持华为、中芯国际、小米、中微半导体等业界具备成功研发经验的公司，它们有技术根基，有高效的研发管理，有深入人心的激励，更有痴迷技术生死赴之的渴望，非如此不能成事。

前行路上风险无处不在，山高路险，攀登者随时可能粉身碎骨。有为政府有巨大的作为空间，生而不有，为而不恃，长而不宰，可以资助，可以助推，可以施肥，可以浇水，但万不可主宰，主宰不如放手。

智慧天马行空，经不起唯首是瞻的缰绳。

自助者，天必助之。

（七）再下一城：开启未来的钥匙

宜将剩勇追穷寇，不可沽名学霸王。

1. 核聚变发电：希望之光

2015 年 12 月 12 日，《巴黎协定》在第二十一届联合国气候变化大会上通过，并于 2016 年 4 月 22 日在联合国大厦签署，当天共有 175 个国家签署这一协定，创下国际协定开放首日签署国家数量最高的纪录。自 18 世纪工业革命以来，人类第一次发起一场规模宏大的集体努力，以求减少对大自然的过度索取，并将全球气温升高幅度控制在 2℃ 之内。我国是首批 175 个签约国之一，并向世界承诺在 2030 年前实现碳达峰，在 2060 年前实现碳中和。

人类要实现上述目标，必须靠广泛使用非化石能源，包括太阳能、风能、水能和核能。历次能源革命对人类社会都会产生翻天覆地的影响。火的使用，推动原始人真正进化成人；化石能源的使用，普及蒸汽机、内燃机，使人类进入工业化时代；电的发现和运用，让人类进入电气时代、互联网时代、智能时代。油气煤终将耗尽，太阳能、风能不能持续稳定，水能规模不足，太阳能、风能、水能和核能四者结合才最有希望成为人类终极能源解决方案。

2020 年，我国太阳能发电量为 261.1 万亿瓦时，占全球太阳能总发电量的 30.51%，居全球第一；我国光伏产业居全球领先地位，各细分领域占全球主要市场份额同样居全球领先地位，其中硅料 67%、硅片 97%、电池片 79%、组件 71%。

风电方面，从 2010 年开始我国风电新增装机量年年世界第一。2021 年，我国新增风电装机 47.57 吉瓦，第二名美国新增装机 13 吉瓦，不到我国的 1/3。2021 年底，我国在全球风电产业链中的占比已经接近 50%，成为全球最大的风电产业基地。

水电方面，当年建设三峡大坝要靠进口美国、德国、瑞士和法国的水电机组，到 2021 年我们自主设计制造的白鹤滩右岸 14 号机组实现全球首台百万千瓦水电机组的并网发电。

太阳能、风能、水能我们都已经走到全球前列，就看核聚变了。

核聚变发电是未来，是已经看得见、冒出地平线的能源革命，将在未来 30～50 年成为现实，是人类能源石破天惊的又一跃。核聚变发电距离我们已经越来越近。2021 年 12 月，美国麻省理工物理学家创办的核聚变公司 Commonwealth Fusion Systems 筹集到 18 亿美元，开始动工建造紧凑型核聚变反应堆原型，它比国际热核聚变实验堆（ITER）小得多，费用也更低。

我国可控核聚变研究也取得显著进步。20 世纪 90 年代初，俄罗斯提出赠送给我国托卡马克装置，我们通过物资交换，建成我国第一个、世界第四个超导托卡马克 HT－7。正是这台装置为我国核聚变研究步入世界前沿作出了重要贡献。2006 年，我国建成全超导托卡马克核聚变实验装置（EAST）。2021 年 5 月 28 日，此装置创造新的世界纪录，成功实现可重复的 1.2 亿℃101 秒和 1.6 亿℃20 秒等离子体运行，将 1 亿℃20 秒的原纪录延长了 5 倍；2021 年 12 月 30 日，这台装置又实现 1056 秒的长脉冲高参数等离子体运行，这是目前世界上托卡马克装置高温等离子体运行的最长时间。

我国核聚变雄心还不止于此。中国聚变工程实验堆（CFETR）项目于 2017 年 12 月 5 日在合肥正式启动工程设计，中国核聚变研究由此开启新征程。CFETR 计划分三步走，第一阶段到 2021 年，CFETR 开始立项建设；第二阶段到 2035 年，计划建成聚变工程实验堆，开始大规模科学实验；第三阶段到 2050 年，聚变工程实验堆成功，建设聚变商业示范堆，实现人类终极能源的梦想。

核聚变发电将成为未来百年的强国门票。核聚变发电将集合核能、激光、人工智能、机器人、机械制造等多个领域的顶尖成果，彻底解决能源问题。目前，我国核聚变研究已经处于世界一流水平，还要毫不松懈再接再厉，确保技术领先，实现产业化，并构建完整产业链，力争在这次能源革命中取得领跑位置。届时，中华民族将以崭新面貌屹立于世界东方，彻底实现伟大复兴。

2. 新时代的渡江战役

在支持新兴产业上，我们以市场为主、产业政策为辅的政策总体上是成功的。在太阳能、风能、新能源车等新兴产业，我们的产业政策先于欧美一步，产业化推进已经初见成效，太阳能、风能已经位居世界前列，新能源车、动力电池也处于领跑位置。芯片举足轻重，是大国不得不攻克的堡垒，我们要有耐心、有恒心，保持大规模研发投入，直到全球领先。在医药行业，资源要向创新药倾斜，创新药集中被采购有利于减少药品的“天价营销”现象，长此以往医药行业就会越来越有希望。

今天我们要乘胜追击，打赢汽车、芯片和核聚变发电三大战役，再下一城。宜将剩勇追穷寇，不可沽名学霸王。只有再攻克高精密机床、工业母机、机器人、新材料、生物医药、基础软件、大飞机、人工智能、无人驾驶、量子计算等领域，并布局脑科学、纳米、基因、太空以及未来还将不断涌现的新兴领域，才能让我国长期发展的基石像泰山一样稳固。

（八）产业的秘密：要么称王，要么灭亡

浮躁通向毁灭，极致才是王道。

四十年来最珍贵的收获，是改革开放后一批又一批产业崛起。尤其是新兴经济的繁荣，让我们看到了市场的力量。

如果说改革开放初期的倒爷、雄踞一方的“地头蛇”，发家背后或多或少还隐现左右资源的“有形之手”，华为、中兴、阿里巴巴、腾讯、百度、京东、小米、拼多多、抖音、快手、滴滴、美团、长城、吉利、比亚迪、蔚来、小鹏、理想、宁德等的崛起，则完全是能力与市场的胜利。这将点燃更多热情与希望！哪有什么怀才不遇，生不逢时？哪有什么黄钟毁弃，瓦缶雷鸣？你怀珠抱玉，你胸有大志，你尽管上场，天高任鸟飞，海阔凭鱼跃。

谁是主宰？

我曾经看过一部纪录片《徒手攀岩》，讲述攀岩绝顶高手 Alex 徒手无保护攀登酋长岩，那是一座几乎垂直的山。他反复踩点，细致规划每一步落脚点；他心无旁骛，摒弃一切私心杂念。他的眼中没有绝地悬崖，没有

山顶鲜花，只有脚下的支点和下一步的路线。他拿命做赌注，一头栽入热爱的事业。一旦出征就永不回头，要么山顶喜极而泣，要么山下粉身碎骨。徒手攀登酋长岩就是一场豪赌，要么拿冠军，要么死亡。

Alex说：“我们终将逝去，在世之时尽力绽放，离世之时也无须怨言。”

做产业何尝不是如此？任正非说：“一个人一辈子能做成一件事已经很不简单了，为什么？中国13亿人民，我们这几个把豆腐磨好，磨成好豆腐，你们那几个企业好好地去发豆芽，把豆芽做好，我们13亿人每个人做好一件事，拼起来我们就是伟大祖国。”

勾践卧薪尝胆，刘邦斩蛇起义，项羽背水迎敌，左宗棠抬棺进疆，朱镕基备棺反腐蹚“地雷阵”力推改革，汗青的功名册上谁人风流不是生死搏之？

老聃遍访相邑之士，遍读相邑之书，遇暑不知暑，遇寒不知寒，迁任周朝守藏室吏后，又集天下之文，收天下之书，如蛟龙入海，博览泛观，终于参透天地人，领悟道德真义，于是函谷关运笔，大江大河磅礴而出，《道德经》照耀千古；王羲之临池学书，池水尽墨，始成“书圣”；王阳明十三岁立志做圣贤，十五岁志略四方，独闯山海关，献策平定民乱被斥狂妄，潜心格物却不致知，屡试不第，做官被贬，赴任被追杀，求索修行半生，最终龙场悟道，知行合一；曹雪芹一生才情一世学问，凝成半部《红楼梦》，旷古烁今；亚当·斯密潜心钻研三十年，九年闭门著书，《国富论》终成经济学圣经；爱因斯坦对宇宙孩童般的好奇，从生至死一以贯之，相对论成就科学的巍巍高山。思想的火炬，哪个不是聚焦一生才气发出的光亮？

福特聚天下英才，穷极人类智慧，推出功能最完善、成本最低廉的T型车，打造第一条规模化工业流水线，一举把世界带入汽车时代；三星两代人前赴后继，执着输血26年，在半导体这片群雄争霸的沙场扬名立万；乔布斯秉持极致精神，几十年如一日把电脑图形界面、智能手机、平板电脑、生态链推进到前无古人的高度，即使被赶出自己一手创办的公司，也无法阻挡他终其一生践行极客精神，最终成就苹果的星辰大海；刘强东学生时代倾其所有盘下餐厅，在血亏中看懂人性，悟透管理真谛，后做电商，数次面临断血倒闭的危机，在电光石火的激烈竞争中，赌上身家性命押注自营物流，最终京东率先实现“一日达”，在浩瀚无边的电商领域打下半壁江山；马斯克于复杂万象中摒弃一切纷扰，绝不浪费半点精力给无关紧要的人与事，洞察本质，看穿经济，面向未来，Zip2、PayPal、SpaceX、特斯拉，干一件成一件。惊天财富，哪个不是专注与极致造就的奇迹？

浮躁通向毁灭，极致才是王道。不给自己留活路，才能活下去，这就是市场法则，这就是生存之道。做一样产品就打磨到无可挑剔，同等价位则质量最优，同等质量则成本最低。做管理，就做到最少人力，最少流程，最高效率；做供应链，就做到最少库存，最高周转；做销售网，就做到最广覆盖，最快响应，最低成本。

如果一个大规模的工业领域历经市场洗礼，还有众多良莠不齐的企业苟活，那么只能说明此产业存在太多非市场因素在强力左右资源分配，让真正有竞争优势的企业难以扩张市场，让劣势企业通过“有形之手”强占资源，也就意味着社会效率被拉低，我们每个人都将付出成本，养活这些劣势企业。

向德国学习，把日本比下去，既然要做就做到全球冠军。在全球统一大市场下，每个行业内只有全球头部几家企业能够存活。从客户角度来看，如今信息透明可全球比对，如果不是质量最好、价格最低，他凭什么要买？

可以美死，可以战死，绝不憋死。

产业化是我们的强项，但凡突破了科技研发进入产业化阶段，我们几乎都能做到全球第一。我们有最多的人口，全球第二的经济规模，完善的基础设施，尤为可贵的是拥有吃苦耐劳、勤劳勇敢的人民，确保我们可以最大规模、最低成本进行生产，从而形成无可比拟的优势，全世界无敌。想要把我们的产业化优势充分发挥出来，还是要靠研发。只要我们掌握核心技术，产业十之八九可以做到世界第一。

其实不光是产业，我们做所有事，何尝不是如此呢？如果我们不倾注一生心血，不凝聚所有智慧，随随便便就能成功，那些十年如一日追求极致的人们，所归何处呢？

唯有痴迷，方出极品。

要么称王，要么灭亡。

第七章

人力：

唤醒“神龙”

人人心中都睡着一条“神龙”，人的一生都在等待唤醒它的那声号角。

一个国家赖以生存的当然是土地与山川，但最根本的还是人。人民是创造世界历史的动力，是世界最大的变量。

一个人一辈子，至少有那么一次彻底放飞，听从内心最深处的召唤，活出自己最想要的样子。是花，就最绚丽去绽放；是火，就最热烈去燃烧；是狮子，就最勇敢去战斗；是百灵鸟，就最尽情去放歌。

没有我的绽放，世界哪有精彩？

世界需要每一个我们。

（一）教育：心灵之灯

“马不伏历，不可以趋道；士不素养，不可以重国。”

——《汉书·李寻传》

教育的本质：点亮与唤醒

普法战争中普鲁士大败法军，毛奇元帅自豪地说，“普鲁士的胜利早就在小学教师的讲台上决定了”。教育是一个民族迈向未来的第一步，什么样的教育就决定了什么样的民族前途。

教育是人的升华之地。苏格拉底说，教育的本质是唤醒，是开发你的内心。教育将充盈人类心灵的混沌化成一片纯净，将人类数千年的文明汇成一条涓涓细流，淌进我们的心里。教育点亮我们的心，激发我们内心自有的光亮，去照亮世界。教育是一次掘井及泉的发掘，探寻我们自己都尚未觉察的无与伦比的宝藏。教育传授我们登山技法，强壮我们的筋骨，引领我们来到人类从未涉足的高山绝壁面前，把明天交到我们手里，告诉我们，登顶的路你自己找，未来靠你。教育的目的不是给我们标准答案，而是告诉我们面前有一座座高耸入云的山峰，那里的风景无比秀美，那里的道路无比险恶，登与不登，山就在那里，一切在于我们自己。

教育是阶层流动的阶梯，是社会最起码的公平。对生在底层的人来说，教育是改变命运的最好途径。没有什么比教育更能让人摆脱底层的泥淖。错过教育，我们将不得不面对更大的风雨。

我是现在教育体系的受益者。如果没有教育，我应该还在江汉平原的小村里，既看不到来路的蜿蜒曲折，也望不见未来的优美风景；不懂为什么到这里来，也不知道往哪里去。很可能我会在茫然中四处闯去，不见棺材不落泪，不到黄河不死心，直到碰得头破血流。

没有相对公平的教育体系，我不可能上大学，最大的可能是耕田种地牛马一生，实际上在上学之前我已经是放牛、摘棉花的好手，小学时已经学会耕田、拔棉秆、洒农药、割麦子、间苗等一应农活。

教育的脚步：批判中前行

得益于教育越深，体会也越深。目前的教育年限稍显漫长，可在保证质量的前提下略微缩短教育年限。

高考前长达一年回炉复习，知识点都滚瓜烂熟，最后比的是熟练、细心以及思维深度的细微差别。这个年龄大脑最活跃，创造力最强，去探索人类科学的最前沿，思考宇宙的终极问题不好吗？小学至中学从12年改为11年，大学允许且鼓励提前毕业，硕士改为1～2年，这样硕士毕业时只有 22～23 岁。有志于研究的毕业生，可以攻读博士，正值黄金年龄，可以尽情探索世界的奥秘；有志于产业的毕业生，正是精力旺盛，可以去开疆拓土，开创一番伟业。

缩短教育年限不仅能让大家在黄金年龄从事最需创造性的事，还能降低全社会教育年限和成本，增加全社会劳动供给，一举多得。以大学为例，大学生提前 1～2 年毕业，可增加 1000 多万就业人口。

教育要鼓励创新思维，培养批判性思考能力。

西方原本也疯狂打击异己，哥白尼、布鲁诺、开普勒、塞尔维特都因为提出推动人类进步的伟大学说被统治者残酷镇压，西方推崇的圣人苏格拉底被视为民主源头的雅典城邦判处死刑。直到启蒙运动和工业革命之后，西方世界才幡然醒悟，打击异己强制顺从只能豢养奴才，兼收并蓄才能强大自我走向繁荣富强，于是转而提倡“创造变化”（Make a Difference）。当今我们提倡“和而不同”，“和”可以壮大力量，“不同”可以推动历史前进。前进的力量来源于批判，人类永远都是踩着旧时代的残骸前进的。没有批判，就没有进步。

方法传授应重于知识传导。在英国学习时，老师总是给出长长的论文清单，永远读不完，讨论无比多。这些论文读下来，大方之家的方法、观点、经典理论一目了然。然后大家再讨论论文的方法、数据、模型、观点是什么，自己有何看法。这种方式不仅让大家学到了知识，更重要的是还让大家掌握了方法，既吃鱼又结网，何乐而不为？

学术教育与职业教育各司其职，各尽其力。学术教育要着力于激发人的创造力，释放人的潜能，囊锥露颖，让大师之才尽成大师，让爱因斯坦、牛顿脱颖而出，去探索人类的未知领域，攀登人类尚未企及的高峰。比如，西湖大学是一个有益的尝试，体制机制与现有高校很不一样，以研究为导向，专注于人类的重大前沿，有可能走出一条新的道路，是传统大学的有益补充。

职业教育是提升人力素质的重要一环，大多数人走进社会干的不是登珠峰、挑战脑力极限的事情，而是踏踏实实打一份工，把平常工作做到极致。怎样掌握一门吃饭的手艺，在平凡中干出不平凡，还要看职业教育。这方面我们还比较薄弱，要向德国学习，打造精益求精的匠人精神，筑牢社会的根基。

教育还要传承人文精神。我从哪里来，向哪里去，为什么而活？我与自然如何互动，与社会如何融洽相处，要秉承何种原则？我站在谁的肩膀上，承担何种使命？国家荣辱，天下兴亡，到底与我何干？

我们是以天下为己任的民族。孔子、老子、墨子、杨朱、孟子、屈原……不论出身卑微或显赫，日夜所思所想的莫不是黎民苍生、国家社稷、天下兴亡。老子，只是周朝守藏室之吏，可他考虑的是天地运行、定国安邦、齐家修身的大道。墨子，主张兼爱、非攻、尚贤、尚同，倡导“兼相爱，交相利”，他追求普天之下的人类大同，追求缩小阶级差距，一介布衣，却心忧天下。杜甫，困顿一生，幼儿被饿死，茅屋为秋风所破，为了生计，朝扣富儿门，暮随肥马尘，可心里想的却是安得广厦千万间，大庇天下寒士俱欢颜，念念不忘致君尧舜上，再使风俗淳。顾炎武更是疾呼，“天下兴亡，匹夫有责”。

（二）人力：自由流动尽其用

万硕之鼎，不可满以盂水；一钧之钟，不可容于泉流。

——《刘子·均任》

一只老虎，天生一山之主，把它赶到厨房捉老鼠，肯定不如猫。一头雄狮，天生草原称王，非把它拴在家门口看家护院，肯定不如狗。凤毛麟角的超级大脑，天生的战场就是实验室，生来就要叩响大自然的雄音，非把他赶入尘世，觥筹交错左右逢迎，肯定赶不上韦小宝。函牛之鼎烹鸡，远远不如铁锅好用。

日之能烛远，势高也；使日在井中，则不能烛十步也。

一个人，一代人，都有其历史角色。在纷繁复杂的世界中找准自己的定位，彻底放飞尽情燃烧，是最大的幸运。一辈子白驹过隙，爱恨不过是一瞬间，生死也是。很多人一生往往从事一种职业，能有一次应时变化的成功转型已属不易。一代人茹毛饮血，一代人刀耕火种，一代人拓边疆，一代人修长城，一代人抗击英法联军，一代人树新文化，一代人抗日立国，一代人“两弹一星”，一代人修红旗渠、炼钢铁，一代人修公路、架高铁，一代人研究通信互联网，一代人研制汽车、芯片、高精密机床，下一代人要点燃核聚变、解密脑科学……

每代人，每个人，都在寻找自己的位置。我们14亿人中的每个人都是天地造化独一无二，每个人都传承着千年的伟大与荣耀，每个人都不应被辜负。那么，怎样才能让每一个宝贵的个体都找准自己的最佳位置呢?

人口自由流动是人力最优化配置的基本条件。

要让人才各就其位，就要扫除劳动力自由流动的障碍，让人才各尽其才、各显其能，做豆芽的做豆芽，磨豆腐的磨豆腐，去深圳的去深圳，闯西口的闯西口，漂北京的漂北京，一起建设我们的伟大祖国。

如果信息畅通、没有外界阻力，理所当然人口会从落后地区流向发达地区，从农村流向城市。如果一个地方要教育没老师，要工作没机会，要奋斗没门路，要结婚没媳妇，叫天天不应，叫地地不灵，即使是牛顿在世，即使有一万个苹果落在眼前，也砸不出万有引力。

只要去除阻碍人口自由流动的桎梏，我国经济发展水平就足以容纳更多人进入城市。从国际对比来看，我国城镇化率偏低，还需要吸纳更多人口进入城市。我国人均 GDP 属于中等偏上水平，但 2017 年常住人口城镇化率只有 58.52%，户籍人口城镇化率更是低至 42.35%，明显低于中等偏上收入国家城市化率平均水平 65.45%。无论以何种口径衡量，我国城镇化率都明显偏低（马晓河，2020），还有很大的提升空间。

我国不仅要吸纳人口进入城市，还要保障全社会人口自由流动。在机关熬一辈子，可能碌碌无为，砸掉“铁饭碗”连拼带闯或许可以成就一家世界 500 强企业；在科研院所干一辈子，可能发表不了几篇论文，评不上教授，但干企业就有可能振兴一个产业，服务千家万户，或许还会成为一代企业“教父”。

树移死，人挪活。为了保障全社会人才自由流动，国家不仅要建设配套的道路、医院、学校，还要让户口、医疗保险、养老保险等跟着人走，真正服务于人、保障于人。只有去除妨碍人才流动的桎梏，让人们到价值最大的地方去，人们才能在天赋范围内创造最多、回报最多，才能实现社会总体更优，人人受益。

拥有 14 亿人口的我们人尽其才，各得其所，悉用其力，何愁不复兴?

（三）劳力荒与高失业率

贫穷熄灭了我的才华，富裕才能点燃天赋。

1. 憋死人生：看不见的失业洪流

天生我材必有用，说的不仅是李白，还有我们每一个人。

关于我国人口增长放缓，梁建章博士已经多次撰文和出书呼吁，央行也发表论文《关于我国人口转型的认识和应对之策》做精辟论述。2021 年 5 月 31 日，我国正式宣布实施一对夫妻可以生育三个子女的政策，我不再赘述。

人口多当然是我们的一大优势。如果我们不是14亿人而是1亿人，那么我们在世界上绝不会有今天的地位。解放初期，这片土地上就有5亿人口，比欧美人口总和还多。那时候人口数量就是土地承载力的极限，5亿人口已经彰显了这片土地的伟大。

在人口众多这一前提下，国家相关部门要大力保障就业，激发每个人的光和热，将人口优势转化为经济动力。这方面我们的潜力还很大。

我的老家在江汉平原农村。记得小学一年级时全班有60多人，到后来除去中间转学到城里的，上大学的就我一个。那些小伙伴一起钓鱼，一起玩泥巴，一起放牛，一起野游长江，他们都挺聪明，不少人轻轻松松就能考试得高分。有些小伙伴一直是我羡慕的对象，成绩好还看过《射雕英雄传》《水浒传》，天南海北什么都懂。转眼几十年过去了，有一次我回老家，见到儿时要好的伙伴，他小学六年都当班长，品学兼优，正是父母眼中别人家的孩子。现在他正值壮年，没娶媳妇，也无事可做，偶尔为村里老板洗洗萝卜打打零工，闲时就到沮漳河钓鱼。那可是正值壮年的黄金时期啊！

这片广袤的土地上藏龙卧虎，不知道有多少人有天赋想努力却没机会，荒废一生。如果将城乡失业、半失业的人口激活，可以创造多大价值，可以产生多少消费，更重要的是，他们的人生将产生怎样翻天覆地的变化？

修车车间里，一个后生蹲在地上，脸黝黑黝黑的，就像抹了一层油污似的，一身工装，一副沙哑得与年龄不相称的稚嫩嗓子。

“你快乐吗？”

“快乐啊。”

“那你觉得快乐是什么？”

“快乐就是好好修车，不让父母操心。”

“这不算你的快乐，我问的是你的快乐。”

“我的快乐就是……我也不知道啊！”

看到这段采访视频，起初觉得好笑，再看两遍觉得想哭。到底有多少像我这样碌碌无为的人，有多少像我这样迷茫的人，有多少像我这样不甘平凡的人……

贫穷熄灭了我的才华，富裕才能点燃天赋。财富是一个人的底气，是一个人的腰杆。

国家统计局数据显示，2020年我国城镇登记失业率为4.2%。从多个修饰词就能看出，这并不是全社会真正的失业率，要在城镇，还要主动去登记，既不包括没工作但没登记的失业人员，更不包括农民工等非城镇户籍人口。

我国真实的失业率在什么水平呢？中国社会科学院经过调查认为，2008年底至2009年初中国城镇失业率为9.4%，而当时人力资源和社会保障部发布的失业率是4.2%。赵海瑞经过测算认为，1978—2009年我国真实城镇失业率均值为9.1%，而同期城镇登记失业率为3.4%（见表7-1）。隗斌贤（1999）估计，1978—1997年我国隐形失业率为20%。中泰证券分析师梁中华、张陈、苏仪经过测算，认为2020年新冠肺炎疫情暴发后我国真实失业率在20%以上。英国咨询公司Fathom Consulting认为，2016年我国失业率可能是官方城镇登记失业率的3倍，达到12.9%，预计2017年甚至将达到15.0%。至于我国农村失业率，王诚（1996）估计，1978—1996年我国农业隐形失业率在22%～65%。综合上述专业人员的研究成果进行推断，我国真实失业率在9%～20%，那么我国约有9亿劳动人口，则失业人口为8000万～1.8亿人，按照中间值计算也有1.3亿人，已超过日本总人口。

相较而言，2019年6月美国失业率仅为3.7%，考虑到美国3.25亿的人口，这是一个惊人的充分就业水平。从长期来看，美国失业率在4% ~ 10%波动，2007年美国次贷危机爆发后美国失业率曾短暂到过10%，然后就迅速下降，直至降到4%以下（见图7－1）。以此观之，我国就业水平还有巨大提升空间。

表7－1 1978—2009年我国城镇真实失业率与城镇登记失业率 （%）

年份	城镇真实失业率	城镇登记失业率	年份	城镇真实失业率	城镇登记失业率
1978	9.54	5.3	1994	8.01	2.8
1979	9.65	5.4	1995	9.91	2.9
1980	9.39	4.9	1996	10.00	3.0
1981	9.04	3.8	1997	9.91	3.1
1982	8.27	3.2	1998	13.04	3.1
1983	5.85	2.3	1999	13.16	3.1
1984	6.54	1.9	2000	14.41	3.1
1985	7.76	1.8	2001	11.70	3.6
1986	5.03	2.0	2002	11.38	4.0
1987	5.78	2.0	2003	10.49	4.3
1988	8.11	2.0	2004	9.56	4.2
1989	6.49	2.6	2005	9.86	4.2
1990	8.59	2.5	2006	8.49	4.1
1991	6.78	2.3	2007	7.34	4.0
1992	7.43	2.3	2008	7.13	4.2
1993	7.41	2.6	2009	6.85	4.3

资料来源：赵海瑞，《中国真实城镇失业率的估算及奥肯定律的再检验》。

大量人口处于失业或半失业状态，既是人力资源的巨大浪费，也是社会的沉重负担。失业不是冰冷的数字，对每一个失业的人来说，失业是荒废的人生，是家庭的悲剧，意味着贫穷，意味着孩子辍学，甚至意味着娶不上媳妇孤老一生，更别谈人生抱负了。

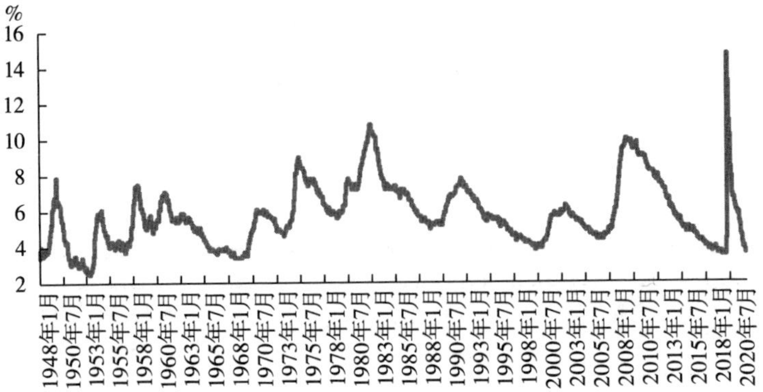

图7－1　1948—2020年美国失业率

资料来源：Wind、美国劳工部。

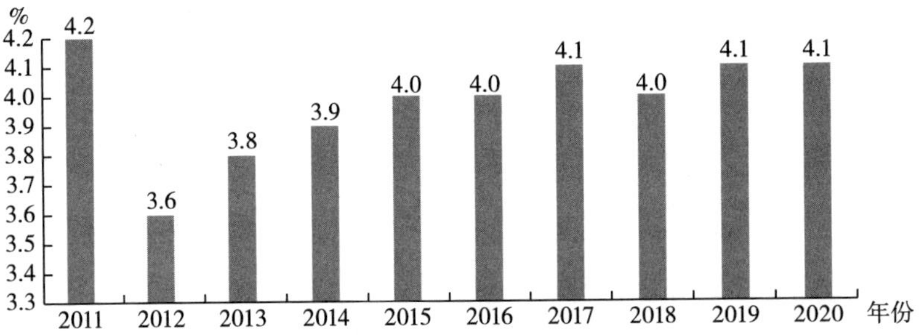

图7－2　2011—2020年我国城镇登记失业率

资料来源：Wind。

2. 就业之道：向上突围与向下延伸

一面是人口红利消退，劳力荒，招工困难，一面是大量失业，赋闲撂荒；一面是"腾笼换鸟"，产业升级，一面是刚刚脱离贫困线，随时可能返贫；一面是尖端科技乏力，长远发展核心技术支撑不足，一面是高端就业机会不足，高端人才不得不降维就业。富裕与贫穷，发达与落后，短缺与过剩，在这片土地共存，这正是我们不得不面对的现实。

如何解决呢?

从全球来看，人的职业结构必然是金字塔，极少数人占据塔尖，人均创造出极大价值，数量众多的人位于塔底，人均创造的价值相对较低。听起来很残酷，但这就是人生，就是江湖。人天生禀赋不同，后天努力各异，造化运气更是千差万别，处在变幻莫测的混沌场，一只蝴蝶在我们命运的旅途中扇动一下翅膀，就能改变我们的人生航向。我们人口如此之多，不可能全部爬上金字塔顶端，但通过努力可以让我们大多数人进入全球价值链，不至于因失业而游离于全球价值创造体系之外。爬到塔尖的不妨多行善广积德，助人即惠己；暂时流落塔底的也别绝望别放弃，是金子就自己发光。

高端人才不得不降维就业，根本原因在于我国科技水平有限和高端产业发育不足，努力的方向在于加大技术研发力度，推动产业升级，增加高端就业机会。此内容已在“科技”章节详细阐述。

劳力荒与大量失业并存，这种看似矛盾的现象，形成原因比较复杂。

一是劳动力难以自由流动，农村人口难以在城镇落户，城市之间人口难以流动，导致劳动力与产业错配。解决之道在于下定决心真心实意打破一切阻碍人口自由流动的桎梏（详见本章“人力：自由流动尽其用”小节），促进人口自由流动，并通过农场规模化经营解放农村劳动力，以城镇化和工业化吸纳农村人口（详见本章“农村：最大的结构性问题”小节）。

二是房地产价格上涨过快，增加产业运营成本，导致大量产业尤其是利润率相对较低的劳动密集型产业被扼杀，就业机会减少；同时过高的房地产价格提升了劳动力在城镇落地就业的成本，导致部分城市尤其是沿海发达地区稳定劳动力供给不足。这个问题很棘手，因为房地产规模十分庞大，牵扯面广，涉及金融业稳定、地方财政来源。可以通过提供低价工业用地、发展公租房等方式，降低产业运营和劳动力住宿成本。

三是越南、印度等国制造业崛起，土地、劳动力更便宜，营商环境持续改善，吸引全球制造业企业入驻，抢夺了我国部分发展机会。以我国目前的总体发展水平来看，还应继续发展劳动密集型产业，增加底层老百姓就业机会。

实际上由于我国人口众多，即使我国科技、产业、软实力完全追上美国，即使我们把全球产业从上往下逐项攻克占领，我们还是需要劳动密集型产业，因为全球高端产业不可能再容纳 14 亿人就业。

林毅夫教授团队经过一年多调研，于 2017 年发布《吉林省经济结构转型升级研究报告》，指出吉林省经济结构转型升级的短板在于，以纺织服装、家电与消费电子为龙头的轻工业集群和相应商业网络严重缺失，认为符合比较优势的工业化顺序必须是轻工业充分发酵才可以大力推进重工业，并提出五大万亿量级的产业集群来统领吉林省未来的经济结构转型升级——大农业产业集群、大健康产业集群、现代轻纺产业集群、现代装备产业集群，以及以能源、新材料、新一代信息技术为核心的融合型产业集群。

这份报告引起巨大争议，不管是否了解东北，不管是否懂经济学，人们都参与了讨论。这毫不意外，就像研制飞机发动机很难，但说到航空“心脏病”，谁都可以头头是道地说几句。

不去探究争论细节，就中西部还需大力发展劳动密集型轻工业而言，我非常赞同。有人认为世界已经进入移动互联网、人工智能时代，我们应瞄准高新技术产业，逐步淘汰劳动密集型产业。这种观点没有考虑到我国庞大的人口，也没有认清我国高、中、低端产业并存且将长期并存的现实。

劳动密集型产业是我国经济的基石，衣帽鞋袜、家电、家具、建材、快递物流、家政服务、建筑施工、代工生产等，看似技术含量不高，但市场需求大，养活了数以亿计的人口。我国几千万人刚刚摆脱贫穷，近亿人处于失业、半失业状态，对他们来说人工智能比火星还遥远，有活干、娶媳妇、孩子上学、摆脱贫穷就是最高追求。

近年来，东南亚、印度经济发展较快，不少老板纷纷移师，我想喊一声，老板别走！没错，北上广深及浙江、江苏、广东等沿海城市房价高企，劳动力不足，可中国很大，且不说华北平原、四川盆地、黄土高原、云贵高原地广人多、劳动力便宜、供应充足，只看交通极其便捷的长江一线，就足以容下老板们的商业雄心。

以武汉为例，九省通衢，高铁、水运、航空、高速四通八达；地域广阔、雄踞三镇，土地充裕、房价不贵；城区有1200万人口，周边还有数千万人口随时支援，劳动力充足；高校有80多所，数量仅次于北京，大学生数量达130万人，位居全球第一。搞高科技，有光谷；搞高端制造，有百万大学生；搞劳动密集型产业，有数千万人口枕戈待旦。更不用说周边还有宜昌、荆州、咸宁、鄂州、黄石、黄冈、襄阳、十堰、随州、九江、岳阳，随时策应。武汉占尽天时、地利、人和，但还没有发展透、发展好，与北上广深还有较大差距。差距就是潜力，资本何必舍近求远，这里水深海阔，足够养出“大鲸鱼”。

更何况，我们还有长沙、重庆、成都、西安、郑州、天津、合肥……

各个城市要放下身段，控制好房价，降低产业和人力入驻成本。高端产业要发展，也要打牢劳动密集型产业的根基。

（四）农村：最大的结构问题

失去的是乡愁，得到的是力量。

我国广袤的农村羁绊了太多人口，城乡差距是我国最大的结构性问题。农村问题解决得好，经济发展最大的潜在矛盾就迎刃而解；解决得不好，就容易顾头不顾腚，按下葫芦浮起瓢。

直到现在城乡仍然是两个世界，除了东部沿海已经“工业化”的农村外，城乡在社会保障、基础设施、医疗服务、教育等方面水平差异巨大，鸿沟越来越深。

一面是工业领域“用工荒”，一面是农村拥有大量失业、半失业的农民。农民工不进城落户，工业缺乏稳定、熟练的劳动力，“用工荒”频现，用工成本上升，产业外流到东南亚和印度。千万不要以为农民工老家有一亩三分地就有依有靠，就万事大吉了，农民仅凭几分薄田根本无法满足生计。农民工面临两难抉择，安心待在老家就不得不忍受贫穷；出门打工则住工棚、地下室，忍受背井离乡的痛苦，顾不上老小，更落不了户口，老了干不动还得回农村种地。

其实我们面临的农村问题，100 年前法国也同样经历过。太阳底下无新事，人类的问题是相似的，应对之道各有千秋，归途更是千差万别。

1. 小农经济：工业化的绊脚石

18 世纪末的法国大革命中，法国农民分得了一小块土地，形成庞大的小农队伍。1881 年，在法国农户中，拥有 10 公顷以下土地的小农占 80% 以上，其中土地面积在 1 公顷以下的小农占农户总数的 40%。在工业革命前的数千年人类历史中这都是绝顶的好事，实现了“耕者有其田”的理想，但在工业革命的背景下，这却成为法国工业化的绊脚石。农民固守小块土地不能致富，将其抛弃又略显可惜，这像一副无形的枷锁把农民束缚在土地上，致使工业劳动力相应短缺。

小农经济生产力水平极其低下，一来农民难以积累足够资本购买农机，二来小块土地也不适合机械化耕种。随着人口自然增长，人均土地越来越少，农民越发贫困，购买力低下，市场需求不足，大规模工业缺乏孕育的土壤。就这样，法国既缺乏足够劳动力，也缺乏工业品的有效需求，尽管有英国工业革命作为示范，原本应享有“后发优势”的法国却还是经历了一场没有工业化的工业革命，进程大大慢于英国。

今天我们面临的农村问题与当年的法国极其类似，甚至比法国更为严重。我的老家在江汉平原，属于传统的鱼米之乡，土地肥沃，耕地相对较多，但人均耕地面积也仅有一两亩，比当年法国小农拥有的耕地还要少得多。

工业革命前后，英国爆发“羊吃人”和“圈地”运动，俄国废除“农奴制”，美国废除黑奴制度，甚至为此爆发它建国以来唯一的内战，可见工业大国的崛起毫无例外伴随着农村劳动力的解放。我国封建社会创造的文明不可谓不璀璨不辉煌，但重农抑商的传统和人口与土地绑定的严酷户籍制度，锁死小农经济，所以孕育不出工业文明。

失去的是乡愁，得到的是力量。

2. 应对之道：规模化农场和工业化

农村问题的解决之道，其实农民自己已经摸索出来了：规模化农场和工业化、城镇化。

在我老家，乡亲们自发把承包到户的责任田租给大户，转而给大户打工或者到城里打工，大户们集中几百亩甚至上千亩耕地，购置农业机械开展规模化经营。双方均受益，大户们经营规模大，机械化耕种效率高，每年盈利颇丰；散户将责任田租给大户，可以获得租金收入，还腾出人力去打工，家庭收入明显改善。农业生产效率提升了，还腾出富余农村劳动力进城务工，为工业提供劳动力。

规模化经营可提升农业效率，工业化、城镇化可吸纳富余农村劳动力，两者结合可为我国经济增长提供新一轮动力。

推动规模化农场经营、农民进城的最大顾虑在于稳定性，这也是数千年来政府担忧的核心问题之一。家庭联产承包责任制已经推行40余年，为实现温饱立下丰功伟绩，直到现在还在为社会稳定发挥重要作用，为农民提供最后的保障。如果农民进城后失业，责任田又没了，那就意味着失去了最后的保障，恐怕会影响社会稳定。但当今与封建社会最大的不同点在于，由于科技的进步，规模化农业生产不需要如此众多的农村人口，而现代工业和服务业却需要更多劳力。小农经济实际上人为阻碍了应用科技提升农业效率，迟滞了农业人口向现代工业和服务业的转移。现代社会可以提供城镇就业机会，而且生产力的进步允许我们通过社保、养老保障、失业保险等多种手段为进城农民工提供托底保障，或许是时候探索些许改进，探索规模化农场经营，创造条件吸纳农村富余人口落户城市，为工业提供充沛劳动力，逐步消除城乡鸿沟，这将是我国经济持续增长的重要动力。

富余的农村劳动力最终要靠工业化、城镇化承接。城镇化当然不是简单的盖房子，而是以产业为基础吸纳农村富余劳动力，真心实意迎接农民工进城、落户、兴业。如果大批农民到城市落户就业，城市的医疗、教育、社保等软硬件基础设施跟不上，怎么办?

这是以停滞的眼光看变化的世界，是典型的“刻舟求剑”。

首先，规模化农场经营和工业化、城镇化吸纳富余农村人口，将会创造增量财富，从而让国家有更多财力用于完善城市医疗、教育等软硬件基础设施。

其次，我国经济总供给过剩，总需求不足，我们不缺产能和人力，只要资源分配合理，完全有能力改善医疗、教育等软硬件基础设施。

最后，消除城乡鸿沟，为进城农民工和农村人口提供全社会基本一致的医疗、教育、社保等，是社会发展的应有之义。计划经济时代，农民面朝黄土背朝天生产粮食，自己挨饿也要保障全国粮食供应；改革开放后，农民工到城市干最脏最累的活，参与城镇化、工业化建设，他们功不可没。城乡鸿沟是特定历史的产物，城市吸纳农民工进城并为其提供基本保障，既可以满足工业化用工需求，也可以促进农业规模化经营，一举两得。

稳定压倒一切，不妨采用我国40余年改革的经验法宝，小范围充分试点，发现问题不断完善，确保万无一失再推广。具体可以采取如下步骤：

（1）家庭联产承包责任制继续长期施行，分配土地给农民。

（2）鼓励大户农民向散户农民租赁土地，开展大规模、机械化耕种，提升农业效率。

（3）积极为农民工落户城市创造条件，在户口、子女教育、医疗、交通、养老、社保等方面充分保障农民工权益，开展技能培训，将农民工转化为产业工人和市民。尤其要鼓励农民工在产业聚集、劳动力需求大的城市落户，绝不能反其道而行之，让农民工落户到产业空城再去招商。

（4）在农民工落户城市后相当长一段时间内，通过家庭联产承包责任制分配的土地的使用权依然属于落户城市的农民工，作为托底措施保障平稳过渡。

（五）安得大师：声震人间的沉默

谁终将声震人间，必长久深自缄默；谁终将点燃闪电，必长久如云漂泊。

——尼采

一名高中老师，出身贫寒，一生穷困潦倒，一支笔几页纸，寒灯孤影，连续攻克两个百年未决的世纪难题。他以多舛的一生遗留下一个命题，让华夏山河都沉默呜咽了。他就是数学大师陆家羲。

1. 破解“科克曼女生”之谜

1935 年 6 月 10 日，陆家羲出生在上海一个贫苦市民家里。父亲陆宝祥是上海滩“跑街的”，自产自销酱油、味精，一天不跑全家断炊。母亲李月仙先后养育四个孩子，前三个均患病夭折，只有老四命大成人，就是陆家羲。

陆家羲自幼聪慧过人，十分珍惜读书机会，成绩优异。初二时父亲突然重病辞世，陆家羲勉强读到初中毕业就被迫辍学。1951 年，16 岁的他考入东北电器工业管理局统计训练班，半年后以第一名的成绩结业，被分配到哈尔滨电机厂当工人。1956 年，松花江泛滥，他奋勇投身抗洪抢险一线，获评“市二等防洪模范”光荣称号。

陆家羲天赋很高，毅力过人。他业余自修高中课程，喜爱阅读最新科技书籍。他上夜校学习俄语和英语，后来因为要查资料，又自学日语。

1957 年，陆家羲偶然看到数学家孙泽瀛先生写的《数学方法趣引》，书里写道：1850 年，英格兰教会的一个区教长科克曼在《女士与先生之日记》年刊上提出了一个有趣的问题：“一女教师每天下午都要带领她的 15 名女生去散步，她把学生分成 5 组，每组 3 人，问怎样安排，才能使在一周内每两名学生恰有一天在同一组。”这就是著名的“科克曼女生问题”，延绵百年未得到完全解决。陆家羲被这个问题深深吸引，但他没有想到，从此自己的命运沉浮与之绑定在一起。

1957 年秋，陆家羲考入吉林师范大学物理系（现为东北师范大学），靠微薄的助学金开始了艰苦的大学生活。陆家羲说，自己的挚爱是物理，数学只不过是兴趣爱好，但由于没有物理研究所需的实验设备，他转而在数学上发力。

从此寒灯孤影，纸笔相伴，楼道里，静湖边，一天天一年年，陆家羲日日夜夜与“科克曼女生”对话，构建自己的数学王国。4 年后，他以优异的成绩毕业，并破解了“科克曼女生”之谜。

1961 年秋，陆家羲大学毕业，被分配到包头钢铁学院任助教。他踌躇满志，满怀憧憬地把 4 年心血之作《寇克曼系列和斯坦纳系列制作方法》寄给中国科学院数学研究所。

原本，这应该是震惊全球数学界的重磅炸弹。

2. 巍巍泰山无人识

论文寄出后便是漫长的等待。包头钢铁学院下马，陆家羲被调至教育局，又先后任教于包头八中、包头五中、包头二十四中。颠沛的调动中，陆家羲以顽强的毅力继续研究。

1963 年 2 月，在等待中煎熬一年多的陆家羲终于收到中国科学院数学研究所的回信，希望他核实论文，如果结果是新的，可以直接投稿给《数学学报》等刊物。陆家羲马不停蹄地利用春节改写论文，于 3 月 12 日投给《数学通报》。又是难熬的一年苦等，答复是“由于篇幅较长和所用的数学工具，建议另投其他刊物”。

此时已到漫长“十年浩劫”的前夜，陆家羲专心研究“科克曼女生”问题，单枪匹马，周围难觅知音，冷嘲热讽扑面而来。陆家羲被认定走“白专道路”，被迫劳动改造。

外界风云动荡，心中日月却无比明朗。陆家羲跑遍包头市所有图书馆，利用暑假到北京图书馆查阅最新资料，为了省钱有时甚至住在火车站。历时一年多，陆家羲精心改写了论文，取名《平衡不完全区组与可分解平衡不完全区组的构造方法》，于 1965 年 3 月 14 日投寄给《数学学报》。

又是近一年的漫长等待，论文再次被退回。更为悲催的是，漫长的十年开始了。科学难题吓不倒，被扣帽子也能忍，但现在陆家羲真的近乎绝望了。他给友人的信中写道，“看了《数学学报》的复信，这一工作我便断了投稿的念头……不久是……都告搁浅”。“这些事好像在记忆的深处，沉下去，沉下去。”从 1966 年初到 1977 年秋整整 11 年，陆家羲没有投过一篇论文。

其间的亮色是 1972 年陆家羲结婚了。多年痴心研究之后，37 岁的他终于有了一个温暖的家。他向妻子张淑琴倾诉数学的喜悦与悲伤，妻子理解他，主动承担家务为丈夫创造条件。张淑琴是二婚，带着一个两岁的女儿。陆家羲喜欢陪着她逗乐，很快就和她亲得不行。后来小女儿降生，给陆家羲的生命照进一缕阳光。陆家羲不再那么沉默寡言，渐渐开朗起来，尤其是和女儿们一起唱歌、绘画、玩魔方的时候就像变了一个人。

粉碎“四人帮”后，科学的春天到了，陆家羲欣喜万分重拾科研。1977 年 9 月 4 日，他将论文《$k=5$，$\lambda=1$，$v=141$ 的平衡不完全区组》寄往《数学学报》，同以往一样石沉大海，甚至连只言片语也没收到。

1979 年，陆家羲从北京借到《组合论》杂志，不禁失声大叫抱头痛哭，原来“科克曼女生”问题于 1971 年被意大利数学家破解了！陆家羲 1961 年就完美解决并寄出论文，意大利数学家的证明比他晚 10 年，论文却在 8 年前就发表了！

18 年间一次次投稿，一次次被拒，漫长的焦灼等待熬尽了陆家羲的青春年华，也迟滞了大国学术前进的脚步，我们错失了一次问鼎全球数学巅峰的机会。

刚好当时中国科学院领导来包头视察工作，陆家羲满怀希望地寄去一封信，他这样写道：

“……这些时间比我要迟七年至十年，而我的稿子至今还无着落。原文未见到，还不能说明方法上优劣异同，但无论如何，国外在发表时间上是领先了！……这也说明我过去的工作是有意义的。这一段历史有十八年，我的第一个孩子、精神上的孩子，她有十八岁了，可是她的命运真不好。十八年，在人的一生中不算短，对现代科学来说，更是一个漫长的时期，难道这里不寓有什么教训吗？我热爱科学，无论什么舆论环境下，什么工作条件下，也未曾动摇过，现在担心的是，要是有新作品又将怎样呢?”

可惜了，陆家羲。

3. 再登高峰“斯坦纳系列大集”

心碎过后，陆家羲擦干眼泪，准备攀登另外一座组合数学的巅峰——“斯坦纳系列大集”。该问题由瑞士数学家斯坦纳于 1853 年提出，对数字通信理论、快速变换、有限几何等领域有重要作用，是与“哥德巴赫猜想”齐名的另一大世界级数学难题。100 多年来，无数数学家被这一问题吸引，为之绞尽脑汁，但只得到零零碎碎的成果。1981 年 5 月，美国权威数学学术刊物《组合论》载文称“这个问题离完全解决还很遥远”。

此时陆家羲是包头九中的优秀物理老师，同时为初三和高一授课，教学任务繁重。他白天授课，夜深人静时独自一人走进数学王国。1979 年 12 月，陆家羲的日记中有 21 天记录着“夜工作”“夜补课”“夜写论文”“夜思考 Bays 猜想”“夜打英文稿”。每逢春节，妻子总是体贴地带着女儿们去岳母家过年，留给陆家羲难得的大块时间。

外界纷繁复扰，数学王国却一片宁静，他独步在巅峰之间，打开一道道玄妙的自然法门。春回大地的时节，陆家羲比任何时候都格外珍惜光阴。或许陆家羲隐隐有预感，他留给世界的时间不多了……

长期夜以继日的高强度思考，是对陆家羲身体的极大消耗。他双腮塌陷，瘦到几乎脱相。他患上神经性牙痛，被折磨得整晚睡不着，就心一横去拔牙。

1979 年，陆家羲攻克了“斯坦纳系列”，凭一己之力第二次摘取数学王冠上的明珠。但他来不及喜悦，以往的经验告诉他，发表论文比攻克世界性难题要难上百倍。1979 年 2 月 24 日到 7 月 20 日，陆家羲先后向《数学学报》投寄了 3 篇论文，还是和以往一样，石沉大海。

4. 大洋彼岸的来信

偶然的机会，苏州大学朱烈教授看到陆家羲的论文，被深深震撼，他建议陆家羲把论文直接寄给世界数学界权威期刊《组合论》。苦苦等待 20 年，曙光终于出现了。

陆家羲把论文翻译成英文，抱着试一试的心理寄给美国《组合论》期刊，没想到很快收到复信称“如果属实，将是一个重要的结果”，“这个问题世界上许多专家都在研究，但离完全解决还十分遥远”。

1981 年 9 月，陆家羲陆续向《组合论》寄出 6 篇系列论文。仅仅一个月，陆家羲就收到了全部回信，论文寄到美国，专家评审后又寄回来，相比之前他投稿国内期刊动不动就等一年，这简直就是奇迹！

加拿大多伦多大学门德尔松教授是组合数学顶级大师，也是陆家羲论文的评阅人，他在信中写道：“这是世界上 20 多年来，组合设计方面最重大的成果之一。”陆家羲捧着这封信，热泪滚滚而下。

大师的光芒终究还是照亮了世界。

1982 年 3 月，6 篇论文全部出版，陆家羲的名号彻底响彻世界之巅，但在国内他仍然是无名小卒，一名默默无闻忙得团团转的中学物理老师。

1983 年，中国邀请加拿大组合数学专家门德尔松和郝迪来中国讲学，他们一头雾水：“请我去讲组合数学，你们不是有陆家羲博士吗？”并希望见陆家羲一面。于是陆家羲获得参会邀请，获得梦寐以求的机会。

1983 年 7 月，陆家羲参加了在大连召开的中国首届组合数学研讨会，这是他首次参加数学学术会议。门德尔松教授诚挚邀请陆家羲到多伦多大学任职，陆家羲婉拒了，他觉得自己的智慧应该留在中国，以后所有的成果也应该留在中国。

5. 天容惨淡大星沉

1983 年 10 月，陆家羲作为中学教师被特邀参加在武汉举行的第四届中国数学年会。他向学校请假参加大会，领导不大理解：“会议与你有什么关系？你走了，谁来上课？”陆家羲只能请同事帮忙代课，靠着妻子多方筹借路费，才终于成行。

在会上陆家羲异常激动地做了报告，宣布已经破解“斯坦纳系列”，并宣布其中六个例外值已找到解决途径，正在抓紧时间整理。他的成果得到大会的高度认可，会上他见到了门德尔松教授，和陈景润分到一个小组进行讨论。

会后陆家羲来不及停留，买了当天的列车硬席票返回包头。他太忙了，第二天就要授课，还有“斯坦纳系列”的雄伟计划等着他。对陆家羲来说，时间与金钱都无比宝贵。鞋子露出了脚指头，他舍不得买双新的。他说：“我已快 50 岁了，留下的时间不多了，我还得抓紧时间干。”没想到，一语成谶。

这一路好长啊，列车叮叮哐哐还没到站。这一路好累啊，好想躺下来，哪怕在长椅上休息会儿也好。这一路好久啊，到了北京要转车，到了包头还要等公交，他轻叹着气，勉强睁着熬红的眼，等啊等啊，回家的公交怎么还没来？感觉就像等待投稿的回信一样，好漫长好漫长，这一路走得好辛苦啊……

同年10月30日，陆家羲下午终于回到家，一进门就兴奋地对妻子说："这次可见大世面啦!"说着从衣兜里拿出一小袋橘子，这是会议上发的，他舍不得吃，带了大半个中国留给女儿们。他喃喃地说了句："太累了，太累了，早些休息吧。"就一头栽倒在床上，累得起不来。妻子帮他盖好被子，他虚弱地挤出一丝微笑，就闭上了眼睛。

没想到的是，这微笑竟是他对世界的永别!

1983年10月31日凌晨，他永远地离开了，那一年他才48岁。医生诊断，久积的疲劳和长期潜伏的疾病，已远远超出他生理能够承受的极限。他走得太憋屈、太卑微了，土坑边是那双破洞透风的鞋，没有遗言，只留下400多元负债，还有两座令世界仰止的数学大山。

1983年12月21日，《人民日报》《光明日报》以及《内蒙古日报》同时在显著位置刊登陆家羲的讣闻："拼搏20年，耗尽毕生心血，中学教师陆家羲攻克世界数学难题'斯坦纳系列'"。

1984年，《可分解平衡不完全区组设计的存在性理论》终于在《数学学报》上发表，此时距离陆家羲投稿已过去5年。

1984年底，陆家羲23年前投出的那篇关于"科克曼女生"问题的论文在《数学学报》上全文刊发。

1987年，陆家羲逝世4年之后，陆家羲学术工作评审会议组织专家审议后认定，陆家羲为解决"科克曼女生"问题的第一人，距离他这项开天辟地的成就已经过去26年。

1989年，陆家羲的妻子张淑琴代表他参加了在北京人民大会堂举行的"1987年国家自然科学奖颁奖大会"，接受了中国自然科学界的最高荣誉——国家自然科学奖一等奖，站上过这个领奖台的还有钱学森、华罗庚、李四光、王淦昌、梁思成、林徽因、陈景润等大师。国家自然科学奖一等奖标准极高，新中国成立以来国家科学技术奖共计颁奖30次，其中一等奖12次空缺。一眼望去，一等奖得主尽出自国家科研殿堂，只有陆家羲孤零零一人出自内蒙古包头市第九中学。

我的时代还没有到来，有些人死后方生，尼采沉吟道。

默默无闻又震耳如雷，悄无声息又惊天动地。

中华有大师，只不过大师在流浪，大师在湮灭。

陆家羲是不幸的，也是万幸的，这颗流星最终划破天际，闪耀了整个世界，但我们之中还有多少一直深埋泥沙不见天日的“陆家羲”呢？为什么相隔万里的美国在一个月内就能慧眼识珠，而我们近在眼前却要耗尽他的一生去认可一位天才？万一没有朱烈，没有门德尔松，陆家羲还将被埋没多久？如何营造自由、包容、创新的学术环境，让大师光芒不再被遮蔽？怎样才能让这些天选之子在早期就被识别，获得助力，飞得更高，走得更远呢？

这就是“陆家羲之惑”。

黛色苍茫众山小，天容惨淡大星沉。

一生何求

陈百强

冷暖哪可休

回头多少个秋

寻遍了却偏失去

未盼却在手

我得到没有

没法解释得失错漏

刚刚听到望到便更改
不知哪里追究
一生何求
常判决放弃与拥有
耗尽我这一生
触不到已跑开
一生何求
迷惘里永远看不透
没料到我所失的
竟已是我的所有

一生何求
曾妥协也试过苦斗
梦内每点缤纷
一消散哪可收
一生何求
谁计较赞美与诅咒
没料到我所失的
竟已是我的所有
一生何求
常判决放弃与拥有
耗尽我这一生
触不到已跑开
一生何求
迷惘里永远看不透

没料到我所失的

竟已是我的所有

（六）管中愚见：唤醒“神龙”

人人都是千里马，只是在寻找点燃自己的赛场。

半生晃荡已成翁，醉卧“神龙”无寸功。

刘邦原本会老死在沛县，他出身农家，没什么背景，不事生产，48 岁还只是泗水郡沛县亭长，相当于派出所所长，眼看这辈子就要晃荡过去了，在英雄辈出的秦朝末年算是大势已去，半截人生已经入土。如果不斩蛇起义，不管他如何擅长用人将将，不管有什么雄才大略，这辈子大概也用不上了。

陈胜、吴广的呐喊唤醒了刘邦心中的“神龙”，刘邦选择以天下为舞台奋力一搏，他做梦也没想到原来空间这么大，他的小宇宙被激发后，竟可以摧枯拉朽般摧毁一个强大的王朝，打败盖世英雄西楚霸王，更没想到能开创一个万邦来朝的伟大帝国，凡日月所照、江河所至，皆为汉土。早年刘邦被老父亲刘太公批评不好好种地的时候，绝对想不到，至今全球人口最多的民族还以他的王朝命名。

如果不投奔刘邦麾下起事闹革命，萧何、韩信、樊哙、曹参、周勃、夏侯婴、王陵、周昌一众走出泗水的开国功臣，能运筹帷幄、决胜千里也好，会镇国家、抚百姓也好，战必胜、攻必取也罢，天大的本事也只能烂在肚里，杀猪的杀猪，拉车的拉车，编蚕匾的编蚕匾，受胯下之辱的可能只好忍气吞声再钻一次。

博主“庄渔”曾总结如下：

朱元璋的主要班底是凤阳人，太平天国的主要班底是广西金田人，孙中山的主要班底是香山人，蒋介石的主要班底是奉化人，我党开国将帅中红安县的有100多人。建立一个朝代，搭建朝廷的管理框架，一个县的人才就够了。绝大多数时候是“千里马常有，而伯乐不常有”。最稀缺的伯乐是皇帝，至于文武百官这样的人才，一个县就能配齐。因此，不是小小的沛县就有这么多优质人才，而是太多太多的优质人才因为没有机会而只能默默地被埋没罢了。

何尝不是呢？成吉思汗横扫欧亚，也只是凭着100多万的蒙古族人口；荷兰打败西班牙无敌舰队，称霸海洋，占领英格兰，成为“海上马车夫”，其人口不过200万人；18世纪英国建立日不落帝国，英伦三岛不过670万人（俞金尧，1995）。德国人口不多，但在20世纪初德国就拥有962名物理学家，而英国只有282名，法国有316名，美国也仅有404名，德国物理学家数量几乎等于英法美之和。

人口多寡不是决定性因素，选人用人、发挥人力潜能才是关键。群星闪烁，只是在静静等待透彻纯净的夜空。人人心中都睡着一条“神龙”，一生都在等待唤醒它的那声号角。人人都是千里马，只是在寻找点燃自己的赛场。

酒香也怕巷子深，金子本身不发光。人才，靠培养，靠发现，靠自我唤醒。毁灭人才最好的办法，莫过于让他被无声地埋没；发现人才最好的办法，莫过于给他提供公平的舞台；保护人才最好的办法，莫过于给予他尽情施展的空间。

谁说华夏没有人物呢？关键是要发现他们，唤醒他们，给他们舞台。

陆家羲能出成就，是因为早年就读到数学家孙泽瀛先生写的《数学方法趣引》，大师轻轻一声就唤醒了陆家羲心中的“神龙”，陆家羲选择了组合数学作为人生舞台，即使贫困潦倒、空间逼仄，陆家羲仍毅然以燃烧生命为代价，头也不回登上了数学之巅。

对于大师而言，他们的舞台莫过于一个个等待征服的高峰。高峰本身就是召唤，足以唤醒他们心中的“神龙”，成就一番快意人生。大方之家可以列出待解的巅峰课题，为后来者指明方向，供潜在大师们去征服。陈景润、陆家羲、丘成桐还有俄罗斯数学家佩雷尔曼，都是因为解决了数学界的伟大猜想而功成名就。提出问题和解决问题一样重要，非深厚的功力决不可为，提出者一样名垂千古。对天才们来说，那些刺穿脑洞、震古烁今的猜想，何止是黑暗中的灯塔，何止是心灵的北斗，简直就是百爪挠心的“勾引”。

当然最重要的是建立完善的选人机制，这是根本的解决之道。自古以来，我们都在哀叹“千里马常有，而伯乐不常有”，好像怀才不遇，都怪伯乐没有出现。

封建社会时期，皇帝是最大的伯乐，他赏识谁用谁，谁就能成为千里马。刘邦当了皇帝，所以跟着他打天下的张良、萧何、韩信就成了“汉初三杰”；汉武帝刘彻继承皇位，宠幸了他姐姐家的歌女卫子夫，于是卫子夫的弟弟卫青和外甥霍去病、霍光被赏识而当上大司马，大败匈奴成为民族英雄。

帝国时代资源极其有限，权柄就意味着资源，意味着相马的大权，可以决定一匹匹名马是骈死槽枥之间，还是踏上万里征程，建立不朽功勋。相马的食物链顶端是皇帝，被相中的千里马再成为下一层千里马的伯乐，一层又一层依照权柄大小形成完整的食物链。帝国时代的封疆大吏是千千万万老百姓的父母官，权倾一方，碰上万里挑一、心系社稷的顶尖人物，可能凭一己之力就能固边安民，可敌百万雄兵，但如果选人机制变形走样，不是遴选贤能而是只认血亲、驸马、常侍、马夫或者门徒，又会出现什么情形呢?

应以制度确定选拔与评价标准，透明、公开、同步监督。隐秘必生烂疮，透明才能公平。成败对错，坦白给历史评说。人心中的“神龙”如果只靠自己睡醒，要等到猴年马月，可能千年只得一人；靠制度唤醒，人才就一代追一代，层出不穷。只要制度适宜，天下无须伯乐，千里马自会闯出一片天地。

封建帝国轮回千年，人才选拔最终无一例外都蜕变成血亲与近臣的小圈子游戏。阳光下大树参天，黑暗处蛆虫横生。帝国选人制度的优劣就决定了民族兴衰。帝国先后尝试过禅让制、世袭制、贡士、乡举里选、世官制、察举制、九品中正制、科举制，选人制度五花八门，本质上是世袭制，贵族世代传承权力和资源，底层人民被压得走投无路就揭竿而起，推翻原来的贵族自己当贵族，开始新一轮世袭。

科举制开通了一条布衣通向庙堂的阳光大道，成为千年来中央集权帝国最优的选人之策。自此普天之下各路英杰开始以统一的标准同台竞技，文官群体逐步登上历史舞台，文官、皇亲国戚与太监形成三股势力，冥冥中定夺王朝兴衰。

一千年过去了，又一千年过去了。

要选出真正的贤良，因为他们是辅佐君王的关键人物，掌握着权力和资源，有时甚至能以一抵万发挥巨大作用。我们是幸运的，如今中国天高海阔，有翅膀就尽情去飞翔，有歌喉就放声去歌唱，有千万条赛道可以去竞争。

中华民族历史长河中有杨振宁、钱学森等科学家，也有李白、杜甫等文豪，要通过各种途径把诸如此类的仁人志士选拔出来，让他们在中国这个大舞台上发光发热，施展才能。

第八章

制度：

野性的牢笼

我们的世界，是一处村落；

帝王的世界，是一片荒野。

制度框架立体而丰富，就像一张周密的网，决定着社会的方方面面。它看不见摸不着，却又无时不在，无处不在，决定着历史的脉络，主宰着千千万万的人生。

（一）战争与制度：热血为谁而流

伟人说：“要打多久，就打多久！一直打到完全胜利！”山都被掀翻了，我们还在；子弹都打光了，我们还在；身体都烧焦了，我们还在。

第一次鸦片战争，从 1840 年 6 月打到 1842 年 8 月，清朝战败。第二次鸦片战争分为两个阶段，第一阶段从 1856 年战争爆发到 1858 年英法联军抵达天津附近海域为止，打了两年，清朝战败，签订《天津条约》；第二阶段从 1858 年英法发动大沽口战役到 1860 年签订《北京条约》为止，打了两年，清廷惨败，丧权辱国。

全面抗日战争，从 1937 年卢沟桥事变开始到 1945 年日本无条件投降，总共打了 8 年，我们惨胜。

抗美援朝，从 1950 年爆发到 1953 年美国第一次在没有胜利的停战协定上签字，打了 3 年，我们取得光荣胜利。

还是这 5 万万人，前前后后也就一百年，结局就如此不同，原因何在？

1. 鸦片战争：国不知有民，民不知有国

清朝对外战争真正打仗时间似乎总不超过两年。甲午海战是对清廷的致命一击，从头到尾持续时间不超过半年；八国联军侵华，中华民族蒙受奇耻大辱，不过打了 3 个月。与外国人打仗，清廷战斗力渣到底，一触即溃不说，连战斗意志都没有，输了立即磕头，签署卖国协议。清廷真的不会打仗吗？它镇压农民起义，那可是战斗力满满，生命力比小强还顽强。太平天国运动从 1851 年到 1864 年前后 14 年，曾国藩几次被清廷战将打得要跳江殉清，屡战屡败还咬牙坚持，最终带兵打败了太平军名垂清史，被封为一等毅勇侯。捻军起义从 1853 年至 1868 年，长达 15 年，清廷一天也没放松，1865 年清朝科尔沁亲王僧格林沁中伏军队被全歼，也没见清廷投降。

对内战斗力满满，对外动不动就磕头认输，为什么？说到底，对外战争打输了，不过是割地赔款，皇帝还是皇帝，太后还是太后，天下还是皇帝他家的；如果太平天国压不下去，天下就要易主了。以此观之，他们当然“攘外必先安内”，刀口对内。

皇帝自己当刀俎，拿臣民当鱼肉，臣民也看得清清楚楚。1900 年，慈禧听说列强准备敦促她“归政”，让光绪帝亲政，一时怒从胸中起，恶向胆边生，割地赔款可以，让她退位绝对不行，于是她下令向英、美、法、德、俄、奥匈、日、意、西、荷、比 11 国同时宣战。慈禧此时已经 65 岁，从阎王爷视角来看，她只剩 8 年阳寿，可她宁可死在宝座上，也不愿早一天交权，为此不惜赌上国运与列强宣战。首先站出来抵制的是邮政大臣盛宣怀，他下令将宣战诏书扣押，只给各地督抚观看，不得在国内大肆宣扬。晚清重臣李鸿章则回复朝廷，声称宣战书乃是朝廷在义和团胁持下发

布的“矫诏、乱命”，根本不合法，“此乱命也，粤不奉诏”，更是痛陈“若不量力而轻于一试，恐数千年文物之邦，从此已矣”！李鸿章带了头，两广、湖广、两江、闽浙、安徽、山东、广东等地总督、巡抚纷纷响应，张之洞联络列强，盛宣怀牵线策划，于1900年6月26日与各国驻沪领事商定“保护东南章程九款”，规定上海租界归各国共同保护，长江及苏杭内地则归各省督抚保护，约定“无论北方情形如何，请列国勿进兵长江流域与各省内地；各国人民生命财产，凡在辖区之内者，决依条约保护”（见《愚斋存稿》），同时东南诸省拟定应急方案，一旦北京沦陷、帝后遭遇不幸，将共同推举李鸿章出任总统主持大局，帮助国家尽快恢复和平，史称“东南互保”。

君不爱民，民自然也不客气。第一次鸦片战争，英国舰队突破虎门要塞，沿珠江北上，两岸聚集了数以万计的百姓。他们以冷漠的、事不关己的神情，观看朝廷与外夷的战事，就像观看一场焰火表演。每当悬挂青黄龙旗的官船被击沉，清军纷纷跳水，两岸百姓就像看到马戏精彩处齐声欢呼。英军统帅巴夏里疑惑不解，问买办何以至此。买办曰：国不知有民，民亦不知有国。

八国联军攻打北京，老百姓箪食壶浆以迎夷师。城墙太高不好打，老百姓争先给八国联军带路，从广渠门排污沟进入北京城；八国联军登云梯爬城墙，老百姓竞相帮忙扶稳梯子；八国联军攻入城内爬上岸，城内老百姓齐刷刷地站在岸边围观。

龚自珍当年大呼：“亡国灭种的大祸就要临头了！”其标志就是“官无廉官，吏无能吏，兵无勇士，军无良将，民无良民，甚至盗无侠盗”。梁启超曾说：“长期残忍地压制人民，使人民变成奴才，让人民的脊梁已经弯曲，而在面临外敌入侵、大乱当头之际，又指望人民在自己面前仍弯着腰当奴才，而在外敌面前直起腰来反抗，这不是白日做梦是什么？”

国是皇帝家的，皇帝只关心宝座，不在乎百姓死活。兴，百姓苦；亡，百姓苦。既然如此，老百姓才不关心什么天下兴亡，甚至心底还希望早点亡国，换个皇帝，兴许还能多几亩地，兴许就没那么多苛捐杂税去修什么圆明园、颐和园、清漪园、静明园、静宜园、畅春园……

制度之殇，毁莫大焉。

2. 抗日战争：枪口下的统一战线

侵华是日本包藏已久的祸心。待侵华成为日本官方意志后，日本先侵我属国琉球（冲绳岛），再占朝鲜，挑起甲午战争，强割台湾及附属岛屿、辽东半岛、澎湖列岛。民国年间，中华虽是一国，实则军阀割据，只管保存自身实力，哪里管日本侵华还是不侵华呢？直皖战争、直奉战争、浙奉战争、中原大战……战斗力爆棚，战斗意志无比顽强，打得昏天暗地，饿殍遍野。到 1931 年日本挑起“九一八”事变占我东北三省，勇猛的军阀们在干什么呢？20 万东北军军械入库，“挺着死”“打不还手，骂不还口”，不放一枪一弹，拱手让出东北，而他们面对的是区区不到两万的日本关东军！要是拿出打内战的血性，灭了这两万关东军，日本还敢觊觎我大中华吗？

遥想千年之前三国争雄，豪杰为争天下长年混战，打得山河飘摇民不聊生，但好歹还以匡扶天下、一统中原为己任，好歹守土有责，对周边侵犯是伸头就打，毫不手软。千年之后，江河日下，斗筲逞强，瓦釜雷鸣，国将不国，子孙们有何面目复见炎黄二老？

地方军如此，中央军呢？1931 年 7 月蒋介石调集 30 万部队，以 10 倍于红军的兵力对中央苏区发动第三次“围剿”。“九一八”事变发生时，中央军打工农红军正酣，哪里管东北沦丧呢？东北军保存实力放弃东北，中央军一样没冲上去守卫国土。日本占领黑龙江，进犯锦州，此时南京国民政府竟然向国联提出“锦州中立”。二战期间，瑞士是中立国，“中立”是小国在暴风骤雨中力图自保的策略；想不到的是，日寇犯我中华，堂堂国民政府居然提出“中立”！日寇杀我百姓，我却宣布中立？日寇略我土地，我却宣布中立？日月无光，江河落泪啊！

日寇占我东北，国民政府不出一兵一卒，是无兵可派吗？非也。1932年，蒋介石集结40万兵力，对工农红军发动第四次“围剿”；1933年，蒋介石更是集结50万精兵，“围剿”中央苏区。有这份力气，要是去打日本人，该多好。

为什么国民政府不去抗击日本侵略，反倒去打工农红军呢？与慈禧没两样，“攘外必先安内”，他们想的是自己能不能坐稳江山，哪管国土沦丧、生灵涂炭？“国民”政府，其实不是“国民”的政府。

全面抗日战争是从宛平城开始的，宛平城属北京丰台区，距离天安门仅20公里。日本一把尖刀刺到我们心脏了，我们才开始全面抗日，这是中华民族的耻辱。日寇占东北，没有全面抗日；华北告急，也没有全面抗日。如果没有西安事变，估计再来八次十次卢沟桥事变，也不会全面抗日。西安事变是个标志，从此以后不论军阀也好，党派也好，放下纷争一致抗日。虽然可能还有些私心杂念，虽然不是那么铁板一块，虽然只是枪口逼出来的统一战线，但总体上终于一致对外了。

枪口一转，效果就截然不同。全面抗日战争我们坚持了8年，从“九一八”事变算起则是14年，战斗意志比起清朝抗击外辱一触即溃已是天壤之别。这期间我们经历了惨绝人寰的南京大屠杀，抗日根据地被日本侵略者实行“烧光、杀光、抢光”政策，我们军民死伤3500多万人，按1937年的币值折算，我们直接经济损失1000多亿美元，间接经济损失5000多亿美元。但我们没有投降，我们绝黄河，烧长沙，我们冒死挺进敌人后方腹地打游击，从正面战场到敌后根据地，我们前仆后继，血战到底。虽然还有中央军与地方军的小算盘，虽然还有国共主义之争，虽然还有工农与地主资本家的阶级矛盾，但这都不是事儿，小利放两旁，大义摆中间，停止内战一致对外。制度略微一变，我们就不再是待宰羔羊。

制度之功，可见一斑。

3. 抗美援朝：打到完全胜利

等到抗美援朝，我们所展现的民族精神、钢铁意志，已经让整个世界肃然起敬。伟人说："要打多久，就打多久！一直打到完全胜利！"山都被掀翻了，我们还在；子弹都打光了，我们还在；身体都烧焦了，我们还在。他们说，"一不怕苦，二不怕死"，可谁不是爹妈生的、肉长的，谁不是只有一条命呢？

短短数十年，是何种神奇，让一触即溃的我们，筑成了钢铁长城？是何种神奇，让我们宁可冻死在冰天雪地成为冰雕，也要守住阵地，决不后退一步？是何种神奇，让我们迎着枪林弹雨，用血肉之躯堵住敌人的枪眼？是何种神奇，让我们超越人类极限，宁可被活活烧死，也一动不动等待冲锋的号角？是何种神奇，让笑观亡国的麻木看客，成为不畏生死的勇士？是何种神奇，让羸弱不堪的"东亚病夫"，成为战无不胜的东方巨人？是何种神奇，让任人宰割的一盘散沙，凝聚为勇往直前的铁板一块？是何种神奇，让在东方一个海岸上架起几尊大炮就可以霸占一个国家的时代一去不复返？

制度，还是制度。

老百姓打土豪分田地，翻身得解放，几千年来第一次成为国家的主人。终于我们不再为皇帝老儿而战，不再为军阀地盘而战，不再为一将成名而万骨枯，终于迎来这一天，我们为了保护妻儿而战，为了自己的家园而战，为了国家民族而战。就是打到地老天荒，打到一兵一卒，打到天地万物化为乌有，我们还立在这里，守卫我们的土地。

人决定了制度，制度又决定了人。制度既能让千年文明古国濒临亡国灭种的边缘，也能化腐朽为神奇，让中华民族千年的躯体焕发勃勃生机。

（二）食堂的故事：初心安在

为人做事，往人性本善走去；

法则天下，从人性本恶出发。

我想讲一讲两个食堂的故事。

我之前的一家公司，单位有食堂，每到中午食堂人声鼎沸，等待打饭的队伍一直排到电梯口。好不容易打好饭，又找不到座位，只好端着饭盘瞅着谁快要吃完了，守在旁边，自己挺尴尬，“被守候”的人也是如坐针毡，赶紧草草吃一口走人。为什么食堂如此之拥挤？我感到很奇怪，就仔细观察一番。原来食堂打饭是标准的“串联”模式，领餐具、打菜、舀饭、盛面一条龙，要是哪个环节堵了，或者谁手脚慢了，整个队伍就得停下来等着。打菜还算快，因为师傅们已经事先把菜盛到碗里，我们直接取走就好，但面条是个大难题，两根长筷子夹面条还真需要水平，费时费力，于是一长条队伍就只能候着。

有一次我向食堂师傅们建议，能不能把汤桶和面桶从墙边移到中间一点，这样两边都可以打餐，既提升效率，又减少排队；或者更进一步，效仿打菜，师傅们打好面条、盛好汤，大家直接取用，效率就更高了。我的提议很快遭到师傅们一致反对：“这样不行！”语气肯定到不需要给出理由。

这家单位的食堂不是一般意义上我们想象的服务机构，反而让我们觉得食堂是他们的地盘，他们是规则的制定者。比如，他们会安排专人盯着大家拿牛奶或水果。他们规定每人只能取一份，要是谁多拿了，他们会提醒，甚至上去一把夺走。他们会安排专人看着大家放回餐盘，规定每人都必须将残汤剩汁分类倒进大桶，谁要是手抖不小心把菜碗掉进大桶，他们就会呵斥提醒，要求马上从深深的油污大桶中取出碗来。因此，放餐盘是我们进餐尾声的一大难事，搞不好就弄一身污渍，大家都很小心，费时费力，因此每天放餐盘高峰期都要排出几十人的队伍，浩浩荡荡，好不壮观。

后来我到一家新单位上班，这里楼更高、人更多，食堂面积虽然没有变大，却丝毫没有上一家食堂的问题。大楼人多，于是安排各家单位错峰就餐；餐车两边都可取餐，效率提升一倍；提供专门的餐盘车，一层一层的，大家吃完饭把餐盘直接放进去就好，放餐盘从来不排队。上一家食堂的老大难问题，轻松得到解决。

食堂就餐，是最简单不过的事情，两种制度安排结果截然不同。在社会中不同的制度安排，影响更是深远。建章立制，从自己部门利益或团体利益出发，还是从社会整体利益出发？办事流程，是为了方便制度制定者，还是为了方便办事者？法律规章，是为了便于管理，还是为了提升社会公平正义和效率？立法立制，是由管理者主导，还是由相对独立的第三方主导，还是管理者与被管理者共同参与？

2020 年 5 月 11 日，《关于新时代加快完善社会主义市场经济体制的意见》发布，几乎所能想到的促进体制完善、经济发展的举措，都见乎其中。大家只盼着落地生效，诸多举措早一步惠及我等平民百姓，幸甚至哉。

（三）制度之要义：野性的牢笼

制度是心灵的阳光，吸引人性向阳而生；

制度是心灵的栅栏，抵挡人性恶的蔓延。

1. 制度的天平：武力与公平

有人就有江湖，有江湖就有规矩。

甚至连丛林都是如此，狮群也有井然的秩序。在狮群王国，狮王是绝对的统治者，独享交配权，还优先享用狮群捕到的猎物。但至高无上如狮王，也受到诸多约束。比如，狮王可以优先进餐，但它不能吃饱了还强占食物不撒手，预留给明天或者老退后再享用，更不能积累无穷无尽的食物预留给子孙后代。狮王不能搞世袭制，不能把宝座千秋万代地传给儿子、孙子。坐上狮王宝座的规则公平清晰，强者为王，谁能打败现在的狮王，谁就能登上宝座，统治整个狮群。有权利就有义务，狮王要守护狮群赖以生存的土地，还要以生命保护狮群，一旦有一天狮王老迈战败，它就会立即失去统治权，永远只有最强的雄狮才能统治狮群。母狮们是被统治者，它们要互相配合辛勤捕猎，贡献给狮群一起享用，还要承担起狮群繁衍的重任。作为回报，母狮获得狮群的庇佑，享用狮群共同猎取的食物，养育自己和子女。

在狮群的丛林法则中，武力是主导，但也兼顾了公平。

制度是武力与公平的天平。制度服务于不同群体。制度是人类文明的果实，也是人类文明的产房。在奴隶社会和封建社会中，武力就是制度，拳头建立规则，在至高无上的君权之下，衍生出君君臣臣父父子子和修身齐家治国平天下的礼教秩序与儒家文化。随着文艺复兴、启蒙运动和工业革命的兴起，人类逐渐觉醒，平等、民主逐步立足，科学大踏步前进，制度的天平开始向公平倾斜。

在追求美好生活的人性驱使下，竞争弥漫人类社会的每一个角落，从黎民百姓的几两碎银到生杀予夺的君权，莫不如此。

最黑暗的竞争，是君权的争夺。下作到无底线，凶残到屠至亲。一旦得手，就蓄养天下兵马，编造冠冕堂皇的礼法道德，文治武功并用，确保君权代代相传。君权之下的制度，以保护君权为核心，维持等级秩序，是赤裸裸的武力胁迫，至于是不是人尽其能，是不是公正平等，是不是促进社会进步，根本不在考虑之列。

君权之下是等级秩序的金字塔，任何人一出娘胎就打上等级的标签，才华与努力无所谓，会投胎最重要。哪怕平庸无能如司马衷，只要投对胎，也能立于万人之上，不管他的胡言乱语多么荒诞，都是昭告天下的圣旨，行于大国的王法；哪怕对江山社稷了无兴趣如李煜，也不得不继承大统，天生一个“千古词帝”，却不得不做个不谙国事的亡国之君，正是“作个才子真绝代，可怜薄命作君王”。

上面的下不来，下面的更上不去。哪怕英勇善战如霍去病，要不是他妈妈的妹妹被皇帝宠幸，也没有机会驰骋疆场；哪怕才华横溢如司马相如，没有皇帝“狗监”乡党的举荐，也没有机会进居庙堂；哪怕英明神武如李世民，不屠杀亲哥哥、亲弟弟，不颈项架刀逼迫老父亲，也不能成就贞观之治；哪怕经天纬地如曾国藩，也不能总统全国，撑破天也只能缩头缩尾做个清朝的高等家奴。

有雄才大略如刘邦、朱元璋，如果不是起义造反，提着脑袋闹革命，也不能开创一个强盛的王朝；如果不是“狡兔死，走狗烹”，屠尽一干治国能人，也不一定能守得住万里江山。那一群群被屠的旷世能人，哪一个不是振兴华夏的“角儿”。他们是炎黄的能子能孙，却成了君权的心腹大患；他们是生于神州的巍巍高山，原本可以增加神州的高度，衬托神州的威仪，却成为君权的肉中刺、眼中钉，最终逃脱不了被屠戮的命运。五千年的华夏大地，绝不是没有高山。封建君权之下，等级金字塔巍然高耸，君臣互搏，人人自危，你惦记我，我防着你，谁都不得安生。功力尽皆耗散，只有螺旋，何谈上升？

君权社会最大的特征是垄断，垄断权力，垄断财富，垄断制度，甚至垄断思想，垄断道德。森严的垄断之下，才华不管多么惊艳，如果无用于帝王统治，就等同于粪土；思想不管多么高远深刻，如果不合于礼教秩序，也会被扼杀于摇篮；制度不管多么顺应时代的前进方向，一旦可能威胁君权，就会被斩根于襁褓。

封建奴隶社会是一场无法自拔的死亡螺旋，其五千年几乎原地踏步的根源就在于天地之间无处不在的垄断。

最正大光明的竞争，赤条条生，赤条条死。光明社会里，制度最大的特征是公正平等，保障自由竞争；自由竞争权力，自由竞争财富，自由竞争思想，自由竞争文化，自由竞争由制度框定的一切，甚至包括规则本身。每个人都出发于同一条起跑线，凭借自身智力、劳力，创造财富，获取功名利禄；既不凭借先辈的武力、权力、财力攫取资源和地位，也不将地位与权力传给血脉子孙。

竞争出猛虎，垄断养懒猫。参与竞争的人越是万门千派，竞争标的范围越是无所不包，竞争规则越是透明公正，天地万物就越能各得其所，社会运行效率就越高。权，天下人所欲也；利，天下人所欲也；名，亦天下人所欲也。天下人公平竞争，胜者取之。正大光明的竞争之下，胜出的都是最好的，只有最优、最强，才能崭露头角。权力，流向最合民心之人；资本，流向最善经营之人；财富，流向最有贡献之人。人之将死，一切归零，斩断公权力的世袭，削弱财富的代际传承；下一代在同一起跑线，继承思想、智慧、手艺，甩掉包袱、名望、地位，白手起家，来一场公正平等、你追我赶的竞逐。

关上暗门，封锁左道，正大光明，最优者赢，最强者胜，长江后浪推前浪，社会能不滚滚前行吗？改革开放后，我国经济一日千里，亿万人脱贫致富，创下人类发展奇迹。

科斯定理说，天下资源，谁用得好归谁，前提是交易费用为零。也就是说，只有在正大光明的自由竞争下，科斯定理才完全适用。古今中外，完全正大光明的自由竞争尚未走出娘胎，可能永远也不会诞生。历史上权力与财富往往沿着血脉、姻亲、亲疏、远近的大江大河恣意奔腾，在人类鱼死网破的浴血死拼后，就隐入七弯八拐的暗沟。如果没有制度不偏不倚的护航，在汹涌的欲望冲刷下暗沟将很快重新汇成江河湖海，“屠龙者终成恶龙”。

纸上只言片语的前提假设，抹杀了人间多少铁马，多少芳华？

黄炎培纵览上下五千年，不禁感慨一人、一家、一国往往难逃治乱兴衰、螺旋下坠的铁律。他考察革命圣地延安后，向毛泽东主席坦率提出“历史周期率”之问，伟人早有答案：“我们共产党已经找到了新路，能够跳出这个历史周期率。这条新路，就是民主。只有让人民来监督政府，政府才不敢松懈；只有人人起来负责，才不会人亡政息。”正是如此，中国才迎来正大光明，才迎来不拘一格降人才、万马奔腾的时代。

竞争中，有胜出者就有落败者。胜出者惯于利用既得优势固化其地位，落败者可能日益被压制，甚至沦落到底层。虎也落平阳，龙也游浅水，底层并非无能之辈，他们中藏龙卧虎，姜子牙、刘邦、岳飞、朱元璋、李自成、拿破仑、林肯、洪秀全、孙中山，个个都是震古烁今的人物。自由竞争之下，两极分化必然越来越严重，当底层越来越多，就合流成滔滔江河。是坐等革命风暴的洗礼，还是化干戈为玉帛？

夺人财富，如杀人父母。胜出者不可能主动持久接济底层，关键还要靠制度。20 世纪 30 年代美国严重两极分化，深陷大萧条，欧美国内矛盾势如水火，于是纳粹主义风靡德意，军国主义在日本燎原，继而点燃第二次世界大战，惨烈厮杀过后，伤亡 2 亿人，损失 4 万亿美元。人类终于明白，同处一个屋檐下，我酒池肉林，你忍饥挨饿，不可能不血雨腥风。于是欧美纷纷完善福利保障机制，胜出者舞照跳，马照跑，上不封顶；底层也不至于饥寒交迫，能吃饱穿暖，下有托底。

一切的动因，绝不是菩萨心肠，而是千年血火浇筑的铁律。

上层，敞开竞争大门，能者居之；下层，提供基本保障，弱有所养。

1953 年，我国土地改革基本完成，存续千年的封建土地制度寿终正寝，农民无偿分得土地。2022 年，我国已建成世界上规模最大的社会保障体系。

武力或者公平，制度的天平折射了文明的进化。

2. 制度的准则：野性的牢笼

制度的目标是什么？在理想情况下，制度之于经济的总体目标，在于实现社会总体产出最大化，同时保障相对公平。社会总体产出最大化，就要最大限度地利用自然资源、科技、资本和劳力，进行最高效组织，产出最多物质财富并合理分配以满足人类需求。相对公平，则要保证机会平等，多劳多得，少劳少得，贡献大者多得，同时鳏寡孤独废疾者可以有尊严地得到赡养。

怎样的制度才能达到上述目标呢？

动员能力：抗住历史的重锤

制度要有强大的动员组织能力。一个社会要有持久的生命力，就必须经得起强敌的铁蹄，扛得住大自然的重锤。

苏联被纳粹德国闪击一闷棍，瞬间损失几百万精锐。但苏联在近 300

万平方公里的国土和7500万人口落入敌手后，还能在数月时间内组织起强大的防线，年产数万辆坦克、数万架飞机，最终反败为胜，靠的就是强大的动员组织能力。

反之，法国刚在数十年前的一战中击败德国，总体国力与纳粹德国相当，但面对纳粹德国的钢铁洪流却毫无办法，无力组织反击力量，仅仅1个月就举手投降。

1840年，清朝仍然是全球最大的经济体，从可动员的人力、物力来看，在全球也位于前列。林则徐在广东积极备战，力求让英国舰队占不到便宜，但北方疏于防备，终究抵挡不住英国的铁舰大炮。历经两次鸦片战争后，清朝重臣发起洋务运动，此时还不算太晚，10年后德国才统一，7年后日本才开始明治维新，中国如果能有效动员4万万华夏儿女，用好1300万平方公里的国土资源，还能更早些崛起为东方巨龙。可惜帝国制度已经病入膏肓，黄钟毁弃，大厦将倾，修修补补已经毫无用处，只能一步步走向灭亡。

反之，当汶川地震突如其来，转眼之间近7万人遇难、37万人受伤，面对新中国成立以来破坏性最强、波及范围最广、损失最惨重、救援难度最大的地震灾难，我们在极短时间内构建起军民一体的救援力量，从国内外各界募捐760亿元，两年基本完成重建任务，这也是强大的动员组织能力的体现。

一个社会，一个民族，一种制度，历经千年风雨，必须扛得住重击，不管是来自野蛮民族的入侵，还是大自然的考验，扛不住的，都化成了历史的尘埃。

接地气：吸纳民间智慧

制度还需接地气，与时俱进，确保长久生命力。

制度要永不停歇地自我演化和完善，不断适应科技、环境、思想的变化。任何制度都不是十全十美的，即使当时完美，也会随着时代进步而逐渐落后。制度要接地气，具备十足的开放性，根植于民众，来源于民众，普惠于民众，随时纳入社会的最新发展成果。制度应当为每一类人留下一道门，倾听他们的声音，响应他们的诉求。众人之事众人议，众人之议众人循，采纳众人的智慧，调和众人的利益。

商鞅变法，废井田、兴农桑、奖军功、统一度量衡、建立县制，就是顺应了当时的社会发展需求。商鞅变法改变利益格局，动了既得利益者的奶酪，被反扑、被车裂，商鞅死了但变法还在，哪怕肉体被消灭了，变法还在顽强生长，这就是制度的生命力。

几千年来我们一直是农耕经济，男耕女织，耕读传家，自给自足，哺育出“仁义礼智信”的儒家文化，形成郡县制的中央集权帝国，并独创高效的天下人才选拔机制“科举”制度。这些无疑具有顽强的生命力，是全球最适应农业文明的制度，所以我们才能占据如此广阔的地域，哺育如此众多的人口，创造如此璀璨的文明。但工业革命后，古老的制度已经无法适应工业文明，哪里敌得过坚船利炮，转眼间被冲击得七零八落。再好的制度，不能与时俱进就会失去生命力，就要被扫进历史的垃圾堆。

小岗村那张包产到户的“生死状”是我国改革的星星之火，我们每个人都受益于小岗村那批敢为人先的勇士。“家庭联产承包责任制”是我们“众人之事众人议”、吸纳众人智慧、合理分配国家利益与个人利益的绝佳范例。想起我读高中的那天早上，我们像往常一样，大清早就被学校的大喇叭叫醒，全校同学列队在小县城的街道上晨跑。突然街道上的广播传来哀乐声，特别悲怆，后来知道邓小平同志逝世了。在观看追悼会直播时，我们的班主任董广芬躲到教室最后一排，哗哗流眼泪。

那时候我们并不太懂，只知道邓小平同志逝世了，哪里会知道，邓小平同志指导我们党做出改革开放的历史性决策，改变了亿万人的命运，改善了亿万人的生活。为什么我们已经改革开放 40 多年，还要继续改革开放？就是要不断去除阻碍经济社会发展的桎梏，永远解放思想、实事求是，永远以实践作为检验真理的唯一标准。敢于承认自身制度上的不足，敢于不断改革，这是我们的勇气，也是我们的态度。改革，是革自己的命，对自己动手术；开放，就是敞开心扉，接纳一切优秀的技术、思想。我们的体制当然并非完美无缺，但只要我们持续改革优化，持续开放学习，还有什么能够阻挡我们的复兴与荣光呢？中国，就该有这样的高瞻远瞩，有这样的虚怀若谷。

顺乎人性：激荡人性的美好

制度要释放人性的力量。

任何力量都阻挡不了人类追求美好生活的渴望，这就是人性。谁能最彻底地释放人性的力量，谁就能站在历史的潮头。老百姓还没吃饱饭，就跑步进入公社，做公家的事，吃公家的饭，干好干坏一个样，免不了有人磨洋工，出工不出力，这是人性。承包到户，大伙儿都拼命干活，把庄稼当孩子养，当年就增产增收，这也是人性。合乎人性则事半功倍，反之则寸步难行。

制度要激励人的雄心，奖励创新。秦国打仗所向披靡，是因为商鞅变法奖励军功；美国创新能力特别突出，总是站在新兴产业的潮头，是因为美国保护创新，保护知识产权，让创新者收获丰厚。封建制度下经济难以增长，是因为普天之下莫非王土，率土之滨莫非王臣；相对封建制度，资本主义制度能释放生产力，刺激财富增长，是因为它保护私有产权，鼓励创新。制度激励什么，社会就兴起什么。

每个人心中都睡着一条“神龙”，这条“神龙”要靠制度唤醒。只有这样，才能让人才辈出的制度土壤更加肥沃。

制度应该保护那些敢于尝试的人，为他们留下闯荡的空间。以人类现有的智慧，根本无法预测未来在何处，也远远没有摸透宇宙的奥秘。未来是那些敢闯的人摸索出来的，他们点燃生命的火炬，照亮未来的道路。他们中只有极少数人能成功找到通向未来的路，绝大多数燃烧一生，可能只是告诉人类此路不通。他们往往既专且精，离开了探索的方向，他们别无所长，别无所虑，别无所活。他们朝未来纵情一跳，这一跳就是一生，前面可能是通向未来之路，也可能是万丈悬崖。他们为人类跳得如此义无反顾，我们应该为他们准备一把降落伞。

制度应该保障正确的尝试迅速被识别，并为之高效聚集足够的资源。这种尝试可能是机制体制的创新，也可能是科技的突破。就像小岗村的勇敢尝试一旦被实践验真，很快就能推广至全国；就像深圳改革试验成功，春风就能吹拂大地；就像施一公可以汇聚足够资金，创办西湖大学；就像颜宁回国创立深圳医学科学院；就像雷军可以募集足够资金为国产智能手机杀出一条血路；就像蔚来、小鹏、理想、小米可以扬帆，开辟新能源汽车的大航海时代。

野性的牢笼：从性本恶出发

制度要约束过度膨胀的欲望，既要激荡人性中的“真善美”，也要缚住人性中的“假恶丑”。不倚仗圣人的制度，才是好制度。

为人做事，往人性本善走去；法则天下，从人性本恶出发。有建章立制之人，也有遵照制度行事之人；有被制度约束之人，也有执掌权力宝剑之人。手执宝剑，有的人一饭三吐哺天下归心，有的人作威作福欲壑难填，世间有包青天，也有和珅。

有制度，就有权力，大公无私者有之，寻租借道者有之，趋炎附势者有之。掌握权柄者也是人，是人就有七情六欲，要想欲望不过度膨胀则需要强大的定力。人从猴子进化而来，自然就带有兽类本能，有丛林的遗存。文明的标志是拥有权力者不得不谦卑行事，一个拥有权力者趾高气扬的世界其实就是野性的丛林。制度是人类野性的牢笼，但不能“牛栏关猫”，要把笼子越做越密，越做越牢。

人的内心信仰是人之初性本善，制度大厦却要基于人不为己天诛地灭。浪漫的柏拉图至死仍然试图用人性约束人性，洞悉一切的马基雅维利背负着后世骂名，却为英王查尔斯五世、资产阶级革命领袖克伦威尔、法王亨利三世及四世、普鲁士国王弗里德里希、席卷欧洲的一代枭雄拿破仑送上床头心坎书《君主论》。举世之唾骂，君王之挚爱。

我们的世界，是一处村落；帝王的世界，是一片荒野。卑鄙是卑鄙者的通行证，高尚是高尚者的墓志铭。让卑鄙不再畅通无阻，让高尚不再穷途末路，唯有制度。

制度是心灵的阳光，吸引人性向阳而生；

制度是心灵的栅栏，抵挡人性恶的蔓延。

第九章

金融：

大国崛起的垫脚石

失败边缘疯狂试探者，赢；

知雄守雌海纳百川者，强。

（一）金融之重：大笔一挥江山定

当人类创新的智慧开始闪耀，瞬间就黯淡了一切霸术权谋。

五千年来，主宰帝国社会资源分配的是权力与武力。农耕社会，经济资源是土地和人力。臣民立下不朽军功，皇帝大笔一挥，封其万户侯，赏其良田万顷。得到这些经济资源绝非轻而易举，而是一生戎马拿命换来的。除此之外，帝国的臣民从一无所有到掌控如此规模的经济资源，只有一种途径——起义，统治者称之为“造反”。哪里有压迫，哪里就有反抗。被敲骨吸髓无处求生的人们横下一条心，举起“替天行道”的大旗，走上九死一生的抗争之路。千千万万个他们豁出命去，其实所求的只不过是一亩三分地，填饱肚皮而已。当然也有例外，父亲、大哥、侄子和母亲接连饿死，自己被迫当和尚、要饭，然后连和尚也当不下去了，只能提着脑袋闹革命，一不小心打出个强大的王朝，他就是朱元璋。

帝国时代，最要紧的经济资源是土地。土地之争，事关生死，事关社稷。

在市场经济下，游戏规则变了。政府之外，有两股力量在主宰资源分配，一是商品，二是金融。商品经济的规则是优胜劣汰，要想商品在竞争中胜出，就必须最强、最优、最省，要研发最强的科技，开展最高效的管理，将成本削减到最低。寒彻骨的修炼之后，还要在一件件商品销售中积累利润，才能一毫一厘积累宝贵的资本，才能在业界称王。这样的生财之道，可以发家，可以利天下。

金融则不同。

看过2002年世界杯的人，想必对德国守门员卡恩记忆深刻，他简直像一头狮子守着大门，封死奥莱姆贝的单刀，顶住冈波斯的劲射，扑下一个又一个必进球，把一路蹒跚的德国送入决赛。他雄狮般的怒吼，让队友斗志昂扬，让对手肝胆俱裂。

金融之重，大约相当于卡恩之于足球队。通过市场经济这只“无形之手”，企业费了九牛二虎之力，借助相对价格体系，通过一轮又一轮残酷竞争，把技术、人才、资本、战略、管理、成本转化为竞争优势，到了融资扩大再生产进而乘胜追击这临门一脚的时刻，金融站出来，对企业评头论足一番，来一场“选美竞赛”。企业“美”与“不美”，全在金融一双“慧眼”。

不一定要出生入死立不世之功，也不一定要拥有天下第一的独门绝技，只要金融首肯，大笔一挥，风平浪静之间，就划拨了海量资源，兴亡了天下社稷，左右了千万人生。

神秘商人叶简明的华信集团仅仅用12年就步入全球500强，令人瞠目结舌的扩张背后，当然少不了金融资本的“输血”。仅国家开发银行就向华信集团贷款48亿美元。巨额贷款并非天降甘露，而是叶简明请甘肃省委书记王三运充当“掮客”，向时任国开行董事长胡怀邦行贿数千万元换来的。

赖小民因受贿、贪污、重婚罪被判处死刑，成为多年来因经济犯罪被判死刑的第一人，其家中藏匿3吨现金，敛财近18亿元。赖小民单次受贿的最高金额超过6亿元，而他曾经担任掌门人的华融资产在巅峰期总资产规模也没超过2万亿元。相对我国庞大的金融资产而言，这些只是九牛一毛。

他们不生产财富，只是财富的搬运工。一旦金融坍塌，他们能在不动声色之间，窃取万贯财富，富裕程度甚至超越古时候的王侯将相。

世界一眨眼，金融大笔一挥，就偷了个万户侯。

2021年，我国国内生产总值为114万亿元，金融总资产达382万亿元，是前者的3倍多。实体经济金融化程度越来越高，金融早已连通到实体经济的每一个角落，振兴产业、强国强军、探索太空，无不需要金融的支持。当金融腐败衰微，可以弱民，可以败军，甚至成为压垮大国的最后一根稻草；当金融英明作为，可以富民，可以兴业，甚至可以推动大国崛起。

甲午战争时，清朝经济实力、财政收入甚至整体战力并不弱于日本，却一战败北，把中华民族拖入痛苦的深渊。资源匮乏、人少地缺的日本可以集全国之力，奋力一战；腐朽的清廷可以搜刮民脂民膏为慈禧办一场穷奢极欲的寿宴，却无力动员大国的力量投入一场决定国运的殊死战争。综合国力是战争的基础，唯有高效迅速地动员人力、物力投诸战场才能形成战力，但清廷对此毫无办法。

300多年前（1689年），为争夺全球霸权和殖民地，英国与法国开启第二次“百年战争”。起初法国优势明显，因为它的人口近4倍于英国，国内生产总值（GDP）2倍于英国，军队更加强大，自然资源更为丰富，但持续近百年的血腥厮杀之后，却是英国笑到最后，背后的“功臣”是英国始于17世纪90年代的“金融革命”（金德尔伯格，2003；肯尼迪，

1989；聂庆平、蔡笑，2008；闵光，2012；姜海川，2006）。

积年累月的残酷战争消耗着英法的人力和财力，两国都已精疲力竭。法国财政崩溃，被迫强征暴敛甚至借高利贷，最后债务高企不得不违约，再也负担不起战争消耗。英国则凭借当时全球最发达的金融市场，通过英格兰银行、南海公司、东印度公司发行公债和股票，为战争筹集长期稳定的资金，军备订单极大地提升了对技术、武器、钢铁、棉布的需求，刺激了技术进步和工业发展，形成良性循环，最终赢了个“日不落帝国”。

天下财富一手握，大笔一挥江山定。

这就是金融。

（二）金融的力量：大国崛起的垫脚石

人身在一个权力的世界，人性却在一个自由的世界；

人身的世界被权力和规则统治，人性的世界由人类对美好生活的渴望主宰。

1. 荷兰：世界初见金融

万里长城雄壮巍峨，已成了中华民族的精神图腾，可长城的一砖一石却浸满了千年来先人们的血泪。历朝历代修长城都需要强征大量民夫，北魏太平真君七年（446 年），修筑首都平城（今大同）南面的长城（“畿上塞围”），即强征 10 万人；北齐天保六年（555 年），征丁 180 万，修筑从居庸关南口至大同 900 多里的长城；隋朝大业三年（607 年），征丁百余万筑长城，四年（608 年），又征丁 20 万筑长城，由于男丁征发殆尽，最后连寡妇也被强征去修筑长城了。

在现代金融出现以前，人类要干大事，多靠武力胁迫。人无不向往自由，没人愿意挨着鞭子还卖命干活，当然就会消极怠工，效率自然就低。

役工被逼到绝境，横竖都是一死，因此揭竿而起拼死一搏。秦朝的戍边队伍里，走出了陈胜、吴广；隋朝完成了贯通大运河的壮举，却也耗尽了王朝的气数；元朝黄河泛滥，征调17万劳工修筑河堤，却吹响了埋葬元朝暴政统治的号角。哪怕打着为苍天、为黎民的旗号，哪怕治水患、通运河功德弥天，违背人性的强征暴敛就是行不通。

是否存在更有效的办法，能动员人类心悦诚服办大事呢？

1581年，荷兰刚宣布独立，就面临西班牙的绞杀，200万人口拥挤在欧洲西北的弹丸之地。世界很难想象，蕞尔小国数十年后就成为了海上霸主。曾经横行一时的西班牙、葡萄牙舰队，被荷兰打得灰飞烟灭，此时英法还没有摸到航海时代的大门，俄罗斯尚处在暗无天日的农奴时代，大清帝国刚刚入主中原，不但无暇顾及海洋，反而启动海禁闭关政策。荷兰则一骑绝尘，海军军舰数量位居全球第一，超过英法两国总和，远洋商船1.5万艘，是其余国家总和的3倍，海洋贸易占全球总额的3/4，成为名副其实的军事第一强国、海洋贸易中心、远洋船舶制造中心。

到底是什么推动荷兰的神奇崛起呢？

要从事利润丰厚的航海贸易，面临太多障碍。建造远洋巨轮需要巨额资本，如何筹集？大洋风暴轻而易举就能吞噬一支船队，风险如何规避？与上述国家相比，荷兰面临的掣肘最多，自然禀赋最为有限，解决得却最好。

荷兰的独立是与资产阶级革命同时推进的，甚至在独立前，荷兰人已经在思想上摆脱了皇权的束缚，思想获得极大自由。如果说荷兰有什么优势，这可能就是它唯一的优势。历史证明，自由的灵魂是最大的优势，比百万雄师、万里江山更强大。

1602年，荷兰人运用智慧创造了一个前所未有的经济组织——股份有限公司，联合14家以东印度群岛为主要据点的贸易公司，成立“联合东印度公司”。各出资人依照出资金额占有股份并分享收益，更重要的是，以出资额为限承担有限责任，极大地缓解了远洋贸易的不确定性风险。

为了便于股东回笼资金，他们规定股票可以转让；为了规范和便捷股票的转让，他们成立了世界上第一家证券交易所——阿姆斯特丹证券交易所。400多年前的阿姆斯特丹证券交易所，已经活跃着超过千名的经纪人。这是世界上第一家证券交易市场，标志着现代资本市场的形成。开创股份制和资本市场，荷兰一把完成了两个石破天惊的创举。

荷兰人脑洞大开的创新还不止于此。随着远洋贸易的扩大，跨国支付成为巨大的难题。当时流通的货币是贵金属，荷兰各城市的铸币良莠不齐，各国货币成色更是千差万别，国际货币的支付和汇兑成本巨大。1609年，荷兰议会决定公办设立阿姆斯特丹银行，发行纸币，鼓励将金银币存入银行兑换纸币，并规定600荷兰盾以上的支付款必须经过银行以纸币的方式支付。阿姆斯特丹银行以政府为信用背书，成为货币发行银行，初步具备了中央银行的属性。随着荷兰国际贸易的崛起，凭借信用货币的安全性、支票和资金转账的便捷性，阿姆斯特丹银行迅速成为欧洲首要的国际清算银行。

17世纪中叶至18世纪初，通过现代银行、证券交易所、信托公司、期货交易、信用货币等一系列制度创新，荷兰金融体系达到史无前例的完善程度，资本从全球滚滚而来，阿姆斯特丹成为首个全球性金融中心、贵金属贸易中心。欧洲各国国债汇集于此进行交易，18世纪初，仅英国国债一项，荷兰每年就收入超过2500万荷兰盾，价值400万两白银。在17世纪、18世纪，荷兰国债成本全球最低，仅有4%，只有同期英国的一半。荷兰盾通行于欧洲，“阿姆斯特丹的10名或12名头等批发商聚会研究一项信贷业务，他们当场能够让2亿多荷兰盾的纸币在全欧流通，并且比现金更受欢迎”（方晓，2018）。发行的货币不仅可以武装本国军队，还可以召集雇佣军，凭借强势的国际金融中心地位，荷兰从容配置全球资源，极大地加速了自身崛起的进程。

金融将零零星星的财富，变成了目标坚定、高度协同的海量资本，以利益驱动千千万万的人力、物力共同实现伟大目标。利益驱动人性，汇成一股强大的力量。上至荷兰执政者，下至黎民百姓，都参与了东印度公司的募股，荷兰政府也将给予东印度公司的贸易垄断权和行政权折成股份入股，全民共筹650万荷兰盾（方晓，2018）。这是一次全民豪赌，也是一次举国盛宴，再也没有比金融更好的方式能让举国上下不分阶级、不分敌我、生死与共。

荷兰的举国豪赌赢得了巨大成功，它打败了曾经不可一世的西班牙、葡萄牙，东印度公司迅速扩张，在全球建立1.5万个据点，遍布五大洋七大洲，贸易额占全世界总贸易额的一半，万余艘商船游弋在世界五大洋，荷兰就此成为海上霸主。

荷兰崛起的背后，是金融的力量。金融是迄今为止人类聚集资源最为有效的方式。当人类创新的智慧开始闪耀，瞬间就黯淡了一切霸术权谋。国家再大，人口再多，自然资源再丰富，如果不能有效动员，就只能是一盘散沙，任人宰割。帝国时代习惯以武力胁迫人力、搜刮物力。强抢就行，何必去借？征敛就行，何必按股筹集？最仁慈的强征暴敛，也不过是送服一片“君权神授”的安慰剂。可得其身，却不得其力；可得其力，却不得其心。金融却唤醒了人性的力量，顺应了人类追求美好生活的渴望，藐视了权贵，也藐视了上帝。人人出力，人人受益，公平合理。

虽无兵甲，却可破敌；

虽无田亩，却可富国。

这就是金融的力量。

2. 法国：资本不服君权

荷兰的成功，英法看在眼里，它们惊叹于荷兰迷梦般的崛起，羡慕共和与金融的神奇。它们经过文艺复兴、启蒙运动，已摆脱神的束缚，渴望财富，觊觎大国地位。它们摩拳擦掌，梦想练就“吸星大法”，全盘吸纳荷兰的成功。

首先行动的是法国。1659 年，法国通过大幅削减开支、组建借贷银行等措施，提升了国家信誉，即使在 17 世纪 70 年代爆发法荷战争，外国资本仍然源源不断地流入法国。此时，法国正处于君主专制的中央集权王国的巅峰，称霸欧洲大陆，路易十四正醉心于绝对的君主权力，他励精图治，大权独揽，行政、军事、财政等诸多大权集于一身，这一套绝对君主制一直延续，直到法国大革命砍下国王路易十六的人头才算终结。国王习惯了生杀予夺、明抢明夺，可以任意征税、剥夺私产，当明火执仗如此轻而易举时，谁还会费功夫建立一套复杂的金融系统呢?

臣民言语顺从，手中的资本却是诚实的。1756 年，七年战争爆发，法国相比英国占有绝对优势，人口多出 2 倍，国内生产总值高出 1 倍，但国债利率却比英国高出 1 倍（唐山，2015），融资难度远远高于英国。当两国厮杀正酣，法国贵族嘴上高呼着万岁，私底下却偷偷购买英国国债，因为英国国债有议会信用保证，还款有制度保障。

路易十四算得上法国的一代明君，可即便如此，天下是他的，却也不是他的。帝王强权可以生杀予夺，可以号令天下，甚至可以一呼百应，却不能悦服人心。在帝王时代，即使是精英也难免沦为两类人，要么是能干的奴才，要么是沉默的脊梁；要么功成身退，要么兔死狗烹，难以独善其身。人身在一个权力的世界，人性却在一个自由的世界；人身的世界被权力和规则统治，人性的世界由人类对美好生活的渴望主宰。

卧榻之侧，岂容他人鼾睡？大树之下，寸草不生。帝王生来就号令四方，调遣天下兵马，稍有意见相左就会被视为对皇权的威胁，遑论意图分配天下资源的金融？

3. 英国：力挽大国之弓

绝地求生：债务救国

英国行动比法国晚，面临的问题也远比法国严重。在世人看来，英国债务泰山压顶，已经几乎到了崩溃的边缘。

250 年前，哲学家、经济学家休谟如此评价当时英国的状况：“数据可以证实，通往国家灭亡的道路是国债。然而，现在谈论这条道路是没有意义的，这条道路我们已经走完了……对我们来说，被普鲁士和奥地利征服是比负担 1.5 亿英镑债务更好的出路……两者必居其一：不是国家毁公共信贷，就是公共信贷毁了国家”。《大国的兴衰》作者保罗·肯尼迪则指出，“整个 18 世纪中，许多英国评论家都因为国债的规模及其可能发生的后果而发抖”。

为与荷兰争夺海上霸权，英国四次挑起对荷战争，17 世纪 50—70 年代，英国国债达到 225 万英镑，1672 年国王查理二世被迫宣布暂停还本付息；之后英法争霸，1715 年，英国债务达 5000 万英镑；接着是奥地利王位继承战，英国债务蹿升到 8000 万英镑；然后是七年战争，这时英国的债务已经突破 1.4 亿英镑。当时英国财政收入不过 5000 万英镑，人均负税是法国的 2 倍。为了阻止美国独立，英国国债升至 2.4 亿英镑；为打败拿破仑，英国国债飙升至 8 亿英镑（唐山，2015；闵光，2012）。

英国债务负担比法国、西班牙更重，甚至比背负层层战争赔款的清朝还要重。数百年间英国战火不断，比晚清战事还频繁数倍，可英国不仅没垮，在光荣革命（1688 年）到滑铁卢战役（1815 年）期间，国内生产总值反而增长了3倍。

法国启蒙思想家伏尔泰写道："子孙后代可能会惊奇地听说，一个岛屿，仅有的出产物是一点点铅、锡、漂白土和粗羊毛，但由于其商业发展得非常强大，1723年它能同时派遣三只舰队到世界上三个遥远的不同地方。"

英法都深陷战争，英国本土面积、人口、经济总量、资源禀赋都比不上法国，却获得第二次百年战争的最终胜利，站上世界之巅。英国何以如此高效地调动极为有限的人力和自然资源，在延绵百年的战火中，打造强大海军，取代荷兰，打败法国，抢占全球最广阔的殖民地，同时推进工业革命，让牛顿去发现万有引力，让亚当·斯密去写《国富论》，让瓦特去改进蒸汽机，让斯蒂芬森去修铁路呢？

英国的债务很沉重，可法国的帝王专制更沉重；帝王的力量很强大，可金融激发人性的力量更强大。

光荣革命：走出丛林

实际上，英国在工业革命爆发之前，已经爆发了两场革命，一是1688年的"光荣革命"，二是"金融革命"。

1688年，荷兰威廉三世接受英国议会七名议员（史称"不朽七人"）的秘密邀请，率军登陆英国，赶走岳父原英王詹姆斯二世，次年2月与妻子共同成为国王。同年10月，威廉三世签署《权利法案》，同意限制君主权力，一举推动英国跨入君主立宪时代。就这样，英国以不流血的方式完成了"光荣革命"。从此法律逐步代替君主权力，帝王再也不能说杀就杀、说抢就抢，英国终于走出丛林，进入共制规则的法治世界。

在帝王时代，权力主宰资源分配，权力就是一切，臣民只向上看、只为争宠，没人在乎社会进步，更鲜有人顾及底层黎民生死。帝王好大喜功，臣民就铁马山河建功名；帝王享受威仪，臣民就阿谀奉承当奴才。破除了绝对的皇权后，英国从大一统走向百家争鸣，帝王也好，权贵也好，资本也罢，谁也做不到一锤定音，从此要学会习惯反对的声音。破除了绝对的皇权后，英国社会容忍度提高，多样性自然就增加，于是兼收并蓄，各种代表时代前进或后退方向的思想在英国生根、发芽、实践，互相借鉴，最终适者生存，成功存活下来的都是最合理、最有生命力的，社会进化的脚步因此大大加快。即使是反对意见，也有了发声机会和落地实践的可能，民怨大大减少。因此，英国不流血就一举完成资产阶级革命，不像法国革命闹得轰轰烈烈，几经反复，血流成河。

在法治世界，规则面前人人平等，人类终于有可能在相对公平的情况下释放自己的才能，社会资源终于有可能挣脱权力的摆弄，流向高效用武之地。破除了绝对的皇权后，金融有了破土发芽的可能，而英国得到了一项更大的便利。威廉三世兼任荷兰执政者和英国国王，在金融领域见多识广，为英国学习荷兰的先进金融体系提供了极大帮助。

金融革命：大国之弓

为了筹集军费，威廉三世及其政府先后尝试了养老储金会、终身年金、彩票等制度，最后确定以新的国债制度获取长期借款，承诺准时偿付利息，绝不违约，议会保证还本（闵光，2012）。这就是现代政府担保国债的雏形。

1694 年，英国政府以 8% 的利率发行了 120 万英镑的国债，并成立英格兰银行发行纸币，向政府发放长期贷款。后来，英格兰银行获得货币垄断发行权（1844 年），并担负起在商业银行困难时提供资金支持即“最后贷款人”的责任，转变为“发行的银行、银行的银行、政府的银行”，成为世界上第一个真正意义上的中央银行（1872 年），使英国率先在全球建立现代银行体系。

接着，英国以发行股份的方式建立新的东印度公司（1698 年），成立南海公司（1712 年），并授予其拓展甚至统治殖民地、垄断海外贸易的特权，条件是向政府提供长期贷款。东印度公司臭名昭著，统治压榨印度，向我国贩卖鸦片，参与占领中国香港，是沾满鲜血的英国殖民工具。但从英国人角度来看，东印度公司则功勋卓著，“日不落帝国”庞大的殖民地，它几乎二分天下有其一，为英国抢得了海量财富。

旺盛的融资需求推动了资本市场的成熟。18 世纪初，英国的股票和国债交易规模已十分庞大。在此基础上，1773 年伦敦证券交易所在新乔纳森咖啡馆正式宣告成立，并于 1802 年获得英国政府的正式批准。国债、公司债和东印度公司、南海公司、矿山、运河股票交易十分活跃，到 18 世纪后半期伦敦资本市场已经超越阿姆斯特丹，一举成为全球金融中心。发达的资本市场极大地降低了英国政府的融资成本，1752—1832 年英国国债利率不及法国国债利率的一半（聂庆平、蔡笑，2008）。

英国终于完成了“金融革命”，从此金融替代皇权，利益驱动灵魂，让千千万万个家庭主妇心甘情愿地奉献出从牙缝里省出的钢镚，为战争、为产业、为工业革命源源不断地输送资本的燃料。英国诺贝尔经济学奖得主约翰 · 希克斯（John Hicks）详细考察了金融与工业革命的关系后认为，工业革命不是技术创新的结果，或至少不是其直接作用的结果，而是金融革命的结果；工业革命早期使用的多数技术创新在工业革命之前就已存在，然而技术革命既没有引发经济持续增长，也未导致工业革命，因为业已存在的技术发明停留在作坊阶段，由于缺乏长期大规模资本的土壤，不能走向诸如钢铁、纺织、铁路等大规模工业生产阶段，“工业革命不得不等候金融革命”（John Hicks，1969；姜海川，2006）。18 世纪上半叶，英国主教乔治 · 伯克莱认为，信贷是英国胜过法国的主要优势。保罗 · 肯尼迪在《大国的兴衰》中说，在 100 多年的英法争霸战争中，英国最终胜出，首先是因为法国没有适当的公共财政制度。英国当时的皮特政府在下院宣布，“这个民族的生机乃至独立是建立在国债的基础上”。

血战百年，英国虽然没出响彻云霄的大英雄，但千千万万普通人的智慧与勇气都融入“市场与金融”的完美组合，源源不断地调动着精锐智力和兵甲，谋略与粮草、牛顿与瓦特各就其位；法国则先出了有雄才大略的路易十四，然后是千古一人拿破仑，大开大合，突然暴起，又最终陡然落幕。双方以举国之力反复厮杀缠斗百年，英国本土人口和面积都处于明显劣势，最终市场与金融获胜，拿破仑败北。最英明的帝王只可逞强于一时，难以雄武一世；高效的金融体系却可以持续不断地调兵遣将，笑到最后。

大国要勇立时代潮头，就必须关注新技术、新产业，时刻以精锐力量攻而克之。调遣精锐最好的方式就是金融。金融可以吸纳千千万万人的智慧，驱动千千万万的人，最高效合理地调遣资源，即使最英明的帝王也望尘莫及。隋朝运河通而王朝殁，元治黄河而天下反，英国血战法国却可以通过发行国债的方式从法国筹集军饷。

一代又一代的大国踩着金融的垫脚石，登上超级王座。英国从荷兰复制了金融，又传给美国、加拿大、澳大利亚、南非、印度。美国是超级大国，加拿大、澳大利亚是发展水平高且发展速度快的顶级发达国家，南非是最接近“发达”的非洲国家，印度发展水平虽低，但很有大国气象，在医药、信息及火箭、核技术等关键领域有突破性进步，展现出强大的增长动能，在大国中创造出仅次于我们的增长奇迹（各国金融与经济增长的关系详见本章“国际经验：海纳百川者强”章节）。

箭本无力，强弓满弦射出的箭，才是力量。

金融就是大国之弓。

（三）金融的本质——资源配置和收益交换

金融纸醉金迷，经济就纸醉金迷；金融励精图治，经济就励精图治；金融剑指未来，经济就剑指未来。

金融的本质是什么？以前，我觉得是管理风险、定价风险。从微观层面来看，没错。随着十多年日日夜夜对金融和经济的浸染、体悟，我渐渐明白，金融的本质是资源配置和收益交换。

1. 资源配置的"有形之手"

上述两种看法是统一的。当市场有效时，银行评估企业和项目，如满足收益率标准，风险合理，收益与风险匹配，则银行向企业提供贷款。企业获取贷款后用于生产经营，制造商品或提供服务，具备竞争优势的企业获得高收益，除了偿还贷款本息，还可用利润扩大生产，扩大优势。市场竞争中处于劣势的企业，只能获得较低收益甚至亏损，勉强偿还贷款本息甚至违约，后续难以获取贷款，逐渐消亡。

全社会信贷行为集合起来，就形成了金融资本的配置，贷款流向效率高、市场竞争力强的企业，避开效率低、市场竞争力弱的企业，实现优胜劣汰，提升社会整体效率。

同样，在有效市场中资本市场可实现优胜劣汰，优化资源配置。在有效市场中，企业能否上市取决于市场，只有企业具备发展前景才有投行保荐，才有投资人认购股票。上市成功后资本市场对股票进行定价，具备市场竞争优势、前景光明的企业股票价格高，可以以较高价格增发股票，从而降低融资成本，获取资本扩大竞争优势。而市场竞争中处于劣势的企业，前景黯淡，只能以较低价格发行股票或者无法增发股票，最终逐步退出市场。

金融的本质是资源配置，如果说市场是资源配置的“无形之手”，金融体系则是直接划拨经济资源的“有形之手”。论有形之手，世人皆知政府，而实际上金融掌控的经济资源远远多于政府。2017 年，全国一般公共预算支出 20. 31 万亿元，扣除教育、医疗、社保、文体等公共领域人吃马喂的硬性支出，预算内固定资产投资才是政府可直接调用的经济资源，额度仅为 3. 87 万亿元，而金融贡献的社会融资规模增量为 26. 15 万亿元，社会融资规模存量则高达 174. 61 万亿元。

从资本供需双方角度来看，金融市场是收益的交换之所。银行存款人获得利息，银行赚取差价，借款人获得资金，从而转化为产业资本创造收益并支付利息，利息再由银行和存款人分别以差价及利息形式进行分配。资本市场上市公司发行股票，投资人购买股票，前景越好股价越高，企业获得资金并转化为产业资本，创造收益并支付股息，投资人获得股票增值收益和股息。

金融机构是现代经济独一无二的存在，既是市场经济的参与主体，也是市场主体的命脉所系；它既为市场输送资金，也从市场获取利润。它融通天下，也雁过拔毛。金融运行畅通，低成本高效率，精准识别现在与未来的优势主体，引导人力、物力流向正确的方向，则经济蓬勃向前；反之，则经济陷入困顿，人力、物力烟消云散。金融与实体融洽相处，利润合理分配，则共荣共生；反之，金融化身吸血巨兽，利用天然的枢纽地位对实体经济敲骨吸髓，则实体经济固然衰落，金融也终将成为无源之水。

金融是经济的“血液”，贯通到经济的每一个角落，连接着每一个经济主体，归拢每个人的经济资源汇成大江大河，再泵送到金融钦定的经济主体。金融是指挥棒，经济资源唯其马首是瞻，融资流向哪里，人才、资本就涌向哪里。金融是一呼百应的旗手，大旗变幻之间就决定了经济资源洪流的去向。

贪婪与恐惧，耐心与远见，风险与收益，产业与资本，资源与利益，前途与命运，大国与匹夫，都汇聚在金融这个大熔炉里。

2. 金融的眼光：现在与未来

优质产业资本是稀缺资源，那么在识别优质产业资本方面，银行和资本市场谁识别得更加精准呢？

不管产业资本发展多么迅速，盈利能力多么强大，银行只能获取固定收益，银行的资金提供方即储户只能获取固定的存款利率，无法分享优质产业资本的成长收益。而资本市场则不同，投资人购买上市公司的股票可以分享其成长红利，获得超额收益。银行侧重安全，资本市场则全力挖掘高成长机会，在有效市场中资本市场比银行更能甄别出优质产业资本。

银行：重眼前的风险厌恶者

银行体系是中心化结构，银行是中枢，掌握巨大的经济话语权，集资本分配权、收益分配权于一身。如果银行体系本身垄断性强，则银行的话语权就更加强大，衍生出巨大的经济权力。权力及各种势力都有极强动机介入银行，力图左右社会资源的分配，天然产生很强的腐蚀与被腐蚀的动力，银行体系自然就容易滋生腐败。一旦银行腐化，就必然会发生资源错配，稀缺的资金不再流向优势主体，而是流向权力、裙带、贿赂导向的歧途。

在中心化的银行体系下，一头是千家万户（存款人），一头是千千万万的企业，银行作为中枢，自身经营好坏直接关系到经济稳定。如果银行经营不善，无法回收本息走向破产，千家万户的存款都将化为乌有，政府很可能被迫救助银行，即所谓“大而不倒”，助推银行进一步放松贷款遴选标准，形成恶性循环。

银行的存款人仅能获得微薄的存款利息，无法分享企业成长红利。而企业作为融资方需要背上负债提升杠杆，甚至不惜压上身家性命，一旦经营不善或者遇到流动性困难或者当局收紧银根，都有可能导致倾家荡产。

银行收取固定贷款利率赚取差价，天生厌恶风险，只要有足够抵押物保障还款，银行并不会去考量企业是否具有竞争优势，是否可以高速成长。抵押物足够的企业不一定具备竞争优势，而高速成长型企业不一定有足够抵押物，于是银行贷款不可避免产生资本错配。资本永远都是稀缺资源，资本错配导致优势企业得不到充足资本，而劣势企业却可能错配大量资本。一方面是低水平重复建设，浪费人力、物力；另一方面是优势企业资源不足，难以快速发展。在银行体系下，这种天然的扭曲倾向难以完全避免，好的制度可以缓解这种天然、原始的扭曲动力，但不可能彻底消灭它。

由于银行体系天生的固定收益、厌恶风险等特征，银行遴选融资对象时最看重安全、看重抵押、看重眼前。

资本市场：我拿资本赌明天

在规则合适的情况下，资本市场是去中心化、利益共享、风险共担的平台。企业是创造收益的发动机，上市发行股份，投资人购买股票成为股东，其投资收益取决于企业能否快速成长，能否创造更多利润，所以投资人会千方百计地选择成长性好、盈利能力强的企业，资本自然而然集中到优势企业。企业能否获得足够资本，关键在于能否为投资人提供高收益，所以企业有天然动力去努力创新，改善经营，竭尽全力扩大竞争优势。在制度合理的情况下，这一切都顺理成章，投资人与企业主都由原始的动力驱动，由追求财富、追求美好生活、追求价值实现的基本人性驱动，完成最高效的资源配置，驱动经济高质量成长。

在制度不合理的情况下，造假与欺诈横行，股市沦为硕鼠肆虐、收割韭菜的赌场。当上市不是市场选择而是权力审批时，腐败就易于滋生。

在新兴产业的培育上，资本市场相对银行具有明显优势。新兴产业一般处于技术研发、商业模式摸索阶段，尚未形成稳定现金流，可供抵押的资产较少，前景有不确定性，但发展潜力很大，对产业升级意义重大。如果采用债务融资，那么新兴企业将背负硬性债务，一旦企业现金流波动无法还款，或者企业融资出现断档，那么不管企业技术多么先进，多么能代表先进生产力的发展方向，前景多么广阔，都有倒闭的风险。从银行角度来看，新兴企业既没有可预测的现金流，也没有多少固定资产尤其是房地产作抵押，不管企业发展前景多么广阔，银行都只收取固定利息，无法分享成长收益，风险与收益不匹配。因此，银行不愿意为新兴产业提供贷款，换句话说，新兴产业难以开展银行融资。

资本市场与新兴产业匹配度较高。发达的资本市场一般会催生出发达的风险投资行业，两者共荣共生。风险投资以股权投到新兴企业，并不要求固定收益，而是通过标的企业快速成长并在资本市场上市实现超额收益获取回报。在有效市场下，逐利本性自然会驱动资本聚集到最具有竞争优势的领域，资本当然不会放过发展前景广阔的新兴产业。新兴产业通过风险投资获得宝贵的起步资金，逐步发展壮大后上市，因其高成长性获得高估值，风险资本则由此获得高回报，进而去支持下一个新兴产业。当然，有的风险投资投向了并不代表经济发展方向的新产业，从而导致亏损，那也是有益的探索，让人们知道这条路走不通，这是社会进步不得不付出的代价。

银行更立足于现在，资本市场更能看穿未来。

（四）国际经验：海纳百川者强

金融兴则国兴，金融强则国强。

1. 海纳百川者强

伽利略是幸运的，面对山海般的质疑，在嘲讽与威压中走上比萨斜塔，两个铁球同时着地，以客观事实证明了伟大的真理。经济发展无法实验，又无时无刻不在实验。

人生就是一场实验。在白驹过隙的一生中，人人上下求索，博采人类的智慧，倾尽自身的天赋，选择最光明的方向去试、去闯，唱出一曲四面楚歌，闯出一场败走麦城，打出一场滑铁卢，也参透一个龙场悟道，杀出一座狼居胥山，磨出一尊人间极品。

国家也是一场实验。方寸之间的民族部落，无不审时度势，用好每一寸河山，汇聚每一份力量，筛选最智慧的方略去试、去闯，试出一场衣冠南渡，跳下一座千古崖山，拼出一片甲午黄海，也打出一个泰山封禅，征出一代汉武盛世，筑起一座南海新岛，开辟一片蓝海大洋。

千帆竞逐，百舸争流。全球200多个国家，无不竭尽全力寻找光明的前程，展开一场跨越百年、千年的实验竞赛。成功与失败都是伟大的尝试，每一份经验都弥足珍贵。

经济数据不是冰冷的数字，而是有温度、有热情的生活，是千千万万的人生。当审视这些国家经济数据的时候，眼前是一幅万里长卷，不同的山水与村落，不同的民族与肤色，不同的文化与传统，迥异的摸索创造出迥异的历史，东西方起起伏伏，各自留下璀璨的文明，在光辉荣耀与支离破碎中蜿蜒前行，天空是同一片日月星辰，日月之下山水相依、江海相连。假如人类彼此更友好一些，信息更通畅一些，文明更包容一些，科技更共享一些，世界该多么美好……

失败边缘疯狂试探者赢，知雄守雌海纳百川者强。

2. 国别与数据

金融系统与经济长期发展之间存在何种关系？到底是以银行为主的间接融资，还是以资本市场为主的直接融资，更能够促进经济发展？

为了回答这个问题，我在全球200多个国家中，选择人口在1000万人以上的非资源类国家进行考察。如果一国人口过少，则经济发展与金融市场的相关性较弱，即使没有金融，该国仅凭一两个产业，如旅游、博彩、石油甚至鸟粪肥料，也可能跻身高收入国家之列。但对人口大国而言，要推动数千万、数亿人口实现富足，仅凭一两个产业绝无可能，必须对经济资源进行高效配置。

沙特阿拉伯、阿尔及利亚、哈萨克斯坦等资源类国家，虽然人口超过千万，但很大程度依靠资源，在考察中予以排除。罗马尼亚、捷克、波兰、俄罗斯在东欧剧变后转型为资本主义制度，制度变迁对经济发展影响很大，上述国家先衰退后复苏，为了凸显金融与经济的关系，也予以排除。

列入考察范围的共有60个国家，其中人均GDP高于3万美元（为便于进行横、纵向对比，“国际经验：海纳百川者强”部分采用2010年不变价格）的高收入国家有12个，分别是希腊、德国、西班牙、意大利、比利时、法国、日本、荷兰、加拿大、美国、英国、澳大利亚；人均GDP为1万~3万美元的追赶型国家有7个，分别是阿根廷、巴西、智利、韩国、马来西亚、墨西哥、土耳其；人均GDP低于1万美元的低收入国家有41个，分别是哥伦比亚、多米尼加、秘鲁、泰国、突尼斯、印度尼西亚、斯里兰卡、摩洛哥、危地马拉、菲律宾、埃及、印度、越南、加纳、赞比亚、科特迪瓦、喀麦隆、缅甸、巴基斯坦、肯尼亚、柬埔寨、塞内加尔、孟加拉国、津巴布韦、坦桑尼亚、贝宁、几内亚、乍得、卢旺达、马里、海地、尼泊尔、布基纳法索、乌干达、埃塞俄比亚、莫桑比克、马拉维、马达加斯加、刚果金、尼日尔、布隆迪。

为简便起见，将资本市场上市公司总市值占 GDP 比重称为“资本化率”，将银行及其他金融机构贷款占 GDP 比重称为“信用化率”。

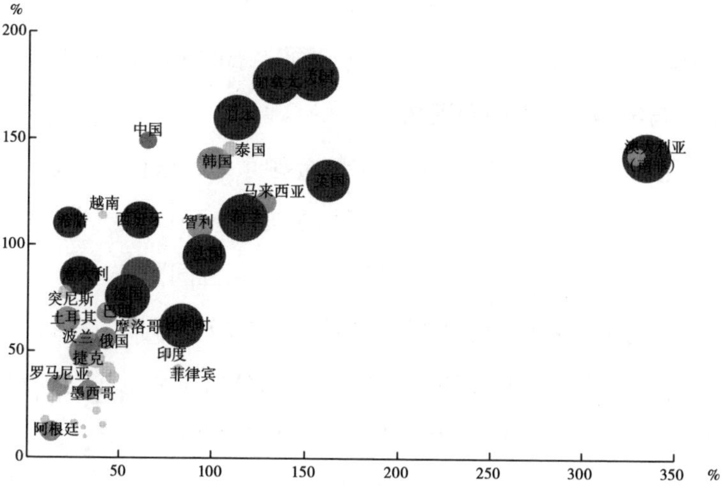

图 9－1　资本化率、信用化率与人均 GDP

注：横轴是资本化率，纵轴是信用化率，气泡大小代表人均 GDP 水平。

资料来源：IMF。

如图 9－1 所示，多数国家资本市场与银行体系比较均衡，若资本市场发达，则银行体系也比较发达；若资本市场弱小，则银行体系也比较弱小。

另外，金融发达程度与经济发展水平正相关。多数高收入国家金融发达，低收入国家普遍金融落后，信用化率与资本化率均较低。当然也有例外，如德国经济发达，但金融并不发达；南非、泰国发展水平不高，人均

GDP低于1万美元，但金融较发达。

3. 高收入国家

高收入国家包括希腊、德国、西班牙、意大利、比利时、法国、日本、荷兰、加拿大、美国、英国、澳大利亚，共12个国家①。

荷兰、加拿大、美国、英国、澳大利亚资本化率最高，分为一组，为了便于称呼，简称为“金兔五国”。希腊、西班牙、意大利、比利时、法国资本化率相对较低，简称为“金龟五国”。德国和日本单独分析。

金融与经济：金融强则国强

“金兔五国”具有均衡、高水平的金融系统，银行和资本市场均很发达，企业融资比较容易，既可以从银行融资，也可以在资本市场发行股票或债券融资。如表9－1所示，2017年，“金兔五国”资本化率为117%～334%，均值为179.99%；1997—2017年的20年间，平均资本化率为97%～127%，均值为116.29%，处于很高水平。“金兔五国”信用化率均在100%以上，为113%～179%，均值为148.37%。

“金龟五国”金融体系在高收入国家中偏弱，资本化率仅为“金兔五国”的一半，信用化率也仅为后者的六成。2017年，“金龟五国”资本化率为22%～96%，均值为64.74%。1997—2017年的20年间，资本化率为38%～76%，均值为59.85%。从信用化率来看，2017年“金龟五国”为62%～112%，均值为92.89%。2017年，希腊和西班牙信用化率分别达到110%、112%，但资本化率都偏低，分别仅为22%、61%。

长期来看，“金龟五国”经济增速明显低于“金兔五国”，而且前者经

---

① 12个高收入国家中，除了希腊外，其余国家人均GDP均在3万美元（2010年不变价格）以上。希腊虽然近些年的人均GDP不到3万美元，但其早在2007年就超越了3万美元，且2007—2017年平均人均GDP高达2.5万美元。另外，希腊在经济历史情况、文化、体制机制等各方面与其他高收入国家更为接近，因此放入高收入国家进行分析。

济发展水平也明显低于后者。

表9－1　高收入国家金融体系与经济增长

国家	2017年信用化率（%）	2017年人均GDP（美元）	2017年资本化率（%）	2007—2017年资本化率（%）	1997—2017年资本化率（%）	2007—2017年人均GDP增长率（%）	1997—2017年人均GDP增长率（%）
金龟五国							
希腊	110.22	23027	22.04	31.13	44.38	-2.63	0.41
西班牙	111.58	32406	60.83	77.64	74.23	-0.02	1.30
意大利	85.42	34878	61.26	29.54	37.75	-0.92	0.15
比利时	62.05	46079	83.83	66.06	66.75	0.25	1.11
法国	95.19	42568	95.72	76.81	76.14	0.22	0.97
平均	92.89	35792	64.74	56.24	59.85	-0.62	0.79
金兔五国							
荷兰	112.91	53598	116.57	85.70	97.20	0.41	1.33
加拿大	177.31	51316	133.95	116.17	122.35	0.56	1.39
美国	179.01	53129	153.96	125.05	126.64	0.61	1.31
英国	130.48	42515	161.60	111.68	123.14	0.35	1.34
澳大利亚	142.14	55926	333.89	123.19	112.10	0.94	1.67
平均	148.37	51297	179.99	112.36	116.29	0.57	1.41
其他国家							
日本	160.00	48557	112.77	81.96	75.86	0.61	0.74
德国	75.78	46747	54.26	44.59	45.59	1.12	1.38
中国	149.06	7329	64.99	58.57	43.99	7.71	8.46

资料来源：Benchmarking Financial Systems around the World；世界银行。

1997—2017年，“金兔五国”和“金龟五国”的人均GDP年均增长率分别为1.41%、0.79%，前者比后者高出0.62个百分点；2007—2017年，前者人均GDP年均增长率为0.57%，后者年均负增长0.62%，前者比后者高出1.19个百分点。

在经济发展水平上，2017年“金兔五国”和“金龟五国”的人均

GDP 均值分别为 51297 美元、35792 美元，前者明显高出后者。

为了进一步分析金融对经济的影响，我们重点考察 2008 年美国金融危机和欧盟主权债务危机期间金融与经济的互动关系。这些危机影响深远，足以启迪世人。

希腊：积重难返的银行

希腊金融以银行为主，资本市场不发达，信用化率较高，资本化率较低。

危机前的 1998—2008 年，希腊享受初加入欧元区带来的低利率红利，人均 GDP 年均增长率高达 3.2%，通过发行国债增加国内投资，提升国民福利和消费，工资大幅上涨，希腊成为“高负债、高福利、高工资”的国家。

1998—2007 年，希腊银行业不良贷款率均值为 8.47%，处于较高水平，说明银行业效率低下，难以优化资源配置，导致优势产业难以获取足够资源，产业升级受阻，外汇收入主要靠航运、旅游和侨汇。危机爆发后，这些产业毁伤于第一轮炮火，政府收入锐减，财政赤字高企，从而点燃主权债务危机，国债逾期。

国债由银行大量持有，主权债务危机引爆银行业危机，不良率上升，银行资金大量外逃，政府被迫救助银行业，又进一步加重财政负担，形成恶性循环。

2009 年，希腊率先爆发主权债务危机，最终不得不接受欧盟和 IMF 长达 8 年的救助，贷款 2887 亿欧元，相当于希腊 2017 年 GDP 的 1.6 倍。直到 2017 年，希腊银行业不良贷款率仍然高达 45.6%。

西班牙：政银房“死亡三角”

西班牙国债水平一直较低，在 21 世纪前 10 年国债/GDP 比率平均维持在 50% 的低位水平，远低于爆发主权债务危机的希腊、爱尔兰、意大利、葡萄牙，低于欧元区均值，甚至低于法国、德国（单景辉、徐以升，2012）。但西班牙在 2010 年爆发主权债务危机，原因何在?

祸起西班牙以银行为主的金融体系。单景辉和徐以升（2012）分析了西班牙债务危机的传导过程：受美国次贷危机波及，西班牙房地产泡沫破灭，引发持有大量房地产资产的银行业不良率高企，收缩信贷；地方政府严重依赖银行融资和房地产，收入锐减，融资困难，造成部分债务逾期；银行持有大量政府债权，叠加房地产危机，雪上加霜，融资能力枯竭，实体经济"供血"不足，经济下滑；政府税收降低，叠加债务高企，还被迫救助瘫痪的银行业，最终演变成主权债务危机。

西班牙主权债务危机中，银行业位居旋涡中心。西班牙金融系统以银行为主，原本具备较好的风险防控体系。危机前的1998—2007年，西班牙银行业不良贷款率均值为1.13%，2007年更低至0.9%，十分健康。

普天之下，银行天然偏爱房地产，但凡有不动产抵押，就能放心大胆地放贷。在银行资金和境外热钱支持下，1995—2007年西班牙房价翻了3倍，房地产和建筑业贷款占GDP比重由1992年的10%升至2009年的43%。此消彼长，盖房子、炒房子来钱快，谁还辛辛苦苦冒风险干实业呢？在银行眼中，房屋抵押贷款多么安全，何必费心费力判断产业前景，为实体产业融资呢？于是房地产一飞冲天，实体产业被抑制。

银行业与地方政府一荣俱荣，一损俱损。地方储蓄银行与地方政府紧密关联，为之融资，大规模投向政府青睐的房地产行业。银行业、房地产、地方政府捆绑交织为一体，齐心协力把宝贵稀缺的经济资源投向房地产和地方政府，实体经济尤其是代表未来发展方向的新兴产业难以融资和发育，早早地被扼杀在摇篮里。

2008年美国金融危机爆发，西班牙房地产价格应声下跌，银行、房地产和地方政府风险互相催化聚集，银行业不良贷款率由2007年的2.8%上升到2013年的9.4%。银行业泥菩萨过河自身难保，难以为各行业和政府提供融资，银行、房地产、地方政府互为恶因恶果，很快滑向主权债务危机的深渊。

意大利：银行侵蚀根基

意大利是欧元区仅次于德法的第三大经济体，是全球七大工业强国之一，也在2010年陷入主权债务危机，对世界经济影响之深之广远远超过希腊和西班牙。我们以意大利为例，从其债务危机的深层次原因出发，考察金融体系的作用。

意大利持续多年财政赤字，寅吃卯粮。危机前的2001—2006年，意大利连续6年财政赤字超过欧元区规定的上限3%，均值为3.52%（Henningsen and David，2012），2010年国债占GDP的比重高达119%，在欧元区仅次于希腊（Ali and Mohamed，2012）。

财政入不敷出的根源何在？主要是多年经济增长缓慢，未能跟上全球产业升级的步伐。1998—2008年，意大利人均GDP年均增长率仅为0.9%，产业升级乏力，传统产业竞争力不如德法，原有大公司只有菲亚特硕果仅存，中小企业成长环境恶劣（Quirico，2010）。

产业升级缓慢、经济乏力的根源何在呢？恶因必结恶果。僵化的劳工体系、频繁更迭的政府都是原因，但低效的金融体系和低强度的研发投入是根本原因。多年来意大利研发强度不足1.5%，处于工业强国中最低水平。意大利金融以银行为主，1997—2016年信用化率均值为88.2%，资本化率仅为29.5%，资本市场几乎缺位。

资本市场缺位导致科创型企业上市难，前期投资科创企业的风险资本难以获利退出，进而遏制创投资本发育，进一步导致科创企业融资难，形成恶性循环。即使意大利萌芽出代表未来的科创型企业，这些企业也会因为难以融资而陨灭，产业升级难以成功。银行天然厌恶风险，看重抵押、看重眼前，擅长为成熟企业融资和质押融资，科创型企业难入其法眼。过分倚重银行的金融体系，悄无声息地侵蚀着意大利产业的根基。

与天下所有银行一样，意大利银行业钟爱房地产，与其相爱相杀。根据熊启跃等的研究，2015 年底意大利建筑业和房地产占总贷款比重为 29.6%，如果考虑按揭贷款，比重会更高；两者坏账率分别为 29.89% 和 18.05%（见表 9－2）。2012 年开始，房地产价格大幅下行（见图 9－2），成为造成意大利银行业瘫痪的一杯鸩酒。

表 9－2　2015 年意大利坏账行业分布

行业分类	贷款余额（亿欧元）	贷款占比（%）	坏账余额（亿欧元）	坏账率（%）
建筑业	1474	16.64	440.5	29.89
批发零售业	1432	16.17	269.2	18.79
房地产业	1147	12.95	207.1	18.05
制造业	2114	23.87	370.2	17.51
行政和支柱型服务业	200	2.26	33.5	16.69
住宿和餐饮服务业	368	4.16	60.8	16.54
采矿和采石业	32	0.36	5.1	16.06
农林渔业	444	5.01	62.7	14.14
信息和通信业	168	1.90	19.4	11.56
其他行业	325	3.67	33.7	10.38
运输和储存业	406	4.58	39.8	9.78
专业科学及技术活动	370	4.18	35.3	9.54
供水、污水处理和废弃物管理等	91	1.03	8.7	9.50
电力、煤气、蒸汽和能源供应业	285	3.00	6.0	2.11

资料来源：熊启跃，刘锐，林嵘净．意大利银行业不良贷款处置的障碍及启示［J］．金融监管研究，2016（7）：15.

危机前，1998—2007 年意大利银行业不良率均值高达 7.36%，随着主权债务危机不断恶化，2015 年升至 18.10%（世界银行），政府被迫救助。截至 2015 年底，意大利银行业总资产约为 3.3 万亿欧元，占欧元区的 12%，而不良贷款达到 3600 亿欧元，占欧元区不良贷款总规模的 33.3%（熊启跃等，2016），占当年意大利 GDP 的 22%。

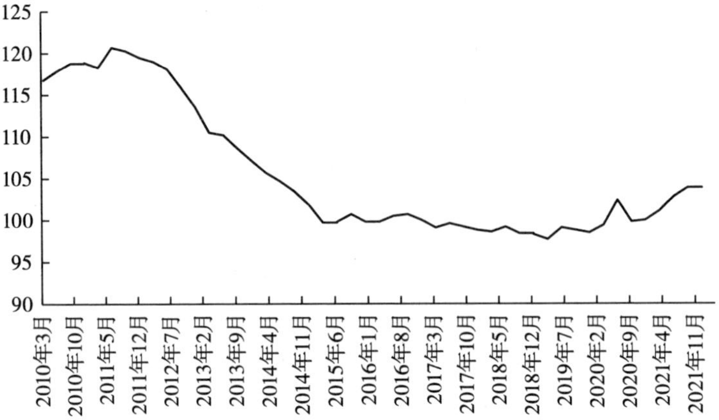

图 9-2　2010—2021 年意大利房价指数

资料来源：Wind、欧盟统计局。

主权债务危机和银行危机耦合交织，严重摧毁了意大利经济，2014 年意大利人均 GDP 相对危机前的 2007 年下滑 12.1%，失业率高达 13.3%，其中 15～24 岁年轻人的失业率达到惊人的 43.4%。

美国：大洋里的海啸

2008 年金融危机是 20 世纪 30 年代大萧条以来最严重的金融危机，其波及程度之深、范围之广，史所罕见，始作俑者是美国。

美国前五大投资银行无一摆脱厄运，雷曼兄弟破产，贝尔斯登和美林银行巨额亏损被收购，高盛和摩根士丹利被迫转为商业银行，新世纪金融公司破产，AIG 保险公司接受政府救助，房地美和房利美巨额亏损被政府接管，美国制造业象征克莱斯勒、通用汽车申请破产保护。

如此严重的危机之后，美国经济后续如何呢？

金融危机已经过去 10 多年，美国早已走出危机。2013 年，美国人均 GDP 超越危机前最高水平，2017 年已反超 6.3%，颇有一番“病树前头万木春”的光景。反观意大利、西班牙和希腊，截至 2017 年无一恢复到危机前最高水平，人均 GDP 分别仅为危机前最高水平的 91.2%、99.8%

和76.6%。

美国危机持续时间明显更短。美国经济下滑仅持续2年，2008年、2009年人均GDP分别下降1.2%和3.6%，2010年便强劲增长1.7%，而意大利、西班牙和希腊于2008年陷入衰退，到2015年才恢复增长，危机持续时间长达6~7年（见图9-3）。

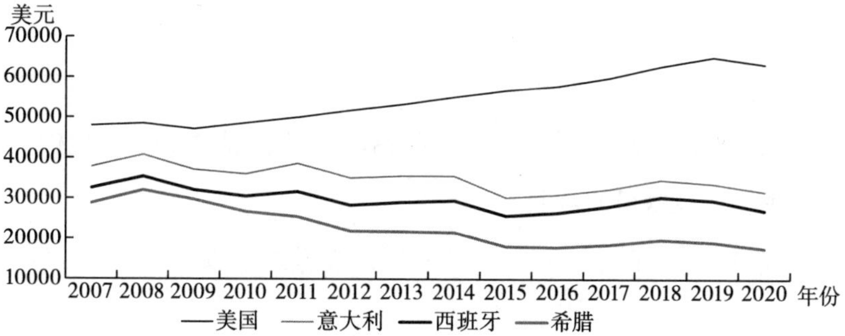

图9-3　2007—2020年美国、意大利、西班牙和希腊人均GDP变化

资料来源：Wind、世界银行、美国经济分析局。

美国能快速回血，发达的资本市场功不可没。危机爆发后，金融体系火速反应，美联储启动量化宽松政策，大量购买证券为资本市场注入流动性，迅速稳定市场。资本市场成功分散风险，投行、基金、保险、银行、个人投资者共同负担损失，他们正是市场繁荣时的受益者，所谓“有福同享，有难同当”。

投行风险相对集中，是危机重灾区，美国前五大投行中三家被收购或破产。不像银行为市场主体提供融资，投行只是提供顾问服务，帮助企业发行证券。投行倒或不倒，资本市场都在那里，融资功能也在那里。投资人虽然遭受损失，但没有灭绝。暴风骤雨过后，资产价格下跌，资本市场到处是便宜货。先知先觉的精明投资人悄无声息地潜行入场，掀起又一场投机盛宴。企业历经危机洗礼越发强大，继续发行证券募集资金，且投资人更加理性成熟，经济继续前行。

商业银行作为次级房贷初始提供者，将次级房贷打包形成按揭支持证券（MBS），把风险和收益转移给投资人，从而确保自身损失有限。危机期间，美国银行业不良率最高仅为5%，不甚影响融资功能。如果没有强大的资本市场，美国银行业将不得不独自承受次贷危机的恶果，因不良率高企而陷入瘫痪，经济恐将面临融资无门、持续流血的惨境。

次贷危机是大洋中的海啸，生于金融，化于金融。美国庞大的资本市场一个大浪就能掀起惊天海啸，又以超强的风险化解能力平息危机。

反思：暴风眼里的金融

在金融危机和欧盟主权债务危机中，金融处于暴风眼中心，危机的生与灭都系于一身。

"金龟五国"金融以银行为主，意大利、西班牙、希腊三国爆发主权债务危机，比利时也一度赤字高企走到危机边缘；"金兔五国"金融均衡且发达，仅有美国爆发次贷危机。

意大利、西班牙和希腊金融以银行为主，银行业是经济中枢，天然对新兴产业支持较弱，导致产业升级缓慢，在金融危机的冲击下更显脆弱；主权债务危机爆发后，受政府债务逾期、房地产等资产价格下跌和企业债务逾期影响，银行业不良率高企进而导致融资瘫痪，从而引发实体经济融资困难，经济深陷泥淖难以自拔。

美国银行业与资本市场均十分发达，新兴产业融资畅通，产业升级动力强劲，经济持续增长；虽然爆发次贷危机，但银行已在危机前将次级房贷打包出售，自身损失有限，发达的资本市场将危机风险分散消化，金融系统融资功能迅速恢复，支持经济重拾增长。

均衡发达的金融体系韧性强大，可以较好地预防金融危机，也能在危机爆发后迅速恢复融资功能，推动经济恢复增长。

德国与日本

德国和日本是例外。

2017 年，德国资本化率仅为 54%，信用化率为 76%，均低于我国的 65%和 149%。但德国经济增长非常强劲，2007—2017 年人均 GDP 年均复合增长 1.12%，在高收入 12 国中最高；1997—2017 年年均增长 1.38%，也处于高位。

动力何在?

研发投入厥功至伟。德国研发投入始终处于高水平，1997—2017 年研发强度均值为 2.59%，2017 年更高达 3.04%，在高收入 12 国中仅次于日本。

日本经济的良好表现也源自高强度研发。多年来，日本研发强度一直位居高收入 12 国之首。2007—2017 年，日本人均 GDP 年均增长率为 0.61%，高于“金兔五国”均值，更远高于“金龟五国”平均水平。

日本金融体系的逐步完善在其中也有贡献。日本金融一直以银行为主，1997—2017 年的信用化率均值为 171.5%，而资本化率均值仅为 75.9%。但近年来日本大力发展资本市场，2017 年资本化率提升至 112.8%，资本市场短板逐步补齐，推动日本经济恢复增长。

德、日的高强度研发一定程度上可以弥补金融偏弱的缺陷，故而经济表现优于金龟五国，但金融系统尤其是资本市场欠发达，不利于新兴产业发展壮大，不能有效支撑产业升级。因此，德、日在与金融、研发俱佳的美国竞争时，不可避免处于下风。

4. 追赶型国家

人口 1000 万人以上，且人均 GDP 在 1 万 ~3 万美元（2010 年不变价格）的国家，除了资源型国家和东欧剧变后转型国家，有阿根廷、巴西、智利、韩国、马来西亚、墨西哥、土耳其等7个国家。

这7个国家是我们首先要超越的对象。令人惊奇的是，2017年的人均GDP，马来西亚为11521美元、阿根廷为10398美元、智利为15059美元，甚至连毒枭肆虐的墨西哥也高达9946美元，都超过我国的7329美元。只要人均GDP水平赶上马来西亚，我国的经济总量与美国的差距就缩小一半；如果追上智利、土耳其，我国的经济总量就超过美国；如果人均GDP水平能追上韩国，我国的经济总量将超过美国的2倍。

按金融发达程度将上述7国分组。韩国、智利和马来西亚金融比较发达，合称"银兔三国"，2017年的资本化率均在90%以上，信用化率为108.56%～138.50%，均处于较高水平。

阿根廷、墨西哥金融不发达，合称"银龟两国"，2017年资本化率分别为12.97%、33.25%，2017年信用化率分别为12.32%、31.59%。

土耳其、巴西金融发达程度居中，2017年信用化率分别为64.74%、67.83%，资本化率分别为21.66%、43.38%，简称"中间两国"（见表9－3）。

表9－3　追赶型国家金融体系与经济增长

国家	2017年信用化率（%）	2017年人均GDP（美元）	2017年资本化率（%）	2007—2017年资本化率（%）	1997—2017年资本化率（%）	2007—2017年人均GDP增长率（%）	1997—2017年人均GDP增长率（%）	2007—2017年研发强度（%）
阿根廷	12.32	10398	12.97	10.98	14.62	0.56	1.01	0.56
墨西哥	31.59	9946	33.25	35.10	28.21	0.57	0.91	0.50
银龟两国	21.96	10172	23.11	23.04	21.42	0.57	0.96	0.53
土耳其	64.74	14933	21.66	26.21	23.82	3.45	3.05	0.83
巴西	67.83	10889	43.38	50.33	43.09	0.61	1.10	1.18
中间两国	66.29	12911	32.52	38.27	33.46	2.03	2.08	1.00
智利	108.56	15059	93.33	102.65	95.14	2.06	2.61	0.36

续表

国家	2017年信用化率（%）	2017年人均GDP（美元）	2017年资本化率（%）	2007—2017年资本化率（%）	1997—2017年资本化率（%）	2007—2017年人均GDP增长率（%）	1997—2017年人均GDP增长率（%）	2007—2017年研发强度（%）
马来西亚	120.07	11521	128.16	133.01	134.14	2.93	2.49	1.12
韩国	138.50	26152	100.45	86.88	66.53	2.52	3.37	3.83
银兔三国	122.38	17577	107.31	107.51	98.60	2.50	2.83	1.03

资料来源：Benchmarking Financial Systems around the World；世界银行。

对比各组国家，“银兔三国”的经济发展水平和发展速度均明显优于“银龟两国”。

以2010年为例，2017年“银兔三国”人均GDP均值为1.76万美元，高于“银龟两国”的1.02万美元。

“银兔三国”无一例外，都稳健快速发展，2007—2017年人均GDP年均增长率为2.06%～2.93%，1997—2017年为2.49%～3.37%。

“银龟两国”发展速度明显更慢：2007—2017年阿根廷、墨西哥人均GDP年均增长率分别为0.56%、0.57%，1997—2017年分别为1.01%、0.91%。

最令人瞩目的是韩国。韩国研发强度在人口1000万人以上的大国中雄踞第一，金融系统发达且均衡，2017年信用化率和资本化率均在100%以上。发达的金融系统优化了全国资源配置，并为研发提供强有力的金融支持，放大研发成果，推动韩国经济强劲增长。1997—2017年，韩国人均GDP年均增长3.37%，2007—2017年年均增长2.52%，在人均GDP超过2万美元的所有人口大国中位居第一，比强劲的德国快1倍还多。

“中间两国”土耳其和巴西金融发达程度居中。1997—2017年，巴西人均GDP平均增长1.10%，在7国中处于中间水平。土耳其同期经济增速较快，主要是因为土耳其与欧盟于1995年签署关税同盟协议，取消双方大部分关税及贸易壁垒，土耳其借机大力发展对外贸易，1997—2017年人均

GDP 年均增长 3.05%。

5. 低收入国家

以 2010 年为例，2017 年人均 GDP 低于 1 万美元、人口大于 1000 万人的非资源国家共有 43 个。我国成就太过显著，南非金融过于发达，对数据产生扭曲故而剔除，重点考察剩余的 41 个国家。

资本化率与经济发展

先考察资本化率与经济发展水平和速度之间的关系。

41 国中可获取资本化率的国家共 21 个，资本化率超过 40% 的共计 9 个国家，分为 A 组；低于 40% 的共计 12 个国家，分为 B 组。

A 组平均资本化率较高，经济发展水平即人均 GDP 也较高，长期经济增速较快（见表 9－4）。具体如下：

2017 年，A 组人均 GDP 均值为 3151 美元，平均资本化率为 59.8%；B 组人均 GDP 均值为 2328 美元，平均资本化率为 25.6%。

2007—2017 年，A 组人均 GDP 年均增长 3.58%，B 组人均 GDP 年均增长 2.97%，A 组明显高于 B 组。

1997—2017 年，A 组人均 GDP 年均增长 3.33%，B 组人均 GDP 年均增长 2.63%，A 组明显高于 B 组。

表 9－4　低收入国家资本化率与经济增长

低收入国家	2017 年信用化率（%）	2017 年人均 GDP（美元）	2017 年资本化率（%）	2007—2017 年资本化率（%）	1997—2017 年资本化率（%）	2007—2017 年人均 GDP 增长率（%）	1997—2017 年人均 GDP 增长率（%）
A 组	64.16	3151	59.8	50.18	38.70	3.58	3.33
B 组	29.39	2328	25.6	22.93	17.27	2.97	2.63

信用化率与经济发展

再看信用化率与经济发展水平和增长速度之间的关系。

将41国根据信用化程度分为两组，甲组是信用化率较高的20国，乙组是信用化率较低的21国。

甲组信用化率较高，经济发展水平即人均GDP也相对较高，长期经济增速较快（见表9－5）。具体如下：

2017年，甲组平均信用化率为52.20%，人均GDP均值为3084美元；乙组平均信用化率为16.08%，人均GDP均值为908美元。

2007—2017年，甲组人均GDP年均增长3.20%，乙组人均GDP年均增长2.48%，甲组明显快于乙组。

1997—2017年，甲组人均GDP年均增长3.20%，乙组人均GDP年均增长2.07%，甲组明显快于乙组。

表9－5 低收入国家信用化率与经济增长

低收入国家	2017年信用化率（%）	2017年人均GDP（美元）	2007—2017年人均GDP增长率（%）	1997—2017年人均GDP增长率（%）
甲组	52.20	3084	3.20	3.20
乙组	16.08	908	2.48	2.07

高增长国家的金融策略

泰国、印度、越南、菲律宾、柬埔寨采取不同策略发展金融，有力地促进了经济发展。

泰国是金融的优等生，银行和资本市场均很发达，2017年信用化率高达145%，资本化率达110%。泰国跻身“亚洲四小虎”，2017年人均GDP达到6126美元（2010年不变价格），2007—2017年人均GDP年均增长2.6%，1997—2017年人均GDP年均增长2.8%，持续较快发展。

印度和菲律宾是低收入国家重点发展资本市场的典型代表，两国信用化率偏低，资本化率相对较高，均实现了经济高速发展。两国人口均超过

1 亿人，经济发展水平较低，2017 年人均 GDP 分别为 1864 美元、2891 美元（2010 年不变价格）；信用化率较低，分别为 49%、41%；资本化率相对较高，分别达到 76%、82%，在 41 国中分别排名第三、第二。两国经济发展均很强劲，1997—2017 年人均 GDP 年均增长率分别为 5.5%、3.0%，难能可贵的是 2007—2017 年又进一步加速，分别达到 5.7%、3.9%，是为数不多的逆势增长大国。印度更是在 1997—2017 年这 20 年间人均 GDP 年均增长超过 5% 的 6 个非资源人口大国之一。

越南和柬埔寨是低收入国家重点发展银行系统的典型代表，均是 1997—2017 年这 20 年间人均 GDP 年均增长超过 5% 的 6 个非资源人口大国之一。

2017 年越南信用化率高达 114%，在 41 国中仅次于泰国，排名第二，其资本化率则偏低，仅为 40%。越南经济增长强劲，1997—2017 年人均 GDP 年均增长 5.2%。

1997 年，柬埔寨信用化率仅为 5%，2017 年升至 74%，在 41 国中位居第四，年均增长 3.45 个百分点。银行体系超常规发展，对经济促进作用明显。柬埔寨人均 GDP 由 1997 年的 355 美元增至 2017 年的 1135 美元，年均增长 6%。

1997—2017 年，人均 GDP 年均增长超过 5% 的非资源人口大国有 6 个，包括中国、印度、柬埔寨、埃塞俄比亚、缅甸、越南。除了埃塞俄比亚和缅甸，其余四国均伴随金融系统的超常发展。

6. 攻玉之石：金融兴则国兴

总结上述 60 国的发展经验，不难得出以下结论。

（1）金融系统越发达，经济发展水平越高。总体来看，高收入国家的资本化率、信用化率更高，低收入国家的资本化率、信用化率更低。

（2）均衡发达的金融系统比不均衡或欠发达的金融系统更能促进经济增长。

追赶型和低收入国家中，泰国、马来西亚、韩国、智利拥有均衡发达的金融系统，均实现了长期快速发展，1997—2017年，人均GDP年均增长率为2.5%～3.4%，大幅领跑同等收入水平国家。金融不发达的阿根廷、巴西、墨西哥，长期增速明显掉队。

高收入国家中，“金兔五国”金融均衡发达，抗冲击能力强，人均GDP更高，长期增速更快，1997—2017年，人均GDP年均增长率比“金龟五国”高出0.62个百分点。西班牙、意大利、希腊金融以银行为主，主权债务危机肆虐最重，复苏缓慢。

（3）超常发展银行业或资本市场，可促进经济增长。

印度超常发展资本市场，越南、柬埔寨和我国超常发展银行系统，跻身全球近20年（1997—2017年）人均GDP年均增长超过5%的6个非资源人口大国之列。

一言以蔽之，均衡发达的金融市场，对经济大有裨益。

金融兴则国兴，金融强则国强。

（五）大国金融：夯实崛起的垫脚石

卑鄙者天涯海角无处可逃，高尚者面朝大海春暖花开，世界理应如此。

我国经济快速发展，金融尤其是银行业功不可没。我国银行业曾经不良率高企，经营困难。21世纪初启动改革，引入战略投资者，改进银行治理结构和管理水平，鼓励其在香港和内地上市，其目前资产规模和盈利水平均跃居世界前列。资本市场则从无到有快速发展，已经成为全球第二大资本市场。

1. 失衡的巨人：行长接手证监

我国金融主力是银行，从证监会主席由各大国有银行董事长轮流担任，就能看出银行与资本市场的相对地位。

我国银行业比较发达，资本市场较弱。据世界银行数据，2016 年我国信用化率为 149%，2017 年资本化率为 65%。2018 年末，我国 GDP 为 90 万亿元，银行总资产约为 260 万亿元，资本市场总市值为 47.8 万亿元，分别为我国 GDP 的 289%、53%；2022 年末，我国 GDP 为 121 万亿元，银行总资产为 374 万亿元（2022 年第三季度末），资本市场总市值约为 80 万亿元，分别为我国 GDP 的 309%、66%。

在社会融资中，银行融资居主导地位。2009—2018 年，间接融资占社会融资总量的比重均值为 85%，其中银行融资比重均值为 75%，直接融资比重均值仅为 15%。直接融资又以债券融资为主，股票融资为辅。2009—2018 年，企业债券融资占社会融资总量比重均值为 11.8%，股票融资比重均值仅为 3.3%。

社会融资规模存量也以银行融资为主，以资本市场融资为辅。银行融资包括人民币贷款、外币贷款、委托贷款、未贴现银行承兑汇票、存款类金融机构资产支持证券等。图 9-4 为 2015—2018 年我国社会融资的分布。2015—2018 年，银行融资占社会融资规模存量的比重为 78%~81.5%。权益融资比重很低，2015—2018 年，其占社会融资规模存量的比重仅为 3.3%~3.7%。

差距就是潜力，只要补齐资本市场的短板，就能转化为未来经济增长的动力。

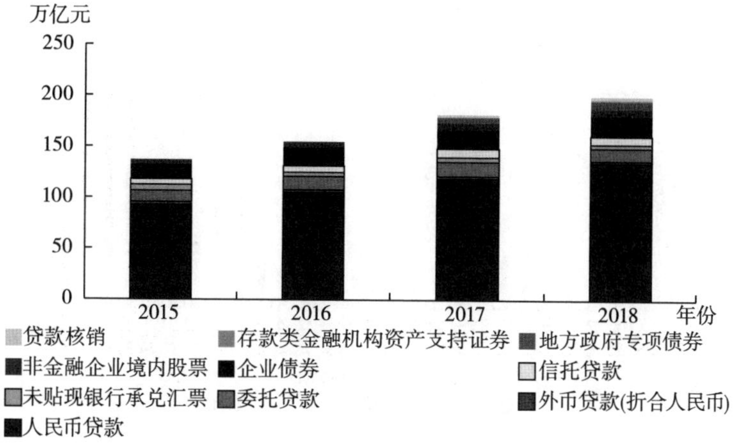

图 9－4　2015—2018 年我国社会融资的分布

资料来源：Wind。

2. 资本市场：差距就是动力

资本市场：尚未成年的巨人

不知不觉间，我国资本市场已位居世界第二，仅次于美国。

纵向比，我国资本市场成就举世瞩目。2009—2018 年，资本市场权益融资额度均值为 1.06 万亿元，是前一个 10 年的 6 倍；资本市场权益融资企业数量均值为 628.2 家，是前一个 10 年的 3.8 倍（见图 9－5）。

横向比，我国资本市场发育很不充分。到 2018 年底，我国上市公司共计 3584 家，位居世界第四，远低于美国，低于倚重银行的日本，也低于同为发展中国家的印度。

我国资本市场曾长期处于抑制状态。企业国内上市犹如“跃龙门”，难度极大，排队等待审批的企业高达 400 家以上，很多想上市的企业都需要苦等数年之久。入口紧意味着股票供给相对较少，故而市盈率普遍较高。

我国资本化率处于中下等水平，成长空间很大。2018 年我国资本化率

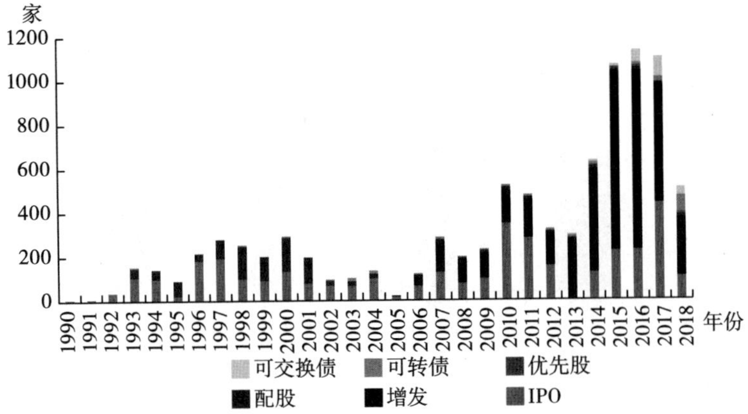

图 9－5　1990—2018 年我国资本市场权益融资企业数量

资料来源：Wind。

为 65%，不仅落后美国、英国、加拿大、澳大利亚、法国、日本、韩国、新加坡等大多数发达国家，也落后于印度、菲律宾、智利、牙买加、黑山、巴布亚新几内亚等发展中国家。

由于上市公司数量少，资本化率低，企业上市排队时间长，我国资本市场较弱，金融抑制明显，无法满足经济发展的需求。可见，我国资本市场是尚未成年的巨人，潜力巨大。

印度经验：上市潮驱动增长

印度与我国同为历史悠久的文明古国，都是发展中国家，起初都一穷二白，通过不同路径均实现强劲增长，具有很强的互鉴意义。

印度上市公司超过 5000 家，高居世界第一位。我国人口与印度相近，经济总量是印度的 5 倍，但 2018 年底，我国上市公司数量仅为印度的 70%。

印度资本市场超常发展，与经济腾飞如影随形。印度有两个时期上市公司数量急剧增加，1984—1987 年，上市公司从 1151 家增至 2095 家；1993—1996 年，上市公司从 2781 家增至 5999 家。资本市场的超常规发展极大地优化了资源配置，推动经济快速发展。1961—1983 年，印度人均

GDP 年均增长 1.6%；1988—1992 年，年均增长 3.4%；1997—2017 年，年均增长 5.4%（见表 9－6）。

表 9－6　印度资本市场发展与人均 GDP 增长率

时间区间	上市公司数量	资本化率	人均 GDP 增长率
1961—1983 年	1983 年 1151 家	NA	1.6%
1984—1987 年第一个上市潮	从 1151 家上升至 2095 家，均值为 1596 家	NA	2.1%
1988—1992 年	从 2095 家上升至 2781 家，均值为 2419 家	7.8%～22.2%	3.4%
1993—1996 年第二个上市潮	从 2781 家上升至 5999 家，均值为 4371 家	22.2%～30.7%	4.6%
1997—2017 年	维持在较高水平，均值为 5371 家	30.7%～88%	5.4%

资料来源：世界银行。

我国上市公司的合理数量为多少呢?

假设经济规模和上市公司数量存在线性关系，则可以通过其他经济体的资本市场情况进行推算。

2018 年，日本上市公司 3652 家，我国 GDP 是日本的 2.8 倍，则对应上市公司数量约 1 万家；中国台湾上市公司 945 家，中国大陆 GDP 是中国台湾的 23 倍，则对应上市公司数量约 2.1 万家；美国上市公司 4397 家，历史上最高达 8090 家，我国 GDP 是美国的 2/3，则对应上市公司数量为 2900～5300 家；印度上市公司 5065 家，我国 GDP 是印度的 5 倍，则对应上市公司数量约为 2.5 万家；韩国上市公司 2186 家，我国 GDP 是韩国的 8.4 倍，则对应上市公司数量约 1.8 万家；越南上市公司 749 家，我国 GDP 是越南的 57 倍，则对应上市公司数量约 4.3 万家。

综上分析，要让资本市场得以充分优化资源配置，不拖经济发展的后腿，我国上市公司应达到 1 万～4.3 万家，按照最低限应到 1 万家左右。

上述内容写于 2019 年，如今时间来到 2023 年初，我欣喜地看到我国上市公司已达 5000 家，从 4000 家到 5000 家仅仅用了 2 年 2 个月。

我国资本市场已进入快车道。30 年间，资本市场从“让你上才能上”的审批制，到“允许你上才能上”的核准制，再到现在“符合标准就能上”的注册制，市场化程度越来越高，越来越接地气。截至 2022 年底，注册制已在科创板、创业板、北交所施行，未来还将推广到主板，企业上市将更加市场化，排队上市的历史将一去不复返。股票定价将更加市场化，真正成为供给与需求、现实与未来、恐惧与贪婪、理性与激情的风向标。

3. 约法三章：乱象用重典，雷霆清乾坤

资本市场将全面实施注册制，越来越市场化，政府将发挥什么作用呢？

建立规则，监督执行。市场永远离不开一位公正的裁判，手执口哨，忠于职守，不管晴天还是暴雨，不管巅峰还是谷底，他就在那里，该吹哨的时候绝不迟疑，其他的时候就像空气，看不见却须臾不离。

规则是拨弄财富的无形之手。孙悟空蹦得再高、飞得再远，也逃不出如来佛的五指山。财富是浩荡的大河，气势磅礴奔腾万里，也只不过流淌在河堤定义的河床里。

规则的威力：乱象须用重典

2021 年 6 月 2 日，中信国安公告称收到证监会行政处罚决定书。中信国安在 2009—2014 年，累计虚增利润 10. 12 亿元，证监会责令其改正并给予警告，并处以 60 万元罚款；对中信国安时任董事长、副总经理给予警告，并处 30 万元罚款。中信国安连续 7 年财务造假，持续时间之长、造假手段之恶劣实为罕见。

规则立了吗？立了。规则执行了吗？执行了。我相信面对如此恶劣的

行为、如此难看的吃相，证监会已穷尽一切手段做出顶格处罚。

但就是让人如鲠在喉。

与此形成鲜明对比的是酒驾治理。我国酒驾一度司空见惯，多少交警上路检查，多少冤魂酒后命丧驾驶室，都挡不住饮酒驾车的热情，到头来还是“司机一碗酒，亲人两行泪”。2011 年，醉驾入刑，醉酒开车要坐牢，立马风清气正，现在喝酒不开车早已深植每个司机的灵魂。

在我老家江汉平原的农村，耕牛曾是最重要的生产工具，那时候力气活全靠牛，耕田、拉重物都离不开它。可有段时间耕牛被盗十分严重，春耕没牛等于断了一年的口粮，家家惶恐不已，睡觉都不安稳，早晨起床首先去看耕牛还在不在，甚至不少人夜间将牛拴在堂屋，日夜看护。后来耕牛大盗被逮住，在我的中学操场接受公审，被判处死刑，直接押到长江边枪毙。这一声枪响让我老家恢复了平静，庄稼人终于睡上了安稳觉。

乱象须用重典。酒驾如此，盗牛如此，上市作假、贪赃枉法亦然。

安然公司：赶尽杀绝的铁律

美国安然公司一度拥有 2.1 万名雇员，曾是世界上最大的能源公司之一，2000 年营业额达 1010 亿美元之多，连续 6 年被《财富》评为“美国最具创新精神公司”。

2001 年初，一家投资机构老板吉姆公开质疑安然公司盈利模式，指出安然公司金玉其外、败絮其中，表面辉煌的背后实际上赚不到钱。他估计安然公司盈利率在 2000 年为 5%，2001 年初降到 2% 以下。吉姆更注意到隐藏在安然公司背后的合伙公司，与安然公司干着说不清道不明的幕后勾当。更为奇怪的是，安然公司首席执行官斯基林不断宣称安然公司股票会从当时的 70 美元升至 126 美元，自己却冒着违反法律的风险，一直在抛售安然公司股票。

怪异之象，必有妖孽。

吉姆点燃了人们的疑虑，围绕安然公司业绩的疑云越积越多。2001 年 8 月 9 日，安然公司股价已从年初的 80 美元跌到 42 美元。10 月 16 日，安然公司发表第二季度财报，宣布亏损 6.18 亿美元。市场疑虑与业绩“变脸”引起美国证券交易委员会关注。10 月 22 日，证券交易委员会要求安然公司提交交易细节，随即启动对安然公司及其合伙公司的正式调查，自此揭开安然公司财务造假的惊天内幕：创建并实质控制 3000 多个有限合伙，疯狂开展表外融资，隐匿高达 250 亿美元的长期债务，夸大收入。

2001 年 11 月 8 日，安然公司被迫承认造假，真相水落石出：1997 年以来，安然公司累计虚报盈利 6 亿美元。2001 年 11 月 30 日，安然公司市值由峰值时的 800 亿美元跌至 2 亿美元。2001 年 12 月 2 日，安然公司正式申请破产保护，涉及资产高达 498 亿美元，成为美国历史上最大的破产企业。

仅仅一年，安然公司从神坛跌落谷底。

2006 年 5 月，安然公司神话的创造者前首席执行官肯尼斯被判决有罪，罪名是密谋策划造假账、制作假报表、证券欺诈和银行欺诈。判决前，他因心力衰竭去世，逃脱牢狱之灾，但人死账不消，仍被追讨 1200 万美元罚款。肯尼斯继任者斯基林被判刑 24 年并罚款 4500 万美元。CFO 法斯托被判 6 年有期徒刑并罚款 2380 万美元。

安然公司的审计事务所安达信有 89 年历史，位居美国五大审计机构之首，自此遭遇灭顶之灾，五大变四大。它是罪有应得，没有它丧失节操的谄媚迎合，安然公司根本不可能如此猖獗地行骗。花旗集团、摩根大通、美洲银行因涉嫌安然公司财务欺诈被判有罪，向安然公司破产的受害者分别支付 20 亿美元、22 亿美元和 6900 万美元的巨额赔偿。

出来混，迟早是要还的。不管是机构还是个人，鲸吞的不义之财最终要吐出来。机关算尽太聪明，反误了卿卿性命。在这场惊天大案中，不仅主犯安然被斩杀，就连从犯安信达也被一并处决，各大银行巨头作为帮凶也被重罚。

这就是美国资本市场的铁律，触犯天条者，赶尽杀绝，铁血无情。或许，这正是资本市场成功的秘诀。

瑞幸咖啡：九死一生的造假

我国企业因为造假而吃到的最大一堑，也是在美国资本市场。

事情起源是浑水公司。浑水，源自“浑水摸鱼”，一语双关，既是剑指资本市场“浑水摸鱼”的上市公司，又寓意把水搅浑卖空渔利。其创始人卡尔森·布洛克主攻金融，辅修中文，后攻法学，2005 年开始闯荡上海滩，谙熟中国文化。

2010 年，卡尔森到浙江拜访在美国上市的东方纸业，看着破落的大门、陈旧的设备还有磨洋工的职员，再看看天花乱坠的财报，卡尔森心生一计，召集一批熟悉中国商业规则的人，从此干起“浑水摸鱼”的营生。截至 2020 年 4 月，浑水公司狙击 16 家在美国上市的中国公司，其中 9 家退市，浑水公司凭此扬名立万，树立赫赫威名。

2020 年 1 月 31 日，经过缜密侦查，浑水公司发布长达 89 页的做空报告，直指瑞幸咖啡财务造假。证据之翔实、调研之深入让人瞠目结舌：92 名全职员工，1418 名兼职员工，对 981 个门店日夜监控，长达 11260 小时的门店流量监控视频……报告显示，2019 年第三、第四季度，每家门店销量分别至少夸大了 69% 和 88%。铁证如山，不容狡辩。

2 月 3 日，瑞幸咖啡否认浑水公司的所有指控，可惜空口无凭，瑞幸咖啡无法像浑水公司那样提供确凿证据。4 月 2 日，瑞幸咖啡被迫承认虚增交易额 22 亿元人民币，随即股价盘前狂泄 85%。

在非洲草原上，当野牛行将就木时就会散发出死亡的气息，一群群秃鹫盘旋在它的上空，迫不及待地等待它倒下的那一刻。

4 月 2 日，加利福尼亚州 GPM 等 6 家律所发布声明，通告投资者针对瑞幸咖啡的集体诉讼即将到最后提交期限。

4 月 7 日，瑞幸咖啡宣布停牌；4 月 19 日，瑞幸咖啡陷入至少 4 起集体诉讼。6 月 29 日，瑞幸咖啡在纳斯达克交易所停止交易，静静等待退市的那一刻，正式结束 400 多天的上市之旅。瑞幸咖啡创立 18 个月赴美上市，又在 13 个月后退市，最高市值近 130 亿美元，退市时仅残存区区 1.38 亿美元。

瑞幸咖啡一路波澜壮阔，用两年多时间走完了大部分企业跌宕一生都鲜有的命运。

这还不算完。9 月，瑞幸咖啡与美国集体诉讼的原告代表签署 1.875 亿美元的和解意向书；12 月，瑞幸咖啡收到美国证券交易委员会 1.8 亿美元罚单；再加上我国市场监管总局 200 万元人民币的重罚，瑞幸咖啡赔偿总额近 4 亿美元。

瑞幸咖啡是幸运的，不像安然公司被罚破产，创始人、高管被送进大牢。但即使这样，其遭遇也足以警示后来人。我们的规则终究会完善起来，此之今日，就是彼之明日。欣泰电气、康得新、长春长生、千山药机……造假退市的名单越来越长。

卑鄙者天涯海角无处可逃，高尚者面朝大海春暖花开，世界理应如此。

这一天正在到来。2021 年 11 月 12 日，广州市中级人民法院对康美药业证券集体诉讼案做出一审判决，康美药业因年报虚假陈述侵权，需赔偿证券投资者损失 24.59 亿元。康美药业董事长、总经理马兴田及 5 名直接责任人、正中珠江会计师事务所及直接负责人承担 100% 连带赔偿责任，13 名相关责任人按过错程度承担连带赔偿责任。康美药业的 5 名董事被判承担 1.23 亿～2.46 亿元不等的连带责任，如果康美药业还不完 24.59 亿元，任独董的教授们就要承担巨额赔偿。11 月 17 日，马兴田因操纵证券市场罪，违规披露、不披露重要信息罪以及单位行贿罪，数罪并罚，被判处有期徒刑 12 年，并处罚金 120 万元。

大快人心。天下苦造假久矣，天下盼甘露久矣!

乱象须用重典，雷霆方清乾坤。

4. 吸金的银行：皮之不存，毛将焉附

银行利润：二分天下有其一

巍峨高山兮，银行。

英国《银行家》杂志掌握全球超过 4000 家银行的数据库，每年根据一级资本、盈利能力等指标发布全球 1000 家大银行排名。“全球银行 1000 强”已成为国际权威的银行业排行榜，具有极高的专业性与公信力，是衡量银行综合实力的重要标志。

2021 年 6 月，《银行家》公布 2021 年“全球银行 1000 强”榜单。我国共有 144 家银行上榜，一级资本规模为 1.58 万亿美元，接近美国上榜银行一级资本总额的 2 倍；持有资产 148.6 万亿美元，占 1000 强银行总资产的 25.6%，利润占比为 37.2%。而美国上榜银行 178 家，资产占比为 13.5%，利润占比为 18.5%。

我国银行业实力可见一斑。

21 世纪初，经过改革，我国银行业盈利能力从极差改善为极强。2009—2018 年，我国上市金融机构净资产在 A 股上市公司净资产总和中的占比为 41%，净利润占比为 57%，其中上市银行净资产占比为 33%，净利润占比高达 49%。反差鲜明的是，制造业净资产占比为 26%，净利润占比更是低至 21%（见图 9－6）。

相对实体经济，金融业尤其是银行业盈利能力更为强悍，银行业净资

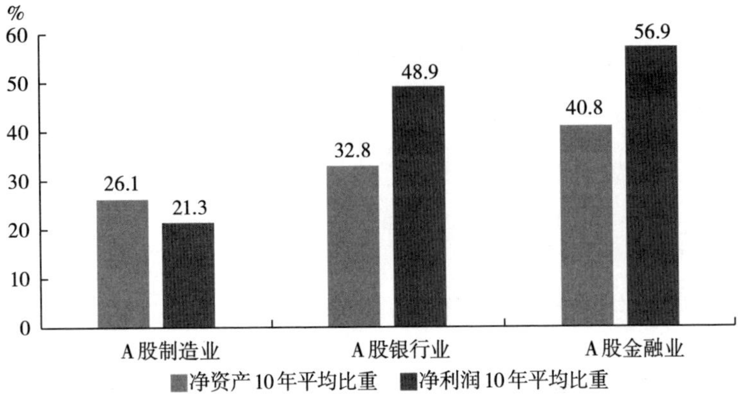

图9-6　A股制造业与金融业净资产及净利润比重分布

资料来源：Wind。

产收益率尤其高（见图9-7）。1999—2018年，金融业、银行业、制造业、房地产和其他行业的平均净资产收益率分别为15.2%、16.6%、9.7%、10.0%和11.5%，银行业净资产收益率比制造业和其他行业分别高6.9个百分点、5.1个百分点，甚至比房地产高6.6个百分点，吸金能力惊人。全社会利润向银行等金融机构集中，而制造业等实体经济所得利润份额相对较少。

我国银行业净资产收益率在全球处于领先水平。在全球数据可得的193个经济体中，只有50个经济体的银行业净资产收益率高于我国，其中仅有阿根廷、阿鲁巴、文莱、赤道几内亚、哈萨克斯坦、塞舌尔、中国澳门7个国家和地区的人均GDP超过1万美元，其他全部是欠发达国家。其余142个经济体银行业净资产收益率均低于我国，包括所有的西方发达国家在内。

由此观之，高企的银行业净资产收益率并非发达国家的标配。

利润来源：倒挂的利率

低水平的不良贷款率是我国银行业高盈利能力的重要来源。据世界银

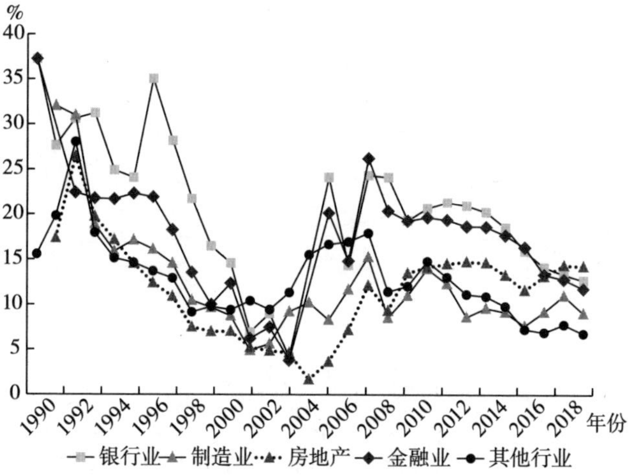

图 9－7　1990—2018 年我国上市公司不同行业净资产收益率对比

资料来源：根据 Wind 数据整理所得。

行数据，2007—2016 年，我国银行业平均不良贷款率为 1.9%，仅略高于澳大利亚、加拿大、韩国、挪威等 19 国；2016 年，我国银行业平均不良贷款率为 1.75%，略高于美国、日本、加拿大、澳大利亚、英国、韩国、马来西亚、菲律宾等 22 国，低于法国、德国、意大利、比利时、希腊等其他 100 多个国家。

利率是银行业盈利的最大来源。企业总资产报酬率（ROA）是息税前利润与总资产的比值，可以反映企业资产的盈利能力和对融资成本的承受能力。

我国实体经济盈利能力持续下行，甚至已经低于融资成本。2017 年，其他行业（金融、房地产、制造业以外行业）ROA 已经低于民营企业和地方国有企业 1 年期债券利率，仅与银行业平均贷款利率持平，制造业 ROA 仅高出银行业贷款平均利率不到 1 个百分点。

2018 年，实体经济盈利能力继续下滑。制造业 ROA 仅与银行业平均贷款利率持平，低于民营企业债券融资成本，其他产业 ROA 更是大幅低于银行业平均贷款利率（见图 9 - 8）。也就是说，不少实体经济融资仅仅为了续命，根本无力负担融资成本。

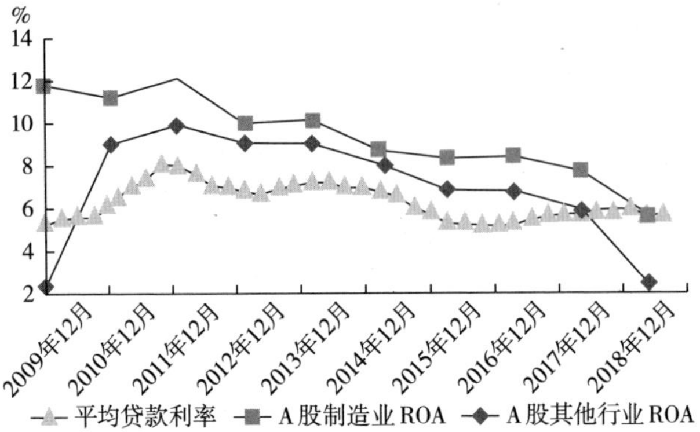

图 9 - 8　2009—2018 年金融机构贷款利率与产业 ROA

注：其他行业指金融、房地产和制造业以外的行业。

资料来源：Wind。

追根溯源，金融利润源于实体经济。当实体经济资产报酬率与融资成本倒挂，金融实际上是在对实体经济“抽脂吸血”，必然不可持久，“皮之不存，毛将焉附”。

2020 年，国务院指导银行通过利率下行、优惠贷款、中小微企业贷款延期还本付息、发放小微企业无担保信用贷款、减少收费等政策，为实体经济减负，向企业让利 1.5 万亿元。

此举当然很好，但要永久性降低实体经济融资成本，还要多管齐下，重中之重是提升经济的市场属性，促进金融竞争，其中科技提升效率、降低成本是重要一招。

5. 兴科技：金融的革命

科技是推动产业前进的根本动力，金融也不例外。

几百年前的金融形态与现在有天壤之别，票号兴衰折射了科技的进步与时代的脚步，给人无尽的启迪。

票号的崛起：历史隘口的巨人

农耕文明中，经济对金融的最大需求是支付和兑换，融资需求不大。北方的皮货、南方的丝茶、吐鲁番的葡萄干、景德镇的瓷器，商贾带着现银天南海北地闯荡，实在太过危险，弄不好就人财两空。支付是农耕社会行商的“瓶颈”，成本极高，只能用马匹把银两驼过去，不像现在在手机上动动手指头就行。这一路山高水长，兵荒马乱，背着银两上路实在是九死一生。

为了确保安全，诞生了一个行当——镖局。那时候，汇款是命与血的生意。

票号因解决支付“瓶颈”而发展壮大，成为利润丰厚的产业。山西票号遍布全国各地，跑江南的，走西口的，闯关东的，下南洋的，天下商贾再也不用担惊受怕地带着银两，只需要在票号存入银两，换取汇票和暗码就可以轻装上阵，一路无忧。对吸纳的存款，票号不仅不给利息，反而要向存款人征收费用。商贾们到达目的地，找到票号，拿出汇票对上暗码即可换取现银。即使汇票被抢，暗码对不上也无法兑出银两，颇为安全。

这是旧时商业脱胎换骨的一跃，汇款不再是生命的冒险，商业也因此越来越繁荣。

票号另一大支柱业务是兑换。旧时货币庞杂，黄金与白银、元宝与碎银、白银与铜钱同在市场流通，即使同是官铸银圆，各地之间也有成色与重量的差别，一枚银圆到底值多少铜钱呢？票号不仅提供不同钱币之间的兑换服务，还对外提供兑换报价，于是买卖有了统一的货币参照，行商坐贾做买卖也方便多了。

古往今来，钱的生意永远都最赚钱。乔家于光绪十年（1884 年）成立大德丰票号，股本 6 万两，没几年就变成 12 万两，到光绪十几年时已增至

35 万两。规模如此之大，利润如此之丰，远非其他产业所能企及。再看当今的银行证券，盈利之丰远非一般产业能比。比特币、币安币凭空价值数千亿美元，何也？无他，钱的生意尔。

山西票号不断发展壮大，分号开到全国各地，远至东京、仁川、加尔各答，汇通天下，成为吞吐财富的大动脉。不仅民间商贾依靠票号融通汇兑，清政府筹措押运京饷、军饷、外债也都仰仗票号，其作用之大甚至超越国库。乾隆四十二年（1777 年）清朝国库储备最丰，共计有 8182 万两白银，到咸丰驾崩时只有 170 万两，同治、光绪年间国库连年亏空，入不敷出，而山西票号极盛之时汇兑白银 4 亿～5 亿两，是名副其实的金融中枢。

平遥古城一条青石大街，长 200 余米，宽 5.1 米，看上去只是青天之下再普通不过的街道，但在百年前曾聚集十多家声名显赫的票号，亿万财富在此聚散，繁荣光景胜似今日北京的金融大街。日昇昌票号耸立在青石大街的显著位置，门庭之上高悬着“汇通天下”金字牌匾，气吞山河又恰如其分。

1900 年，八国联军攻陷北京，慈禧、光绪仓皇西遁，逃到山西祁县，落脚点就是乔家大院。慈禧手头拮据，要山西官员召集商号“借钱”，结果谁都不敢当场应允。乔家大德丰票号一个跑街的贾继英却当场答应，同意借给朝廷 30 万两白银。贾继英回去后，大德丰掌柜阎维藩问他为什么答应，贾继英说，国家要是灭亡了，我们也会灭亡，要是国家还在，钱还能要回来。大掌柜夸他，“五百年必有王者兴，一千年也出不了个贾继英”。慈禧后来还了这笔人情，把各省解缴中央的款项全部交由山西票号经营，并把庚子赔款连本带息约 10 亿两白银交由山西票号打理。

时至今日，慈禧嘉其忠诚而赐给乔家的两盏九龙灯仍然高悬在乔家大院，斜映着票号往日的余晖。

票号的衰落：英雄不敌时代

票号盛极一时，可现代银行进入中国后，立即摧枯拉朽般取代了票号，为什么？

财经作家吴晓波、耶鲁教授陈志武都分别论述过此问题。他们的理由都成立，但再追问一层，为什么与官府勾连就必然导致衰败？为什么票号没有抓住远洋贸易的机会？为什么银行的竞争催化了票号的衰落？

这些表象深处，是科技进步推动经济与金融形态发生根本性变革，老态龙钟的票号跟不上时代步伐。

票号靠解决农耕社会支付和兑换的核心“瓶颈”而起家，但随着工业文明来临，工业化成为时代潮流，除了要求汇兑更便宜、更快捷外，融资成为核心的金融需求。机械、钢铁、采煤、造船、纺织等新兴产业蓬勃发展，需要大规模的资本投入，要求金融提供融资，这就超越了票号的核心业务范畴。票号习惯靠风险更小的支付、兑换业务实现暴利，没有动力将大笔资金贷出去，风险太大，收益太薄。1914 年，票号龙头日昇昌宣布破产，清产核资时发现最大的京城分号存款 80 万两，放款仅有四五万两。一招鲜吃遍天的票号，抱残守缺也堪称一流。融资业务迟迟起不来，票号无法分享新兴产业的超额利润，渐渐地汇兑业务也流失了。

银行则不同，天生就有融资和杠杆属性。

17 世纪的英国，富人们把黄金存在国王铸币厂作铸币之用。1638 年，英国国王查理一世发动对苏格兰贵族的战争，征用铸币厂的黄金，美其名曰贷款，这就是银行融资的雏形。但战祸一起，哪有这么容易平息？老百姓造反闹革命，查理一世被克伦威尔砍头。富人们的黄金眼看就要打水漂，经过一番铁血较量，终于拿回黄金。但此役之后富人看出国王不可靠，转而将目光投到大金铺。

大金铺买黄金、卖金器流水很大，戒备森严，安全性高；常年收黄金开白条，白条与黄金一一对应，白条信用高，得到普遍认可，可以用来买东西。白条堪称纸币的雏形。大金铺黄金越收越多，总有一定存货，于是就有人来借，并允诺一定利息。黄金存货闲着也是闲着，贷出去还可以赚钱，何乐而不为？于是开出去的白条与金铺存量黄金不再一一对应。精明的大金铺发现，只要存量黄金与白条保持一定比例，只要白条持有人不同时来兑换黄金，就总能应付，这就是准备金制度的源头。

1694 年，英王特许英格兰银行成立，向社会募集股本 120 万英镑，并享有不超过资本总额的钞票发行权，同时提供金银买卖、商业票据贴现及抵押贷款等业务。发行几张纸印上头像就能等价于金币当钱花，这种诱惑实在太大了，银行与政府都无法抗拒，于是英格兰银行的钞票发行额很快突破股本限制，仅在 1709 年就向政府提供贷款及承购国库兑换券达 190 万英镑。

英格兰银行逐渐演化，成为现代银行的鼻祖。以一定硬通货作为准备金并创造货币的做法流传下来，成为了现代银行的基本特征之一。先放大多倍杠杆发行货币，再贷出去赚取利润，现代银行模式高出票号数个段位，仅此一招就形成降维打击。

票号的老本行支付业务也越来越力不从心。国门被打开之后，海洋贸易日渐兴盛，跨国跨洋支付需求凸显。比起原本就跨洋而来的银行，票号显然在满足海洋贸易方面落后一步。银行体系之下，支付从原来流汗流血地搬运黄金白银简化成传递信息：收付两方均在银行开户，只要通知银行收付双方的账户和转账金额，就能便捷支付。19 世纪电话和无线电通信发明后，银行在运用新技术方面再次捷足先登，古老的票号在支付方面被拉开数个身位，衰败已不可避免。

有人可能会觉得，票号实力如此雄厚，为什么不积极转型为银行，积极采用新技术提升效率、降低成本？

习惯了躺赚，连爬都爬不起来。1904 年，朝廷筹办户部银行，户部尚书鹿傅霖邀请票号入股。坐镇平遥总号的大佬们彼时还牢牢把控着全国金融大局。卧榻之侧，岂容他人鼾睡？他们当然想江山稳固世代相传，于是开会决定集体抵制，一不入股，二不出力，严厉禁止山西籍经理参与筹办。鹿傅霖碰了一鼻子灰，不得不改让浙江绸缎商人参与筹办。1908 年，户部银行改组为大清银行，朝廷再邀票号协办，票商大佬不愿与江浙财团“同台分利”，再次拒绝（吴晓波，2014）。

当惯享富贵的票号大佬继续做着独霸金融的春秋大梦时，北京一线的票号经理却已经感受到山雨欲来的阵阵寒风。蔚字五联庄京城分号经理李宏龄倡议，联合各家票号组建山西汇业银行，各票号经理在一年内给平遥总号连发数十封信函。

你在下面位卑未敢忘忧国，他在上面素餐痴迷弄权柄。大掌柜位高权重，首先跳起来反对，这岂不是从我手上抢权，从我碗里抢肉吗？他给各个分号发函，斥责李宏龄完全是为了一己私利。大掌柜一言九鼎，山西汇业银行胎死腹中，历史给予票号的最后一次机会就这样溜走了。自此，票号不可逆转地坠向覆灭的深渊。

触动利益比触动灵魂还难，亘古不变。

票号龙头日昇昌 1914 年宣布破产，祁县大盛川 1929 年歇业，大德通、大德恒 1932 年改为银号惨淡经营，三晋源 1934 年歇业。

船大难掉头，执中国金融牛耳百余年的山西票号到死也没悟透，时局已变，镖局护送、汇通天下就能成就霸业的时代已成往事，发行现代货币、便捷融资、低成本汇兑的金融时代已经来临。

时代的脚步惊天动地，你却视而不见。

银行的新生：科技主宰江湖

1905 年，“中国实业之父”盛宣怀组建中国通商银行，摆开架势与山西票号竞争，不计成本招揽生意。同年成立的户部银行，其章程直接要求凡分行所至，地方向中央上交钱款必须通过户部银行汇兑。票号们意图孤立抵制的银行，一步步成为票号的掘墓人。

四时更迭，万物循生。票号的残骸之上，银行繁茂成长。外资银行一马当先，美国的花旗、英国的渣打及汇丰、俄国的华俄道胜银行、法国的东方汇理银行、日本的正金银行、德国的德意志银行等纷纷入华，资本裹挟着坚船利炮，像一条条抽膏吸血的大动脉，深入华夏的通商埠口和经济中枢。

随着中国通商银行、户部银行、交通银行等中央官办银行，广西银行、四川银行等地方官办银行，信成商业储蓄银行、兴业银行、四明商业储蓄银行、上海商业储蓄银行等民间资本银行逐渐兴起，新时代的民间金融资本在与外资银行的对抗中攻城拔寨，一点点收复城池。陈光甫的上海商业储蓄银行成立于1915年6月2日，额定资本10万元，实收仅7万余元，实属“袖珍银行”，但由于管理有方、经营得法、技术日新，到1926年时资本增至250万元，资产总额超过4700万元，最高时分支机构达111家，存款总额近2亿元，位居私营银行之首。

在票号与银行的新旧角逐中，票号完败，银行完胜，底层驱动力是科技。科技进步催生大规模工业化生产，产生巨额融资需求，推动金融从汇兑向融资转变；科技进步推动金融成本大幅降低，纸币和票据取代银两，汇兑只需要电话、电报传递信息，再也不用镖局护送，再也不是命与血的生意。票号们也曾想“师夷长技以制夷”，可惜百年票号历史太辉煌，业绩太成功，经验太丰富，稍一打盹，来不及转身就被时代抛在后面。

有样学样容易，借尸还魂却难。

今天，金融形态继续蜕变。银行刚刚跃立潮头，资本市场又领风骚；互联网支付还没来得及大行天下，移动支付已经一统江湖；正统的美元、欧元、人民币酣战正欢，野生的数字货币已然兵临城下。

金融的江湖，日月更迭，斗转星移。其背后的主宰，是科技。

6. 松货币：三元结构的必然之选

我国经济主体呈现明显的三元结构：政府、国企和民营企业，信用明显分层。货币传导像极了从山顶往下灌溉梯田，只有上一层吸饱，下一层才有机会活命（见图9-9）。

图9-9　梯田灌溉

这三者根本不是同一维度的生物，一层一层形成降维打击，类似阿尔法狗、柯洁和我展开一场围棋争霸的角逐。

政府：权力衍生信用

毫无疑问，政府是信用最高的主体。现代银行的鼻祖——英格兰银行，成立之初就独独选择政府这一最高信用主体开展业务。

政府独享两大权力：征税权和货币发行权，保障其本币市场至高无上的信用。在我国，国家拥有国有土地所有权，因此政府收入还包括国有土地出让收入。政府收入随着经济发展稳定增长，具有永续性。除此之外，万一政府到了入不敷出、赤字暴增的境遇，迫不得已时还可祭出增发货币的撒手锏。此种情形屡见不鲜，美国在2008年金融危机和2020年新冠肺炎疫情期间均推出量化宽松政策，政府债务上限一再被打破，本质就是美联储发行货币购买美国政府债券。美元是美国发行的，理所当然美国政府在美元市场享有最高信用。

根据万得资讯，截至2020年底，我国国债余额为20.63万亿元，地方政府一般债和专项债余额为25.45万亿元，毫无疑问，这是我国信用级别最高的债券，保障度最高，成本最低，也是社会资金尤其是银行、保险等机构资金最为青睐的投资标的。

除去上述国债和地方债务之外，地方政府融资平台（也称“城投平台”）享有隐性地方政府信用。从法规和政策来看，地方政府融资平台债务绝大部分不属于政府负债，但实际上地方政府是融资平台的控股股东，绝大部分情况下是100%股东，而且融资平台所融资金主要用于地方基础设施建设，实际还款来源主要是地方政府注入的土地、公路、财政补助、政府购买支出等，也就是说，融资平台服务政府，依靠政府。如果没有政府支持，很多融资平台可能陷入现金流枯竭的境地。此种局面之所以没有出现，就是因为融资平台可以获得地方政府源源不断的支持，因此融资平台享有政府隐性信用。

从省到县的各级政府融资平台数量众多。根据公开信息，截至2020年底，全国共有11477家融资平台，其中省及省会级别约2500家，地级市约6000家，县级（含）以下合计约2700家。其中，发债融资平台共2751家，占比约为24%。融资平台债务没有公开数据，只能管中窥豹。2020年底，融资平台发债存续规模约11万亿元，假如发债融资平台债券占有息负债比例约为30%，则全国发债融资平台总负债规模约37万亿元。发债融资平台数量占比为24%，假设其债务额度占比为80%，则全国融资平台债务总额约46万亿元。

地方政府融资平台信用情况不一而足。不仅省级平台与县级平台信用状况差别很大，即使同一家平台，通过发债、银行、信托、私募、PPP等不同方式融资，成本也很悬殊，采用同样的融资方式从不同机构融资，成本也可能存在差异。这就是非标准化融资的特点，貌似一样，实则迥异。同一家政府融资平台，公开市场发债成本与市场上同信用主体大抵相同，但从不同银行融资，可能存在100～150个基点的成本差异，如果从信托、私募、PPP融资，那么有200～300个基点的成本差异也不足为奇。门道乾坤，外界很难摸清底数。

在各类金融机构眼中，政府融资平台都是香饽饽，收益上得去，风险大抵不高。融资平台偶尔“爆雷”，做个展期收取利息，以时间换空间，融资平台尚在，地方政府更是千秋万代永远存续，不至于像民营企业“爆雷”血本无归，具体办事跑街的也不至于被追问刑责。

权力衍生的信用，毫无疑问至高无上。

国企：实力叠加信仰

国企信用仅次于政府，实力强大的国企比部分融资平台信用更强，融资成本更低。

央企一马当先。截至2022年底，央企共计96家，几乎都是所处领域的“巨无霸”，有的具备天然垄断优势，如中石油、中石化、三峡集团、中国移动、中国电信、国家电网；有的具有高端技术垄断优势，如中核集团、航天科技、航天科工、北方工业、南方工业；有的具有特许垄断优势，如中国华能、中国华电；也有部分央企本来并不具有垄断优势，但在竞争性领域摸爬滚打，活生生拼成了“巨无霸”，如中粮集团。

现在看国企很强大，但在20世纪90年代国企一度面临绝种危机。当时最火的是外资和合资公司，个体户也正红火，国企则经营惨淡，2/3以上的国企亏损，是经济改革“最难啃的骨头”。国企到底能不能干好，社会主义市场经济到底需不需要国企，是世纪之交悬在中国头顶的巨大疑问。后来的故事我们都知道了，政企分开、现代企业改革、产权制度改革、“抓大放小”等举措持续深入推进，国企数量减少，但管理水平和运营效率快速提升。时至今日，国企已经成为社会主义市场经济的重要主体，竞争力大为增强。一言以蔽之，我国的国企尤其是央企大约是全球最成功的国有企业之一。

国企能够崛起，一方面是改革生效，管理水平提升；另一方面是国企融资相对容易且成本较低，更容易聚集大规模资本。两者互相促进，互为因果。

国企融资成本明显低于民企，究其原因，一来国企尤其是央企盈利能力强，逐步树立市场对国企的信仰；二来国企规模一般较大，与政府或多或少还有关联，万一寒冬来临，其获得政府救助的可能性更大，正所谓“大而不倒”；三来金融机构大多也是国有，追根溯源与国企本是一家，从银行从业者角度来看，市场风云变幻，危机无处不在，贷款给国企更能睡得安稳，万一形成坏账，双方都是国有，肉烂在锅里，自身一清如水，落个水火无交。

民企：负重的饥渴梯田

然后才是民营企业。

在资本的世界里，民企是最下面的梯田，上层梯田不喝饱，水就流不下来。已经成就全球第三智能手机的雷军都在感叹银行融资难求，民企融资之难可见一斑。

我国民营经济从无到有，已经成为社会主义市场经济的重要力量。据国家发展改革委信息，截至 2017 年底，我国民营企业超过 2700 万家，个体工商户超过 6500 万户，注册资本超过 165 万亿元，民营经济占 GDP 比重超过60%，我国65%的专利、75%以上的技术创新、80%以上的新产品开发、80%的制造业固定投资、90%以上的新增城镇就业，由民营企业完成。

民营企业获得了多大份额的贷款呢？根据中国银行业协会《中国银行业发展报告（2019）》，民营企业贷款余额为42.9万亿元，占公司贷款的比重为47.4%。在这个份额中，还有很大部分被民营房地产企业获得，因为它们有土地、房子作抵押，这就使制造业等实体经济的民营企业获得的贷款份额更少。

民营企业不仅融资难，而且融资贵。2015年1月至2021年12月，不同性质主体发债成本相对国债的利差均值，央企是63个基点，地方国企是104个基点，地方政府融资平台是112个基点，而民企是262个基点（见图9－10）。

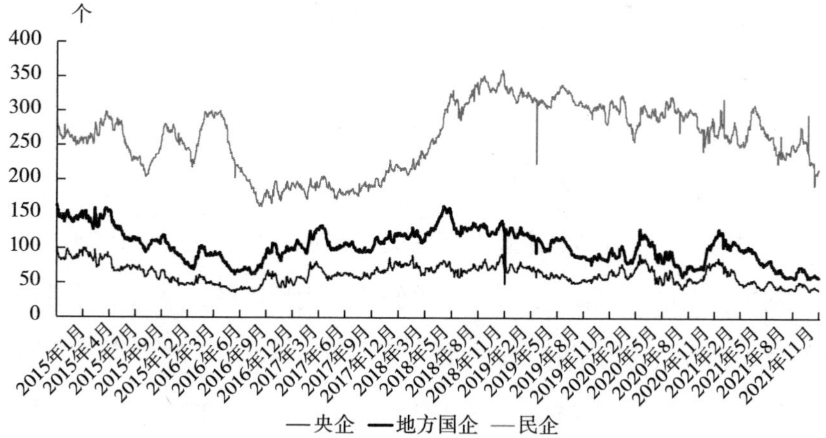

图9－10　不同性质主体发债成本利差

资料来源：Wind。

此种现象根源何在呢？

几十年栉风沐雨，市场已经见识太多商海沉浮。德隆、明天、涌金、海航、雨润、汇源、泰禾、恒大……眼看他起朱楼，眼看他宴宾客，眼看他楼塌了。昨天还春风得意登天安门，今天就砸锅卖铁求自保；年前还指点江山，纵论春秋，年后就舆图换稿，命丧黄泉。四十年兴衰，三十年激荡，十年乘风崛起，一朝改换门庭！

眼见的生生死死多了，就越来越谨慎。在银行看来，收益差别不大，一个是够大够长远的国有企业，一个是忽左忽右、突上突下的民营企业，贷款给谁呢？贷款给国企，稳稳当当，内部获批容易，放了款也安心；贷款给民企，战战兢兢，一旦有风吹草动，少不了解释汇报，放了款也睡不踏实，生怕出个风险闹个逾期，折了本又败了声誉。

在货币宽松的情形下，实力较强的民企能以较高成本融资。如果货币政策紧缩，银行首先会担心民企资金链断裂，也会惧怕其他银行抢先收贷，自己成为最后的接盘侠。博弈的结果是银行争先恐后收紧对民企的融资，一旦风险爆发就抢在民企倒下之前冻结其财产、查封其账户。遭此一劫，民企被抽筋卸骨，鲜有幸存。

非洲大草原上，隐匿于草丛的狮群扫视着牛群，一旦谁显出疲态，狮群立即一跃而出，完成致命猎杀。

舆情对国企来说事关声誉，但对民企来说则事关生死。市场上已有太多的前车，先是舆情爆发，其中真真假假、明枪暗箭，没人说得清，但天性警觉的银行会驻足瞭望，宁可信其有不可信其无，先把新增贷款停掉再说；停新增贷款的银行多了，企业现金流自然趋紧，稍有不留神信托融资就可能逾期，谣言也好预言也罢转眼成真，于是金融机构一拥而上，冻房产的冻房产，封账户的封账户，谁落后谁吃亏。

货币宽松之时，最后惠及的是民企；货币趋紧之时，最先被抽贷的也是民企。双重夹击之下，民企的融资环境可想而知。

三元结构将在我国市场长期存在，梯田灌溉式的货币传导机制也将长期存在。只要民营经济仍然是我国经济的重要组成部分，只要民营经济仍然最具活力担当产业升级的重任，只要民营经济仍然承载最多就业，那么货币政策就需要略微宽松，确保满足政府、国企融资后还有剩余，以满足民企的基本融资需求。

第十章

大国与匹夫：

计天下利，求万世名

成功不过池中之物，

失败才是人生边界。

（一）匹夫的天下：吃饱饭，为天下

终局莫不是一抔黄土，过程才是人生的意义。

很早就在考虑，现在也没彻底弄明白，人活一辈子为了什么？

生死早置之度外，倒不是无惧生死，而是无力左右，多虑无益。死亡并不可怕，这是人类世代交替最好的方式。看看秦始皇就知道，相比死亡，长生不老反而显出几分恐怖狰狞，潜伏着未知的灾难与祸患。

不管富贵贫贱，人生的尽头都是一抔黄土。这一路不管是激流险滩，还是繁花似锦，都是生命的神奇。幼时挨过的饿，记忆已经远去，这辈子大概率不会再感受。是时候了，卸下焦虑，心平气和地重拾这个老命题；是时候了，用心感受生命的每一分每一秒，尽情品尝生命赐予的甘甜与酸楚。

生命里，自己才是主角。从生到死，每一分每一秒，多么美妙。真实地活，不苟且，不凑合，像个3岁的孩童。每一个不真实的瞬间，都是对生命的辜负。喜悦的时候，让心灵绽放；痛苦的时候，就号啕大哭；得意的时候，就仰天大笑；沮丧的时候，就捶胸顿足。别把自己置身于虚假的忙碌，迷幻于麻木的踏实。什么是真实？《无问西东》中梅贻琦校长说，真实就是做什么，和谁在一起，看到什么，听到什么，有一种从心灵深处满溢出来的不懊悔也不羞耻的平和与喜悦。

汉迪说，当你知道该走向何处时，往往已经没有机会走了。如果人生真有如果，在60岁的时候有一次重启的机会，谁不想回到16岁，义无反顾，勇往直前，探索真正的真，感受真正的爱，体验真正的美？

20岁左右，血气方刚又有点拔剑四顾心茫然，敢闯吗，往哪儿走？30岁，而立了吗，犹豫了彷徨了，还敢吗？40岁，真不惑了吗，是香花还是野草，还有再来一次的胆略吗？50岁，知天命了吗，老了吗，服气吗，认命吗？60岁，真耳顺了吗，时间又回来了，世界又重新站到你面前，摩西奶奶在微笑，人生还可以重来吗？

还记得小时候，我还懵懵懂懂，上课就或坐或趴在教室里，老师讲的课我听一句落一句，放学就去撞拐子或是放牛。到五年级，高高瘦瘦的数学老师赵长颂先生背着手给我们讲钱学森的故事，他在美国留完学想回来，美国认定他一个人能抵五个机械化师，硬拦着不让回，后来钱学森历尽千辛万苦回来，让我们的导弹一飞冲天，从此全世界不敢小看我们。原来智慧有如此大的力量，在愚钝的心里点亮了“天灯”，从石头缝长出来的幼苗终于沐浴第一缕阳光。

自此无比景仰钱学森，自此明白学识有用，学习劲头开始提起来，一直贯穿着整个学习生涯。学是用了心，至于学后如何致用，却是苦恼。大约每个男儿早年心中都有一个梦，就像陆游匹马万里戍梁州，胸怀壮烈却苦于无门，那种在黑暗中四顾茫然苦苦摸索的孤独，亲身经历的人都有体会。

在大学时，毕业不久的学长深有感慨地说，现在大家还在谈理想，进入社会没几年就只想着赚钱。当时想着你毕业还没多久咋就这么俗，等到自己毕业，工作、买房、结婚、生子等生存压力顺理成章都来了，柴米油盐衣食住行，忙忙碌碌浑浑噩噩，一切都不知不觉。

某一地、某一刻，一个不经意的抬头，被头上那盏“天灯”照到了眼，于是开始反刍。骤然之间，什么文人墨客，什么沙场虎将，什么科学巨擘，纷纷来到面前，天地之间，李白矗立在那里，仰天大笑，挥毫高歌，最美的朝阳也无以争辉。青天揽月的火焰重新开始燃烧，汗青丹心的血液重新开始流淌。默默之中，天雷震震，醍醐灌顶。

大约很多人都会走这么一遭，回首来时的路，瞭望一下远方。心，沉下去；路，定下来。行文此处，正逢70周年国庆大典，一个个功勋人物，一件件镇国重器，让人热血沸腾，想必他们都是早早就沉下心、定下路的人吧。我们面前是百年未有之大变局，是日新月异的大世界，让人着迷。

空着肚子睡在大街喊“天下兴亡，匹夫有责”，非圣人不能为；吃饱饭，为天下，那还不是顺手的事？

（二）闯世界：失败边缘疯狂试探者赢

困苦，是弱者的坟墓，是强者的战鼓；

绝境，是压垮人生的稻草，也是逼出雄性的猛药。

1. 生在藩篱：闯出人生的边界

最大的败，莫过于不战而降；

最小的胆，莫过于不试不闯。

人生就是大干一场，悄然离去。

闯世界的男子汉，不问那个天高地厚，撞上南墙也不回头，要笑就笑得舒心，要哭就找个没人的时候，啊，闯世界的男子汉，去闯一番事业，去闯一番追求；

闯世界的男子汉，不怕那个风狂雨骤，天塌下来也朝前走，要干就干个出色，要乐就乐个没有后顾之忧，啊，闯世界的男子汉，去闯一番奇迹，去闯一番风流。

偶然听到蒋大为先生这首歌，正契合此刻的心境。路是走出来的，事是闯出来的。上不上清华，差别不大；闯与不闯，差别很大。清华北大，不如胆大；如果清华北大，胆儿还大呢？

人生而自由，却无往不在枷锁之中，卢梭如是说。我却觉得，人人生在藩篱。生在穷乡僻壤，抬头是巴掌大一片天，一辈子走不出山口，纵有天大的本事，也很难不被憋死在山谷；生在帝王之家，掌千里江山，受万民仰望，但又有几人逃脱权力的裹挟，挥洒自如终得太平美满？

人之一生，要么躺，要么跟，要么闯。躺，死了也没过瘾；跟，是风雨中无根的浮萍；闯，才是人生的真谛。生而为人，就要闯出去，打破人生的藩篱。这一生，起码要有一次，听从内心的召唤，不顾前后、无问西东，快意淋漓豁出去干一把，为想为而不敢为，成想成而不能成。等到老去行将闭眼可以满意地对自己有个交代：“小子，这辈子值吗？”我可以底气十足地回答自己：“当然！”要是不来这么一次，处处留有余力，时时想着退路，前怕狼后怕虎，畏畏缩缩，不酣畅淋漓，憋屈一生，岂不白活？

人这辈子，只活一次！横竖是个死，何不潇洒闯一回？可以封狼居胥，可以败走麦城，可以撞破南墙，可以血战到底，但绝不投子认输。

最大的败，莫过于不战而降；最小的胆，莫过于不试不闯。

非洲大草原上，每一次追逐都事关生死。亿年进化的完美优胜者猎豹，每一次出击都会消耗生命机遇的1/5，一旦连续五次失败就意味着走到生命的尽头。作为猎杀对象的羚羊，生死更在一瞬间，终其一生只有一次失误的机会。野兽尚且如此搏命，更何况是人。不生死以赴，对不住生一回死一回。

老家村里有一对孤儿姐弟，靠年迈的奶奶和村里五保救济养大。弟弟名木林，大约是树木成林的意思。木林很瘦弱，一辈子都在村里待着，老老实实的，靠捞鱼摸虾、种地为生。后来他娶了个四川媳妇，敦敦实实，不负所望为他生了个大胖小子，木林为儿子取名“闯”。那时我还小，暗笑这个名字，咋感觉像要当“闯王”呢。多年以后我才明白木林为人父的良苦用心，他生于斯、长于斯、死于斯，但心里却住了一个“闯”啊。后来木林生病，很快转为尿毒症，他选择了村里人重病之后经常走的路——自行了断。“闯”应该已经长大了，不知道他现在在哪里，希望他遂父所愿，“闯”出一片天吧。

自出生，上天便赋予我们最宝贵的财富——满满当当一辈子的时间。在这一生中，有人做了皇帝，如刘邦，出生布衣，48 岁斩蛇起义，克咸阳，约三章，闯鸿门，退汉中，追韩信，定三秦，战垓下，围乌江，平诸侯，唱着歌，乘大风，荣归故里；有人御敌千里，威震四方，如霍去病，在 24 年的短暂旅程中，驱逐胡虏，勇冠三军，为大汉开疆拓土；有人行商坐贾，富甲天下，如范蠡，忠以报国，智以保身，商以致富，名扬天下；有人开门立派，道传千古，如孔子、老子，滋养中华民族两千年。

彪悍的人生无不逆天改命。且不说舜发于畎亩之中，傅说举于版筑之间，胶鬲举于鱼盐之中，管夷吾举于士，孙叔敖举于海，也不说刘邦出生农家，他的命本是村夫野老，却偏不信邪地朝广阔天地闯去，逆天改命得了天下，开创了一个伟大王朝，就看看与我们共同立于天地之间的人们吧。

马云说，男人的长相和才华成反比。别人看到的是诙谐与幽默，我看到的是命运的苦涩。不只是其貌不扬，马云出生于“黑五类”之家，完全不是学习的料，打架、记过、被迫转学，他的命原本一脚滑向蹬三轮。但他不信邪，中考两次、高考三次，终于考上杭州师范学院，第一次逆天改命；当老师，做翻译，办黄页，创阿里，朝广阔无垠的互联网闯去，再次逆天改命，成就一个网上帝国。

任正非，生于贵州的贫困山区，他的命本是山里放牛娃。他不信邪，43 岁创立华为，怀抱“知识就是力量，别人不学，你要学”的家训，“华为的冬天可能来得更冷，更冷一些”的忧患，“农村包围城市”的战略，“发豆芽的发好豆芽，磨豆腐的磨好豆腐，拼起来我们就是伟大的祖国”的专注，“技术开发的动力是为了生存”的远见，干出个“中华有为”，打通电信、芯片、手机的“任督二脉”，把“中国制造”的竞争力推到全球顶尖水平。

彪悍的人生，是闯出来的。

放眼看看西方人，历史上他们敢拼敢闯。15 世纪，欧洲开启大航海时代，诀妻子、别家园，顺着洋流，顶着风雨，忘掉生死，向广袤的海洋闯去。他们收获颇丰，开辟新大陆，占据美洲、大洋洲，崛起一个个“日不落帝国”，换来欧洲 5 个世纪的领先。美国人骑着马，扛着枪，向广袤无垠的西部闯去，收获原先两倍半的土地，奠定超级大国的根基。他们罪恶的闯荡，为自己的民族拓展了发展空间，却为世界带来了灾难。

成功不过池中之物，失败才是人生边界。世界充满未知，闯荡一次，就开拓一寸世界的边界；人生尽是可能，多闯一次，就多活一辈子。即使失败又能怎样？失败不过痛苦一时，没有失败才后悔一世。

世界有情，不辜负我们的闯荡。天地这么迷人这么美，就躺在我们面前，不去闯一把，哪里对得起她的凝望？山谷寂寞的角落里，野百合也有春天。再落魄的人心里都住着一条“神龙”，一旦唤醒就可以震惊天地。再卑微的人心里都有一棵参天大树的种子，来点儿阳光雨露，谁还不能破土而出？

已经没有时间了，太阳都下山了！有搞头就赶快做，时间是不等人的！

失败边缘疯狂试探者赢。

我命由我不由天。

2. 兴在四方：江海左右人生

项羽引兵西屠咸阳，杀秦降王子婴，烧秦宫室，火三月不灭；收其货宝妇女而东。人或说项王曰："关中阻山河四塞，地肥饶，可都以霸。"项王见秦宫室皆以烧残破，又心怀思欲东归，曰："富贵不归故乡，如衣绣夜行，谁知之者！"说者曰："人言楚人沐猴而冠耳，果然。"项王闻之，烹说者。

——司马迁《史记·项羽本纪》

地域之选：关乎民生霸业

身归何处？

夜鸟归巢，日暮乡关，选一处安身立命之所很重要。地域之选，小可关乎民生，大则关乎霸业。

西楚霸王如定都咸阳，镇关中，连西楚，则天下态势须臾不同，重写历史也不无可能。山西的乔家如固守祁县，到死也就一亩三分地，最多也就能填饱肚子；豁出去走西口，闯出杀虎口就是一片新天地，最终威震清朝金融圈，树立乔家大院赫赫威名。我从农村走出来，村里有不少幼时玩伴，彼时我们都差不多，论胆气也是敢拼敢闯，可惜他们囿于方寸之地，根本没有施展空间。我如果不是拼命读书走出来，现在也一样在村里洗萝卜、抓鱼、捉蛇、养猪、打零工。

山山水水，阡阡陌陌，已经框定了人生格局。一方水土养一方人，一方山水锁一批魂。

再牛气的人生也需要舞台。天赋之高如阿基米德，尚需要一个支点才能翘起整个地球；明王道而述礼乐的荀子，也坦承君子性非异也，善假于物也。一块好钢用在刀刃上可以削铁如泥，立下不世之功；用在打狗棍上，只能供丐帮赶赶野狗。

鱼翔浅底，鹰击长空。人往高处走，水往低处流。

一个苹果在田间地头，在路边小摊，在五星酒店，价值完全不同；一生一世在穷山恶水，在富饶水乡，在发达城市，价值有云泥之别。在资本最为密集、技术最为高尖、基础设施最为完善的地方，人的价值最能得到发挥。

高科技领域经过密集研发投入和设备投资，资本密集程度非常高，人类智慧积淀也最深，理所当然从业人员创造的价值更大，获取的薪酬也更高。发达城市信息四通八达，交通九省通衢，产业资本云集，三教九流人才荟萃，思想、人才、资本、风口、机遇从四面八方汇聚过来，大鹏当然可以一日同风起，扶摇直上九万里。

美国今日是超级大国，可当初的美国就是一群背井离乡的人闯出来的。1783 年，美国独立战争结束，欧洲移民有了属于自己的国度。那些在欧洲活不下去的底层黎民终于看到救命的稻草，抛弃老家的瓶瓶罐罐远渡重洋，来到北美这块陌生的大陆。美国人口迅速增加，受制于国土面积，人口越来越稠密。美国要强大，就需要更多的人，更大的国土。1803 年，趁拿破仑在欧洲打得天昏地暗无暇他顾，美国低价购买了法属路易斯安那，国土面积暴增一倍。其后又通过美墨战争、美西战争抢占大块土地。土地有了，可人口聚集在东部，如何让既来的和将来的人口到西部去呢?

当时的美国移民大多来自欧洲底层，要么受宗教迫害无法立足，要么穷困潦倒、食不果腹，被逼无奈才远赴他乡，对土地有一种近乎疯狂的渴望。拥有土地就是那个时代的美国梦，土地就是命，就是最宝贵的资本。

正是看准这一点，美国出台了一系列诱人的西部开发政策，从北美东部和欧洲吸引一波又一波移民涌向西部。美国南北战争期间，1862 年林肯签署《宅地法》，规定自 1863 年 1 月 1 日起凡年满 21 岁的美国公民或符合入籍规定申请加入美国国籍的外国人，为了居住和耕种，缴纳 10 美元登记费即可领到不超过 160 英亩的西部国有土地作为份地，耕种 5 年后或 5 年内在宅地上居住满半年并按每英亩 1.25 美元缴纳费用者，所领土地即归其所有。1 英亩相当于 6 亩地，160 英亩相当于近 1000 亩地，那时的移民转眼就能当上名副其实的大地主。

移民们冒着生命危险也要往西走，奔向那片蛮荒之地，那里有大片大片的肥沃土地，那里有人生的梦想。这场人类历史上最大规模的迁徙持续百年，承载着移民们的勇气与梦想，浸染着北美土著印第安人的血泪，也铺就了美国的超级大国之路。

回头看看我们自己，改革开放之旅就是一部人口东进的史诗。

1979 年，我国广东、福建实行“特殊政策、灵活措施”，并在深圳、珠海、厦门、汕头试办经济特区。1985 年，邓小平同志提出，一部分地区、一部分人可以先富起来，带动和帮助其他地区、其他人，逐步达到共同富裕。继经济特区之后，我国在沿海设立对外开放城市，后来开发浦东新区，形成沿海对外开放经济带。

春江水暖，有的人先知先觉，抢先试水勇赴深圳；有的人迷迷糊糊，昏睡不醒。

先行者中有不少人来自最底层，身处穷乡僻壤，养家无望，报国无门，与其老死不如奋力一搏，于是舍弃两亩薄田，南闯深圳。也有不少人原本捧着铁饭碗，但把准了时代脉搏，看出了历史所向，于是一把站上潮头浪尖，引领一个时代。王卫拖着装满快递文件的拉杆箱起步创业，在深圳建立根据地，开启了民营快递的星辰大海；王石没有凭借家世背景在既有世界中尽情安逸，而是奋腿一蹬，闯荡深圳，几乎尝试过“黄、赌、毒、军火”之外的所有生意，最后开创了地产巨无霸——万科；早年丧父继而丧母，靠兄嫂苦心经营小生意就学的王传福26岁成为北京有色金属研究院最年轻的副处长，面对波涛汹涌的市场大潮，他砸掉铁饭碗毅然下海，一路攻城拔寨，力推全产业链自主创新，先攻充电电池，再克新能源汽车，成就了中国制造的一座高山——比亚迪。

后觉者中有的守着一亩三分地，日子尚能过，有的在既有世界中占据有利地形，有的怀珠抱玉，只是逡巡犹豫、不敢决断。时代不等人，潮流滚滚向前，顺之如御风而行扶摇直上，逆之如遇洪水猛兽，顷刻之间便吞没了人的一生。

人生与时代互相成就，千千万万的人生造就了时代，时代又成就了千千万万的人生。先行者从全国各地会集深圳，深圳也敞开胸襟，报之以机遇和梦想。

穷乡沃土：江海左右人生

经济产出呈现明显的地域特征。从图 10 – 1 中可以明显看出，人均可支配收入从沿海向内陆递减，高收入地区集中在沿海，其次是中部，最低在西部。上海、北京、浙江、天津、江苏、广东、福建、辽宁、山东、内蒙古10个省份居民人均可支配收入超过全国平均水平，除了内蒙古地广人稀、资源丰富，其他都是沿海省份。北京和上海人均可支配收入是全国平均水平的2倍以上，而西藏、甘肃和贵州仅为全国平均水平的60%。

这是地域的力量。对芸芸众生而言，地域左右了人生大方向。同样的晨钟暮鼓，早出晚归，在北上广可以收获全国平均水平两倍的收入，在藏甘贵则只能获得全国平均水平60%的收入。同样做家政服务，在北上广就比在兰州、银川收入更多。这就不难理解，为何我国每年近3亿农民兄弟

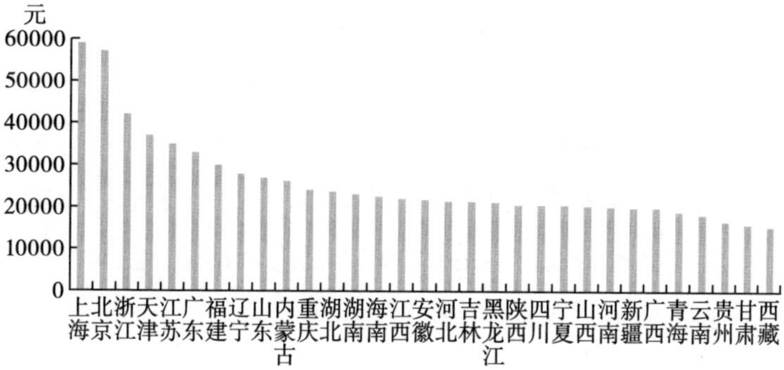

图 10－1 各省份人均可支配收入

资料来源：国家统计局。

奔赴异地，讨生活、闯世界。

收入地域差距背后的逻辑何在？一言以蔽之，优势的经济资源集中在哪里，哪里就有高效率、高收入。看得见的是厂房、机器设备等实物资本和高铁、高速公路、机场、港口等基础设施，看不见的是技术、营商环境、教育、政府效率、优惠政策、观念、思想等软环境，优势资源集中在沿海地区，零星分布于中部地区，少量分布于西部地区，当然就形成了从东向西发达程度递减、收入水平递减的现实。

经济发展也好，产业迭代也罢，区域上呈现波次性推进。在改革开放的时代潮流下，沿海地区近水楼台先得月，占风气之先，得政策红利，当然先发展起来；随着资本、产业、技术、人才外溢效应显现，中部的武汉、郑州、长沙等城市已经呈现加速追赶之势；西部的重庆、成都、西安等城市，也立足各自优势奋力前行。但总体上，人才、技术、资本等生产要素仍然优先涌向东部沿海优势区域，然后才外溢到其他区域。纵然有西部大开发、东北振兴、中部崛起等诸多战略，但大抵只是作为区域平衡发展的补充手段，难以改变资源配置的大势。资本的积累、软环境的改善，都需要时间。快的话，是我们的青春年华；慢的话，则是我们的一生。

我国国土广阔，各地山水有别，禀赋有异，历史不同，文化也各有千秋。有些地方是高原水塔，有些地方自古就是荒漠戈壁，有些地方自盘古开天就是华夏的山水长卷，有些地方生来就九省通衢、商贾云集，有些地方则拥江抱海，一直领风气之先，乘风破浪，为中华领航。中华民族赖以生存的这片土地各有用处，不用每个地方都成为长安、金陵，只需要各地积累最为相宜的资本，发展最为相宜的产业，聚集最为相宜的人才，合起来就是我们最伟大的祖国。

日暮乡关何处是，

此心安处是吾乡。

（三）人对行：自己的冠军

宝贝放错了地方便是废物。

——富兰克林

1. 行业："做什么"定终生

"做什么"造就千差万别的人生，走错方向比原地不动更要命。

龙生九子，各有所好。

我们都是凡夫俗子，呱呱坠地之时，老天已经通过基因密码赐予我们不同的禀赋，历史文化、家庭熏陶、师长教育等后天造化更是赋予我们迥异的人格和秉性。如果幸运到万中其一，我们遇到与禀赋一致的行当，便是得到命运之神的垂青，顺风顺水，登得最高，看得最远；如果上天有意劳其筋骨，饿其体肤，那也不妨行之乐之，动心忍性，增见识，长本事，直到有一天慧根通了北斗星宿，校准了事业方位，就不用犹豫凝心聚气全力以赴，一鸣惊人，扶摇直上九万里。

校准事业方位，绝非易事。梁丽可以冲城，而不可以窒穴；千金之剑，以之析薪，则不如斧；三代之鼎，以之垦田，则不如耜。搞科学一等一的高手一不小心去放了牛，肯定比不上我 6 岁时的水平，正着骑，倒着骑，站着骑，放牛放到人牛一体的境界；外科手术行家机缘巧合去捞了鱼，定然达不到我们村木林兄弟那般炉火纯青的境界；丹青高手，若是天天上山砍柴，怕也了无心情去欣赏山河壮丽、草木有情吧。

“做什么”造就千差万别的人生，走错方向比原地不动更要命。男怕入错行，女怕嫁错郎，行业关乎一生。

该如何选择行业呢？

如果有不错的智力，更重要的是有钻研的毅力和恒心，就可以去挑战人类极限，如人工智能、生物医药、通信、数学、物理研究之类，拓展人类的认知前沿，最大限度发挥人生价值。如果是像我这样智力一般的常人，就尽力向资本、技术密集领域发展，即使不能赶上时代的风口，也可以吸一口时代的西北风。

2. 我国行业与收入

本来收入并非衡量人生价值的完美标尺，我是个俗人，于是选择行业与收入进行分析，且供参考。

我国高薪行业依次是信息和计算机，金融，科学技术和地质勘察，电力、燃气和供水，卫生医疗和保障福利，文体娱乐和教育等，就业人口占城镇单位就业人口总数的 1/4。这些行业有如下特点。

一是教育年限长、专业性强。信息和计算机、金融、科学技术和地质勘察、卫生医疗和保障福利、教育行业均需接受多年教育，需要很强的专业知识，具有较高门槛。二是电力、燃气和供水等行业具有垄断性质。电力、燃气和供水网络一旦铺设，就很难改变，具有天然垄断性，一般国家会对此类行业限制价格，避免企业从自身利益出发过度抬价。三是文体娱乐等特长类行业。此类行业头部效应明显，拔尖人才收入极高，其余参与者则收入较低。

低收入行业包括农林牧渔，住宿和餐饮，居民服务和其他服务，水利、环境和公共设施，建筑等，就业人口占城镇单位就业总人口的1/5。低收入行业除了环境治理、建筑设计、土木工程、施工管理等细分行业需要教育和技术外，一般只需要简单培训即能就业，几乎没有门槛。

剩余的属于中等收入行业，包括租赁和商务服务、公共管理和社会组织、交通仓储邮电、批发和零售、采矿、房地产、制造等，占城镇单位就业总人口的一半多（见图10－2）。

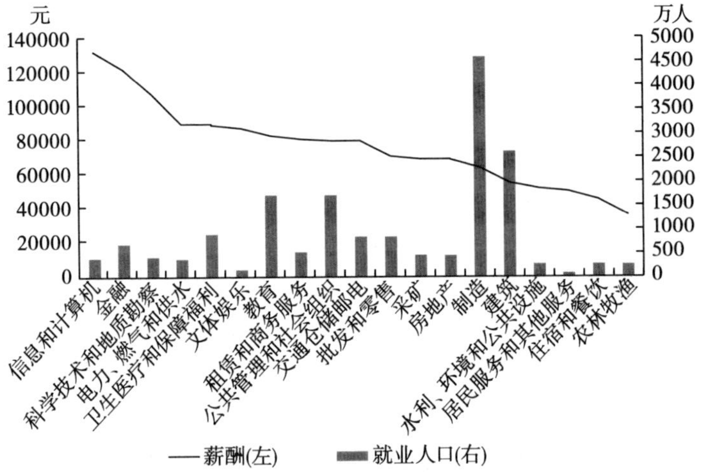

图10－2　我国各行业就业人口和薪酬

资料来源：国家统计局。

3. 美国行业与收入

美国的产业发展超前于我们，其就业和收入对我们有很强的借鉴意义。

美国薪酬最高的行业包括管理，法律，计算机和数学，建筑和工程，健康医疗，商务和金融，生命、物理和社会科学等；薪酬最低的行业包括餐饮、个人服务、环境卫生、农林牧渔、医护支持等。前者专业性强，需要多年教育，门槛较高；后者专业性弱，不需要太多培训就能上岗，进入门槛低（见图 10－3、图 10－4）。

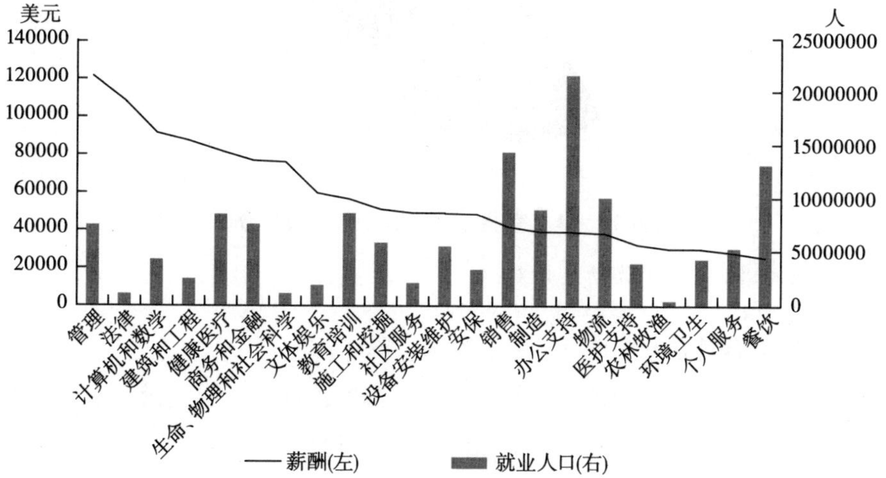

图 10－3　美国各行业就业人口和薪酬

资料来源：美国劳动统计局。

高收入行业

美国薪酬最高的 25% 就业人口年薪在 6.5 万～14 万美元，其中薪酬最高的行业集中于管理、律师、法官、医生、航空、科学家、工程师、金融等领域，其中就业人口最多的高薪行业主要为医生、业务专家、计算机、金融、管理、工程师和大学教师。另外，安保主管、批发和制造业销售、服务业销售、各类施工主管、水运工人、媒体关系等行业薪酬也跻身前 25% 之列（见图 10－5）。此类行业具有以下明显特征。

一是教育年限长、科技含量高。律师，法官，医生，大学教师，金融专家，数学、物理、生命等各类科学家以及航空、计算机等各类工程师都

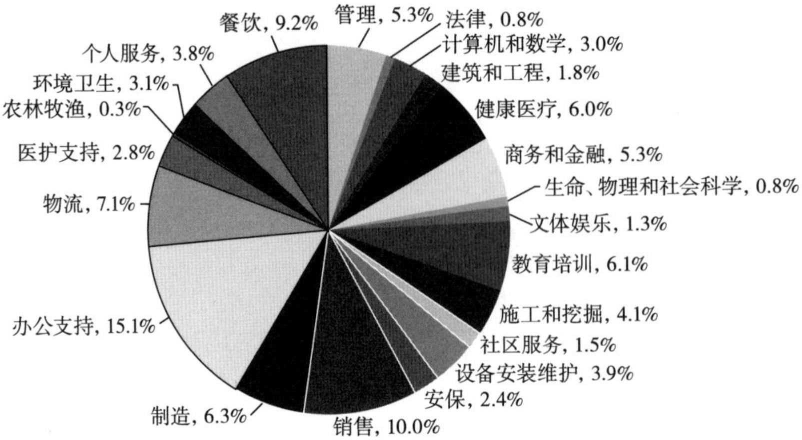

图 10－4　美国各行业就业人口比例

资料来源：美国劳动统计局。

需要多年的教育，专业性强，具有较高门槛。

二是管理人才，包括公司 CEO、广告销售管理、专业运营管理等各类管理人员，需要多年经验和管理知识，门槛较高。

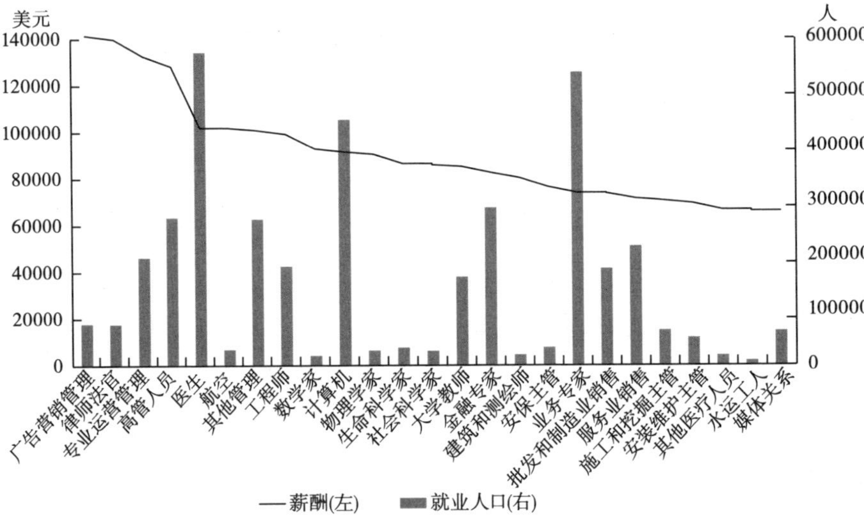

图 10－5　美国高薪行业就业人口和薪酬

资料来源：美国劳动统计局。

三是专业性强或有特殊要求、掌握特殊资源。各类施工主管、媒体关系等需要较强专业技能和经验积累，安保主管有人身危险，批发和制造业销售、服务业销售需要掌握上下游客户资源，水运工人需要忍受长期离家之苦，收入位居前列。

中上收入行业

美国中等偏上收入（收入介于前 25% ~50%）的就业人口，年薪为 4 万 ~6.5万美元，集中在教育培训、施工和挖掘、安装维修、办公、制造、销售、社区服务等领域，其中就业人口最多的行业是建筑工人、中小幼教师、秘书与办公助理、健康技术人员、安装维修、社区服务和制造业工人等（见图 10 -6）。此类行业具有以下特征。

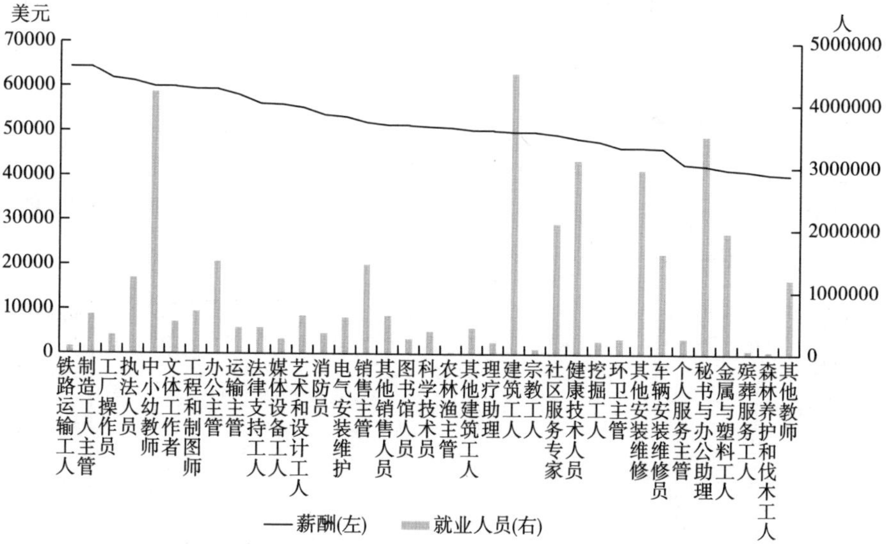

图 10 -6　美国中高薪行业就业人口和薪酬

资料来源：美国劳动统计局。

一是受教育程度高，具备一定专业技能。比如，中小幼教师、秘书与办公助理、健康技术人员均需接受一定教育，并掌握专业技能；社区服务专家需要掌握就业、婚姻、心理或宗教等方面专业知识；科学技术人员、工程和制图师需要接受专业教育。

二是需要特长或经验积累。比如，文体工作者需要文化或体能特长；设备安装维护行业需要相关培训及经验；销售主管需要多年经验积累；制造业工人需要掌握设备操作技能。

三是要干强度较大的苦活、累活，或有一定人身危险。比如，建筑工人、伐木工人和执法人员、消防员等。

中下收入行业

美国中等偏下收入（收入介于前 50% ~75%）的就业人口，年薪为 3 万~4 万美元，集中在办公、物流、制造业、医护支持和安保等领域，其中就业人口最多的是信息记录员、物资调拨工人等办公人员、司机及搬运工人等物流业者、制造业工人、教育培训及安保等（见图 10 -7）。此类行业具有以下特征。

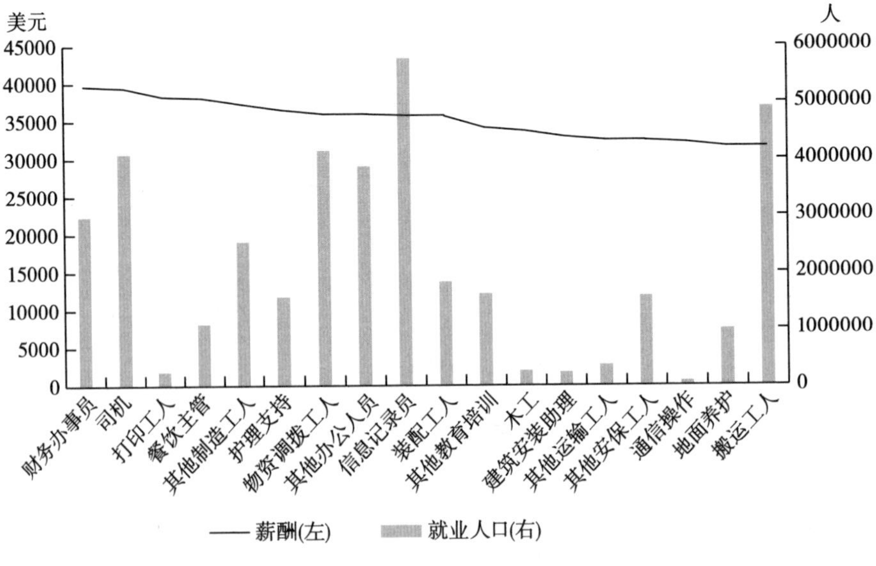

图 10 -7　美国中低薪行业就业人口和薪酬

资料来源：美国劳动统计局。

一是不需要接受高等教育，高中甚至初中水平即可满足需要。

二是行业以简单办公和体力劳动为主。比如，信息记录员、财务办事员、物资调拨工人等属于简单的办公工作，装配工人、木工、地面养护、搬运工人等是简单的体力劳动，任何人经过简单培训均可胜任，无门槛可言。

低收入行业

收入最低的25%的就业人口，年薪为2万~3万美元，集中在餐饮、零售、个人服务、环境卫生等领域，其中就业人口最多的是零售员领域（见图10-8）。低收入行业从业者主要从事简单劳动，几乎不需要接受教育，直接开展工作或者简单培训即可。

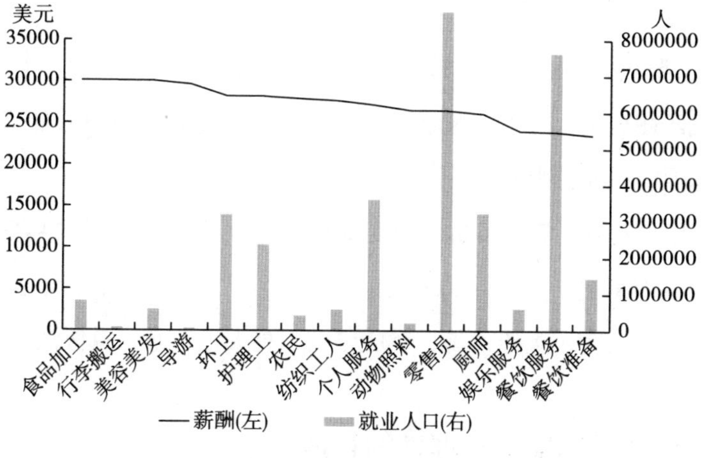

图10-8　美国低薪行业就业人口和薪酬

资料来源：美国劳动统计局。

4. 中美对比

对比中美各行业薪酬，可以发现很多共性。

首先，科学家、工程师收入较高。美国科学家一直位居高薪之列，我国科学家、工程师收入也在稳步提升。

改革开放之初，我国科学家大都在体制内，薪酬低，而体制外社会主义市场经济活力迸发，“搞导弹的不如卖茶叶蛋的”成为普遍现象。现在我国科学家不仅在科研院所，也直接到企业中去，科研成果加速转化为生产力，科学家价值被进一步放大，薪酬也随之提升。华为招聘应届博士研究生，薪酬达到200多万元，充分体现了科学家的价值。

其次，金融在中美都属于高薪行业。资本永远具有稀缺性，掌握资本分配大权的金融机构始终拥有较高话语权，可以获得较高收益。金融复杂度较高，需要高素质的人才，所付薪酬也较高。股权投资、股票投资、债券投资、银行信贷、柜台结算对人的要求不同，薪酬也迥异。

最后，医疗行业属于高薪行业。一代名相范仲淹立志“不为良相，便为良医”，要么就辅佐神圣之君，立德行道；要么就悬壶济世，上疗君亲，下救黎民。在美国，医生位居高薪之列，我国医生收入虽然并非最高，但提升速度很快，属偏上水平。

上述结论都在大数定律的统治范畴内，但世上永远有突破常规、不走寻常路的成功案例。入对行找准坐标，一扎到底，做最好的自己，做自己的冠军。人生太短，世界太美，燃烧自己照亮天地，才是真快活。

（四）沉默的墨家：理性的长河

摩顶放踵，利天下，为之。

——墨子

我国自古有“重道轻器”的传统。《系辞》云：“形而上者谓之道，形而下者谓之器。”《周礼》又说：“坐而论道，谓之王公；作而行之，谓之士大夫；审曲面執，以饬五材，以辨民器，谓之百工。”《论语》认为技艺只是“小道”，“致远恐泥，是以君子不为也”。孔子很直白，“君子不器”。更严重些的，直接将技艺斥为“奇技淫巧”“雕虫小技”。这的确是中华民族文化精神的软肋。

即使在这种历史洪流中，布衣出身的墨子不仅提出兼爱、非攻、尚贤、尚同等治国主张，还从逻辑、力学、光学、几何学等角度铸就了中华民族的理性根基。他提出“三表”的准则，上本之于古者圣王之事，下原察百姓耳目之实，观其中国家百姓人民之利，真理准则朴素又有力。他指出“力，重之谓”“力，刑（通“形”）之所以奋也”，在世界上首次阐述力与运动的关系。他在世界上第一次对光沿直线传播进行了科学解释，完成世界上第一个小孔成像的试验，“足蔽下光，故成景于上；首蔽上光，故成景于下”。他设计了历史上第一个滑轮组，与英国的“阿特伍德机”极其相似，只是早了两千年。他阐述了数学上的极限原理，破解了《荷马史诗》善跑英雄阿基里斯追不上乌龟的悖论，比英国瓦里斯《无穷算术》早了两千年。他被誉为“科圣”，以“兴天下之利，除天下之害”为己任，摩顶放踵，利天下而为之。

韩非子说，“世之显学，儒墨也”。孟子也承认，“杨朱、墨翟之言盈天下，天下之言，不归杨则归墨”。可惜在秦汉一统天下之后独尊儒术、罢黜百家，服务于帝王将相的儒家获得帝王青睐，黔首布衣的墨家被彻底封杀。

两千年后梁启超为之痛哭：“只可惜我们做子孙的没出息，把祖宗遗下的无价之宝，埋在地窖里两千年，今日我们在世界文化民族中，算是最缺乏论理精神、缺乏科学精神的民族，我们还有面目见祖宗吗？如何才能够一雪此耻，诸君努力啊！”2016 年 8 月 16 日凌晨，在酒泉火箭发射中心，硕大的长征二号运载火箭腾空而起，将一颗卫星送入太空。这就是全球首颗量子科学实验卫星，被命名为“墨子号”，且算作我们亏欠墨子两千年的致敬吧。

经常听到一种说法：中国人逻辑思维不行，缺乏西方理性思考能力，故而我们没有孕育出工业革命，一直落后。墨子九泉有知，恐怕会悲愤痛哭，哀其不幸，怒其不争，斥其不为。中华民族不是没有理性思考能力，也不是没有逻辑思维之根，只是先祖们在历史的岔道口选择了儒释道这条河道。儒释道的文化长河源远流长，浇灌了中华民族的精神家园，也滋养了我们脚下的神州大地。几千年的旅程栉风沐雨不甚平坦，但家国虽破山河仍在，大国薪火仍在相传。儒释道滚滚大河之畔，墨家钜子们开凿的理性之河在静静流淌，为了滋养中华民族，它已经空自流淌了两千年。

现在，先祖们的使命已经完成，火种到了我们手上。中华民族有没有科学理性的精神，墨家钜子们早就著书立说，流传千古；中华民族有没有科学理性的能力，先贤们已经身体力行，建功立碑。

科技不是“小道”，更不是“雕虫小技”，而是推动历史前进的“大道”，是人类进步的根本动力；科学家、工程师不是“致远恐泥、君子不为”的役夫百工，而是托起中华民族的脊梁，是中华复兴的顶梁柱。古之鲁班、李冰、蔡伦、张衡、祖冲之、沈括、毕昇、徐光启，今之詹天佑、侯德榜、竺可桢、梁思成、吴有训、钱学森、李四光、邓稼先、杨振宁、李政道、丁肇中、吴健雄、于敏、王淦昌、屠呦呦、华罗庚、孙家栋、周建平、杨伟、唐长红、袁隆平、黄旭华、马伟明，中华民族有大才。

物华天宝，龙光照耀中华；人杰地灵，星河炳耀九州。14 亿人的中华民族需要灿如星河的科学大家、工程巨匠，要让一颗颗科学巨星充盈中华大地的星空，汇成奔腾不息的璀璨银河，照耀中华民族一百年、一千年、一万年。

墨子说，摩顶放踵，利天下，为之。

（五）人性的光辉：计天下利，求万世名

黑暗中点亮光明，绝境中孕育希望，谓之脊梁。

碎首黄尘，燕然勒功，中华民族自古就不乏心怀天下的仁人志士。

三皇五帝时期，洪水滔天，生灵涂炭，大禹之父鲧窃帝息壤以堙洪水，耗时九年治水不成，被斩于羽山；大禹承父遗志，不以私害公，新婚四日就复返治水，三过家门而不入，前后十三年，湮洪水，决江河，通四夷九州，福泽华夏，位列五帝。

春秋战国时期，虽有诸子争鸣，文盛千古，奈何诸强争雄，百姓遭殃；商鞅以身变法，惩奸宄以保人民，务耕织以增国力，尚军功以树国威，孥贫怠以绝消耗，富国强兵，壮秦根基；千古一帝秦始皇，有雄才大略，扫六合，一海内，明法度，定律令，书同文，量同衡，车同轨，公天下，废分封，立郡县，承千年分封之结局，启中央集权之开端，永冠二十四朝之皇帝。

两汉年间，匈奴猖獗，围高祖于平城，掳人民，略畜产，边民深以为苦；李广、卫青、霍去病、窦宪前赴后继，舍生忘死，驰骋朔北，燕然勒功，蹑冒顿之区落，焚老上之龙庭，开疆拓土，振汉天威，卫华夏百年安宁。

两晋南北朝年间，八王祸国，五胡乱华，山河破碎，中原陆沉，衣冠南渡，民生凋敝，十室九空，天下百姓流离失所，华夏文明危如累卵；杨坚一统南北，同文共轨，轻徭薄赋，节用安民，国计之富，冠绝千古，创三省六部，沿用四朝，崇尚贤良，开创科举，学优则仕，选贤任能，论才封官，不愧安定万世之功。

两宋年间，金元继起朔漠，力雄海内外，铁蹄祸中原，举太山之势，

席卷宋境，华夏山河，风雨飘摇。

前有岳飞，疾风之劲草，板荡之忠臣，出将入相，表率三军，冻死不拆屋，饿死不掳掠，仁信智勇严，治军冠千古，复建康，克襄阳，归六郡，平洞庭，联结河朔，挺进中原，秣马厉兵，志捣龙庭，赤胆忠心，永鉴日月，奈何昏君奸臣自毁长城，岳飞毕生之功毁于一旦，故其慨然赴死，遗世告白，天日昭昭，天日昭昭！怆然泪下，作《感岳飞》，咏曰：

千古一将虏庭慌，
撼岳难比撼太行。
铁骨铮铮昆仑雪，
天日昭昭华夏光。

后有文天祥，平生衣食丰厚，声乐满堂，毅然尽捐家资充为军费，募勇五万，慨然抗敌，知其不可而为之，百挫千折，有进无退，数败而数起，赴死如归，忠义九鼎，生死一毛，浩然正气，回荡千古，下为河岳，上为日星，一片丹心，永照汗青，对得住千载一鹗的生死交情，不啻为中华民族万古不灭的擎天柱石。

鸦片战争开启三千年未有之大变局，风云骤起，外辱内乱，割地赔款，大厦将倾，国将不国，民不聊生，中华民族面临亡国灭种的危险；李鸿章、左宗棠、张之洞、康有为、梁启超、戊戌六君子、孙中山、毛泽东，前赴后继，以身为天下；洋务运动、百日维新、君主立宪、三民主义、辛亥革命、社会主义，中华民族在漫无边际的黑暗中痛苦试错，苦苦追寻光明前程。

日本侵华，中华民族雪上加霜，久病逢凶，五千年的中华民族到了最危险的时候。军阀林立，一盘散沙，争权夺利，内战不断。东北20万雄兵

“挺着死”，日本仅以两万兵力占我东北河山。全面抗日战争始于卢沟桥，距离天安门仅20公里。山河落泪，日月同悲，中华民族绝地反击。共产党和国民党进步力量力促国共携手，和平解决西安事变，达成抗日民族统一战线。一个世纪以来，中华民族首次握紧拳头，勠力同心抵御外侮。决黄河，烧长沙，中华民族壮士断腕，众志成城，决一死战。血战淞沪，国殇南京，日本绝谷平型关，掩护太原两伏广阳，成功成仁台儿庄，勇稳大局鏖战大武汉，力挽洪都垂名万家岭，毙寇名将之花伏击太行山，积小胜成大功百团大战，稳如泰山三捷长沙，义援同盟远征印缅，万古军表血战常德，以少胜多孤守衡阳，扭转乾坤大捷雪峰山，一寸河山一寸血，九州处处是忠魂。

朝鲜战场，美帝仁川登陆，悍然引火鸭绿江，近邻告急，唇亡齿寒。曾经日本就是以此路线，先侵朝鲜，再略我国台湾，进占东北，腐朽清廷迟疑派兵，既派兵又迟疑用兵，既用兵又迟疑徘徊，不果敢不勇毅，遂被日本轻视，竟致神州被日本铁蹄蹂躏，丧权辱国，遗恨百年。前事不忘，后事之师。豺狼当前，华夏遇险，谁敢横刀立马？唯我彭大将军！彭老总身经百战，声名鹊起，大功已成，不推托，不惜名，不惜命，一身铁骨，满怀大爱，舍身忘我，慨然以赴，肩泰山之重，赴万恶之险，忠肝义胆，如悬日月，赤子之心，巍巍昆仑！作《赴战》，咏曰：

百战归来再上马，
雷霆万钧安天下。
舍生忘死雄千古，
朗朗日月照我家。

率志愿军，跨鸭绿江，战豺狼师，勇如猛虎，势如雷霆，斗严寒，浴炮火，经生死，定乾坤，终凯旋！作《荣归》，咏曰：

五战乾坤祥，
威镇太平洋。
丹心悬日月，
炳曜万世光。

美国上将克拉克被迫承认：“我是美国历史上第一个在没有取得胜利的停战协议上签字的司令官。”彭老总壮怀激烈：“西方侵略者几百年来，只要在东方海岸上架起几尊大炮就可以霸占一个国家的时代，已经一去不复返了！”

黑暗中点亮光明，绝境中孕育希望，谓之脊梁。

中国人只要稍微认得字，稍微了解一些历史，就不能不为中华精神所感动，就不能不为是中国人而自豪。中华民族五千多年的血脉凝聚着一代又一代先贤们的血肉之躯、钢铁之志、大仁之心。人心已齐，泰山可移！

踏着历史的台阶，我们走到今天。晨钟暮鼓，朝九晚五，丰衣足食，小康温馨，一切都像小桥流水一样平静。可能在某个深夜，某条小道，一首老歌，一本老书，一本早年日记或一张老照片，突然间让时光穿梭，回到那个阳光明媚的早晨，再度窥见那个少年的懵懂与坚定、沮丧和激情、光荣和梦想。胸中那个似睡似醒的自己缓缓醒过来，两鬓微霜，目光坚毅，千秋万代过，万里百战回。这一次少了些激情，多了些沉着，一切都自然而然。论生活，我们已经比古时王侯将相都过得好多了，居有定所，出行有汽车、飞机、高铁；论眼界，我们随时都可以用电脑、手机一览全球要闻。求东西学问，闻全球风声。鹪鹩巢林，不过一枝；偃鼠饮河，不过满腹。自知而明，笃心遂志，更待何时？

我心如明镜，时时拂尘埃。王阳明说，你看满大街都是圣人，满大街的人看你也是圣人。何尝不是呢？人人心中有仲尼，圣人为人人可到。减得一分人欲，复得一分天理，这不是人人可为吗？做科学技术的，少些旁骛，一心沉浸去做研究，尽其所能，发现大自然的奥秘，为真理和正义沉迷；做官的，不贪财，不贪权，心怀天下而去，做人民公仆而归；做食品餐饮的，秉着良心，真材实料，如做人般去做美食，为国人餐桌奉献一碗放心饭菜；做文化的，少些名利之累，奔着李杜风骚而去，奔着羲之笔墨板桥丹青而去，奔着比肩孔老开山立派而去，为中华文化再开新枝。

千圣皆过影，良知乃吾师。不管是居庙堂之高，还是处江湖之远，不管是文学巨匠科学巨擘，还是布衣白丁市井百姓，家国情怀可以有一点。在吃饱穿暖养家糊口的基础上，想一想天下事，谋一谋天下福，何妨？青门种瓜人，旧日东陵侯。富贵故如此，营营何所求？男子汉大丈夫也好，巾帼英雄也罢，人生在世短短几十年，岂能柴米油盐犬马声色一生一世？没有梦想，与咸鱼何异？这一生，立千秋德，成万世功，名垂千古，福泽万世，岂不美哉？或者，创立一门学说，格物致知，解民众迷津，穷宇宙真理，为生民立命，为万世开太平，岂不美哉？或者，雕琢一件作品，藏之名山，传之后世，岂不美哉？或者，成一实业，服务天下民众，衣食万千员工，岂不美哉？再或者，喂马劈柴，周游世界，告诉人们我的幸福，温暖这个世界，岂不美哉？做最好的自己，拿出人生的代表作，更待何时？

凡人才高下，视其志趣。君子之立志也，有民胞物与之量，有内圣外王之业，而后不忝于父母之生，不愧为天地之完人。明德、亲民、止至善，皆我分内事也。若读书不能体贴到身上去，谓此三项与我身了不相涉，则读书何用？虽使能文能诗，博雅自诩，亦只算得识字之牧猪奴耳！此话出自曾国藩，有人说他是乱世之能臣，有人说他是清朝之家奴。

近两百年过去了，我们呢？
勒功兴邦，更待何时？
人性的光辉，终将照亮天地。

参考文献

[1]林毅夫．新结构经济学:反思经济发展与政策的理论框架:A Framework for Rethinking Development and Policy[M]．北京:北京大学出版社，2012.

[2]唐永胜．德国崛起战略选择的启示[J]．世界知识，2013(10):1.

[3]王昌林，姜江，盛朝讯,等．大国崛起与科技创新:英国、德国、美国和日本的经验与启示[J]．全球化，2015(9):12.

[4]韩爱红．民族精神给了德国什么? 访前驻德大使、前中国人民外交学会会长梅兆荣[J]．人民论坛，2007(1):2.

[5]阎凤桥．柏林大学办学模式的确立:理性的凯旋[J]．复旦教育论坛,2010,8(6):18 –21.

[6]张岚．西班牙帝国衰落的历史考察[J]．咸阳师范学院学报，1994(1):11.

[7]张瑞泉．清朝末年海军经费的筹集[J]．军事经济研究，1990(1):3.

[8]陈洪捷．德国崛起的“秘密武器”[J]．人民论坛，2007(1):13 –14.

[9]孙青．柏林大学的建立与现代大学原则的确立[J]．绵阳师范学院学报，2010，29(12):3.

[10]卫才胜．从科研组织的变革看19世纪德国科技中心的形成[J].

荆楚学刊,2003(2):68 - 70.

[11]汤大友，刘馨．德国化学工业崛起的启示[J]．中国涂料，2011，26(7):6.

[12]杜佳杰．浅析一战前德国崛起的策略及对中国的启示[J]．西部教育研究(内江)，2014，14(3):4.

[13]李富森．试论德国成为第二次工业革命中心之原因[J]．沧州师范学院学报，2013，29(1):71 - 75.

[14]龚淑林．美国第二次工业革命与联邦政府的政策[J]．南昌大学学报(人文社会科学版)，1989(1):5.

[15]徐玮．略论美国第二次工业革命[J]．世界历史，1989(6):10.

[16]贾根良．美国崛起为何能抓住“机会窗口”:第二次工业革命时期美国经验借鉴[J]．人民论坛，2013(4):2.

[17]STANNARD，DAVID E. American Holocaust[M]. New York：Oxford University Press，1992 .

[18]BROWN，DEE. Bury My Heart at Wounded Knee[M]. New York：Holt，Rinehart，Winston，1970.

[19]邱惠林．美国印第安人口下降原因初探[J]．西南民族大学学报(人文社会科学版)，1999(5):48 - 51.

[20]张宇燕．美国宪法的经济学含义[J]．社会科学战线，1996(4):8.

[21]任永彬．阿根廷,莫悲伤[J]．进出口经理人,2018(3):19 - 21.

[22]秦晖．南非“经济奇迹”的背后[J]．新华月报,2010(13):60 - 63.

[23]成众．苏联科研经费管理体制改革述评[J]．苏联问题研究资料，1991(4):6.

[24]杨鸿玺．前苏联科技发展的得与失[J]．学习月刊，2012(9):1.

[25]柳献初．汽车130年与中国汽车业的历史使命:二[J]．商用汽车，

2016(1):43－46.

［26］欧阳敏．韩国汽车工业发展历程［J］．时代汽车，2012(2):6.

［27］延平．韩国汽车业崛起之秘［J］．中国品牌，2014(12):3.

［28］杨再舜．韩国汽车产业发展的经验借鉴［J］．汽车与配件，2018(15):3.

［29］吴玉峰．韩国汽车产业的重点启示［J］．中国质量万里行，2012(2):4.

［30］马晓河．美国经济崛起过程中的城市化及对中国的启示［J］．经济纵横，2020(1):8.

［31］俞金尧．英国18世纪人口和发展的学术史回顾［J］．史学理论研究，1995(3):15.

［32］单景辉，徐以升．房地产泡沫破灭—银行业危机—主权债务危机—定义主权债务危机的“西班牙路径”［J］．金融发展评论，2012(12):19.

［33］钱力．意大利银行业的改革、绩效与启示［J］．世界经济情况，2014(6):46－52.

［34］FORTE A. Italy After The Crisis: Acase of Recovery Less Credit Growth［J］. MPRA Paper,2012(2):132－140.

［35］HENNINGSEN, DAVID M. The Origins of The Ltalian Sovereign Debt Crisis［J］. CMCSenior Theses,2012:379.

［36］ALI, MOHAMED T. The Impact of The Sovereign Debt Crisis on The Eurozone Countries［J］. Procedia－social and Behavioral Sciences, 2012, 62(Complete):424－430.

［37］QUIRICO R. Italy and The Global Economic Crisis［J］. Bulletin of Italian Politics,2010,2(2):3－19.

［38］MEHRA R., PRESCOTT E. C. The Equity Premium: A Puzzle［J］.

Journal of Monetary Economics, 1985, 15(2):145 - 161.

[39]吴晓波. 山西票号百年祭[J]. 理论视野, 2014(8):3.

[40]凯恩斯. 就业、利息和货币通论[M]. 北京:商务印书馆, 1983.

[41]斯密. 国富论[M]. 西安:陕西人民出版社, 2001.

[42]马克斯. 投资最重要的事[M]. 北京:中信出版社, 2012.

[43]希勒. 非理性繁荣[M]. 北京:中国人民大学出版社,2004.

[44]泰勒. 助推[M]. 北京:中信出版社,2009.

[45]熊启跃, 刘锐, 林嵘净. 意大利银行业不良贷款处置的障碍及启示[J]. 金融监管研究, 2016(7):15.

[46]熊启跃, 刘锐, 易晓微. 高度关注意大利银行业的危与机[J]. 银行家, 2017(4):4.

[47]余秋雨. 黑色的光亮[J]. 国学, 2007(10):34 - 37.

[48]曾国藩. 挺经[M]. 北京:中国言实出版社, 2005.

[49]毛泽东. 商鞅徙木立信论[J]. 瞭望, 1990(27):1.

[50]达利欧. 债务危机[M]. 北京:中信出版社,2019.

[51]黄修毅. 抗战中的黄埔系[J]. 党史文苑, 2015(4):3.

[52]闵光. 财政制度与英国崛起[J]. 理财,2012:85.

[53]聂庆平,蔡笑. 金融创新、金融力量与大国崛起——基于荷兰、英国和美国的分析[J]. 财贸经济,2008(5):41 - 47.

[54]金德尔伯格. 世界经济霸权(1500—1990)[M]. 北京:商务印书馆,2003.

[55]肯尼迪. 大国的兴衰[M]. 北京:中国经济出版社,1989.

[56]姜海川. 从世界强国崛起看金融革命对经济的引领作用[J]. 中国金融,2006(9):40 - 41.

[57]方晓. 金融的力量:荷兰的崛起与衰落:上[J]. 金融博览,2018(16):

79 –81.

[58]唐山. 英国崛起的魔法是什么[J]. 中国企业家,2015(5):111.

[59]杜君立. 大宋帝国的煤炭革命[J]. 企业观察家,2013(11):125 –127.

[60]肯尼迪,张敏芳. 大国的兴衰[J]. 国外社会科学,1988:44 –45.

[61]麦迪森, Angus Maddison, 伍晓鹰. 世界经济千年史[M]. 北京:北京大学出版社, 2003.

[62]王仙花. 中国封建社会的禁榷制度[J]. 山西财经学院学报,1985(3):77 –81.

[63]苏玲. 历朝重农抑商政策下商业的艰难发展[J]. 牡丹江大学学报,2011,20(8):3.

[64]陈硕,张南. 浅谈中国封建社会重农抑商思想[J]. 中国商界(下半月),2010(7):372 –373.

[65]刘益安. 略论北宋禁榷及官营企业[J]. 中州学刊,1986(1):99 –103.

[66]肖溱. 重农抑商政策与明清社会经济[J]. 黑龙江史志,2019(1):39 –44.

[67]冯芸. 从宋代禁榷制度的演变看国家与商业的关系[J]. 云南教育学院学报,1996(3):42 –46.

[68]范建文. 宋代地方兵器生产机构论略:以作院、都作院为中心[J]. 北方论丛,2016(3):81 –88.

[69]李光斗. 官威和商威:中国为什么崇官? 美国为什么崇商? [J]. 青年与社会(上),2017(10):34.

[70]王宇航. 威尼斯:商人建国启示录[J]. 商界评论,2017:106 –109.

[71]刘娟. 浅谈罗马共和国的兴衰[J]. 科技展望,2017(11):284.

[72]刘燕敏. 金字塔的建造者不是奴隶[J]. 发明与创新:综合(A),2015(12):60.

[73]俞天白. 建造埃及金字塔的启示[J]. 上海城市发展,2015(2):3.

[74]管汉晖,李稻葵. 明代GDP及结构试探[J]. 经济学(季刊),2010,9(2):42.

[75]李小彤,蒋传海. 明朝白银、海洋贸易与制度内卷:解析李约瑟之谜[J]. 制度经济学研究,2015(4):22.

[76]张宇燕,高程. 海外白银、初始制度条件与东方世界的停滞:关于晚明中国何以"错过"经济起飞历史机遇的猜想[J]. 经济学(季刊),2005:233-260.

[77]张其凡."皇帝与士大夫共治天下"试析:北宋政治架构探微[J]. 暨南学报(哲学社会科学版),2001,23(6):114-123.

[78]周惠懋. 古代重农抑商政策一贯性与差异性的分析研究[J]. 东方企业文化,2013(24):4.

[79]龚昌菊,庞昌伟. 中国古代"重农抑商"政策表现、成因及启示[J]. 商业时代,2014(27):3.

[80]刘鹏. 英国议会起源再研究[J]. 北方论丛,2012(1):18.

[81]刘新成. 再议英国议会的起源[J]. 世界历史,1991(3):10.

[82]钟瑜婷. 大明朝被勾结紧密的官商挖空墙角[J]. 领导文萃,2013(21):4.

[83]费孝通. 皇权与绅权[M]. 天津:天津人民出版社,1998.

[84]杜君立,CFP. 宋代的纸币革命[J]. 企业观察家,2014:113-115.

[85]吴钩. 宋朝盛行拜金主义、消费主义、享乐主义[J]. 人生与伴侣·共同关注,2017(4):4.

[86]李博昆. 北宋交子的发展演变过程探究[J]. 山西青年,2019

(16):116－117.

[87]吴钩. 宋朝与明朝哪个更富庶[J]. 报刊荟萃,2017:79.

[88]马芳. 浅析宋朝经济繁荣的原因[J]. 青苹果,2017(5):126－127.

[89]葛金芳. 经济变革与宋代工商业文明的加速成长[J]. 河北学刊,2008,28(5):71－73.

[90]杜文玉. 唐宋经济实力比较研究[J]. 中国经济史研究,1998(4):37－52.

[91]刘卫华, 张孝友. 明清和唐宋的农业经济比较[J]. 兰台世界(下旬),2014(12):2.

[92]张顺洪. 马戛尔尼和阿美士德对华评价与态度的比较[J]. 近代史研究,1992(3):4－19.

[93]呼艳芳. 从洋务运动和明治维新看近代中日改革之成效[J]. 内蒙古农业大学学报(社会科学版),2012,14(6):320－322.

[94]谢世诚. 晚清吏治的腐败与洋务运动的失败[J]. 南京师大学报(社会科学版),2001,11(6):45－49.

[95]郭宏飞,段浩,郑姗姗,等. 吏治腐败对洋务运动的影响[J]. 商,2013(21):103－104.

[96]王承仁,柏峰. 论洋务运动失败明治维新成功与西方列强的关系:与徐泰来同志商榷[J]. 广东社会科学,1989(4):107－112.

[97]隗斌贤. 隐性失业的经济分析与统计测算[J]. 财经问题研究,1999(7):6.

[98]王诚. 中国就业转型:从隐蔽失业、就业不足到效率型就业[J]. 经济研究,1996(5):9.

[99]张威. 论进步主义时代美国崛起的战略[J]. 武陵学刊,2015

(3):6.

[100]邓小芝,赵军,刘英.我国新能源汽车产业政策研究[J].汽车工程学报,2016,6(4):260-266.

[101]J. R. HICKS. A Theory of Economic History[M]. UK Oxford University Press,1969.

[102]张威. 论进步主义时代美国崛起的战略[J]. 武陵学刊,2015(3):6.

迟到的致谢

感谢赵长颂老师、杨圣丽老师、龚洁老师、过静珺教授、吕玉华老师。面对“致谢”两个字，眼前首先浮现的是这五位老师。他们点亮了我的心，是我最感激的人，但我却从没有当面对老师们说过一次“谢谢”。这么多年，由于生性愚钝不善表达，更是觉得一直没做出个样子，都没勇气去看颂老师、丽老师、龚老师和吕老师，但在我的记忆里他们还是当年的模样。

我出生在江汉平原的农村，在村里小学读书。记得第一天去上学前班，我一个人走了老远的路到了学校，却不知道在哪间教室，于是就在走廊上转来转去，不时趴在窗户上瞅瞅。这时一位老师出来问我叫什么名字，我想了半天，说叫杨久龙。这名字是老爹刚给我取的，我还没记熟，以前我一直叫“小娃子”。

不上学的时候我们就玩“砸方宝”“磕拐”游戏，要不就回家放牛、打猪草。我记忆最深的是放牛，早晨凉快，天一蒙蒙亮就骑着老牛出去，日头西沉才骑回家。老牛是我忠实的坐骑，也是我最好的玩伴。那时候牛比我高，最早时爬上牛背是个艰巨的挑战，到后来我往牛旁边一站，它就立刻心领神会，将它的前腿向后一撑，我抓住它的肩膀，踩着它的胳窝，一翻身就上去了。正着骑，倒着骑，甚至站在牛背上，长江边，田埂上，麦田里，老牛驮着我，走过了整个童年。老牛更老了，我慢慢长大了，那时候大学比梦还遥远，我从来没想过读大学，村里更是从没出过大学生。

五年级开学，教室里进来一位老师，高高瘦瘦的，头发笔直，像鲁迅似的，正是颂老师。颂老师教我们数学，他很严肃，却一点儿也不让我们觉得畏惧。他讲起课来抑扬顿挫，磁性特别强，就像有魔法似的，第一次讲课就吸引了我。

颂老师是我人生的启蒙老师，把我从懵懵懂懂的状态唤醒，没有他的点拨，我肯定还在村里捉蛇、洗萝卜。颂老师给我们讲钱学森的故事，讲他留学美国，加入美国核武器计划，被美国军方列为少有的国宝级人物。后来新中国成立了，钱学森想回到祖国，却遭到美国百般阻挠，美国认为他一个人能抵五个机械化师，不肯放人。钱学森被软禁 5 年才回到祖国，一举把我们的导弹技术推到全球领先的水平。在闭塞的农村，在简陋的教室，听颂老师讲着钱学森的故事，真的是太新鲜了。颂老师讲故事的声音似乎还在耳边回响，正是颂老师让我明白，放牛没什么出息，读书有可能改变一生的命运。

颂老师讲课极富逻辑性。再难的题经他一分析，条件归条件，问题归问题，答案就自然出来了。他解决问题的方法，我现在还在用。颂老师教我以后，我的学业突飞猛进，直到后来到镇上的重点初中，几乎每次都是年级第一，这都是颂老师为我打的底子。颂老师完全改变了我的人生轨迹，一把将我从放牛耕田的轨道推到读书的道路上去。

杨圣丽老师，我们称她“丽老师”，她是我六年级的班主任和语文老师。她给了我最大的宽容和最坚定的鼓励。当时我虽然常常考全班第一名，但上课就是不敢举手，被点名发言更是紧张到语无伦次。丽老师总是选择在合适的时机让我发言。在我非常紧张的时候，她总是用温暖的目光给我鼓励，让我逐渐恢复镇定。渐渐地，我的自信心建立起来了，上课也尝试举手发言，发言时也能保持镇定了。几十年过去了，现在回想起丽老师的话语，我还觉得好暖心，给我好多勇气。

有时候我也会惹丽老师生气。有一次我和几个同学在自习的时候捣蛋，被丽老师抓个正着，被叫到教室后面面壁思过。开始我还不在乎，结果丽老师将他们一个个都放走了，就留我一个矗在后面直到最后。自始至终丽老师没有口头批评我一句，但给我的教训特别深，我贴着墙壁眼泪大颗大颗往下掉。几十年过去了，现在回想起来似乎才明白老师的用心，谢谢您，丽老师。

龚洁老师是我初一、初二年级的班主任、语文老师。龚老师是那个把真善美装进我们的心里，把我们引入世界的人。那时我几乎每次考试都是年级第一，却有“两怕”：一怕上课发言，二怕写作文。龚老师在班上设立“读书角”，并买了好多好多书，安排晚自习的时间让我们读书。在此之前，我除了读教材、故事会、连环画，没读过几本像样的书。龚老师精心为我们挑选书目，正是由于她的指引，我才开始读书。刚开始根本读不进去，觉得好乏味，但因为是龚老师专门推荐的，我就硬着头皮往下读。书中好像有魔法似的，读着读着我就陷了进去，竟然爱上了读书。读冰心，读朱自清，读郁达夫，读三毛，读三国水浒，读安娜，读高老头，读高尔基，读巴尔扎克，读海明威。龚老师把我引入一个崭新的世界，这里有真善美，也有假恶丑；有波澜壮阔的英雄逐鹿，也有小桥流水的温馨乡土；有炙热又悲催的安娜爱情，也有永不言败的海上硬汉。在那些沉重又黯淡的岁月里，龚老师和她推荐给我的书，就像山间小溪滋润了幼小懵懂的我，让我的心充盈起来，如果没有这些书，我的内心该多么空洞多么苍白啊。

龚老师还教我们唱歌，现在我还记得《水手》《牵手》《风中有朵雨做的云》，又好听又好记，歌词与旋律都能春风化雨，浸润人心。讲课更是龚老师的拿手好戏，走进她的课堂就自然而然走进文章的意境，是真真切切的享受。在龚老师的精心调教下，我们班风特别好，成绩奇好，学得也很开心，常常全年级前两名都出自我们班。不知不觉几十年过去了，真的好怀念，好想再当一回她的学生啊。

初二之后暑假的一天，班长琼突然急匆匆地赶到我家，我知道肯定有紧急的事情，要不然她不会颠簸 20 多里地来到我们这个小村庄。果然一见面她就急切地说，龚老师要调走了！听到这个消息，我的心里一下子就空了。

短短半天之内，我遭受两重打击。就在琼到达我家之前，我刚刚得知我的外公过世。他一生做过纤夫，当过农民，还拾过荒，含辛茹苦养育了四个儿子和三个女儿，才 60 多岁就耗尽了生命的最后一点气力，没享一天福就走了。

我没了主意：去见龚老师要往上走，去送外公要往下走（我们住在长江边，习惯将顺水方向称为“下”，逆水方向称为“上”）。老妈让我赶紧去见龚老师，第二天一早赶到外公家，为外公送行。我妈不大识字，从不叮嘱我学习的事情，但她经常向龚老师打听我的学习情况，她认定龚老师心善、会教书，是个好老师。几十年过去了，她还经常跟我念叨龚老师的好。

来不及多想，我与琼一起赶到学校。虽然是暑假，但班上大部分同学都从方圆几十里赶过来了，大家都舍不得龚老师。那一晚在长江边、在校园操场上、在街道上，老师和我们走遍了小镇的每一个角落。那时似乎并不知道离别的真正意味，我们就像平常一样聊着天，大家叽叽喳喳，好像还挺高兴。

很快天就亮了，我与龚老师告别，就像平时学校放假与她告别一样。我骑上自行车，沿着长江大堤往下赶，突然间眼泪绷不住哗哗往下淌。我想不明白为什么她要调走，我觉得她应该也不想走。长江水浩浩荡荡向下奔流，我怎么样也追不上。人生好匆忙，好局促，哪怕在我们生命中无比重要的人，和他们一声稀松平常的道别之后可能就几十年见不到。

当我赶到外公家的时候，外公已经下葬了。我到他新立的坟头磕了三个响头，请他原谅我没有为他送别，愿老天保佑他，愿他有来生，不要再这么苦。

我最感谢的还有我的硕士研究生导师过静珺教授。过老师治学极其严谨，身体力行。过老师带着我们去四川雅安滑坡高发区，开展卫星定位滑坡监测的实验研究。山很陡峭，监测点往往设在灌木丛生、人迹罕至的地方，监测作业相当不容易。尽管我年轻力壮，在去监测点途中还是脚下一滑就跌了下去，好在灌木丛特别密，人无大碍。而过老师年近60岁，登山上去已经很不容易，还要披荆斩棘赶到监测点指导我们，难度非常大，但过老师一点儿没把高山险路当回事，考察过每一个监测点，指导我们选位、建站、监测，一丝不苟。过老师说，怕吃苦是搞不好科研的。

过老师还带着我参加过球面射电望远镜（FAST）项目预可行性研究，这就是后来享誉世界的“天眼”。过老师提出构建精确测量和控制系统，开展实时卫星精准定位，用于馈源舱精准定位和姿态控制。2016年，世界最大单口径射电望远镜建成，其超强的灵敏度将人类搜寻外星文明的能力提升到前所未有的水平。

写到这里，还有一位老师，如果不谢她，此生最重大的致谢就远未结束。

高中是我的梦魇之地。直至今日，一做噩梦几乎都是不小心误闯高中，醒来一身冷汗，满心惊恐。我的高中母校以严格治校著称，据说有位作家题词“成人者的炼狱，成才者的摇篮”。高中母校深以为荣，将其编入校歌，但每当我想到这句话，一阵阴森恐怖的气息就扑面而来，不由地毛骨悚然。

学习紧张还是其次，最苦恼的是吃不好、睡不好。倒不是爹妈给的生活费不够，而是食堂饭菜实在难以下咽，打了菜吃不下去，只能倒掉。餐后的残菜桶总是装得满满当当，学校猪圈养了一大群猪，又肥又壮，我们吃得不好，猪却吃得挺香。最盼望的，是老妈和姐姐送来的饭菜。她们在家炒了肉丝，炖好了鸡，颠簸几十里路，用罐头瓶装好带给我，真是无以伦比的美味啊。有一次，老妈刚刚送来的一瓶辣椒肉丝被同学不小心碰到地上摔碎了，我毫不犹豫刮到碗里，只浪费了贴地的一层。香喷喷的肉丝，实在舍不得浪费。

吃不下，就会挨饿。常常是上完晚自习该睡觉了，我却饿得前胸贴后背，翻来覆去睡不着。常常熬到睡着了，天也快亮了。睡不好白天就会困，上课时尽管我强打精神，还是抵抗不了瞌睡。状态正常的时候，上完一节课，我几乎可以完整回忆老师讲的每句话，但现在瞌睡连天，昏昏欲睡，再精彩的讲课声也成了催眠曲。课间十分钟的间隙，我往桌上一趴，瞬间睡到昏天暗地。

我高中的成绩，很少达到让自己满意的程度。少有的好状态，往往出现在刚刚开学的时候。经过寒暑假在家里的滋养，我状态正佳，成绩就好。但在学校炼狱几个月，状态就垂直坠落。高三时，我几乎到了崩溃边缘，踌躇好久向班主任提出回家备考，但没有获批。

那几年处在饥饿与困乏笼罩下的“炼狱”，天空极度灰暗。我高中开始白头，现在头上星星点点的白发，大多是高中的遗痕。

值得庆幸的是遇到吕玉华老师。

吕老师是我高一的语文老师。她的课堂弥漫着自由的气息，是灰暗天空下的山间清流。在她的课堂上，我享受着那几年少有的轻松自在。有一次两个同学在走廊嬉戏，被学校处分。她反对这个决定，说如此严格的管束之下，怎能成就一流的人？

吕老师经常让我们不限题作文。第一次作文课，我以多年放牛的经历写了《骑牛》，老师说很好，很有乡土气息。吕老师的鼓励，给了我极大信心。下学期开学的第一堂作文课，我写了《上坟》，记录大年三十给爷爷上坟的事。吕老师在文后写下评语："文章质朴凝重，有大师风范。"

吕老师的这道评价雷霆万钧，就像茫茫黑夜中的一道闪电，照耀了我的心，给了我勇气。从此之后，我笔写我心，我不再犯怵文字。这本小书得以面世，或许就是当初种下的小苗。唯有大自在，能得大智慧，多么希望二十多年前我就能明白啊。

终于熬过漫长的高中，我参加高考，落榜第一志愿，掉到第三志愿中国地质大学。在我们那个时代，高考前就要填志愿，简直就像参加一场俄罗斯轮盘的生死赌局，一旦第一志愿落榜，就只能听天由命。我在家思来想去，实在没有勇气复读。武汉学子有个民谣，说各高校有爱有学有玩，却唯独"死在地大"，但我没有死在地大，反而获得新生。地大朴实、自由，对我有再生之恩，这是后话。

高中三年尽是失落，而吕老师是我最庆幸的遇见，给了我最珍贵的收获。

转眼数十年过去了，老师们的教导似乎还在耳边。老师们毫无保留的点拨，一次次帮我在关键的十字路口校准方位。从来不需要想起，永远也不会忘记，没有天哪有地，没有你哪有我。

五年级的一天，教我们语文的赵必成老师从我旁边走过，瞅了我一眼，说："你怎么这样握笔呢？难怪你写字不好看，看好，应该这样握"。老师一边说着，一边俯下身为我示范。我脸涨得发烫，仔细看着。可惜我还是没学会，写字一直难看还很累。这几天眼前突然浮现出他俯下身为我示范的样子，瞬间领悟过来，终于掌握了老师教的方法。

这一悟，三十年。

还有多少道理，是老师们教过，我还没悟到的呢？

老师们，谢谢您！

杨久龙

2023 年 12 月于北京